suhrkamp taschenbuch
wissenschaft 984

Dieses Buch ist eine Gemeinschaftsarbeit von Natur- und Sozialwissenschaftlern, die aus dem Kontext einer dreijährigen Diskussion entstanden ist, in der es in erster Linie um die folgenden drei Ziele ging:
– Vergleich der Theorien »selbstorganisierender Systeme« in den verschiedenen Disziplinen: Besitzen sie einen gemeinsamen Kern über die Grenzen zwischen physikalisch-chemischen, biologischen, sozialen und sprachlichen Systemen hinweg?
– Konzentrierung auf eine vergleichbare empirische Aufgabenstellung: »emergente« Phänomene, deren Auftreten aufgrund der zwischen den Komponenten definierten Relationen nicht erklärt werden kann, wohl aber mit Hilfe der Mechanismen der Selbstorganisation.
– Allgemeinverständliche Darstellung der emergenten Phänomene anhand von charakteristischen Beispielen aus der Forschung, die dem Leser selbst die Möglichkeit einräumen, die Tragweite der Konzeptionen aus ihrer praktischen Verwendung heraus einzuschätzen.
Entstanden ist ein Werk, das die Diskussion um einen viele Disziplinen betreffenden grundlegenden Wandel mit konkret durchgeführten Problemstellungen verbindet. Das Vorwort der Herausgeber rekonstruiert ausführlich den inneren Zusammenhang dieser Problemstellungen. Ein Glossar und ein analytisches Register unterstützen den Leser bei der Arbeit mit dem Text.

Emergenz:
Die Entstehung von Ordnung, Organisation und Bedeutung

Herausgegeben von
Wolfgang Krohn und Günter Küppers

Suhrkamp

Die Deutsche Bibliothek – CIP-Einheitsaufnahme
Emergenz : die Entstehung von Ordnung, Organisation
und Bedeutung / hrsg. von Wolfgang Krohn und Günter Küppers. –
1. Aufl. – Frankfurt am Main : Suhrkamp, 1992
(Suhrkamp-Taschenbuch Wissenschaft ; 984)
ISBN 3-518-28584-X
NE: Krohn, Wolfgang [Hrsg.]; GT

suhrkamp taschenbuch wissenschaft 984
Erste Auflage 1992
© Suhrkamp Verlag Frankfurt am Main 1992
Suhrkamp Taschenbuch Verlag
Alle Rechte vorbehalten, insbesondere das
des öffentlichen Vortrags, der Übertragung
durch Rundfunk und Fernsehen
sowie der Übersetzung, auch einzelner Teile.
Satz und Druck: Wagner GmbH, Nördlingen
Printed in Germany
Umschlag nach Entwürfen von
Willy Fleckhaus und Rolf Staudt

1 2 3 4 5 6 – 97 96 95 94 93 92

Inhalt

Günter Küppers/Wolfgang Krohn
Selbstorganisation. Zum Stand einer Theorie in den
Wissenschaften 7

DIE FORMALEN GRUNDLAGEN DER SELBSTORGANISATION

Helmut Schwegler
Systemtheorie als Weg zur Vereinheitlichung der
Wissenschaften? 27

Uwe an der Heiden
Selbstorganisation in dynamischen Systemen 57

BEOBACHTBARE ORDNUNG

Ulrich Müller-Herold
Selbstordnungsvorgänge in der Späten Präbiotik 89

DAS WECHSELSPIEL ZWISCHEN MIKRO- UND MAKROEBENE

Gerhard Roth
Kognition: Die Entstehung von Bedeutung im Gehirn . 104

Michael Stadler/Peter Kruse
Zur Emergenz psychischer Qualitäten. Das psychophysische Problem im Lichte der Selbstorganisationstheorie 134

RANDBILDUNG

Günter Küppers/Wolfgang Krohn
Zur Emergenz systemspezifischer Leistungen 161

INTERSYSTEMISCHE NETZWERKE

Gunther Teubner
Die vielköpfige Hydra: Netzwerke als kollektive
Akteure höherer Ordnung 189

SELBSTREFERENZ, FREMDREFERENZ, SYNREFERENZ

Dirk Baecker
Die Unterscheidung zwischen Kommunikation und
Bewußtsein 217

Peter M. Hejl
Selbstorganisation und Emergenz in sozialen Systemen   269

Siegfried J. Schmidt
Über die Rolle von Selbstorganisation beim
Sprachverstehen 293

Michael Hutter
Wirtschaft und Bewußtsein. Zur Karriere von Bedürfnis
und Erwartung 334

Josef Wieland
Adam Smith' System der Politischen Ökonomie. Die
Emergenz des ökonomischen Systems der Moderne . . 363

Glossar 388

Hinweise zu den Autoren 396

Namenregister 400
Sachregister 406

Günter Küppers/Wolfgang Krohn
Selbstorganisation
Zum Stand einer Theorie
in den Wissenschaften

1. Einleitung

Als die Autoren dieses Bandes zum ersten Mal zusammentrafen, um der Frage nachzugehen, ob die in vielen verschiedenen Wissenschaften verwendeten Begriffe, Modelle und Beispiele der Theorie selbstorganisierender Systeme einen gemeinsamen Boden haben, ergab sich zunächst eine babylonische Sprachverwirrung. Natürlich brachen die traditionalen Konflikte zwischen den Natur- und Sozialwissenschaftlern auf; aber nicht einmal auf die eigene Disziplin war Verlaß. Physiker stritten mit Physikern, Soziologen mit Soziologen, Ökonomen mit Ökonomen. Einigungen, erzielt zwischen Vertretern verschiedener Disziplinen auf dem dünnen Boden der begrifflichen Analogien, zerbrachen wieder.

Wir haben uns nicht für die babylonische Lösung entschieden.[1] Anstatt verwirrt auseinanderzugehen, entwickelten wir eine Strategie der Verständigung. Sie enthielt die folgenden Gesichtspunkte:

– Jeder Autor sollte einen Beitrag aus seinem Fachgebiet für die Diskussion aufbereiten, um an den ihm vertrauten Sachverhalten die Begriffsbildung vorzustellen;
– die Sachthemen sollten sich auf eine vergleichbare empirische Aufgabenstellung konzentrieren;
– die Darstellung sollte die internen Probleme nicht verbergen, sondern sichtbar werden lassen.

Der gemeinsame Fokus wurde in dem Problem der *Emergenz* gefunden. Emergenz bezeichnet das plötzliche Auftreten einer neuen Qualität, die jeweils nicht erklärt werden kann durch die

---

[1] Der Gott des Alten Testaments hatte bekanntlich die Menschen wegen ihres Hochmuts, in Babel einen Turm in den Himmel zu bauen, mit der Verwirrung ihrer Sprache und ihrer Zerstreuung über die ganze Erde bestraft. Vgl. *1. Mose*, 11.

Eigenschaften oder Relationen der beteiligten Elemente, sondern durch eine jeweils besondere *selbstorganisierende Prozeßdynamik* (Beispiele folgen in den weiteren Abschnitten der Einleitung). Es wurde darauf verzichtet, den philosophisch ohnehin belasteten Begriff der Emergenz allgemeingültig zu bestimmen. Er sollte als eine Suchstrategie für die Auswahl von fachspezifischen Themen dienen, die zugleich von allgemeinem Interesse sind.

In mehreren Arbeitstreffen sind diese Beiträge zur Diskussion gestellt worden. Im Vorgriff auf die Probleme möglicher Leser haben jeweils Fachfremde sich der Mühe unterzogen, kritische Korreferate zu erstellen, die ihren Niederschlag in zum Teil radikalen Umarbeitungen der Manuskripte fanden. Um eine zusätzliche Lesehilfe zu bieten, ist ein *Glossar* erstellt worden, das neben einer allgemeinen Unterrichtung auch die unterschiedlichen Verwendungen einzelner Begriffe herausstellt. Ein umfangreiches analytisches *Register* erschließt Querverbindungen zwischen den Beiträgen.

In diesem Vorwort wird eine Landkarte entworfen, über die der Leser einen Weg durch die einzelnen Beiträge finden kann. Der vorgeschlagene Weg geht von einfachen und formal überschaubaren zu stärker geschichteten und schließlich recht verschlungenen Problemlagen über. Auf der Landkarte ist vermerkt, aus welchen von den Phänomenen nahegelegten Gründen jeweils eine Erweiterung des begrifflichen Repertoires der Selbstorganisation vorgenommen worden ist. Wir betonen aber zugleich, daß alle Beiträge unabhängig voneinander gelesen werden können und daß ihre Inhalte sich nicht in den hier herausgestellten Themen erschöpfen.

2. Die formalen Grundlagen der Selbstorganisation

Schwegler und an der Heiden versuchen beide, die formalen Grundlagen für Selbstorganisationsprozesse darzustellen, jeder freilich mit anderer Stoßrichtung. Schweglers Absicht ist es, mit Hilfe einer systemtheoretischen Fundierung der Selbstorganisation nicht nur den Rahmen für eine Beschreibung der Dynamik evolutiver Systeme (Prozesse) zu liefern, sondern gleichzeitig die verschiedenen Einzelwissenschaften unter eine gemeinsame Perspektive zu stellen, ohne dabei in einen neuen Physikalismus zu verfallen. Schwegler glaubt dieser Falle entgehen zu können, indem er den Substantialismus und seine Folgen zu vermeiden trachtet. Er versucht deshalb »eine Konzeption von ›Eigenschaften ohne Substanz‹ zu entwickeln, wobei die ›Eigenschaften‹ nur noch aneinanderhängen können und deshalb als *Relatoren* bezeichnet werden« (S. 29). Systeme sind dann Netze von Relatoren, wobei die Relatoren selbst nur »Elemente der Beschreibung« sind. Ein System ist bei Schwegler also lediglich eine von einem Beobachter eingeführte Entität. Die Regeln, die beim Systemaufbau im Einzelfall festlegen, welche Relatoren zugelassen und wie sie zusammenzusetzen sind, sind die in dem jeweils zur Diskussion stehenden Phänomenbereich geltenden (Natur-)Gesetze. Unter der *Organisation* eines konkreten Systems versteht Schwegler die »Gesamtheit der Gesetze, die bei seiner Zusammensetzung aus Relatoren eine Rolle spielen« (S. 42). Die Organisation eines Systems ist somit eine Teilmenge oder eine Konkretisierung des umfassenderen Regelwerks innerhalb eines bestimmten Phänomenbereichs. *Selbstorganisation* liegt dann vor, wenn »die Änderungen der Teil-Organisation[2] durch die Gesetze des Gesamtsystems, also dessen Organisation erklärt werden« (S. 45). Wenn diese Bedingung erfüllt ist, dann ist eine Organisation »*operational geschlossen*«.

Diese »operationale Geschlossenheit« selbstorganisierender Systeme ist ebenfalls eine Konstruktion eines Beobachters. Daß Sprechakte nur Sprechakte, Zahlungen nur Zahlungen und Neuronenaktivitäten nur Neuronenaktivitäten hervorbringen, kann zwar durch eine eingeschränkte Betrachtungsweise beobachtet werden und die Grundlage dafür sein, daß man Kommunikation, Wirtschaft und Nervensystem als unabhängig voneinander untersuchen kann. Aber das bedeutet nach Schwegler keine Eigenständigkeit der jeweiligen Phänomenbereiche im ontologischen Sinne. In einem erweiterten oder übergeordneten Systemrahmen können »Sprechakte Neuronenaktivitäten und Rechtsakte Zahlungen« hervorbringen (S. 46).

Innerhalb des Schweglerschen Ansatzes ist auch *Randbildung* eine Leistung des Beobachters. »Der konstruierende Wissen-

---

2 Teilorganisation deshalb, weil zu einem bestimmten Zeitpunkt neue Relatoren hinzukommen, die die konkrete Teilorganisation des Systems verändern. Die Theorie als Bezugsrahmen für die Organisation des Gesamtsystems bleibt dabei unverändert.

schaftler wählt den Rand nach Zweckmäßigkeitskriterien, zum Beispiel nach seiner Kenntnis einer vorgegebenen Situation. Randbedingungen haben demnach keinen besonderen ontologischen Status im Hinblick auf ›Autonomisierung‹ von Systemen, auch keinen besonderen methodologischen Status im Hinblick auf die Konstituierung von Systemen« (S. 47).[3]

Die Folge ist, daß Systeme, die durch einen Beobachter aus einem größeren Zusammenhang als Teilsysteme herausgelöst werden, immer sowohl fremd- als auch selbstorganisiert sind. Da beides ineinandergreift, kann meistens auch nicht entschieden werden, wie stark das eine oder das andere zutrifft. Lediglich im Falle autonomer Systeme, wie sie in der »Theorie dynamischer Systeme« behandelt werden, liegt der Fall eindeutig: Sie sind »Systeme, die keine Grenze und damit auch keine Umwelt im oben definierten Sinne haben« (S. 50). Sie sind damit selbstorganisiert im strengen Sinne.

Auf sie greift an der Heiden in seinem formalen Modell von Selbstorganisation zurück. Sein Systembegriff verlangt lediglich, daß eine »Vielheit von Entitäten zusammen wieder eine Entität, das System, darstellen kann« (S. 58) und bestimmte Beziehungen zwischen den Entitäten (Komponenten) bestehen, die das System ausmachen. Wie bei Schwegler ist auch hier das System das Ergebnis einer Ausgrenzung durch einen Beobachter, der festlegt, welche Komponenten und welche Beziehungen er zwischen ihnen für relevant hält.

Die *Autonomie* eines dynamischen Prozesses ist für an der Heiden die Voraussetzung für Selbstorganisation. Von ihr kann man immer dann sprechen, wenn alle Veränderungen im System nur durch die interne Dynamik des Systems hervorgebracht werden: »Die durch die dynamische Abhängigkeit zwischen den Komponenten (Größen, Variablen) eines Systems induzierten Eigenschaften und Strukturen eines Systems und seiner Komponenten nennen wir selbstorganisiert« (S. 72). Folgerichtig erscheinen dann Gleichgewicht, Stabilität, Chaos und Bifurkation als Eigenschaften der Selbstorganisation. Da Selbstorganisation eine Form

---

3 In einem späteren Abschnitt werden wir allerdings sehen, daß, wenn ein bestimmter Analyseausschnitt gewählt worden ist, Randbedingungen eine besondere Funktion bei der Selbstorganisation eines Systems zukommt.

der Beschreibung ist, wird jedes fremdorganisierte System durch eine geeignete Erweiterung der Systemgrenzen zu einem selbstorganisierenden System.
Schwegler und an der Heiden legen mit ihren Beiträgen die Grundlage für eine Theorie der Selbstorganisation, die sich auf Strukturbildung (Gleichgewicht und Stabilität) und Strukturdynamik (Instabilität, Bifurkation usw.) konzentriert. An der Heidens mathematische Beschreibung erlaubt die integrierte Darstellung von Elementen der Synergetik, der Katastrophentheorie und der Chaostheorie.

3. Beobachtbare Ordnung

Mit der Arbeit von Müller-Herold über die »Selbstordnung« überschreiten wir die Grenze hin zu den empirischen Wissenschaften – und sofort tritt neben die Probleme der Entwicklung einer gemeinsamen Sprache und eines allgemeinen formalen Apparats ein vielleicht noch dringlicheres drittes: Wie *erkennen* wir Selbstorganisation in der Wirklichkeit? Welche Merkmale der *Beobachtung* stehen uns zur Verfügung? Das Problem entpuppt sich als ungemein schwierig. Müller-Herold vereinfacht es, indem er zunächst nicht nach *Selbst*organisation fragt, sondern nur nach Organisation, und dann wiederum *Ordnung* als den einfachsten Fall von Organisation betrachtet. Wie also unterscheiden und beobachten wir Ordnung?
Müller-Herold verweist darauf, daß eine nicht-zirkuläre Einführung des Begriffs bisher nicht gelungen ist. Das mag alle diejenigen wundern, die in der Kopplung von Informationstheorie und statistischer Mechanik die Möglichkeit einer grundbegrifflichen Definition sehen: Ordnung in einem gegebenen System ist umgekehrt proportional zur Zahl der Alternativen, die durch verschiedene Anordnung der Elemente bei konstant bleibender Ordnung definiert sind. Man sieht aber in diesem Ansatz, daß die Zirkularität nicht beseitigt ist: die Bedingung »bei konstant bleibender Ordnung« setzt den Ordnungsbegriff ja bereits voraus. Die Definition erlaubt allenfalls, einen »Ordnungs*grad*« (Zahlen der Alternativen) zu *berechnen*, sagt aber gerade nicht, was Ordnung ist. Darüber hinaus ist die Anzahl der alternativen Anordnungen der Elemente innerhalb eines bestimmten Ordnungsschemas keine

unabhängige Größe, sondern folgt letztlich aus den Eigenschaften der zu ordnenden Elemente.[4] Welche Eigenschaften man aber den Elementen eines Systems zuschreibt, hängt wiederum vom Erkenntnisinteresse des Beobachters ab.

Müller-Herold kommt zu dem Ergebnis, daß Ordnung immer und nur *kontextabhängig* bestimmt werden kann und muß: Verschiedenen Kontexten entsprechen verschiedene »Bildungsgesetze für eine ideale Struktur«. Bestimmte Konfigurationen werden dementsprechend – je nach Kontext – als mehr oder weniger geordnet angesehen.

Ordnung ist damit grundsätzlich ein erkenntnissubjektiver Begriff, der aus einer rein physikalischen Beschreibung nicht folgt. Als rein physikalisch wird hier eine *reduktionistische* Beschreibung angesehen, in der alle Beobachtungen sich auf die Wechselwirkung von Elementen beziehen. Und eine solche Reduktion ist immer möglich, solange es allein um die Ordnungsbildung innerhalb einer Beschreibungsebene geht. Wir werden im nächsten Schritt der Analyse sehen, daß bei Annahme verschiedener Beschreibungsebenen, die sich zueinander wie Mikroebene zu Makroebene verhalten, eine solche Reduktion nicht durchgängig möglich ist, es sei denn um den Preis des Verschwindens der Phänomene der Makroebene.

Warum ist es dennoch für den Erkenntnisprozeß notwendig, Ordnungsbegriffe zu bilden? Die Antwort hängt an dem genannten Grund der Kontextabhängigkeit der Erkenntnis: Grenzen wir, durch ein bestimmtes Erkenntnisinteresse angeleitet, aus dem Realitätsbereich – sei es einer Wissenschaft, sei es der vorwissenschaftlichen Erfahrung – ein Gebiet aus, dessen Struktur wir durch besondere Merkmale bestimmen (Dinge, deren Eigenschaften und die Relationen zwischen ihnen), dann bestimmen wir einen Forschungskontext. Im Falle der Untersuchung von Müller-Herold sind die bestimmenden Merkmale die der Protozelle. In anderen Beispielen sind es die des Lasers, die einer chemischen Uhr usw. Diese Merkmale sind vortheoretische, phänomenologische Begriffe.[5] Sie geben intuitive Maßstäbe für die interne Beob-

---

4 Sind die Elemente voneinander zu unterscheiden, ist die Zahl der Alternativen größer als im Falle ihrer Ununterscheidbarkeit.

5 Für Unordnung/Ordnung-Übergänge mag dies umstritten sein, aber Müller-Herold behauptet, daß in »theoretischen Termen nicht einmal

achtung von Zuständen hinsichtlich ihrer relativen Ordnung als Erfüllung der erwarteten Struktur.
Wenn diese Klärung des Ordnungsbegriffs gelungen ist, dann ist der nächste Schritt zur Einführung des Begriffs der *Selbstordnung* weniger problematisch: »Unter *Selbstordnung* verstehen wir, daß ein System durch seine Eigendynamik in Richtung auf eine Ordnung sich ändert« (S. 92).

4. Das Wechselspiel zwischen Mikro- und Makroebene

Während Müller-Herold mit der Analyse der Entstehung präbiotischer Protozellen im Prinzip das Gebiet der Entstehung von Leben durch Selbstordnung erschließt, stellt sich Roth mit der Frage nach der Entstehung von *Bedeutung* im Gehirn ein Problem neuer Art: das Problem der Emergenz einer neuen Qualität. Gehirne bringen »Bedeutung« hervor; dies ist das wesentliche Merkmal von Gehirnen. Auf der anderen Seite sind sie zweifellos physikalisch-chemische Systeme, die mit physikalischen und chemischen Mitteln beschrieben werden können. Bedeutung ist also eine nichtphysikalische emergente Eigenschaft eines physikalischen Systems.
Das Bild, das sich der Analyse darbietet, ist zunächst äußerst verwirrend: Wir haben es erstens mit der physikalisch-chemischen Ebene neuronaler Aktivitäten zu tun, die im Prinzip auf einzelne Ereignisse zurückverfolgt werden können (Mikroebene); zweitens existiert eine Ebene der Bedeutungen, für deren Analyse uns im allgemeinen keine neuronalen Beobachtungen, sondern Verhaltensbeobachtungen zur Verfügung stehen (Makroebene) (S. 110). Drittens müssen die beiden Ebenen ihrerseits kausal verknüpft sein; andernfalls würde man nicht von Emergenz, vom *Hervorbringen* einer neuen Qualität, sprechen.
Die Lösung kommt aus der Analyse eines Prozesses der Selbstorganisation, der während der Verarbeitung sensorischer Erregung im Gehirn abläuft. Eine *lokale*, durch einen Umweltreiz ausgelöste neuronale Aktivität, die als solche völlig bedeutungsfrei ist, tritt im Gehirn eingebettet in ein raumzeitliches Erregungsmuster

  gesagt werden kann, welche der beteiligten Phasen [Ordnungszustände; die Hg.] überhaupt die geordnetere ist« (S. 102).

(das heißt: in eine spezielle Ordnung nach der Konzeption von Müller-Herold) auf. Dieses Muster ist der Kontext, durch den der Aktivität eine Bedeutung zugewiesen wird, die nun selbst als eine spezifische Wirkung (Verhalten) beobachtbar ist. Das der Bedeutungszuweisung zugrunde liegende Erregungsmuster besteht wiederum aus vielen lokalen neuronalen Aktivitäten, die alle für sich bedeutungsfrei sind und selbst nur über ihren Kontext, in den sie eingebettet sind, Bedeutung erlangen. Diese experimentell nachweisbare *zirkuläre* Bedeutungszuweisung entfaltet sich in einem Prozeß der Selbstorganisation.

»Bedeutung« wird von Roth nicht gleichgesetzt mit »Gedanke« oder gar »Bewußtsein«; er verwendet den Begriff sehr viel allgemeiner als »Wirkung, die ein physiko-chemisches Ereignis innerhalb eines kognitiven Systems auslöst« (S. 111). Dennoch fallen auch Gedanken oder mentale Akte unter diese Wirkungen und können auf neuronale Aktivitäten der Mikroebene bezogen werden. Der Nachweis dieser Beziehungen ist eine empirische Frage und keinesfalls eine ontologische, wie Roth mehrfach betont: »Es ist eine Frage der Auflösungskraft diagnostischer Methoden ... inwieweit wir in der Tat ›Gedanken lesen‹ können« (S. 130).

Daß es uns innerhalb der eigenen Intuition schwer fällt, die eigenen mentalen Akte als emergente Produkte physiko-chemischer Ereignisse zu verstehen, dafür bietet Roth eine bestechende biologische Erklärung an: Es gehört zu unserer »Überlebensausstattung«, unsere eigenen mentalen Akte streng mental und nicht neuronal *wahrzunehmen*. Im Prinzip wäre denkbar, daß in bestimmten Situationen unser Gehirn uns unseren neuronalen Zustand »vorliest«, anstatt auf eine Bedeutung zu verweisen. In kritischen Situationen würde uns dies eher zum Nachteil als zum Vorteil gereichen. In wissenschaftlicher Perspektive sind wir aber nicht daran gebunden, diesen Überlebensschutz zu übernehmen, sondern können mentale Prozesse auf ihre neurophysikalischen Mikroprozesse zurückverfolgen.

Hinsichtlich der Theorie der Selbstorganisation ist mit dem Ansatz von Roth ein wichtiger Schritt getan: *Selbstorganisation ist die Einrichtung von Wechselwirkungen zwischen Ordnungen oder Mustern, die aus einer Mikrowelt entstehen.* Zwar gilt auch hier der von Müller-Herold aufgestellte Vorbehalt der Kontextualität, des interessegeleiteten Abtrennens einer Systemwelt aus ihrer Umwelt. Aber diese Systemwelt ist nun nicht mehr durch Ordnung charakterisiert, sondern durch eine spezielle Form der Wechselwirkung: der Bedeutungszuweisung durch Bedeutung. Die Komponenten oder, in Schweglers Sprache, die invarianten Relationen sind zwar Ordnungen, aber die Selbstorganisation wird nicht durch diese Ordnungen, sondern durch die Operationen der zirkulären Bedeutungszuweisungen bestimmt.

Ein weiterer Ausbau dieses Ansatzes ist die Untersuchung von Stadler und Kruse zum psychophysischen Problem. Ihr empirischer Bezug ist die Gestaltpsychologie und deren Reservoir an Demonstrationen darüber, daß in Wahrnehmungsprozessen Wahrnehmung zwar durch Sinnesreize und neurophysiologische Vorgänge veranlaßt wird, aber die Bildung von Wahrnehmungsmustern – und verallgemeinert: aller psychischen Qualitäten – durch die interne Organisation der Erregungsverarbeitung bestimmt ist (S. 144).

Stadler und Kruse weisen darauf hin, daß zur Interpretation dieser Tatbestände die klassischen Gestalttheorien vor allem von Köhler und Lewin noch heute ernstzunehmende Beiträge enthalten (S. 147). Aber für ihre eigenen Arbeiten schließen sie an eine Theorie an, die als eine der am besten durchgestalteten auf dem Gebiet der Selbstorganisation gilt: die Synergetik von H. Haken. »In der Synergetik werden Vorgänge aus allen Bereichen der Natur untersucht, die bei kontinuierlicher Variation des energetischen Zustandes eines Systems (sogenannter Kontrollparameter) zunächst starke Fluktuationen und dann Phasensprünge in neue geordnete Zustände zeigen« (S. 145). Die Anwendung dieses Prinzips geschieht bei ihnen durch folgende Zuordnung: »Kognitive Systeme bestehen also aus zwei in einem Organisationszusammenhang stehenden Hauptkomponenten – den zentralnervösen Prozessen und den Bewußtseinszuständen. Erstere bezeichnet man als die mikroskopische und letztere als die makroskopische Systemebene« (S. 145). Die Mikroebene unterliegt physikalisch-chemischer Kausalität (Gesetzmäßigkeit), die Makroebene einer eigenen psychischen (S. 145).

Die von Stadler und Kruse vorgeschlagene Verwendung der Synergetik erlaubt es nun, ein theoretisches Modell gerade auch für die Wechselwirkung zwischen den Ebenen und damit die Beziehung zwischen den Gesetzmäßigkeiten zu bilden. Dieses Modell bereichert natürlich nicht unmittelbar das empirische Wissen, stattet aber die Forschung mit neuen heuristischen Vorstellungen

an der rätselhaften Grenze zwischen dem Physischen und dem Psychischen aus. Es kommt dabei ein Begriff ins Spiel, der sich in jüngerer Zeit in der Selbstorganisationsforschung als immer wichtiger erwiesen hat, obwohl er zunächst in einer Gegenposition zu ihr zu stehen scheint: das Chaos. Nach Stadler und Kruse versetzen neue, noch nicht eingeordnete Reize bestimmte Regionen des Zentralnervensystems in einen Erregungszustand, der die Charakteristika eines chaotischen Prozesses hat. Dies führt nun durch die Herausbildung einer »lokalen Stabilisierung« (S. 146), die als Attraktor des Erregungszustandes fungiert, zu einem Makrozustand, der für eine »Bedeutungszuweisung« für den neuen Reiz zur Verfügung steht. Auf der Ebene dieser Makrozustände wird der neue Reiz zu den bekannten in Beziehung gesetzt, wodurch sich deren relationales Gefüge insgesamt verschiebt. Der neue Makrozustand ist zugleich Produkt und »Ordner« der elementaren Prozesse im Zentralnervensystem (S. 154).
Damit hat die Interpretation von Selbstorganisation eine Präzisierung erfahren, die sich einerseits auf eine formal durchgestaltete Theorie stützen kann und andererseits auf Phänomene der Wahrnehmung, die damit einer – wenn auch noch hypothetischen – überraschend einfachen Deutung zugeführt werden können.

5. Randbildung

Schwegler und an der Heiden haben Selbstorganisation theoretisch als Phänomen der Bildung von *Ordnung* beschrieben. Die Systeme wurden als theoretische oder empirische Konstrukte eingeführt, ihre Dynamik war Ziel der Analyse. Roth sowie Stadler und Kruse haben diesen Rahmen erweitert und versucht, ein Modell für die *Emergenz* neuer Interaktionsebenen als Selbstorganisationsprozeß zu bilden. In all diesen Fällen konnte für die Entstehung von Ordnung und die Emergenz neuer Interaktionsebenen ein theoretischer Rahmen entwickelt werden, ohne dabei das Problem der »Randbildung« aufzugreifen. Bei an der Heiden gibt es formal keinen Rand, weil alle Systemvariablen nur von sich selbst und untereinander abhängen und die Wechselwirkungen deshalb geschlossen sind. Einflüsse der Umwelt erscheinen lediglich in Form konstanter Parameter. Bei Müller-Herold ist die Entstehung komplexer, sich selbst reproduzierender Strukturen eine

Folge von Nachbarschaftsbeziehungen (lokale Wechselwirkung), die von den Eigenschaften der beteiligten Komponenten abhängt und deshalb Randbildung entbehrlich macht. Daß bei Roth sowie bei Stadler und Kruse Randbildung ebenfalls nicht vorkommt, überrascht zunächst. Aber die Ausdifferenzierung einer neuen Interaktionsebene führt per definitionem zur operationalen Geschlossenheit, weil es den neuen Interaktionstypus außerhalb seines Entstehungsbereichs nicht gibt. Schwegler kommt zwar auf das Problem der Randbildung zu sprechen, weil in speziellen Fällen eine Systemkonstruktion ohne Grenzen nicht möglich ist und es deshalb zur »Selbstbegrenzung« kommen muß. Aber in der Gleichsetzung von »Selbstbegrenzung« und Selbstorganisation sieht er eher eine Ursache von Mißverständnissen, denn in den »Wissenschaften, die einen hohen Grad an Formalisierung und damit an Präzisierung zustande gebracht haben«, komme man ohne die Gleichsetzung von »System« oder »Selbstorganisation« mit »Selbstbegrenzung« im Sinne autonomer Randbildung aus (S. 54).

Krohn und Küppers werfen nun ein Problem auf, bei dem nach ihrer Ansicht in die Theorie der Selbstorganisation ein Verfahren der Randbildung (oder der Selbstbegrenzung im Schweglerschen Sinne) eingeführt werden muß. Es ist das Problem der *Subsystembildung*. Subsysteme sind in eine Umwelt eingebettet, die selbst systemisch ist. Sie haben daher in vielen Fällen systemisch vorgegebenen *Funktionen* zu genügen, im Falle sozialer Systeme Leistungserwartungen, sei es gegenüber einem Gesamtsystem oder gegenüber anderen Funktionssystemen. Durch die Produktion und den Export spezifischer Leistungen können diese Funktionen erfüllt werden. Andererseits sind Subsysteme als selbstorganisierte Systeme autonom. Sie können die Leistungen nach systemimmanenten Kriterien produzieren und indirekt die gestellten Erwartungen umdefinieren (der Beitrag von Hutter geht in diesem Zusammenhang auf das Wirtschaftssystem am Beispiel der Bedürfniskategorie ein) oder einfach ignorieren – etwa beim Übergang einer demokratischen Verfassung in eine Militärdiktatur. Bei Subsystemen besteht also zwischen diesen und ihren Umwelten ein differenziertes Austauschgeschehen, das sich in Abhängigkeit von beiden verändern kann und wegen seiner im Konflikt zwischen Funktionalität und Selbstorganisation angelegten Instabilität ständig neuer Lösungen bedarf.

Das Modell der Randbildung, das Krohn und Küppers zur Bewältigung dieser Problemlage entwickeln, zielt darauf ab, Systementstehung und -erhaltung nicht mehr allein als kontextrelative Kategorien einzuführen, sondern als Prozesse zu behandeln, die Systeme beobachtbar leisten. Zwei formale Schritte sind dabei zu unterscheiden: erstens die Entstehung einer rekursiv geschlossenen Prozeßdynamik durch eine funktionenabhängige Kooperation und Kommunikation aufgrund der Selektionswirkung von (für das System) *externen Randbedingungen*. Diese Randbedingungen sind durch die Leistungserwartungen der Umwelt vorgegeben, denen das Subsystem sich auf Dauer nicht entziehen kann. Sie erlauben es dem Subsystem, aus dem Repertoire möglicher Formen der Kooperationen und Kommunikationen die auszuwählen, die als funktional angesehen werden. Im Sinne an der Heidens sind damit die relevanten Variablen und ihre Verknüpfungen festgelegt.

In einem zweiten Schritt muß sichergestellt werden, daß sich diese spezifisch gewordenen Formen der Interaktion durch die Festlegung spezifischer Interaktionsregeln reproduzieren. Dies ist der Prozeß der *Randbildung* und geschieht nach Krohn und Küppers durch die Variation der relativen Gewichtung bestimmter Verknüpfungen im rekursiven Netzwerk der Systemoperationen. In der formalen Sprache an der Heidens werden die freien Parameter seines Gleichungssystems festgelegt.

Am Beispiel der funktional ausdifferenzierten Subsysteme Recht, Wirtschaft, Politik und in größerer Ausführlichkeit in der Wissenschaft wird diskutiert, wie diese Prozesse der *System- und Randbildung* durch rekursive Schließung und ihre Reproduktion zur Bedingung für die Produktion systemspezifischer Leistungen interpretiert werden können.

6. Intersystemische Netzwerke

Gunther Teubner bringt eine weitere Steigerung der Komplexität für eine Theorie der Selbstorganisation ins Spiel. Auch er geht zunächst von der Fragestellung aus, inwieweit Selbstorganisationskonzepte in der Lage sind, »neuartige Organisationsformen als Emergenz von selbstreferentiell konstituierten Einheiten zu erklären« (S. 190). Sein empirischer Bezug ist das Auftreten von

Markt- bzw. Organisationsnetzwerken als hybrider Organisationen in der Wirtschaft. Er deutet diese Netzwerke als »soziale Systeme dritter Ordnung« (S. 193), wobei »Gesellschaft als das Ensemble menschlicher Kommunikation ... als soziales System erster Ordnung anzusehen ist« und soziale Systeme zweiter Ordnung durch jene »Spezialkommunikationen« gekennzeichnet sind, die ihnen als ökonomisches, politisches, rechtliches und wissenschaftliches System eine eigene Identität verleihen. In dem gerade diskutierten Ansatz »Subsystembildung durch Randbildung« wurde ein Mechanismus zur Bildung von Systemen zweiter Ordnung angeboten. Es würde sich nun anbieten, weitere Emergenzformen einfach als iterativen Prozeß der Subsystembildung zu interpretieren. Damit wird aber die empirisch beobachtete Bildung von Netzwerken nicht eingefangen, die sich eben nicht als weitere Binnendifferenzierung von Subsystemen beschreiben läßt. Statt dessen ist Teubner gezwungen, einen neuen Mechanismus einzuführen, der in Anlehnung an einen logischen Kalkül von Spencer-Brown[6] »re-entry« genannt wird: »Die Selbstorganisation von Netzwerken als autopoietische Systeme höherer Ordnung vollzieht sich über den *re-entry* der Unterscheidungsalternativen in die Unterscheidung selbst« (S. 190).

Den sachlichen Ausgangspunkt Teubners bilden zwei Systemtypen, die als *Markt* und als *Organisation* bezeichnet werden. Sie sind Systemtypen, die durch die jeweiligen Randbedingungen des vertraglichen Austauschs und die hierarchische Kooperation gebildet werden. Teubner unterstellt, daß es sich dabei um grundbegrifflich verschiedene Systemtypen handelt, und zwar jeweils um Systeme zweiter Ordnung (S. 197). Ihn interessiert nun das Phänomen, daß sich einerseits *innerhalb* des Marktes Netzwerke bilden, die unzweideutig Merkmale der Organisation tragen (Beispiele: Zuliefersysteme für Konzerne, Franchising, Bankenbeziehungen), und andererseits *innerhalb* der Organisation Netzwerke, die Marktelemente realisieren (zum Beispiel dezentral organisierte Konzerne, *joint ventures*). Der Tatbestand ist nicht zu bezweifeln, aber in der Logik der Selbstorganisation nicht einfach zu erfassen. Denn die Selbstorganisation des Marktes entsteht durch Ausschließung der Hierarchie und die der Organisation durch Ausschließung des Marktes.

---

6 George Spencer Brown, *Laws of Form*, London 1969, S. 69 ff.

Der Grundgedanke Teubners ist nun, daß die sich wechselseitig ausschließenden Handlungstypen »Tausch« und »Kooperation« als Repertoire sozialen Handelns auch wieder zur Verfügung stehen, nachdem eine Entscheidung zugunsten der einen oder anderen Alternative getroffen wurde. Solche Vermischungen wurden bisher von systemtheoretischer Seite eher als traditionsbehaftete »Vorform« rein funktionaler Systembildung und von Gegnern als Gegenbeispiele gegen den Ansatz der funktionalen Ausdifferenzierung betrachtet. Nach Teubner greifen aber beide Erklärungen nicht.[7] Denn man muß erklären, daß ihre Überlegenheit nicht außerhalb, sondern im Rahmen des Wirtschaftssystems, also innerhalb der funktionalen Ausdifferenzierung dieses Subsystems besteht. Man hat also davon auszugehen, daß es sich um eine evolutionäre *Steigerung* der Leistungsfähigkeit der Systeme zweiter Ordnung handelt, eben um Systeme dritter Ordnung. Sie werden nicht nur in der Wirtschaft, sondern auch in der Politik beobachtet und vor allem auch als Hybridbildungen zwischen Systemen, die durch Ausdifferenzierung von Spezialkommunikationen bestimmt sind: Netzwerke zwischen Wirtschaft und Politik, Wirtschaft und Wissenschaft, Politik und Recht usw.

Die Beschreibung des für deren Herausbildung verantwortlichen *»Re-entry«*-Mechanismus kann auf den durch Schwegler, an der Heiden und Müller-Herold entwickelten Grundgedanken zurückgreifen, daß alle Systembeobachtung beobachtungs- und kontextabhängig ist. Wenn wir also in einem Marktsystem Organisationsformen beobachten, die nach dem von uns entwickelten Modell des Systems (seinen Regeln) nicht erfaßt sind, dann steht es der Theorie offen, diese als systemfremd auszugrenzen oder als evolutionäre Erweiterung mit einzubeziehen.[8] Vor diesem Hinter-

---

7 Im Fall des Wirtschaftssystems mag für Japan der Hinweis auf die konfuzianische Tradition die Lesart stützen, daß Vorformen der funktionalen Differenzierung fortexistieren. Hieraus folgt aber allenfalls eine kausale Erklärung dafür, daß diese neuen organisationalen Strategien dort entwickelt worden sind, nicht für ihren weltweiten Vormarsch.

8 Das soziologische Beobachtungspostulat, daß nicht uns diese Freiheit zusteht, sondern den von uns beobachteten Beobachtern, das heißt den Akteuren am Markt, ist hinsichtlich dieses Problems nur eine erkenntnistheoretische Schleife: Wir müssen dann entscheiden, ob wir bestimmte Beobachter einbeziehen oder nicht.

grund kann nun Teubner argumentieren, daß Handlungstypen, die zunächst durch die Selbstorganisation eines Systems aus diesem ausgeschlossen sind, doch wieder zur Verfügung stehen, ohne daß der funktionale Primat des Systems aufgegeben wird. In diesem Sinne kann etwa, nachdem moralische Erwägungen aus dem modernen System der Ökonomie ausgegrenzt worden sind (und nach Max Weber gerade hierin der Kern der Wirtschaftsethik besteht), es doch zum *re-entry* der Moral kommen, vor allem, wenn wirtschaftliche Vorteile damit einhergehen (zum Beispiel Nicht-Handel mit Apartheidsländern zur Stabilisierung des Inlandsabsatzes, Einführung umweltfreundlicher Technologien oder Verzicht auf Rüstungsexporte). Ähnlich kann nach Trennung von Wissenschaft und Politik doch wieder innerhalb der Wissenschaft Politik betrieben werden (etwa zur Akquisition von Forschungsressourcen oder als Schulenbildung). Wenn sich solche Einbauten von durch Randbildung zunächst ausgegrenzten Kommunikations- und Handlungstypen als erfolgreich erweisen, dann kommt es zur Institutionalisierung und damit zu Netzwerken, die durch mehr als eine Systemlogik gekennzeichnet sind.

Re-entry führt zu hybriden Strukturen von hoher Flexibilität, solange es klare Entscheidungsprozeduren gibt, auf welche Systemlogik im Zweifelsfall zurückgegriffen wird. In Teubners Beispielen sind Marktnetzwerke zwar durch Organisationsformen gekennzeichnet, aber letztlich bestimmt der Markt, ob eine Komponente im Netz bleibt oder nicht. Im Falle von Organisationsnetzwerken steht hinter jeder Marktgestaltung der Vorbehalt für hierarchische Entscheidungen. Selbständig auf dem Markt operierende Tochterfirmen bekommen dies bei veränderten Randbedingungen für den Gesamtkonzern schnell zu spüren. Schwieriger wird die Situation, wenn Netzwerke so verselbständigt operieren, daß keine eindeutige Zuordnung zu einem System zweiter Ordnung möglich ist.

7. Selbstreferenz, Fremdreferenz, Synreferenz

Bisher ist nicht explizit darauf Rücksicht genommen worden, daß kognitive Systeme und Kommunikationssysteme nicht nur operational geschlossene, sondern auch (selbst- und fremd-)referentielle Systeme sind, in dem Sinne, daß in ihnen Abbildungsfunktionen[9] existieren. Häufig (auch in einigen Aufsätzen dieses Bandes) wird der Begriff der Referenz gleichbedeutend mit dem der Rekursion gebraucht. Während aber Rekursion lediglich festlegt, daß ein Output systemischer Operationen wieder zu ihrem Input wird, ist mit dem Begriff der Referenz im engeren Sinn gemeint, daß einige Zustände andere *repräsentieren* oder sich auf diese *beziehen*. Schärfer ausgedrückt: Repräsentation oder Referenz *ist* ein Zustand, der eine Abbildung (ein Modell) eines anderen Zustands ist.

Die Fragen nach den Ursprüngen, Voraussetzungen und Formen der Referenz gehören zu den zentralen der Philosophie des 20. Jahrhunderts und werfen vor allem auch durch analytische und konstruktive Arbeit an der »künstlichen Intelligenz« immer neue Probleme auf. Zwar hat es die Theorie der Selbstorganisation verstanden, durch die Variante der Theorie »selbstreferentieller Systeme« das Problem grundsätzlich neu anzugehen: Im Sinne der Beiträge von Roth sowie Stadler und Kruse werden Referenzen nicht als externe Umweltereignisse unterstellt, sondern als systemeigene Zustände. Hier tauchen nun aber die alten Schwierigkeiten in neuer und hoffentlich besser geordneter Weise wieder auf. Wie leistet ein System es, erstens einen Zugriff auf die (früheren, »zukünftigen« oder parallelen) Zustände der eigenen kognitiven oder kommunikativen Aktivitäten zu gewinnen und zweitens einige dieser Zustände selbstreferentiell als fremdreferentiell zu handhaben?

Fraglos ist, daß Systeme, die mit der Aktionsform (»Wechselwirkung«) Referenz ausgestattet sind, über ein Handlungsreservoir verfügen, das eine gegenüber physikalischen Systemen ganz neue Leistungsdimension eröffnet: Handeln aufgrund von Symbolen, Modellen oder Abbildungen. Die beiden Systemtypen, die hierüber voll verfügen, sind psychische Systeme (oder Bewußtseinssysteme) und soziale Systeme (oder Kommunikationssysteme).[10]

Es genügt aber nicht, diese beiden Systemtypen nur nebeneinan-

---

9 Der Begriff »Abbildung« wird hier in seiner formalen Bedeutung genommen, also invariant gegenüber der erkenntnistheoretischen Frage einer konstruktivistischen oder korrespondenztheoretischen Interpretation der Abbildung.

10 Wo genau die Grenzen innerhalb der biologischen Systeme oder zur Künstlichen Intelligenz verlaufen, ist umstritten.

derzustellen. Zu offensichtlich sind sie aufeinander angewiesen. Diese Beziehungen zu untersuchen ist der Gegenstand dreier Beiträge dieses Bandes. Der Beitrag von Baecker unterstellt eine radikale Trennung zwischen Bewußtsein und Kommunikation. Zwar könne man kausale Wirkungen zwischen ihnen beobachten, aber diese seien einflußlos auf die Konstitution ihrer Selbstreferenz (S. 228). Sie sind füreinander wechselseitig Umwelt, deren Ereignisse jeweils als Irritationen registriert, aber nur nach den eigenen Unterscheidungen verarbeitet werden können (S. 236). Wechselseitiges »Verstehen« in dem Sinne, daß ein Bewußtsein den Sinn einer Kommunikation erschließt und eine Kommunikation die Gedankenführung eines Bewußtseins, ist möglich durch die Benutzung des *Re-entry*-Mechanismus. Ein Bewußtsein kann wiederum die Unterscheidung von Bewußtsein und Kommunikation zur Bezeichnung seiner eigenen Bewußtseinszustände einführen und damit seine an die eigenen Gedanken anknüpfenden Gedanken von denen trennen, die eine Kommunikation erzeugt, obwohl es immer die eigenen Gedanken sind, die aneinander anschließen. Entsprechend kann eine Kommunikation mit der Trennung operieren, daß kommunikative Anteile an die Befindlichkeit eines psychischen Systems gerichtet sind, andere an das Gesagte anknüpfen, obwohl beide Anteile kommunikativ sind.
Für die trotz dieser strikten Trennung »schon immer« gegebene wechselseitige Angepaßtheit benutzt Baecker den Begriff der *strukturellen Kopplung*, der in die Diskussion eingeführt wurde, um die Passung von autopoietischen Systemen in einem gemeinsamen Medium zu beschreiben. Das gemeinsame Medium von Bewußtsein und Kommunikation ist Sinn.
Eine im Ansatz entgegengesetzte Ausgangsposition wählt Hejl. Er bestimmt Individuen als die Basiskomponenten sozialer Systeme. Sein Hauptargument ist, daß die *Aktivität* sozialer Systeme an die Existenz kognitiver und emotionaler Fähigkeiten der Individuen gekoppelt ist (S. 271 f.). Individuen können auch Komponenten (Mitglieder) verschiedener sozialer Systeme sein und die Mitgliedschaft wechseln. Dieser »methodologische Individualismus« (S. 275) ist durchaus vereinbar mit der Auffassung, daß Individuen hinsichtlich ihrer Realitätskonstrukte und Handlungsprogramme *sozial* bestimmt sind. Nach Hejl sind Individuen gerade insoweit Mitglieder eines sozialen Systems, wie sie die durch dieses System bestimmte Wirklichkeitskonstruktion teilen. Er

führt dafür den Begriff der »*Synreferentialität*« ein. »Während ›Selbstreferentialität‹ den Bezug auf die Zustände eines kognitiven Systems bezeichnet, die aus seiner operationalen Geschlossenheit resultieren, hebt *Synreferentialität* den *Bezug auf im Sozialsystem ausgebildete oder/und für es konstitutive Zustände* hervor, das heißt Zustände, die alle seine Komponenten ausgebildet haben als Voraussetzung ihrer Systemmitgliedschaft« (S. 280).

Einen Ausgangspunkt wieder anderer Art wählt Schmidt. Er stellt in das Zentrum der Analyse den *Prozeß des Verstehens* und fragt nach den Instanzen, die für sein Zustandekommen zusammenspielen: Bewußtsein (psychisches System), Kommunikation (soziales System) und Medien (vor allem: sprachliche Texte). »Modelliert man psychische und soziale Systeme als selbstorganisierend ..., dann werden zwei grundlegende Annahmen kognitionstheoretischer Verstehensmodelle unplausibel: und zwar die Annahme einer Text-Leser-Interaktion sowie die Annahme der Top-down- und Bottom-up-Beziehung zwischen Textinformation und Kognition; denn Information muß als Informationskonstruktion an den kognitiven Bereich gebunden werden; und aktiv im Sinne einer Interaktion können nur das Bewußtsein und die Kommunikation, nicht aber der Text sein« (S. 302). Nach Schmidt ist es nun die Funktion der »Medienangebote«, Bewußtsein und Kommunikation *strukturell zu koppeln* (S. 307). »Sie sind weder Kognition noch Kommunikation, [können] aber in beiden Systemen operational aufgelöst ... und entsprechend den Bedeutungskriterien der jeweiligen Systeme genutzt werden« (S. 308). Die weitere Analyse konzentriert sich dann darauf, wie einerseits durch kognitive Prozesse »Kommunikate« gebildet werden, andererseits durch kommunikative Prozesse Bedeutungen.

In dem Beitrag von Hutter wird die Beziehung zwischen Bewußtsein und Kommunikation im Zusammenhang des Wirtschaftssystems diskutiert. Auch er geht von der strikten kategorialen Trennung beider aus, um aber nachzuweisen, daß gerade deswegen beide »in ihrer jeweiligen eigenen Entwicklung aufeinander« bezogen sind (S. 357). Dieser Bezug wird an zwei Kategorien durchgeführt, die wir spontan als Individualkategorien deuten würden: »Bedürfnis« und »Erwartung«. Hutter verweist darauf, daß diese Zuordnung selbst ein Produkt der wechselseitigen historischen Formung ist. »Psychische Fähigkeiten der Koordination von Entscheidungen und Gefühlen, die dem modernen Bewußtsein

selbstverständlich sind, tauchten ... erst vor 250 Jahren auf ... Erst danach verbreiteten sich Formen eines Selbstbewußtseins, das so homogen war, daß formale Darstellungen durch Nutzen-Kraftfelder angemessen erscheinen konnten« (S. 349).
Die Arbeit von Wieland zu Adam Smith ist eine Fallstudie, welche die Selbstinterpretation des modernen Wirtschaftssystems genau an der Stelle analysiert, an der nach Hutter die systemische Differenz zwischen Wirtschaft als Kommunikationssystem und Wirtschaft als Bedürfnisregulation historisch manifest wird.

8. Schlußbemerkung

Die zunehmenden kategorialen Probleme, denen sich die Theorie selbstorganisierender Systeme gegenübersieht, wenn sie sich auf die Erklärung kognitiver und kommunikativer Systeme einläßt, entstehen nicht in erster Linie aus dieser Theorie, sondern aus der Komplexität dieser Phänomenbereiche. Es sind alte Schwierigkeiten in neuer Beleuchtung – und es ist nicht zu erwarten, daß allein die Neuverteilung von Licht und Schatten sie auflöst. Die Hoffnung kann nur sein, über die Theorie der Selbstorganisation neue Möglichkeiten des methodischen Vorgehens und empirischen Beobachtens zu entwerfen. Daß man damit Erfolg haben kann, ist in vielen Beiträgen dieses Bandes vorgeführt worden. Aber mit diesen Erfolgen gewinnen allmählich auch die ungelösten Probleme Kontur.
Der eingangs skizzierten Absicht der Autoren, ihre unterschiedlichen theoretischen Begriffe (oder Sprachgewohnheiten) zu vergleichen und womöglich konsistent zu halten, ist – so muß man feststellen – eben nicht nur eine Sache des guten Willens. Man verstand wechselseitig, wie die Verwendung der Begriffe von den charakteristischen Eigenschaften der Phänomenbereiche abhängt. Sinnverschiebungen der Begriffe und damit Veränderungen in ihrer Ordnung wären mit den Mitteln einer lexikalischen Festlegung nicht vermeidbar. Im Gegenteil, eine solche würde den weiten Radius der in diesem Band gesammelten Anwendungen der Theorie der Selbstorganisation nicht sichtbar machen. Deren strukturelle Einheit herauszuarbeiten wird wohl noch für einige Zeit eine konstruktive Aufgabe von ungewöhnlicher Schwierigkeit bleiben.

Für die Mitarbeit an dieser Aufgabe möchten wir den Autoren dieses Bandes danken. Unser besonderer Dank gilt der Schweisfurth-Stiftung, die dieses ungewöhnliche Projekt einer disziplinenübergreifenden Zusammenarbeit großzügig gefördert hat.

Helmut Schwegler
Systemtheorie als Weg zur Vereinheitlichung der Wissenschaften?

> Relatio est ultima
> et nobilissima perfectio.
> Thomas von Aquin

1. Einleitung

Die Einheit der Handlungswelt verlangt die Einheit der Wissenschaft. Tatsächlich sehen wir vor uns ein Bild voneinander getrennter Wissenschaften mit unterschiedlichen Sprachen, die eine Einheit kaum erkennen lassen. Manche hoffen, daß die trennenden »Schnittstellen« durch neue übergreifende Begriffe wie System, Selbstorganisation, Emergenz überbrückt werden können. Dies setzt jedoch ein gemeinsames Verständnis der neuen Konzepte voraus. Deshalb soll in der vorliegenden Arbeit der Versuch einer Präzisierung innerhalb eines erweiterten, nichtreduktionistischen Rahmens von Systemtheorie gemacht werden. Es soll auf diese Weise eine sprachliche Basis für einen interdisziplinären Dialog in Sachen »Systemtheorie und Selbstorganisation« entstehen, der das Verständnis der Ähnlichkeiten und Unterschiede in der bisherigen Verwendung der neuen Konzepte in den verschiedenen Einzelwissenschaften befördert. Der Versuch einer solchen Präzisierung kommt leider nicht ohne willkürlich festgesetzte Festlegungen aus, zum Beispiel bei Begriffen wie Komponente, Struktur, Prozeß, Organisation, die nicht in jedem Falle mit dem bisherigen Gebrauch jedes Teilnehmers am angestrebten interdisziplinären Dialog voll übereinstimmen können. Tatsächlich ist dies eine der größten Hürden für das ganze Unternehmen: Verschiedene Leser haben ganz verschiedene Konnotationen, die mir als Verfasser dieses Textes teilweise gar nicht bekannt sind, so daß ich mich nicht auf jeden individuellen Leser einstellen kann. Ich muß also um geduldige Bemühungen bitten, meinen Sprachgebrauch zu verstehen.

Zum Zwecke der Vereinheitlichung der Wissenschaften werden verschiedene »Systemtheorien« angeboten, sowohl in mathematisch formalisierter Gestalt als auch in umfänglichen verbalen Darstellungen, die teilweise den Anspruch erheben, über die zu engen Grenzen der bisherigen Formalisierungen hinauszukommen. Wegen der fehlenden Formalisierung leiden letztere aber daran, daß eine überzeugende Überprüfung ihrer Leistungsfähigkeit nicht möglich ist. Die formalen mathematischen Systemtheorien sind allesamt anzusehen als der physikalischen Referenz entkleidete, abstrahierte Fassungen von teilweise schon sehr alten physikalischen Theorien, die schon angewandte Systemtheorie waren, bevor es diesen Namen gab. Insbesondere die klassische Mechanik war und ist immer noch das große Vorbild. Deshalb leiden alle derartigen formalen Systemtheorien, obwohl es in der abstrakten Fassung nicht leicht zu sehen ist, am Erbe des in der klassischen Mechanik verwurzelten Substantialismus, der über die allgegenwärtigen technischen Anwendungen heute mehr denn je auch das Alltagsdenken durchdrungen hat. Dieser Substantialismus führt denn auch ziemlich zwangsläufig zum Reduktionismus mit all den daraus entstehenden, schier unlösbaren Problemen bis hin zum Geist-Leib-Paradoxon.

Die Welt der klassischen Mechanik besteht aus dauerhaften, permanenten Körpern (die Idealisierung zu Massenpunkten ist für unsere Diskussion zunächst nicht von Bedeutung), deren Eigenschaften in ihrer zeitlichen Veränderung untersucht werden. Die permanenten Körper sind so schlechthin gegeben, daß die mathematische Theorie über sie fast kein explizites Wort mehr verliert; als Rudimente erinnern kleine Indexvariablen ($i=1,...,N$ beim N-Körper-System) an den Eigenschaften x_i, v_i, usw. daran, daß sich alles auf diese dauerhaften Körper bezieht. Diese implizite ontologische Grundstruktur ist in unserem Jahrhundert unter anderem von der Kybernetik übernommen worden, wo Netzwerke materieller oder funktional gedachter, aber jedenfalls dauerhafter Elemente, Glieder, Blöcke ihre Input-Output-Variablen als ihre Eigenschaften dynamisch verändern.

Ohne jeden Zweifel war und ist diese Konzeption ungeheuer erfolgreich – aber bereits innerhalb der Physik wird erkennbar, daß sie nicht auf alles und jedes paßt. Schon die Maxwellsche Feldtheorie hat sich mit der Beseitigung des Äthers vom Substantialismus entfernt. Bei den Quantenphänomenen erwies sich dann einerseits die klassische Feldtheorie als unzureichend, andererseits ist aber auch die Rückkehr zum mechanischen Substantialismus

ausgeschlossen; ganz sind wir Physiker mit den damit verbundenen Problemen noch nicht fertig geworden.
In der vorliegenden Arbeit versuche ich eine Konzeption von »Eigenschaften ohne Substanz« zu entwickeln, wobei die »Eigenschaften« nur noch aneinanderhängen können und deshalb als *Relatoren* bezeichnet werden. Da ich keine anspruchsvolle und nur für Spezialisten verständliche Kontinuumsmathematik aufrollen will, beschränke ich mich auf Systeme mit einer *endlichen* Anzahl von Relatoren, deren Vernetzungen in einer sehr anschaulichen Weise durch »Graphen« dargestellt werden können. Im Hinblick auf Zeit und Raum bedeutet dies diskrete Netze (oder, anders ausgedrückt, eine begrenzte »Auflösung« von räumlichen und zeitlichen Abständen).
Dies gibt den Ausgangspunkt einer verallgemeinerten Systemtheorie ab, die ich im ersten Teil dieser Arbeit (bis Abschnitt 5) skizzieren werde, leider ohne sie schon durch vielfältige Anwendungen in allen möglichen Wissenschaften anschaulich machen zu können. Im zweiten Teil (Abschnitte 6-11) werde ich im Rahmen dieser verallgemeinerten Systemtheorie (vieles, was ich dort sagen werde, ist aber auch schon im klassischen Rahmen gültig) die Begriffe des Gesetzes und der wissenschaftlichen Erklärung explizieren, Theorienreduktion erläutern und auf Reduktionismus und Emergentismus eingehen; nach Unterscheidung zwischen Rand und Grenze werde ich die Begriffe Selbstorganisation, Selbstherstellung, Selbstbegrenzung und Selbsterhaltung diskutieren.

2. Das substantialistische Erbe

Der neuzeitliche Substantialismus geht weit über die Physik hinaus und sieht die Welt insgesamt als aus dauerhaften, persistenten Dingen bestehend an. Alle Veränderung kommt über die sogenannten Modi oder Akzidenzien, die veränderlichen Eigenschaften dieser Dinge einschließlich ihrer veränderlichen Relationen. In der Physik handelt es sich nicht nur um den makroskopischen Körper, den harten Gegenstand, sondern in einer verfeinerten Gedankenkonstruktion um elementare Bausteine, aus denen er aufgebaut ist. Geistesgeschichtlich erscheint Descartes als der große Präzeptor des modernen Substantialismus; bei ihm vereinigten sich zwei aus der Antike stammende, aber bis dahin unabhängige

Lehren: das *ens in se* der aristotelisch-scholastischen Substanzlehre wurde zum *ens a se* verschärft, es wurde ewig und unvergänglich und mit den *corpuscula* der Atomlehre identifiziert. Diese Atome bilden in unveränderlicher Anzahl das Universum; alle Veränderung ist Korpuskularbewegung, also Veränderung der gegenseitigen Relationen der *corpuscula*.

Es ist nicht zu leugnen, daß diese Philosophie seither ihre Früchte getragen hat. In der klassischen Mechanik des Newton und seiner Nachfolger im 18. Jahrhundert, die bis heute für alle dynamischen Theorien und Systemtheorien innerhalb und außerhalb der Physik das Vorbild abgegeben hat, treten die *corpuscula* als die ewig unveränderten Massenpunkte auf. In unserem Jahrhundert hat die Quantenfeldtheorie zwar auch das Entstehen und Vergehen von Teilchen zugelassen; dies hat dennoch keinen paradigmatischen Wandel des Substanzdenkens herbeigeführt, vermutlich weil dem immer noch gewisse Interpretations- und Verständnisschwierigkeiten mit der Quantentheorie im Wege stehen. Man sucht jedenfalls immer noch nach den letzten unveränderlichen Bausteinen. Nachdem die Atome ihren elementaren Charakter schon zu Anfang unseres Jahrhunderts an Teilchen von der Art der Protonen und Neutronen abgeben mußten, sucht man heute in den Quarks oder vielleicht auch in noch fundamentaleren Teilen derselben die Grundbausteine, aus denen die ganze Welt aufgebaut ist.

Dieses Denken ist zwangsläufig mit einer reduktionistischen Ontologie verbunden; denn an welcher Stelle sollen seltsame andere Entitäten noch hinzukommen? *Vis vitalis* und Entelechie mußten wieder abtreten, und auch mit dem Emergenzbegriff scheint man das Problem nicht so recht loszuwerden. Der atomistische Reduktionismus, der meist offen, aber immer latent die ganze Neuzeit durchzogen hat, ist in diesem Jahrhundert, unter anderem von Oppenheim und Putnam (1958), unter dem Stichwort Mikroreduktion ganz explizit zum wissenschaftsmethodischen Programm ausgearbeitet worden. Nicht nur die Geisteswissenschaftler, sondern zum Beispiel auch Psychologen und Biologen sind dadurch in ein Dilemma geraten: sie konnten mit dem Programm nicht ganz zurechtkommen, taten sich andererseits schwer, der vermeintlich durch die großen Erfolge der Physik begründeten Programmatik entgegenzutreten.[1]

1 Eine interessante Auseinandersetzung mit Substantialismus und Reduk-

3. Vereinheitlichung

Mit der hier vorgelegten Konzeption mache ich einen Versuch, den Substantialismus und seine Folgen zu vermeiden. Gleichzeitig soll sie einen Fortschritt im Bestreben möglich machen, die Wissenschaften zu vereinheitlichen.

Wissenschaftliche Theorien leisten zweierlei: Beschreiben und Erklären. Theorien, die sich hauptsächlich auf das Beschreiben beschränken, nennt man idiographisch, während solche, die zusätzlich Erklärungen durch Gesetze und Regeln ermöglichen, nomologisch heißen; die Trennung ist jedoch nicht scharf zu ziehen. Verschiedene Arten des wissenschaftlichen Erklärens werde ich in den Abschnitten 6 und 7 explizieren, hier möchte ich mich zunächst mit dem Beschreiben beschäftigen.

Daß Beschreiben nicht eine Art von simplem Abbilden einer schlechthin vorgegebenen Wirklichkeit ist, braucht wohl nicht mehr besonders ausgeführt zu werden. Jede wissenschaftliche Beschreibung benutzt ein Begriffsnetz, durch das eine Wirklichkeit erst konstituiert wird, was besonders eindrucksvoll von Ludwik Fleck (1935) dargestellt wurde. Dieses Begriffsnetz ist uns nicht in die Wiege gelegt, sondern wir erzeugen es kollektiv im Handlungszusammenhang einer *scientific community*. Peter Hejl (1987) spricht hier von einem »sozialen Bereich«, in dem die interagierenden Individuen eines sozialen Systems sich »synreferentiell« verhalten. Durch gemeinsames Handeln (Beobachten eingeschlossen) werden die Begriffe geeicht, und es entsteht die sprachlich vermittelte Wissenschaftswelt der jeweiligen Wissenschaft (vgl. Schwegler 1988 und 1991). Daß es solche Wissenschaftswelten gibt, kann – auch ohne Rücksicht auf idealistisches, positivistisches, konstruktivistisches oder anderes Hinterfragen – pragmatisch als ein Faktum konstatiert werden, insofern im Prozeß der einzelnen Wissenschaften breites Einvernehmen von den Beteiligten festgestellt wird.

Es gibt aber kein synreferentielles Beschreiben ohne aktives Tätigsein. Wenn wir nicht in gemeinsamem Handeln unsere Sprache

tionismus hat Schloßer (1990) geführt. Seinen an Whitehead orientierten Gegenentwurf eines universalen Wirkungszusammenhangs halte ich aber für zu metaphysisch und den tatsächlichen Erfahrungen der Einzelwissenschaften nicht entsprechend.

normiert haben, wissen wir nicht, wovon wir reden. Was sich nicht in der geeichten Wissenschaftssprache darstellen läßt, gehört nicht zur Wissenschaftswelt. Da die Geflechte aus sprachlichen und nichtsprachlichen Handlungen der Einzelwissenschaften teilweise ziemlich unverbunden nebeneinander stehen, ergibt sich notgedrungen eine Pluralität verschiedener Wissenschaften (Fleck 1935 und Schwegler 1988). Neben diesen Wissenschaftswelten bleiben große Bereiche von realer und auch von phänomenaler Welt, über die man wissenschaftlich nichts sagen kann (die Hoffnung ist unsinnig, irgendwann in ferner Zukunft würde sich das alles in intersubjektiver Wissenschaft auflösen): das Leben ist viel reicher und entzieht sich in vielen Facetten dem wissenschaftlichen Zugriff.

Daß die Handlungsgeflechte verschiedener Einzelwissenschaften mehr oder weniger unverbunden nebeneinander existieren, führt nun leider nicht bloß zur schon angesprochenen Pluralität, sondern – viel schlimmer – zu einer teilweisen Inkompatibilität der Sprachen, der wissenschaftlichen Beschreibungen im Rahmen der verschiedenen Theorien. Die Welt scheint nicht nur in unverbundene, sondern sogar in einander widersprechende Stücke zu zerbrechen. Andererseits sind die verschiedenen Wissenschaftswelten offensichtlich Teile einer größeren Handlungswelt, die jedenfalls im Rahmen einer gewissen kulturellen Bandbreite als bruchlos, als phylogenetisch, ontogenetisch und eben auch kulturell standardisiert angesehen werden kann. Scheinbare Ungereimtheiten, Paradoxien, Widersprüche können ihre Ursachen nicht in den Handlungen selbst haben, da die Handlungen sich nicht widersprechen können: immer führe ich entweder eine Handlung oder eine andere Handlung aus. Also können die Ungereimtheiten und scheinbaren Paradoxien erst auf der Ebene der Beschreibungen entstanden sein, zwischen den Theorien und nicht schon auf der Ebene der nichtsprachlichen Handlungen. Dies aber läßt darauf hoffen, daß durch Arbeit an den Theorien im Kontext interdisziplinär erweiterter Handlungsgeflechte Fortschritte erzielt werden können auf dem Wege der Beseitigung scheinbarer Paradoxien und zu einer Vereinheitlichung (Roth und Schwegler 1990, Schwegler 1991). Ich glaube allerdings nicht, daß dies in substantialistischer Manier durch Mikroreduktion aller Erscheinungen auf kleinste Bausteine von ewiger Dauer geschehen kann.

4. Relatorennetze

Will man nicht in schweigendem Staunen vor einem System ausharren, so muß man es analysieren und sagen, was an dem System der Fall ist. Die klassische Systemanalyse in der in Abschnitt 1 geschilderten Tradition unterscheidet mehr oder weniger dauerhafte Teile (Komponenten), die zu einer Systemstruktur zusammentreten, und stellt sowohl Eigenschaften der Teile als auch Relationen zwischen ihnen in ihrer Veränderung während aufeinanderfolgender Zeitpunkte fest. Ich schlage dagegen vor, nicht mehr primär von dauerhaften Teilen, sondern von Gebilden auszugehen, die ich Relatoren nenne: *das System als Netz von Relatoren*. Die Relatoren sind also die Elemente der Beschreibung von Systemen. Es wird Relatoren verschiedenen Typs geben müssen. Sie können eine unterschiedliche Zahl von »Händen« haben (vgl. Abb. 1). Darüber hinaus kann ein Relator durch eine Typenbezeichnung (E) und zusätzliche Eigenschaften (e) gekennzeichnet werden.

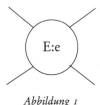

Abbildung 1

Wenn von Eigenschaften die Rede ist, mag gleich der Verdacht aufkommen, man wäre unversehens schon wieder in die Falle des Substantialismus gegangen. Dies ist jedoch nicht der Fall, weil *die Relatoren keine dauerhaften Dinge sind*. Man könnte zwar im Geiste von Aristoteles den Relator derart in Substanz und Akzidentien zerlegen, daß man die Typenbezeichnung E zur Substanz schlägt, während man die Eigenschaften zu Akzidentien erklärt. Abgesehen davon, daß diese Willkür der Zerlegung nicht zum aristotelischen Substanzbegriff paßt, würde eine solche Betrachtungsweise noch keinen Descartesschen Substantialismus begründen, bei dem die Substanz stofflich als Substrat anzusehen ist, letzten Endes in Form der ewigen, unveränderlichen Korpuskeln.

Aus den Relatoren werden in der Beschreibung die Systeme zusammengesetzt. Die Relatoren reichen sich dabei die Hände, und es entstehen die Verbindungen oder Hapsen als Ausdruck dessen, daß die Relatoren aufeinander bezogen sind. Systeme sind dann Gebilde wie in Abb. 2, die in der Mathematik als »Graphen mit Knotenbewertung« bekannt sind; die Verbindungen oder Hapsen heißen in der mathematischen Graphentheorie »Kanten« (engl. *edges*); sie verbinden »Knoten« oder »Ecken« (engl. *vertices*), und diese haben »Bewertungen« (engl. *values*).

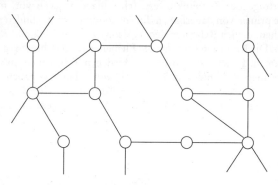

Abbildung 2

Die Relatoren haben zumindest im allgemeinen Fall keine Körperlichkeit, ihnen braucht weder eine räumliche Position oder Ausdehnung noch ein Zeitpunkt oder eine Zeitdauer der Existenz zugesprochen werden. Man verdeutliche sich insbesondere, daß sie nicht etwas beschreiben, was außerhalb des Systems und eventuell schon zeitlich vor dem System existiert hat, in das System eintritt und möglicherweise später auch wieder austreten, ja das ganze System überleben kann.

Man kann mit dem Relatorenkonzept ohne Raum und Zeit beginnen und diese dann erst auf sekundäre Weise einführen; das soll hier aber nicht weiter ausgeführt werden. Vielmehr will ich hier, auch um der Einfachheit und Verständlichkeit der Darstellung willen, wenigstens die Zeit von Anfang an als Parameter der Systembeschreibung ins Spiel bringen.

Dies wird dadurch möglich, daß ich mich in dieser Arbeit auf *evolutive Systeme (Prozesse)* beschränken werde; das sind Systeme, bei denen nun doch jedem Relator a priori ein Zeitpunkt oder Zeitintervall (Menge aufeinanderfolgender Zeitpunkte) zugeordnet ist.[2] Diese Beschränkung ist deshalb zulässig und angemessen, weil von den physikalischen zumindest die sogenannten makroskopischen Systeme (das heißt diejenigen, bei denen die Quantentheorie keine Rolle spielt) und auch alle Systeme der Wissenschaften, die man in einer Schichtenontologie als über der Physik liegend ansieht, evolutive Systeme zu sein scheinen. Zeitlich konstante Systeme gehören trivialerweise dazu. Alles, was ich bisher in den Sozial- und Geisteswissenschaften »systemtheoretisch« behandelt gesehen habe, sind offenkundig evolutive Systeme. Häufig wird gerade ihr historischer Charakter besonders betont, und einen solchen kann nur ein evolutives System haben.

Wir können für evolutive Systeme eine Darstellung wählen, in welcher die Zeit durch einen »Zeitpfeil« oder eine Zeitachse neben dem Graphen dargestellt wird. Wie schon in der Einleitung gesagt, lasse ich der Einfachheit halber die Zeit in diskreten Zeitschritten der Länge Δt ablaufen. Wir erhalten dann Bilder wie Abb. 3.

Alle Relatoren auf gleicher Höhe gehören zur gleichen Zeit, zum Beispiel die vier untersten der Abb. 3 zur Zeit $t=t_3$. Relatoren wie den Relator Z in Abb. 3, die keine Hapsen zu früheren oder späteren Relatoren haben, nenne ich einen Zusammenhang. Alle anderen Relatoren, die also stets auch Hapsen zu nicht gleichzeitigen Relatoren haben, nenne ich Aktionen.

Nehmen wir alle Relatoren zu gleicher Zeit mit ihren gegenseitigen Hapsen, aber mit offenen Händen zu früheren oder späteren Relatoren, so ist dies etwas, was wir eine momentane Struktur des Systems nennen könnten. Ich will den Begriff Struktur jedoch etwas spezieller verwenden, den tatsächlichen Gebrauch berücksichtigend (bei Systemen mit Komponenten, siehe Abschnitt 5).

Das gesamte evolutive System wird auch *Prozeß* genannt; entsprechend sind Teilsysteme, die zu mehreren Zeitpunkten gehö-

[2] In der Theorie dynamischer Systeme bezeichnet man die zeitliche Entwicklung eines Systems als seine Evolution. Evolutive Systeme sind also solche, die sich zeitlich entwickeln, was heißt, daß sie mit einer Zeitvariablen parametrisierbar sein müssen. Damit bezeichnet der Begriff evolutives System keineswegs nur die großen, einmaligen, historischen Evolutionsprozesse.

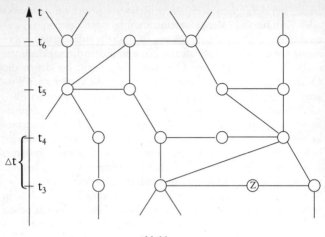

Abbildung 3

ren, also keine momentanen Strukturen in dem vorübergehend ins Auge gefaßten Sinne sind, als Teilprozesse anzusprechen.
Um das Konzept der Systeme als Relatorennetze anschaulicher werden zu lassen, wäre es jetzt schön, einige Beispiele aus verschiedenen Wissenschaften zu geben. Da ich dafür außerhalb der Physik und der physikalischen Wissenschaften nicht kompetent bin (und diese wiederum nicht in den Vordergrund stellen will), möchte ich mich damit begnügen, ein paar Beispiele dafür aufzulisten, was man als Relatoren benutzen könnte:

Handlungen
Zahlungen
Transaktionen
Mitgliedschaft
Aufträge
Transformationen
Sprechakte
Mitteilungen
Erwartungen
Absichten

5. Komponenten und Körper

Sieht man sich an, was bisher in den Sozial- und Geisteswissenschaften »systemtheoretisch« bearbeitet wurde, so stellt man fest, daß meistens »Komponenten« eine konstitutive Rolle spielen, die nicht nur momentan zu einem bestimmten Zeitpunkt, sondern über ein längeres Zeitintervall existieren (man hat sich offensichtlich am Beispiel der Ingenieurwissenschaften orientiert, die wiederum noch sehr der in Abschnitt 1 geschilderten Tradition verhaftet sind). Die *Komponente* ist ein Element von zumindest beschränkter Dauerhaftigkeit und gewissermaßen ein letztes Zugeständnis an den Substantialismus. Ich kann sie in meiner Konzeption ohne Schwierigkeiten unterbringen, und zwar selbst als einen Relator, der die in der Komponente zusammengefaßten Eigenschaften (einschließlich ihrer zeitlichen Abfolge) verknüpft. Diesem Relator ist ein ganzes Zeitintervall (Lebensdauer der Komponente) zugeordnet, und er repräsentiert gleichsam die Identität der Komponente in der Zeit (vgl. Abb. 4, die Lebensdauer ist dort 3 Δt). Es können hier keine allgemeinen Kriterien angegeben werden, wann dieser Relator einzusetzen ist; was die Identität einer Komponente ausmacht, kann nur einzelwissenschaftlich bestimmt sein. Man kann bemerken, daß die Substanz

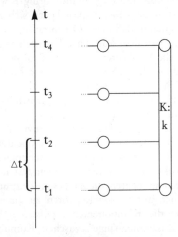

Abbildung 4

in unserer Konzeption quasi zu einer Eigenschaft abgemagert ist, nämlich zu einem Relator, der andere Relatoren verknüpft.
Im übrigen möchte ich mit dem Komponentenbegriff nicht notwendigerweise so etwas wie Stofflichkeit verbinden. Nichtsdestoweniger haben Komponenten bei den verschiedenen systemtheoretischen Konstruktionen nicht nur der Ingenieur-, sondern auch der Sozialwissenschaften oft den Charakter der Stofflichkeit; sie sind Körper oder bestehen aus Körpern, wie die sogenannten Glieder der Regelungstheorie; auch der Mensch als Komponente sozialer Systeme hat zumindest einen Aspekt von Körperlichkeit. In manchen Fällen sind die körperlichen Komponenten eines Systems so dauerhaft, daß sie das System überleben (»Teile« im Sinne von Abschnitt 10). Das heißt aber nicht notwendig, daß das System fremdorganisiert ist, wie das Beispiel der Selbstaggregation von Molekülen zeigt oder die Tatsache, daß die meisten der berühmt gewordenen Beispiele von Selbstorganisation (»dissipative Systeme«, siehe Abschnitt 9) stofflich offen sind.
Alle diese Fälle sind im Relatorenkonzept unterzubringen; es werden jedoch in aller Regel neben den stofflichen Komponenten auch andere, nichtstoffliche Komponenten und Relatoren auftreten.
Bei Komponenten und Stofflichkeit könnte man möglicherweise ansetzen, wenn man etwas Licht in die ziemlich verschwommene Diskussion um Struktur und Organisation bringen will. Manche Formulierungen zu diesem Begriffspaar lassen sich nämlich dahingehend interpretieren, daß unter Organisation ein Relatorennetz unter Absehen von allen stofflichen Eigenschaften zu verstehen ist, während die Strukturen stoffliche Realisierungen einer Organisation sind. Andere ebenso prominente Formulierungen passen aber gar nicht zu dieser Interpretation; ich möchte sie mir deshalb *nicht* zu eigen machen, vor allem nicht hinsichtlich der Organisation (siehe dazu Abschnitt 6).
Bei der *Struktur* allerdings hoffe ich nicht allzuviel Konfusion zu erzeugen, wenn ich sie für Systeme mit Komponenten, die nicht notwendigerweise stofflich sein müssen, in der folgenden Weise präzisiere: Die Struktur eines Systems zu einem festen Zeitpunkt t besteht aus allen Komponenten, die zu diesem Zeitpunkt vorhanden sind, zusammen mit all den Relatoren zu diesem gleichen Zeitpunkt, welche die Komponenten *unmittelbar* verknüpfen (diese sind also Zusammenhänge zwischen Komponenten im Sinne von Abschnitt 4). Dies gilt dann auch für Systeme, deren

Komponenten ebenso dauerhaft sind wie das ganze System. Sind dazu noch die unmittelbaren Zusammenhänge zwischen den Komponenten zu allen Zeiten gleich, so hat das System eine zeitunabhängige Struktur. Die Netzwerke und Blockdiagramme der Regelungstheorie und Kybernetik sind häufig solche zeitunabhängigen Strukturen (für die sogenannten »neuronalen Netzwerke« gilt dies nur, wenn keine mnemonische oder Lern-Dynamik abläuft). Die Darstellung der Prozesse hingegen, die in den Netzwerken ablaufen, erfordert in jedem Fall viel komplexere Relatorennetze.

6. Regeln und Gesetze. Wissenschaftliche Erklärung

Die Umkehrung der Systemanalyse ist der Systemaufbau. Dabei dürfen nicht beliebige Relatoren wahllos aneinandergereiht werden. Vielmehr sind Regeln des Zusammensetzens zu beachten. Diese Regeln nenne ich auch *Gesetze*. Gesetze haben stets hypothetischen Charakter, das heißt, sie können solange aufrechterhalten werden, als nicht ein empirischer Befund auftritt, der von der wissenschaftlichen Sprach- und Handlungsgemeinschaft einvernehmlich als Gegenbeispiel akzeptiert wird.

Wenn von Gesetzen die Rede ist, denken viele Menschen an die angeblich unerschütterlichen und universell gültigen fundamentalen »Naturgesetze« der Physik, vor denen sie in ehrfürchtiger Bewunderung erstarren. Ein nüchternes Verständnis des ontologischen Status von Regeln und Gesetzen und ihrer methodologischen Rolle in den Wissenschaften wird dadurch verhindert. Der Status von Regeln und Gesetzen ist prinzipiell hypothetisch, ihnen wohnt keinerlei ontologische Notwendigkeit inne. Darüber hinaus hat jede Regel, jedes Gesetz selbst als Hypothese nur einen begrenzten Gültigkeitsanspruch, möglicherweise begrenzt in Raum und Zeit, aber darüber hinaus noch eingeschränkt durch viele andere Bedingungen. Der Anspruch kann im Einzelfall sehr gering sein; einige Beispiele: »Es gibt keine Kentauren«, »Der elektrische Strom ist proportional zur Spannung«, »Hohe Lohnabschlüsse führen zu Preissteigerungen«.

Gesetze dienen der Erklärung von Prozessen und anderen Systemen, umgekehrt bezieht sich jede wissenschaftliche Erklärung auf

Regeln und Gesetze. Erklärung ist nichts anderes als die Unterordnung eines speziellen Systems unter ein Gesetz, das besagt, was erlaubt ist und was nicht erlaubt ist. Kentauren sind nicht erlaubt. Im Gültigkeitsbereich des Ohmschen Gesetzes, der explizit spezifiziert werden kann und muß, kann ein Strom nicht umgekehrt proportional zur Spannung sein. Im Gültigkeitsbereich der zitierten ökonomischen Regeln kann es nicht vorkommen, daß hohe Lohnabschlüsse zu Preissenkungen führen.
Die Beispiele sind zwar trivial, zeigen aber deutlich, was eine wissenschaftliche Erklärung ist. Sie beruft sich nicht auf das Wesen eines Systems, etwa derart, daß ein Stein nach unten falle, weil es seinem Wesen entspräche, unten zu sein. Nein, die Sache ist viel anspruchsloser. Daß ein bestimmter Stein nach unten fällt, erfährt bereits durch das Gesetz eine Erklärung, das besagt, daß Steine unter bestimmten Bedingungen stets nach unten fallen. Man wird von solchen, gar sehr anspruchslosen Erklärungen zu umfassenden Erklärungen fortschreiten wollen, die dadurch umfassender werden, daß die Gesetze auf eine weit größere Menge von Fällen zutreffen; so war es Newtons Leistung, den fallenden Stein und die Bewegung der Planeten mit ein und demselben Gravitationsgesetz zu erklären. Die Gesetzeswerke entwickelter Wissenschaften zeichnen sich gegenüber Alltagsregeln nicht durch eine innere Notwendigkeit aus, sondern durch hohe Komplexität im Zusammenwirken vieler Regeln, durch sehr breite Gültigkeitsbereiche, die im Laufe langer Arbeit an den Gesetzeswerken erzielt werden konnten, und durch höhere (aber keineswegs erschöpfende) Genauigkeit in der Angabe der Geltungsbedingungen. Auch haben verschiedene Wissenschaften in diesen Hinsichten bisher verschieden viel erreichen können, was aber nicht als Qualitätsmaßstab der Wissenschaften benutzt werden sollte.
Ohne dies in größerer Ausführlichkeit zu diskutieren, behaupte ich auch, daß Gesetze einen wesentlichen Beitrag zur Erzielung konsensueller Verständigung bei der Benutzung einer Wissenschaftssprache in einer *scientific community* leisten. Denn obwohl von einem logischen Standpunkt aus zuerst die Sprache dasein muß, um in ihr Regeln und Gesetze zu formulieren, trägt doch umgekehrt die wiederholte Anwendung und Bestätigung von Gesetzen in der Praxis wesentlich zum konsensuellen Erlernen der Sprache bei. Deshalb erreichen Wissenschaften mit geringem Gesetzesanspruch nur mäßige intersubjektive Übereinstimmung. Es

gibt einen fließenden Übergang zu Literatur und Kunst, freie individuelle Interpretierbarkeit wird kaum noch eingeschränkt.
Im Gegensatz zur Kunst suchen vor allem die mehr nomologischen Wissenschaften nicht das Einzigartige, sondern das Allgemeine, und zwar sowohl in der Hinsicht, daß es für viele Einzelfälle zutrifft, als auch mit dem Ziel, daß viele in einem gemeinsamen Sprech- und Handlungszusammenhang darin übereinstimmen.
Mit der Forderung des Zutreffens auf viele Einzelfälle können Schwierigkeiten bei der Erklärung historischer Evolutionsprozesse entstehen, in denen zumindest bestimmte Teilprozesse einmalig zu sein scheinen. Hier liegt ein anderer Sachverhalt vor als bei dem oben besprochenen Übergang zwischen Wissenschaft und Kunst. Denn man glaubt, den Evolutionsprozeß mit solchen sprachlichen Mitteln intersubjektiv gut beschreiben zu können, die in nomologischen Einzelwissenschaften durch gemeinsamen Umgang mit gegenwärtigen Systemen hinreichend gefestigt sind. Deshalb lassen sich auch viele Teilprozesse des Evolutionsprozesses mit den Gesetzen jener Einzelwissenschaften gut erklären. Erklärungslücken können bleiben.
Die existierenden Einzelwissenschaften haben bereits ihre Beschreibungssprachen und ihre Gesetzes- und Regelwerke – natürlich in ständiger Fortentwicklung befindlich. Den Fundus der Beschreibungssprache zusammen mit dem darin eingebetteten Gesetzeswerk nennt man üblicherweise eine *Theorie*.
Ich habe oben zur Einführung in den Gesetzesbegriff mit sehr einfachen Beispielen begonnen, wie mit dem Stein, der nach unten fallen muß. Daneben habe ich mit dem Hinweis auf Newtons Mechanik ein umfassendes Gesetzeswerk erwähnt, das gemeinhin schon eine Theorie genannt wird. Wie in der Einleitung dargestellt, wird diese oft sogar als das große Vorbild für jede andere Theorie angesehen. Tatsächlich hat sie mit den allermeisten anderen Theorien der nomologischen Wissenschaften dies gemein, daß sie sich sehr stark der *analytisch-synthetischen Methode* bedient, die darin besteht, daß die Phänomene (genauer: ihre jeweiligen Beschreibungen) als aus Teil-Phänomenen zusammengesetzt betrachtet werden; Gesetze treten als Regeln des Zusammensetzens auf. Erklärung bleibt aber eine Unterordnung, nämlich unter die Regeln des Zusammensetzens: Erlaubte Phänomene können nach den Regeln des Zusammensetzens aufgebaut werden. Typische

Beispiele für diese Art von Gesetzen sind diejenigen Gesetze der Physik, die in Form von Differentialgleichungen formuliert werden. Die »Lösung« einer solchen Differentialgleichung bedeutet nichts anderes als die Konstruktion eines Phänomens aus infinitesimalen Teil-Phänomenen.

Entsprechende Gesetze in Form von Regeln des Zusammensetzens benötigt auch das hier vorgestellte Relatorenkonzept; zusammengesetzt werden die Relatoren zu Systemen oder Prozessen (dabei müssen die Relatoren aber nichts »Infinitesimales« sein; sie sind es insbesondere im Rahmen der hier benutzten diskretisierten Zeit sicher nicht).

Ich will mit dem Begriff des Relators für nomologische Wissenschaften ein zusätzliches übergreifendes Beschreibungselement zur Verfügung stellen. Ich hoffe, daß es von den bestehenden Wissenschaftssprachen ohne tiefgreifende Umgestaltung akkommodiert werden kann. Es könnte dann die Rolle eines vereinheitlichenden Faktors zwischen derzeit noch getrennten Theorien spielen.

Im Rahmen des Relatorenkonzeptes ist einzelwissenschaftlich festgelegt, welche Relatoren zugelassen sind und wie sie beim Systemaufbau regelhaft zusammengesetzt werden (zum Beispiel wird das Aufsetzen eines menschlichen Oberkörpers auf einen Pferdeleib verboten). An einem System werden demnach sehr wohl einzelne Elemente, die Relatoren, unterschieden (wir wollen es ja – wie schon am Anfang gesagt – nicht nur als Ganzes bestaunen), die zueinander in Beziehung stehen. Gemäß den Gesetzen sind jedoch nur bestimmte Verbindungen zugelassen, woraus sich eine Menge von mit der betroffenen Theorie verträglichen Systemen ergibt. Diese Menge ist eine Konsequenz des Regelwerkes. Unter der *Organisation* eines einzelnen Systems verstehe ich die Gesamtheit der Gesetze, die bei seiner Zusammensetzung aus Relatoren eine Rolle spielen.

Bei evolutiven Systemen (siehe Abschnitt 4) mag es einerseits Gesetze geben, die das Nebeneinander gleichzeitiger Relatoren regeln. Daneben gibt es Gesetze für das zeitliche Nacheinander (die sogenannte Zeitevolution); diese heißen üblicherweise dynamische Gesetze oder kurz *Dynamik*.

In physikalischen Theorien heißt eine Dynamik *kausal*, wenn das bis zu einem beliebigen Zeitpunkt t realisierte Relatorennetz (also der gesamte Teilprozeß bis zur Zeit t) eindeutig die weitere Konstruktion für spätere Zeiten festlegt, das heißt nur einen einzigen

Teilprozeß für die Zeit nach t zuläßt. Die kausale Dynamik heißt vorwärts-deterministisch, wenn schon das Relatorennetz nur zur Zeit t (also bereits ein kleinerer Teilprozeß, ohne Vergangenheit) ausreicht, um die Zukunft festzulegen.

Was den Systemaufbau nach Regeln des Zusammensetzens anlangt, befindet sich die in dieser Arbeit entwickelte Relatorenkonzeption ganz im Rahmen der gemeinsamen analytisch-synthetischen Methodik der nomologischen Wissenschaften. Ich möchte hier aber noch einmal betonen, gemäß dem Tenor der ganzen vorliegenden Arbeit, daß die Elemente der Analyse und Synthese, die Relatoren, keine Bausteine im üblichen Sinne des Wortes sind, derart, daß das räumlich Große aus dem räumlich Kleinen zusammengesetzt wird. Ich komme darauf im nächsten Abschnitt unter dem Stichwort Mikroreduktion noch einmal zu sprechen.

7. Reduktionismus und Emergenz

Eine sehr spezielle Art von »Erklärung« liegt dann vor, wenn alle Systeme einer Theorie T_1 (die also durch deren Regelwerk erklärt sind) auch noch durch ein anderes Regelwerk einer Theorie T_2 erklärbar sind (welche ihrerseits auch noch andere Systeme erklärt). Das bedeutet, daß die Systeme von T_1 eine Teilmenge der Systeme von T_2 sind. Man sagt, die Theorie T_1 sei auf die Theorie T_2 *reduziert*.

Solche Reduktionen gibt es; in anderen Fällen wird die Reduzierbarkeit nur behauptet. Ich will die Diskussion hier auf den atomistischen Reduktionismus beschränken, der heute als wissenschaftsmethodisches Programm vertreten wird, besonders klar formuliert als die Möglichkeit der *Mikroreduktion* in einer Arbeit von Oppenheim und Putnam (1958). Sie teilen die Welt in sechs ontologische Schichten:

(6) Soziale Gruppen
(5) (Vielzellige) Lebewesen
(4) Zellen
(3) Moleküle
(2) Atome
(1) Elementarteilchen

Für alle diese Schichten existieren heute einzelwissenschaftliche Theorien. Es wird nun eine ontologische Einheit aller Schichten in der Weise postuliert, daß behauptet wird, die Theorie einer Schicht sei reduzierbar auf die Theorie der darunterliegenden Schicht. Damit wäre letzten Endes alles auf die Theorie der Elementarteilchen reduzierbar, insbesondere aber auch jede biologische Theorie zumindest auf die Theorie der Moleküle und Atome, worüber heute unter Biologen heftig gestritten wird.

Vom Standpunkt des Descartesschen Substantialismus ist die Forderung zwingend. Wenn man beim Zerlegen von Lebewesen nichts anderes als Moleküle und Atome findet, so müssen Lebewesen aus nichts anderem als diesen Bausteinen bestehen. Unter der Voraussetzung, daß die Physik der Atome und Moleküle alle dafür einschlägigen Gesetze und Regeln vollständig kennt, muß sie auch alle biologischen Phänomene aus diesen Bausteinen und Regeln konstruieren können.

Ich will gegen diesen Standpunkt jetzt nicht mit philosophischen Argumenten kommen (dass habe ich schon weiter oben getan). Das schlagendste Gegenargument scheint mir vielmehr zu sein, daß wir sehr weit davon entfernt sind, die Reduktion auch nur anhand exemplarischer Einzelfälle durchführen zu können. Und es hat der Entwicklung der Wissenschaften allemal geschadet, wenn versucht wurde, mit Hilfe metaphysischer Argumente die Forschung auf bestimmte Fahrgleise zu zwingen.

Das heißt nun nicht, daß ich eine Ontologie völlig voneinander getrennter Schichten postuliere und deshalb gar die völlige Unabhängigkeit der Einzelwissenschaften, welche die verschiedenen Schichten als ihren Gegenstand haben. Ich setze auf Vereinheitlichung. Das heißt aber nicht, daß T_6 auf T_5, T_5 auf T_4, T_4 auf T_3 und so weiter reduziert werden müssen, sondern daß versucht werden muß, eine umfassende Theorie T zu entwickeln. Im Falle des Erfolgs wäre das auch eine Reduktion, nämlich von allen T_1, T_2, ..., T_6 auf T, aber keine Mikroreduktion im Geiste des Substantialismus. Ich behaupte übrigens, daß alle bisherigen erfolgreichen Reduktionen in der Wissenschaftsgeschichte solche Erweiterungen waren.

Manche Leute versuchen, eine relative Eigenständigkeit von Schichten gegen die Reduktionisten mit Hilfe des Begriffs der *Emergenz* zu verteidigen. Wie kann man das verstehen? Ich will versuchen, im Rahmen des Relatorenkonzepts ein Beispiel zu geben, das sich als Emergenz interpretieren läßt. Wir betrachten in Abb. 5 ein System, dessen Teilprozeß während einer Zeitspanne τ_1

nur bestimmte Relatoren einer Menge M_1 enthält (verbunden durch Regeln, welche die zugehörige Teil-Organisation O_1 bilden). Aufgrund des gesamten Regelwerkes der Theorie (insbesondere der Organisation des Gesamtsystems) tritt erstmals zum Zeitpunkt t_c und dann während einer ganzen Zeitspanne τ_2 ein neuer Relator R auf (so daß der Teilprozeß in τ_2 auch eine andere Teil-Organisation O_2 hat). Wir können sagen, der Relator R ist zur Zeit t_c emergiert (und die Teil-Organisation hat sich geändert).

Derart können auch viele verschiedene neue Relatortypen emergieren in der Weise, daß das System wesentlich von diesen neuen Relatoren dominiert wird.[3]

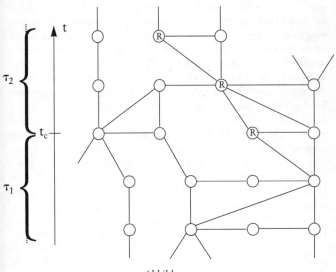

Abbildung 5

Ich verstehe es übrigens auch in diesem Sinne, wenn manche Systemtheoretiker (vgl. Hejl 1991) die Organisation sich verändern lassen. Was sich ändert, ist die einem Teilprozeß in der Zeitspanne seiner Definition zugeordnete Teil-Organisation. Das System ist selbstorganisierend, wenn die Änderung der Teil-Organisation

3 Teubners Beispiele von Emergenz (in diesem Band, S. 189) ließen sich meines Erachtens gut auf eine solche Weise darstellen.

durch die Gesetze des Gesamtsystems, also dessen Organisation erklärt wird (vgl. Abschnitt 9).
Während es immer noch Leute gibt, die in extremem Gegensatz zum Mikroreduktionsprogramm auf der Basis der oben dargestellten oder einer ähnlichen Schichtenstruktur die völlige Eigenständigkeit der Schichten verteidigen, tun das andere, insbesondere aus der Schule Maturanas, in sehr krasser Weise bezüglich verschiedener ontologischer Bereiche, die keine Schichtenstruktur bilden. Sie sprechen von der *operationalen Geschlossenheit* von Systemen und der Selbstreferentialität ihrer Elemente (in unserer Konzeption als Relatoren zu sehen). Es wird gesagt: »Sprechakte bringen nur Sprechakte hervor«, »Rechtsakte bringen nur Rechtsakte hervor«, »Zahlungen bringen nur Zahlungen hervor«, »Neuronenaktivität bringt nur Neuronenaktivität hervor« usw. Das mag in einer eingeschränkten Betrachtungsweise richtig sein und ist dann auch die Grundlage dafür, daß man Kommunikationssysteme, Rechtssysteme, Wirtschaftssysteme, Nervensysteme usw. überhaupt bis zu einem gewissen Grade als unabhängig voneinander untersuchen und modellieren kann. Aber in ontologischer Strenge aufrechterhalten, widerspricht ein solcher Standpunkt der Einheit unserer Handlungswelt. Unter Beibehaltung ihrer relativen Berechtigung und Nützlichkeit muß an der grundsätzlichen Überwindung solcher »Schnittstellen« gearbeitet werden. In einem übergeordneten Systemrahmen bringen Sprechakte doch Nervenaktivitäten und Rechtsakte Zahlungen hervor usw. Es gibt keine unüberwindbaren Brüche. Prinzipiell kann man sagen, daß Schnittstellen zu überbrücken sind durch Relatoren, die ihre Hände nach beiden Seiten reichen.
Es gibt ein schönes Beispiel aus der Physik für die Wechselwirkung zwischen ontisch völlig voneinander verschieden erscheinenden Bereichen: das mechanische System geladener Teilchen und das System des elektromagnetischen Feldes. Im elektromagnetischen System bringen Felder immerzu Felder hervor, im mechanischen System bringen Bewegungen Bewegungen hervor (durch das Trägheitsgesetz und eventuell Stöße). Im mechanischen System gibt es per definitionem keine elektromagnetischen Felder, ebenso wie im Feldsystem keine mechanische Bewegung. Dennoch sind die beiden Systeme nicht »selbstreferentiell« und »operational geschlossen«, denn durch Wechselwirkung zwischen den Systemen (Perturbationen nach Maturana) bringen die La-

dungsbewegungen auch elektromagnetische Felder hervor, die Felder bringen Bewegungen im mechanischen System hervor. Das geschieht an der »Grenze« zwischen beiden Systemen (die keine räumliche Grenze ist, siehe Abschnitt 8) durch Relatoren, die ihre Hände nach beiden Seiten reichen. Auf solche Weise sind »Schnittstellen« prinzipiell überwindbar.

In gewisser Weise hat man in diesem Beispiel zwei Teil-Organisationen »nebeneinander«, ähnlich wie im obigen, Hejl zugeschriebenen Beispiel nacheinander; beide Male sind sie eingebettet in die Organisation des Gesamtsystems.

8. Rand. Grenze. Umwelt

Greift man aus einem größeren System ein Teilsystem heraus, so muß man Hapsen durchschneiden, so daß am Teilsystem Relatoren mit offenen Händen verbleiben. Die Menge aller Relatoren eines Systems, die offene Hände haben, nenne ich den *Rand* oder die Peripherie des Systems. Das Setzen von Rändern ist ebenso willkürlich wie das Auswählen von Teilsystemen (jede Hapse kann durchschnitten werden, jeder Relator kann Teil eines Randes werden).

Beim Systemaufbau nach Regeln des Zusammensetzens (Abschnitt 6) konstruiert man das System oft (aber nicht immer und schon gar nicht notwendigerweise) von einem Rande aus, wobei man mit irgendwelchen Relatoren beginnt, die dann im Hinblick auf die Konstruktion des Systems als sogenannte »Randbedingungen« fungieren (»Anfangsbedingungen« sind ein Spezialfall davon). Der konstruierende Wissenschafter wählt den Rand nach Zweckmäßigkeitskriterien, zum Beispiel nach seiner Kenntnis einer vorgegebenen Situation. Randbedingungen haben demnach keinerlei besonderen ontologischen Status im Hinblick auf »Autonomisierung« von Systemen, auch keinen besonderen methodologischen Status im Hinblick auf die Konstituierung von Systemen.

Ich komme jetzt zu dem Begriff der *Grenze*, dem man zumindest eine Rolle bei der Konstituierung von Systemen zuweisen *kann*. Von Grenzen will ich bei solchen Rändern sprechen, die dadurch entstehen, daß ganz bestimmte Typen von Relatoren zu Grenzrelatoren erklärt werden. In einer so gesetzten Definition steckt zwar auch eine Willkür des Beschreibenden, wie überhaupt allen Systembeschreibungen mannigfache Konventionen zugrunde liegen (das System *an sich* ist eine ontologische Fiktion); hat man aber eine bestimmte Definition gewählt, so ist im allgemeinen durch das Gesetzes- und Regelwerk des Relatorenzusammensetzens bestimmt, wo Grenzen entstehen. Die Grenze ist ein Element der Theorie geworden, und man kann nicht mehr (wie beim Rand) Beliebiges zur Grenze machen, sofern man die Theorie, das heißt die Definition der Grenzrelatoren, nicht verlassen will.

Daß durch die Definition von Grenzrelatoren auch wirklich Grenzen (die ja Systemränder sein sollen) zustande kommen, ist nicht trivial, sondern kann sich nur in spezifischer, theorieabhängiger Weise aus dem Zusammenspiel der Definition von Grenzrelatoren mit den spezifischen Gesetzen der betreffenden Theorie ergeben: Theorien des Kristallwachstums und ähnlicher Grenzflächenprozesse (vgl. Bishop, Campbell und Channel 1984; Gleick 1987) stellen einigermaßen gut untersuchte physikalische Beispiele dar, im Hinblick auf Selbstbegrenzung (Abschnitt 11) sind die von mir konstruierten »Protozellen« zu erwähnen (vgl. Schwegler und Tarumi 1986; Schwegler 1986).

Ist eine Grenze der Rand eines Teilsystems in einem größeren System, so können wir sagen, daß sie dieses Teilsystem in bestimmter Weise spezifiziert. Alles, was außerhalb der Grenze liegt, nennen wir die *Umwelt* des Teilsystems. Vor allem im Hinblick auf nichtphysikalische Anwendungen unserer Relatorenkonzeption sollte man sich klarmachen, daß das Verhältnis zwischen (begrenztem Teil-)System und Umwelt nicht notwendig ein räumliches ist. In der Alltagswelt freilich sind uns Grenzen vor allem als räumliche Grenzen, etwa als Grenzflächen zwischen Körpern (oder als Grenzlinien zwischen Staaten) geläufig. Dennoch ist dies nur ein Spezialfall. Ein physikalisches Beispiel einer nichträumlichen Grenze wurde bereits am Ende des letzten Kapitels gegeben (mechanisches und elektromagnetisches System); andere Beispiele sind Grenzen zwischen psychischen und sozialen, zwischen ökonomischen und Rechtssystemen usw.

Die letzten Beispiele zeigen, daß man die bereits besprochenen »Schnittstellen« (Abschnitt 7) als einen besonderen Fall von Grenzen ansehen kann. Man erkennt dann noch einmal klar, daß die Systeme diesseits und jenseits der »Schnittstelle« nicht unverbunden nebeneinander stehen, sondern gerade durch die Grenzrelatoren verbunden sind (diese »reichen ihre Hände nach beiden Seiten«).

9. Selbstorganisation

Die »Selbst«-Begriffe wie Selbstorganisation, Selbstreferentialität, Selbstherstellung, Selbstbegrenzung und Selbsterhaltung werden zwar viel gebraucht – häufig in der abwegigen Vermutung, ein Begriff allein könne bereits etwas »erklären«. Aber nur selten wird eine einigermaßen präzise Definition gegeben, die es erlaubt, wenigstens bei den formalisierbaren Systemen zu entscheiden, wann der Begriff erfüllt ist. Ich möchte versuchen, in diesem und den beiden nächsten Kapiteln einige kleine Fortschritte in Richtung Präzisierung zu erzielen. Diese halte ich für notwendig, damit im interdisziplinären Dialog diese Begriffe einen Beitrag, wenn schon nicht zu Erklärungen von Systemen und Prozessen, so doch zu einer Vereinheitlichung der Theorien leisten können.

Ich beschäftige mich zunächst mit der Selbstorganisation. Es geht um die Frage, wodurch ein System organisiert ist. Den Begriff der Organisation habe ich in Abschnitt 6 präzisiert als die Gesamtheit der Gesetze, die beim Zusammensetzen des Systems aus Relatoren eine Rolle spielen.

Ich betrachte nun ein größeres System, bestehend aus einem begrenzten Teilsystem und dessen Umwelt. Die Konstruktion des Teilsystems ist trivialerweise nur von seiner Organisation bestimmt, wenn man die Grenzrelatoren als gegeben ansieht und nicht fragt, nach welchen Regeln ihre zunächst offenen Hände an die Umwelt angekoppelt sind. Da die Gesamtkonstruktion jedoch auch von diesen Regeln abhängt, ist auch das Teilsystem (unter Einbeziehung seiner Grenzrelatoren) von der Organisation des Gesamtsystems abhängig. Wir sagen, daß es teilweise selbstorganisiert und teilweise fremdorganisiert ist (letzteres durch seine Umwelt). Im allgemeinen wird man aber gar nicht genau sagen können, was am (Teil-)System fremd- bzw. selbstorganisiert ist, und deshalb auch nicht, wie stark es fremd- oder selbstorganisiert ist. Es gibt jedoch Fälle, in denen solche Aussagen gemacht werden können. Trivialerweise sind das einmal alle die Fälle, in denen die übliche Systemtheorie (insbesondere die mathematische Theorie dynamischer Systeme) vom »autonomen« System spricht: das sind Systeme, die keine Grenze und damit auch keine Umwelt im oben definierten Sinne haben (die Relatoren, welche zur Beobachtung des Systems führen, sind dabei stets weggelassen, was möglich ist, solange sie im Hinblick auf das spezifische Interesse des Beschreibens eine vernachlässigbare Rolle spielen). Ein Beispiel ist das mechanische System der sich mit der Sonne bewegenden Planeten (für die Bahnberechnung spielen die Lichtphänomene, mit deren Hilfe wir die Planeten sehen, und noch manch andere Phänomene keine Rolle).

Etwas anders liegt die Sache bei den »dissipativen Strukturen« im Sinne von Andronow, Turing, Prigogine und Haken (vgl. etwa Haken 1982), für die der Begriff »Selbstorganisation« stark propagiert wird. Diesen ist fast immer ein Gefäß bestimmter Form als Umwelt vorgegeben, daneben weitere Bedingungen wie Temperaturdifferenzen zwischen Teilen des umgebenden Gefäßes, Stoffkonzentrationen an der Grenze, dem Laserlicht der Laserstab und die externe Pumpleistung usw. Die Systeme gehorchen dissipativen Dynamiken, welche sie im Laufe der Zeit in sogenannte »Attraktorprozesse« hineinführen. Diese sind oft »geordnet« in dem Sinne, daß sie niedrigere Symmetrie besitzen, als durch die Umweltbedingungen vorgegeben ist. Diese Symmetriebrechung ist *im wesentlichen* durch die dissipative Dynamik bestimmt, weshalb die Attraktorprozesse als stark selbstorganisiert angesehen werden. Welcher von mehreren möglichen Attraktoren im einzelnen angelaufen wird, hängt aber doch noch von Umweltparametern ab; zum Beispiel hängt die Wellenlänge chemischer Wellen oder des Laserlichts ebenso wie die Form von Bénard-Strukturen ab von Gefäßdimensionen, Temperaturen, Konzentrationen, der Pumpleistung (diese Abhängigkeiten führen zu den sogenannten »Bifurkationen«, wozu auch der mögliche Übergang zum »Chaos« gehört). Ohne im einzelnen darauf einzugehen, erwähne ich, daß es auch ökonomische und soziale Anwendungsbeispiele dissipativer Dynamiken gibt.

In der Synergetik Hakens (1982 und 1988) werden dissipative Systeme mit einer Methode behandelt, in welcher die Begriffe *Ordner* und *Versklavung* eine wichtige Rolle spielen. Ein Ordner ist ein mit vielen anderen Teilprozessen eines großen Systems verbundener (polychirer) Multirelator, der den Teilprozessen über bestimmte »starke« Regeln große Einschränkungen auferlegt, sie zu einer besonderen Ordnung »versklavt« (Ordnung heißt wieder Symmetriebrechung). Die so erzielte Ordnung ist wiederum stark selbstorganisiert in dem Sinne, daß sie *im wesentlichen* durch das Regelwerk des Systems bestimmt ist. Da der Ordner (und damit die von ihm verordnete Ordnung) nicht in jedem nach dem betreffenden Regelwerk konstruierten System auftreten muß und er auch dort, wo er auftritt, vielleicht erst nach Verstreichen eines Zeitintervalls τ_1 auftritt (vgl. Abb. 5), können wir ihn (im Sinne des in Abschnitt 7 Dargelegten) als emergent bezeichnen. Wir können auch die Teil-Organisationen in τ_1 und τ_2, das heißt vor und nach dem Auftreten des Ordners, unterscheiden und sagen, die Gesamtorganisation habe die in der Phase τ_2 vorhandene Teil-Organisation mit ihrer besonderen Ordnung selbst organisiert.

Von starker Fremdorganisation eines Systems wird man dann sprechen können, wenn fast alle seine Relatoren Grenzrelatoren und somit mit der Umwelt verbunden sind, das heißt, wenn alle seine Relatoren »nahe an der Grenze« liegen.

Als Fazit dieser Diskussion können wir festhalten, daß reine Selbstorganisation und reine Fremdorganisation idealisierte Grenzfälle sind. Fast alle Systeme liegen hingegen irgendwo dazwischen, wobei es meist schwierig ist, die Anteile von Selbst- und von Fremdorganisation zu bemessen.

10. Selbstherstellung

Vor allem in den ingenieurwissenschaftlichen Anwendungen der klassischen Systemtheorie, aber auch außerhalb, spielen Systeme mit Komponenten eine Hauptrolle, deren Komponenten so dauerhaft sind, daß sie sogar die Desintegration der Struktur (siehe Abschnitt 5) überleben: die Komponenten können unzusammenhängend weiterexistieren. Solche quasi unendlich dauerhaften Komponenten habe ich an anderer Stelle einmal »Teile« genannt; ich will jetzt aber auf dieser doch leicht mißverständlichen Terminologie nicht mehr strikt bestehen.

Ein einfaches Beispiel eines solchen aus ewigen Komponenten oder »Teilen« zusammengesetzten Systems ist ein Uhrwerk: die »Teile« sind die Feder, die Unruh, die vielen Zahnräder, die Zeiger. Die Teile können (zumindest idealiter) als ewig angesehen werden, während die Uhr zerlegt oder auch wieder zusammengebaut werden kann.

Dieses »Paradigma des Uhrwerks« ist ein Kind des Substantialismus und hat großen Einfluß auf die Wissenschaftsgeschichte ausgeübt. Trotzdem hat die Physik nicht an ihm festgehalten. Klassische Feldtheorien wie die Elektrodynamik können ihm schon nicht mehr untergeordnet werden, es sei denn, man betrachtet in unüblicher Weise die Punkte eines absoluten Raumes als Teile; bei der Allgemeinen Relativitätstheorie geht das ganz bestimmt nicht mehr. Ohne es im Detail auszuführen, behaupte ich, daß auch die Quantentheorie dem Uhrenparadigma nicht genügt, wenngleich dort noch über gewisse Strecken hin Anklänge an dieses Paradigma vorhanden sind.

Die Quantentheorie ist die Basis der Chemie; daß die Chemie das Paradigma nicht erfüllt, erkennt man aber auch schon ohne Quantentheorie. Bei chemischen Reaktionen verschwinden Komponenten, und es entstehen neue, die mit den alten nicht identisch sind. (Daß man dem auch nicht entgeht, wenn man als Teile die Elektronen und Kerne wählen möchte, ergibt sich aus den besonderen Charakteristika der Quantentheorie, die zu diskutieren jetzt zu weit führen würde.) Das gilt entsprechend für die Biochemie und ebenso für das Leben.

Im Relatorenkonzept sind Systeme, welche dem Uhrenparadigma genügen, eine sehr spezielle Teilklasse. Soweit ein System überhaupt Komponenten enthält, können diese im System entstehen und auch wieder verschwinden. Ein System, dessen Komponenten alle im System entstanden sind (von einem Systemanfang abgesehen, der entweder nur ein ohnehin willkürlicher Anfang der Systembeschreibung ist oder als Emergenz einer neuen [Teil-]Organisation anzusehen ist), heißt *selbstherstellendes System*.

Mit dem Begriff der Selbstherstellung verwandt ist Maturanas Autopoiese (vgl. Maturana und Varela 1987). Hier sind zwei Dinge anzumerken. Erstens hat Maturana in seine Definition von Autopoiese neben die Forderung nach Selbstherstellung auch noch die Forderung nach Selbstbegrenzung (siehe Abschnitt 11) gesteckt, eine Verbindung, die mir nicht unbedingt erforderlich scheint. Zweitens sind Maturanas Darstellungen im Rahmen der hier entwickelten Konzeption so zu verstehen, daß das »Netzwerk der Produktion von Komponenten« aus Komponenten *und* weiteren Relatoren besteht, die zusammen nach dem detaillierten

Gesetzeswerk der Systemklasse die neuen Komponenten und die anderen Relatoren »hervorbringen«. Das heißt auch, daß die Organisation des Systems im Sinne von Abschnitt 6 mehr sein muß als nur Autopoiese.
Maturanas Leistung soll hier nicht geschmälert werden. Er hat meines Wissens zum ersten Mal auf die Bedeutung der Selbstherstellung für biologische Systeme verwiesen und dies an vielen Beispielen dargelegt. Da auch in den Arbeiten von an der Heiden, Roth und Schwegler (1985) Selbstherstellung in biologischen Systemen ausführlich diskutiert wurde, brauche ich hier nicht weiter in die Details gehen.

11. Selbstbegrenzung und Selbsterhaltung

In der eben zitierten Arbeit haben wir zwischen Selbstherstellung und Selbstbegrenzung (durch sogenannte »autonome Grenzen«) unterschieden, also, wie schon vorstehend gesagt, die Autopoiese-Definition in zwei Teile zerlegt. Dies erschien uns zweckmäßig, weil man an Beispielen zeigen kann, daß das eine jeweils ohne das andere auftreten kann. Selbstherstellung finden wir zum Beispiel bei allen chemischen Systemen, ohne daß dies in der Regel mit Selbstbegrenzung verbunden ist. Für Selbstbegrenzung ohne Selbstherstellung geben meine »Protozellen«-Modelle ein Beispiel (vgl. Schwegler und Tarumi 1986; Schwegler 1986; Schwegler 1990); dort gibt es sogar Selbsterhaltung.
Unter *Selbstbegrenzung* verstehe ich, daß das Gesetzeswerk der Systemklasse Grenzen in der Weise festlegt, daß eine Systemkonstruktion ohne Grenzen unmöglich ist. Das betrifft aber nur die Existenz, das Auftreten von Grenzen. Hingegen kann ihre genaue Lage noch sehr wohl von der externen Situation (Umweltparametern) abhängen; insofern kann es auch in selbstbegrenzenden Systemen noch einen Anteil Fremdorganisation geben.
Aus vielen Diskussionen mit sozial- und geisteswissenschaftlichen Systemtheoretikern habe ich den Eindruck gewonnen, daß diese so etwas wie die eben definierte Selbstbegrenzung meinen, wenn sie von »Selbstorganisation« sprechen. Ja, sogar mit dem bloßen Begriff »System« verbinden sie oft schon die Eigenschaft, sich selbst gegen seine Umwelt abgrenzen zu können durch eine »Grenze für sich«. Da die Begriffe »System« und »Selbstorgani-

sation« gerade in den Wissenschaften, die einen hohen Grad an Formalisierung und damit an Präzisierung zustande gebracht haben, nicht mit dieser Forderung verbunden werden, kommt es darüber oft zu Mißverständnissen.

Die meisten nichtlebenden natürlichen Systeme sind nicht selbstbegrenzend. Zum Beispiel kann man bei der Konstruktion eines Kristalls, einer Flüssigkeit oder eines Gases (nach dem Regelwerk der Relatoren) räumlich ins Unendliche fortschreiten, ohne daß durch die Regeln des Zusammensetzens eine Grenze erzwungen würde. Bei den oben erwähnten »Protozellen« ist dies nicht möglich; vielmehr erzwingen die Regeln eine endliche Ausdehnung. Dasselbe gilt für die um vieles komplizierteren biologischen Systeme.

Selbstbegrenzende Systeme können eine endliche Dauer haben dadurch, daß ihre Regeln auch zeitliche Grenzen, Anfang und Ende erfordern. Dies ist bei biologischen Individuen der Fall, mit Sicherheit bei denen höherentwickelter Arten. Deshalb auch paßt die Autopoiese-Definition auf das einzelne lebende Individuum, dessen endliche Lebensdauer – wie oft unglücklich formuliert wird – »programmiert« ist.

Von *Selbsterhaltung* spreche ich, wenn ein (hinsichtlich der nichtzeitlichen Grenzen) selbstbegrenzendes System im Rahmen der Abhängigkeit von Umweltparametern in einem gewissen Bereich dieser Parameter (Persistenzbereich) in der Zeit unendlich lange persistiert. Dies ist natürlich ein für die Zwecke der Theorie idealisiertes Konzept, weil kein wirklicher Prozeß daraufhin überprüfbar ist. Ähnliche Idealisierungen werden aber in vielen Theorien mit Erfolg durchgeführt (zum Beispiel reibungsfreie Bewegung oder ideales Gas). Immerhin stellt der Lebensprozeß als Ganzes einen guten Kandidaten für Selbsterhaltung dar. Man kann die Definition noch etwas ausweiten und auch individuelle Systeme, die nicht unendlich lange persistieren, sondern wegen Änderungen ihrer Umwelt zugrunde gehen (aber nicht durch Selbstbegrenzung in der Zeit), selbsterhaltend nennen, wenn sie ohne diese Änderung hätten unendlich lange persistieren können. Es gibt empirische Evidenz, daß gewisse Einzeller in diesem Sinne selbsterhaltend sind. Für meine Modelle einer »Protozelle« gibt es Prozesse, die in diesem weiteren Sinne selbsterhaltend sind, andere aber auch im engeren Sinne (wenn die Umwelt im Bereich der Persistenzbedingungen bleibt).

Da ich Selbsterhaltung an anderer Stelle (vgl. Schwegler und Tarumi 1986, Schwegler 1986) ausführlicher diskutiert habe, kann ich hier auf diese Arbeiten verweisen.

Literatur

An der Heiden, V., G. Roth und H. Schwegler (1985), »Die Organisation der Organismen: Selbstherstellung und Selbsterhaltung«, in: *Funkt. Biol. Med.* 5, S. 330-346. Nachgedruckt in: R. Hesch (Hg.), *Endokrinologie*, München/Wien/Baltimore: Urban und Schwarzenberg, S. 203-221.

Bishop, A. R., L. J. Campbell und P. J. Channel (Hg.) (1984), *Fronts, Interfaces and Patterns*, Amsterdam: North Holland Physics Publ.

Fleck, L. (1935), *Entstehung und Entwicklung einer wissenschaftlichen Tatsache*, Benno Schwabe & Co. Neu herausgegeben von Lothar Schäfer und Thomas Schnelle, Frankfurt am Main: Suhrkamp 1980.

Gleick, J. (1987), »Snowflake's Riddle Yields to Probing of Science«, in: *The New York Times*, 6. Januar.

Haken, H. (³1982), *Synergetics*, Berlin/Heidelberg/New York: Springer.

Haken, H. (1988), »Entwicklungslinien der Synergetik«, in: *Naturwissenschaften* 75, S. 163-172 und S. 225-234.

Hejl, P. (1987), »Konstruktion der sozialen Konstruktion: Grundlinien einer konstruktivistischen Sozialtheorie«, in: S. J. Schmidt (Hg.) *Der Diskurs des Radikalen Konstruktivismus*, Frankfurt am Main: Suhrkamp, S. 303-339.

Hejl, P. (1991), »Die zwei Seiten der Eigengesetzlichkeit«, in: S. J. Schmidt (Hg.), *Kognition und Gesellschaft. Der Diskurs des Radikalen Konstruktivismus*, Bd. 2, Frankfurt am Main: Suhrkamp.

Maturana, H. R. und F. J. Varela (1987), *Der Baum der Erkenntnis*, Bern/München/Wien: Scherz.

Oppenheim, P. und H. Putnam (1958), »Unity of Science as Working Hypothesis«, in: H. Feigl, M. Scriven und G. Maxwell (Hg.), *Concepts, Theories and the Mind-Body-Problem. Minnesota Studies in the Philosophy of Science*, Bd. 2, Minneapolis: University of Minnesota Press. Deutsche Übersetzung von V. Scholten, in: L. Krüger (Hg.), *Erkenntnisprobleme der Naturwissenschaften*, Köln und Berlin: Kiepenheuer und Witsch 1970, S. 339-371.

Roth, G. und H. Schwegler (1990), »Self-Organization, Emergent Properties, and the Unity of the World«, in: W. Krohn, G. Küppers und H. Novotny (Hg.), *Self-Organization. Portrait of a Scientific Revolution*, Boston/Dordrecht: Kluwer, S. 36-50. Nachgedruckt in: *Philosophica* 46 (1990), S. 45-64.

Schloßer, G. (1990), »Die Einheit der Welt und ihre wissenschaftliche Deutung«. Inauguraldissertation, Philosophische Fakultät der Universität Freiburg. Überarbeitete Fassung: *Einheit der Welt und Einheitswissenschaft*, Wiesbaden/Braunschweig: Vieweg 1992.

Schwegler, H. (1986), »Physico-Mathematical Models of Self-Maintenance«, in: *Endocytob. C. Res.* 3, S. 247-264.

Schwegler, H. (1988), »Begreifen in Handlungsgeflechten«, in: G. Pasternack (Hg.), *Theorie und Empirie*. Schriftenreihe des Zentrums Philosophische Grundlagen der Wissenschaften, Bd. 5, Universität Bremen, S. 54-71.

Schwegler, H. (1990), »Autopoiese aus physikalischer Sicht«, in: V. Riegas und C. Vetter (Hg.), *Zur Biologie der Kognition*, Frankfurt am Main: Suhrkamp, S. 89-96.

Schwegler, H. (1991), »Konstruierte Wissenschaftswelten. Die Erfahrungen eines Physikers«, in: S. J. Schmidt (Hg.), *Kognition und Gesellschaft. Der Diskurs des Radikalen Konstruktivismus*, Bd. 2, Frankfurt am Main: Suhrkamp, S. 256-275.

Schwegler, H. und K. Tarumi (1986), »The Protocell«: A Mathematical Model of Self-Maintenance«, in: *BioSystems* 19, S. 307-315.

Uwe an der Heiden
Selbstorganisation in dynamischen Systemen

1. Einleitung

Die Umgangssprache legt den Begriff Selbstorganisation nicht eindeutig fest, er kommt in ihr kaum vor. Dagegen werden der Begriff »Organisation« und das zugehörige Verb »organisieren« im Alltag häufig verwendet, aber ebenfalls nicht eindeutig. Auch im wissenschaftlichen Sprachgebrauch sind diese Begriffe nicht eindeutig festgelegt, mit der Konsequenz, daß bei interdisziplinären Diskussionen nicht selten aneinander vorbeigeredet wird.
Aus diesem Grund verlangt das Sprechen über Selbstorganisation jeweils eine Klärung der Begrifflichkeit, nicht notwendigerweise mit einer sowieso unmöglichen absoluten Präzision, aber in für den Ausschluß größerer Mißverständnisse ausreichender Weise. Eines der Ziele der vorliegenden Erörterungen ist, eine solche Begrifflichkeit von Selbstorganisation zu entwickeln, die folgenden Bedingungen genügt:
(a) sie lehnt sich an einen Sprachgebrauch an, der in der modernen Theorie nichtlinearer, dynamischer Systeme samt ihrer Anwendungen, hauptsächlich in Physik, Chemie und Biologie, vorherrschend ist;
(b) sie soll so allgemein gefaßt sein, daß sie nicht von vornherein auf naturwissenschaftliche Anwendungsbereiche beschränkt ist, sondern auch für Gebiete wie Ökonomie, Soziologie, Psychologie fruchtbar sein kann (es gibt auch bereits nicht wenige Beispiele hierfür);
(c) die Begrifflichkeit wird im Rahmen einer formal-mathematischen Theorie entwickelt, die im wesentlichen die der nichtlinearen dynamischen Systeme ist. (»Im wesentlichen« soll heißen, daß die vorgestellten Gleichungssysteme zwar von approximativ-allgemeiner Natur sind, jedoch nicht in jeder Hinsicht die formal allgemeinste Darstellung beinhalten.)
Die mathematischen Erörterungen sind so gehalten, daß sie nach Meinung des Autors auch für Nicht-Mathematiker verständlich sind.
Nach der Darstellung der allgemeinen Form dynamischer Sy-

steme in den ersten Abschnitten folgt die Diskussion des Selbstorganisationsbegriffs, der sich wesentlich auf den Terminus der »dynamischen Abhängigkeit« der Komponenten eines Systems untereinander stützt. Die Theorie wird immer wieder durch Beispiele aus verschiedenen Bereichen illustriert und mit »Realitätsgehalt« versehen.

In den darauffolgenden Abschnitten wird gezeigt, daß zahlreiche grundlegende Strukturen, wie zum Beispiel stabile und instabile Gleichgewichte, dissipative Strukturen fernab vom thermodynamischen Gleichgewicht, Grenzzyklen, chaotische Attraktoren, Katastrophen und Bifurkationen, sich in einer Phänomenologie der Selbstorganisation unter systematischen Gesichtspunkten vereinigen lassen. Freilich sollen durch diese Arbeit nicht andere Ansätze zum Begriff der Selbstorganisation ausgeschlossen werden, die für andere Zwecke besser geeignet sein können. Dennoch ist der Autor der Meinung, daß bereits die Vergangenheit die breite Anwendbarkeit der Theorie bewiesen hat.

2. Systembegriff

Der hier vorgestellte Systembegriff geht davon aus, daß eine Vielheit von Entitäten zusammen wieder eine Entität, das System, darstellen können. Die Entitäten, die zusammen das System bilden, kann man eventuell als dessen *Komponenten* bezeichnen. Zwischen den Komponenten können bestimmte Beziehungen, *Relationen*, bestehen.

Beispiel für ein System ist eine Population mit Individuen als Komponenten. Eigenschaften des Systems sind in der Regel nicht auch Eigenschaften der Komponenten. Zum Beispiel ist die Eigenschaft, daß eine bestimmte Population aus 5763 Individuen besteht, nicht eine Eigenschaft irgendeines ihrer Individuen.

Die Komponenten existieren nicht notwendigerweise vor und unabhängig von dem System. Es gibt Systeme, die ihre Komponenten produzieren (vgl. an der Heiden, Roth und Schwegler 1985). Beispiele sind chemische Reaktionen, in denen Reaktanden als Komponenten ineinander umgewandelt werden, und lebende Systeme.

Systeme, die von einem gewissen Zeitpunkt an nur noch aus im System erzeugten Komponenten bestehen, heißen *selbstherstel-*

lende Systeme (vgl. ebd.). Zum Beispiel ist die menschliche Population selbstherstellend, weil alle ihre heute lebenden Individuen innerhalb der menschlichen Population entstanden sind (da sie alle von Menschen abstammen).
Wie diese Beispiele zeigen, kann ein System offenbar seine Komponenten überdauern. Ein System heißt *selbsterhaltend*, wenn es sich auf Dauer durch den Austausch und die Erneuerung seiner Komponenten erhält (vgl. ebd.).
Es ist wichtig zu bemerken, daß die Komponenten eines Systems nicht notwendigerweise derselben »Phänomenebene« angehören müssen. So kann man durchaus Elemente aus dem physischen Phänomenbereich mit Elementen aus dem psychischen Phänomenbereich in *einem* System vereinigen (Näheres über Interaktionen zwischen verschiedenen Phänomenbereichen vgl. an der Heiden 1989 sowie Popper und Eccles 1977).

3. Dynamische Systeme

Es wird hier der Standpunkt vertreten, daß Selbstorganisation etwas mit der Entwicklung und Veränderung von Systemen zu tun hat, und damit ist für den vorliegenden Entwurf die zeitlich-dynamische Dimension grundlegend. Systeme, die in der Weise beschreibbar sind, daß ihre Komponenten Größen sind, deren Werte sich im Laufe der Zeit ändern können, heißen *dynamische Systeme*.
Größen sind Entitäten, die verschiedene Werte annehmen können. Geschwindigkeit ist eine Größe; 3 km/h, 45,6 m/sec, 0,3454 km/h sind Beispiele für ihre Werte. Andere Größen sind etwa Temperatur, Entropie, elektromagnetische Feldstärken, Konzentrationen von Molekülen oder Ionen, Tumorgröße, Aktienkurse, Warenpreise, aber auch Schmerz (die Werte geben die Intensität des Schmerzes an), Hunger, Selbstwertgefühl, Kompromißbereitschaft.
Die meisten dieser Größen sind kontinuierlich, insofern ein Kontinuum an Werten von der Größe durchlaufen werden kann. Die Anwendbarkeit der Theorie wird jedoch wesentlich erhöht, wenn man auch *diskrete Größen* in Betracht zieht und zuläßt. Eine diskrete Größe ist zum Beispiel die Schalterstellung eines Schalters, die nur zwei Werte hat: »an« und »aus« (die man beispielsweise

durch die Zahlen o und 1 repräsentieren kann). Zustände einfacher Modellneurone werden manchmal als diskrete Größe angesehen: Das Neuron ist aktiv (»1«, ein Nervenimpuls wird generiert) oder inaktiv (»o«, kein Nervenimpuls). Jede Speicherzelle eines digitalen Computers ist eine diskrete Größe, wobei die Anzahl ihrer Werte durch die Anzahl ihrer verschiedenen Bit-Zustände bestimmt ist.

Der hier verwendete Begriff einer Größe ist sehr allgemein. Dies ist daraus ersichtlich, daß es zulässig ist, jedes Objekt in Hinsicht auf seine Existenz als eine diskrete Größe aufzufassen: Betrachtet man einen beliebigen Zeitpunkt t, so kann die Frage gestellt werden, ob ein bestimmtes Objekt zu diesem Zeitpunkt existiert oder nicht. Wenn ja, so hat die Größe »Existenz dieses Objekts« zur Zeit t den Wert »1«, wenn nein, so ist der Wert »o«.

Bei einer derart allgemeinen Fassung des Begriffs »Größe« gibt es keine in der Zeit ablaufenden Vorgänge oder Prozesse, die nicht durch Größen und die zeitliche Veränderung ihrer Werte beschrieben werden können. Hieraus leitet sich die Allgemeinheit und multidisziplinäre Anwendbarkeit der hier in Ansätzen dargestellten Theorie ab.

4. Interaktionen, dynamische Abhängigkeiten

Im folgenden soll eine Theorie der Veränderung von Größen entwickelt werden und in ihrem Rahmen eine Konzeption von Selbstorganisation.

Eine grundlegende Annahme besteht darin, daß Größen sich in dynamischen Abhängigkeiten von anderen Größen befinden und damit ihre Werte verändern. Der Begriff *dynamische Abhängigkeit* wird wie folgt präzisiert. Im konzeptionell einfachsten Zugang stellt man sich zunächst die Zeit als diskrete Struktur vor. Die diskrete Zeit schreitet in kleinen Schritten der Länge Δ fort. Bei willkürlicher Festlegung des Zeitnullpunkts hat man die diskreten Zeitpunkte.

$$\ldots -3\Delta, -2\Delta, -\Delta, 0, 1\Delta, 2\Delta, 3\Delta, \ldots$$

Die diskrete Zeit wird also durch die Abfolge der ganzen Zahlen repräsentiert.

Die in irgendeinem Untersuchungszusammenhang auftretenden

Größen wollen wir mit großen Buchstaben A, B, C usw. bezeichnen. Wenn das Alphabet nicht ausreicht, verwenden wir eine Numerierung $A^{(1)}$, $A^{(2)}$, $A^{(3)}$, usw. $A^{(1)}$ könnte beispielsweise »Wassertemperatur« bedeuten, $A^{(2)}$ »Schmerzempfindung«. Mit A_n, B_n, C_n, usw. beziehungsweise mit $A_n^{(1)}$, $A_n^{(2)}$, usw. bezeichnen wir den Wert dieser Größen zum Zeitpunkt $n \cdot \Delta$. Im genannten Beispiel bedeutet dann $A_5^{(1)} = 36{,}9°$, daß zum Zeitpunkt $5\,\Delta$ die Wassertemperatur den Wert 36,9° (Celsius) hat. Für Schmerzempfindung gibt es keine sehr guten kontinuierlichen Skalen. Man könnte jedoch eine für viele Zwecke ausreichende primitive diskrete Werteskala einführen: »0« für »kein Schmerz«, »1« für »geringen Schmerz«, »2« für »mittleren Schmerz«, »3« für »starken Schmerz«. $A_{11}^{(2)} = 2$ bedeutet dann in obigem Beispiel, daß eine Person zum Zeitpunkt $11\,\Delta$ einen Schmerz mittlerer Stärke empfindet.

Es wird nun definiert, daß die Größe A *dynamisch von den Größen* A, B, C, ... *abhängt*, wenn der Wert A_{n+1} zum Zeitpunkt $(n+1)\,\Delta$ eindeutig determiniert ist durch die Werte A_n, B_n, C_n, ... zum Zeitpunkt $n\,\Delta$. In mathematischen Termini läßt sich diese Definition so formulieren, daß eine Funktion f existiert mit der Eigenschaft, daß

$$A_{n+1} = f(A_n, B_n, C_n, \ldots) \qquad (1)$$

Synonym zu »Funktion« werden in der Literatur häufig die Begriffe »Zuordnung«, »Transformation«, »Abbildung« und »Operator« verwendet.

In der Mathematik werden Gleichungen der Form (1) als *Differenzengleichungen* bezeichnet. Sie sind in vielerlei Hinsicht bedeutsam, nicht nur, weil man mit ihnen natürliche Prozesse und Gesetzmäßigkeiten beschreiben kann, sondern weil auch jeder endliche Automat und insbesondere Digitalcomputer mit ihnen beschrieben werden kann sowie jeder Prozeß, der sich mit einem solchen Computer simulieren läßt einschließlich der numerischen Berechnung und Simulation kontinuierlicher Gleichungssysteme (zum Beispiel von Differentialgleichungen und Integralgleichungen).

Der Begriff der *dynamischen Abhängigkeit* ist eine Verallgemeinerung und Präzisierung des Begriffs *Interaktion*. Die Funktion f gibt an, welches Resultat die Interaktionen zwischen A, B, C, ... zur Zeit $n \cdot \Delta$ in bezug auf den Wert von A zur Zeit $(n+1)\,\Delta$

haben. Die Verallgemeinerung besteht darin, daß Interaktionen nicht nur zwischen jeweils zwei Größen stattfinden, sondern im Extremfall simultan zwischen allen Größen des Systems. Auf diese Weise wird ein zu einfacher Kausalbegriff vermieden, der nur die Einwirkung einer einzigen Größe auf eine einzige andere zuläßt.

Natürlich muß es weitere Funktionen g, h, ... usw. geben, um das Resultat der Interaktionen in bezug auf die Variablen B, C, ... usw. zu beschreiben:

$$B_{n+1} = g(A_n, B_n, C_n, \ldots) \tag{2}$$
$$C_{n+1} = h(A_n, B_n, C_n, \ldots) \tag{3}$$

usw.

In völlig allgemeiner Darstellung gelangt man zu folgendem *System von Differenzengleichungen*: $A^{(1)}, A^{(2)}, A^{(3)}, \ldots, A^{(k-1)}, A^{(k)}$ seien die das untersuchte System charakterisierenden Größen (Variablen). Ferner stehe das System unter dem Einfluß externer, nicht zum System gehöriger Größen $E^{(1)}, E^{(2)}, \ldots, E^{(m)}$. Wir sagen, es liegt ein *zeitdiskretes, deterministisches dynamisches System* vor, wenn Funktionen $f_1, f_2, \ldots, f_k$ angebbar sind (für jede Systemvariable eine), so daß die folgenden k Gleichungen erfüllt sind:

$$A^{(1)}_{n+1} = f_1(A_n^{(1)}, A_n^{(2)}, \ldots, A_n^{(k)}, E_n^{(1)}, \ldots, E_n^{(m)}) \tag{4.1}$$
$$A^{(2)}_{n+1} = f_2(A_n^{(1)}, A_n^{(2)}, \ldots, A_n^{(k)}, E_n^{(1)}, \ldots, E_n^{(m)}) \tag{4.2}$$

usw. bis

$$A^{(k)}_{n+1} = f_k(A_n^{(1)}, A_n^{(2)}, \ldots, A_n^{(k)}, E_n^{(1)}, \ldots, E_n^{(m)}) \tag{4.k}$$

Es ist in der Regel nur sinnvoll, die Erfülltheit dieser Gleichungen für $n = 0, 1, 2,$ usw. und nicht für negative n zu verlangen, denn man untersucht im allgemeinen ein System erst ab einem gewissen Zeitpunkt, und diesen kann man willkürlich als Zeitnullpunkt $n = 0$ festlegen. Aufgrund dieser Situation gelangt man zu dem sogenannten *Anfangswertproblem*: Da das Gleichungssystem (4) jeweils nur den nachfolgenden Zustand (A_{n+1}) des Systems aus dem vorhergehenden (A_n) bestimmt und mit $n = 0$ begonnen wird, müssen $A_0^{(1)}, A_0^{(2)}, \ldots, A_0^{(k)}$ bekannt sein, um alle Zustände A_n für $n > 0$ bestimmen zu können. Diese *Anfangsbedingung* $A_0^{(1)}, A_0^{(2)}, \ldots, A_n^{(k)}$ wird nicht durch die mit (4.1-k) gegebenen Interaktionsregeln bestimmt, sondern muß zusätzlich gegeben sein. Erst bei vorgegebener Anfangsbedingung ist die Entwicklung des Systems

für alle Zeiten n · Δ, n = 1, 2, ... usw., durch die Gleichungen (4.1-k) determiniert.
Es ist wichtig zu sehen, daß sich das System bei verschiedenen Anfangsbedingungen völlig unterschiedlich entwickeln kann. Hierauf wird weiter unten noch eingegangen. Unterschiedliche Entwicklung der externen Einflußgrößen $E^{(1)}, \ldots, E^{(m)}$ führt selbstverständlich in der Regel ebenfalls zu unterschiedlichen Entwicklungen der Systemvariablen $A^{(1)}, \ldots, A^{(k)}$.
Die Zeitvariabilität der externen Größen wird durch den Index n in $E_n^{(1)}, \ldots, E_n^{(m)}$ ausgedrückt. Wie die Entwicklung der externen Einflußgrößen zustande kommt, wird durch die Gleichungen (4) nicht beschrieben. (4) beschreibt lediglich, wie die Änderung der systemimmanenten Größen $A^{(1)}, \ldots, A^{(m)}$ durch Interaktionen zustande kommt. Die externen Einflüsse $E^{(i)}$ können auch als Modifikatoren der Transformationen f_i interpretiert werden, die damit zeitabhängig werden.
Wie man an der Form des Gleichungssystems (4.1-k) erkennen kann, wird bei dieser Beschreibung keine Aussage darüber gemacht, ob die zum System gehörigen Größen $A^{(1)}, A^{(2)}, \ldots, A^{(k)}$ in irgendeiner Weise die externen Größen $E^{(1)}, E^{(2)}, \ldots, E^{(m)}$ (die man eventuell als zur Umwelt des Systems gehörig interpretieren kann) beeinflussen. Dies ist kein Mangel der mit den Gleichungen (4.1-k) vorgelegten Beschreibung. Sollte es wesentlich sein, daß irgendwelche der Größen $A^{(1)}, A^{(2)}, \ldots, A^{(k)}$ eine der Größen $E^{(1)}, E^{(2)}, \ldots, E^{(m)}$ beeinflussen, so liegt eine nach der hier vorgelegten Systemkonzeption fehlerhafte Systemabgrenzung vor. Man muß in diesem Fall die beeinflußte externe Größe, beispielsweise $E^{(i)}$, zu einer systemimmanenten Größe, beispielsweise $A^{(k+1)}$, erklären. Auf diese Weise gelangt man wieder zu einer Darstellung der Form (4.1-k), die sich damit durchaus als allgemeingültig herausstellt. Die in der Literatur häufig betonte wechselseitige Abhängigkeit von System und Umwelt stellt sich also in der hier vorgelegten Konzeption so dar, daß bei Vorliegen einer solchen wechselseitigen Abhängigkeit das eigentliche System aus dem Ganzen von System *und* Umwelt besteht. Im Sinne unserer Systembeschreibung (4.1-k) sind dann also die Umweltvariablen ebenfalls durch Systemgrößen $A^{(i)}$ zu erfassen, und das ursprüngliche »System« wird so zum Subsystem.
Es folgen nun zwei Beispiele für diskrete dynamische Systeme, die der Darstellung (4.1-k) genügen.

Beispiel 1: Diskrete logistische Gleichung.
In diesem »sehr einfachen« Beispiel ist $k = 1$, das heißt, es gibt nur eine einzige das System charakterisierende Größe: $A^{(1)}$. Der Einfachheit halber schreiben wir A statt $A^{(1)}$. In einer bekannten Anwendung bedeutet A die Größe einer Population (ausgedrückt etwa durch deren Gesamtgewicht). Dabei kann es sich um eine Population von Bakterien, Leberzellen, Insekten oder anderen Lebewesen handeln. Hat die Population getrennte Generationen, so zählt n einfach die Generationen. Bei überlappenden Generationen wählt man eine hinreichend kleine Zeiteinheit Δ (je kleiner Δ ist, um so genauer die Darstellung). Die *logistische Gleichung* lautet

$$A_{n+1} = \alpha\, A_n\, (M - A_n) \qquad (5)$$

Sie beruht auf der Annahme, daß die Zunahme der Populationsgröße einerseits proportional zur Größe A_n selbst ist mit einem Proportionalitätsfaktor $\alpha > 0$, andererseits proportional zu einem Ressourcenfaktor $(M - A_n)$, wobei die Konstante M die Maximalgröße der Population bezeichnet, die in dem gegebenen Biotop lebensfähig ist.

Gibt man eine Anfangsgröße A_0 (= Anfangsbedingung) vor, so kann man mit (5) eine Generation nach der anderen berechnen. Man beachte $A_0 \leq M$.

Die Transformation f_1 ist in diesem Fall gegeben durch

$$f_1(A) = \alpha\, A\, (M - A) \qquad (6)$$

Da in diesem Ausdruck für f_1 nur die Systemvariable A und die beiden Konstanten α und M vorkommen, gibt es keinen zeitabhängigen externen Einfluß. Man könnte einen solchen freilich einführen, etwa indem man α und M zeitabhängig gestaltet und einen weiteren zeitabhängigen »Input« addiert:

$$A_{n+1} = \alpha_n\, A_n\, (M_n - A_n) + \gamma_n \qquad (7)$$

In der Darstellung (4) würde dieses Modell dann lauten:

$$A_{n+1}^{(1)} = f_1(A_n^{(1)}, E_n^{(1)}, E_n^{(2)}, E_n^{(3)}) \qquad (8a)$$

mit den Ersetzungen

$$E_n^{(1)} = \alpha_n,\ E_n^{(2)} = M_n,\ E_n^{(3)} = \gamma_n \tag{8b}$$

und

$$f_1(A, \alpha, M, \gamma) = \alpha A (M - A) + \gamma \tag{8c}$$

Die Variation von α und M mit der Zeit n könnte zum Beispiel durch wechselndes Klima und Nahrungsangebot bedingt sein, der Term γ_n durch Immigration oder Emigration.

Insbesondere das durch Gleichung (5) ausgedrückte Beispiel zeigt, daß eine Größe (hier A) durchaus »mit sich selbst interagieren« kann in dem Sinne, daß eine dynamische Abhängigkeit der späteren Zustände (Werte) von früheren besteht. Die Art der Abhängigkeit ist durch die Funktion (6) gegeben.

Beispiel 2: Diskrete neuronale Netze.

In ihrem sehr frühen Modell (1943) nehmen McCulloch und Pitts an, daß sich Neurone stets in einem von 2 Zuständen befinden: »0« = Ruhestand, »1« = aktiver Zustand (Erzeugung eines Outputs, »Feuern«). Auch die Zeit nehmen sie als diskrete Struktur an (mit einem elementaren Zeitschritt $\Delta = 1$ msec $\cong$ Dauer eines Nervenimpulses). Die Übergänge von Ruhe- zu Aktivitätszuständen eines Neurons und umgekehrt hängen von dessen Stimulierung durch andere Neurone und, falls es sich um ein an Sinneszellen gekoppeltes Neuron handelt, von einer sensuellen Stimulation ab.

Auf Grund dieser Annahmen wird die Aktivität eines ganzen Nervennetzes, bestehend aus r Neuronen, beschrieben durch

$$A_{n+1}^{(i)} = H\left(\sum_{j=1}^{r} w_{ij} A_n^{(j)} + E_n^{(i)} - \Theta_i\right),\ i = 1, 2, \ldots, r, \tag{9}$$

wobei der Index i das i-te der Neurone bezeichnet, die von 1 bis r durchnumeriert sind. (9) ist ein System von r Gleichungen, für jedes Neuron eine. $A_n^{(i)}$ hat den Wert 0 oder 1, je nachdem, ob das i-te Neuron zur Zeit n im Zustand »0« oder »1« ist. $E_n^{(i)}$ bezeichnet die Stärke eines sensorischen Einflusses auf Neuron i zur Zeit n. Das Summenzeichen Σ symbolisiert, daß die Einflüsse aller Neurone auf Neuron i aufsummiert werden, und zwar der Einfluß des j-ten Neurons mit einem Gewichtsfaktor w_{ij}, der die

Stärke der synaptischen Kopplung von Neuron j zu Neuron i bemißt. Vom Gesamteinfluß

$$\sum_{j=1}^{r} w_{ij} A_n^{(j)} + E_n^{(i)}$$

auf das i-te Neuron zur Zeit n wird ein Schwellenwert $\Theta^{(i)}$ abgezogen, der überschritten werden muß, um dieses Neuron zur Zeit n+1 in den aktiven Zustand zu versetzen. Die Funktion H ist dementsprechend so definiert, daß H (x) = 0, wenn x < 0, und H (x) = 1, wenn x ≥ 0.
Damit sind die Interaktionen in dem Netzwerk vollständig beschrieben. Freilich handelt es sich hier nicht um eine realistische Beschreibung eines biologischen Nervensystems. Das System (9) beschreibt lediglich gewisse Züge realer Nervensysteme, die bis heute für wichtig erachtet werden. Viele der gegenwärtig verwendeten artifiziellen Neuronennetze beruhen auf diesem Modell von McCulloch und Pitts. Allgemeinere und realistischere Beschreibungen sind bei an der Heiden (1980) dargestellt.
Im Gegensatz zu Beispiel 1, wo das System nur eine einzige variable Größe enthält, kann in diesem zweiten Beispiel die Anzahl r der Systemgrößen sehr groß sein. Vom menschlichen Gehirn wird angenommen, daß es mehr als 10^{11} Neurone besitzt.
Eine Anfangsbedingung von System (9) besteht in einem Satz von Werten $\{A_0^{(1)}, A_0^{(2)}, \ldots, A_0^{(r-1)}, A_0^{(r)}\}$. (Da die Variablen $A^{(i)}$ nur die Werte 0 und 1 annehmen, gibt es also 2^r verschiedene Anfangszustände des Systems.)
Die r^2 Kopplungskoeffizienten w_{ij} (i, j = 1, ... r) sind in (9) als zeitlich konstant angenommen. In heute aktuellen Theorien wird häufig die Hypothese vertreten, daß das Langzeitgedächtnis in diesen Kopplungen (Synapsen) zwischen den Neuronen verankert ist. Demzufolge ändern sich die synaptischen Kopplungsstärken in Lernvorgängen. Will man diese *synaptische Plastizität* berücksichtigen, so muß man w_{ij} als zeitabhängig betrachten: w_{ij} = w_{ij} (n) (zur Vermeidung zu vieler Indizes ist hier die Zeitvariable n in Klammern hinter die Größe w_{ij} gesetzt). Außerdem sind Regeln anzugeben, nach denen sich w_{ij} in Abhängigkeit von systemexternen Einflüssen und von Aktivitäten innerhalb des Netzwerkes ändert. In den heutigen Lerntheorien gibt es sehr viele unterschiedliche Regeln. Die Lernregeln lassen sich ebenfalls durch Differenzengleichungen darstellen:

$$w_{ij}(n+1) = F_{ij}(A_n^{(1)}, \ldots, A_n^{(r)}, w_{11}(n), \ldots, w_{rr}(n)), \, i, j = 1, \ldots, r \quad (10)$$

Das *lernende Nervennetz* wird insgesamt durch das aus den Gleichungen (9) und (10) bestehende System beschrieben, also durch $r+r^2$ Gleichungen.

Sehr bekannt geworden ist die *Hebbsche Regel* für *assoziative Gedächtnisse* (vgl. Hebb 1949). Danach nimmt die Kopplung $w_{ij}(n)$ zwischen Neuron i und Neuron j zu, wenn beide Neurone simultan aktiv sind (das heißt $A_n^{(i)} = A_n^{(j)} = 1$). Sind beide Neurone nicht synchron aktiv, kann w_{ij} abnehmen.

Eine Form der Hebbschen Regel ist durch folgende Spezifizierung der Funktionen F_{ij} gegeben:

$$w_{ij}(n+1) = w_{ij}(n) + \varepsilon A_n^{(i)} A_n^{(j)} - \delta(1 - A_n^{(i)} A_n^{(j)}), \quad (11)$$

wobei ε und δ das Inkrement bzw. Dekrement der synaptischen Kopplung bei simultaner bzw. nichtsimultaner Aktivität von $A^{(i)}$ und $A^{(j)}$ bezeichnen.

Die Hebbsche Regel ist eine Form des »Lernens ohne Lehrer« (*unsupervised learning*). Sehr bekannt für »Lernen mit Lehrer« (*supervised learning*) ist in letzter Zeit eine als *backpropagation* bezeichnete Regel geworden (vgl. Rumelhart und MacClelland 1986), auf die hier jedoch nicht weiter eingegangen wird.

Für die in vorliegendem Aufsatz angestrebten allgemeinen Erörterungen ist dieses Nervennetzbeispiel deshalb von besonderer Bedeutung, weil diese Art der Gedächtnisbildung häufig als ein Musterfall von Selbstorganisation betrachtet wird. Andererseits zeigt die Darstellung (9) in Verbindung mit (10), daß ein solches lernendes Netzwerk lediglich ein Spezialfall der in (4.1-k) gegebenen allgemeinen Form eines diskreten dynamischen Systems ist. Man braucht ja nur

$$k = r+r^2, \, w_{ij}(n) = A_n^{(r+(i-1)r+j)} \text{ für } i, j = 1, 2, \ldots, r$$

$$f_{ir+j}(A_n^{(1)}, \ldots, A^{(k)}, E_n^{(1)}, \ldots, E^{(m)}) = F_{ij}(A^{(1)}, \ldots, A_n^{(r)}, w_{11}(n), \ldots, w_{rr}(n))$$

$$\text{für } i, j = 1, 2, \ldots, r$$

zu setzen, um (9) & (10) in die Form (4.1-k) überzuführen.

Es wäre also nicht richtig, Systeme der Form (4) als relativ »statisch« im Gegensatz zu plastischen, lernfähigen Systemen der Form (9) & (10) zu klassifizieren.

Diese Analyse zeigt, daß es keinen prinzipiellen Unterschied zwischen »normalen« dynamischen Systemen und lernenden Systemen gibt.

5. Dynamische Systeme mit kontinuierlicher Zeit

Wir wollen nun die manchem Leser vielleicht als recht artifiziell erscheinende Einschränkung auf eine diskrete Zeitstruktur aufheben. Es wird sich hierdurch aber im Prinzipiellen und in bezug auf unsere Betrachtungen zur Selbstorganisation nichts Neues ergeben, weil sich dynamische Systeme mit kontinuierlicher Zeit als Grenzfälle dynamischer Systeme mit diskreter Zeit darstellen lassen. Der wesentliche Beitrag zur Beschreibung dynamischer Abhängigkeit in Systemen mit kontinuierlicher Zeit wurde von Leibniz und Newton mit der Erfindung des Differentialquotienten geleistet. Da es bei kontinuierlich verlaufender Zeit auf einen gegebenen Zeitpunkt keinen eindeutig bestimmten, unmittelbar darauffolgenden Zeitpunkt gibt, muß man zur Beschreibung dynamischer Abhängigkeiten von der diskreten Änderung $A_n \rightarrow A_{n+1}$ übergehen zu zeitlich lokalen Änderungen, das heißt zu den zeitlichen Differentialquotienten der zeitabhängigen Systemgrößen $A^{(i)}$. Der kontinuierliche Zeitablauf selbst wird repräsentiert durch die kontinuierliche Variable t. Die Variabilität der Systemgrößen $A^{(1)}, A^{(2)}, \ldots, A^{(k)}$ wird ausgedrückt durch $A^{(1)}(t), A^{(2)}(t), \ldots, A^k(t)$. Wie üblich bezeichnen wir mit d A/d t den Differentialquotienten (= Ableitung) von A nach t, das heißt die Geschwindigkeit, mit der sich die Größe A zum Zeitpunkt t ändert. Die *dynamische Abhängigkeit* der Variablen $A^{(1)}, \ldots, A^{(k)}$ eines dynamischen Systems mit kontinuierlicher Zeit drückt sich dann aus in dem System von k Differentialgleichungen

$$d A^{(1)}/d t = f_1 (A^{(1)}(t), \ldots, A^{(k)}(t), E^{(1)}(t), \ldots, E^{(m)}(t)) \quad (12.1)$$

$$d A^{(2)}/d t = f_2 (A^{(1)}(t), \ldots, A^{(k)}(t), E^{(1)}(t), \ldots, E^{(m)}(t)) \quad (12.2)$$

usw. bis schließlich

$$d\,A^{(k)}/d\,t = f_k\,(A^{(1)}\,(t), \ldots, A^{(k)}\,(t), E^{(1)}\,(t), \ldots, E^{(m)}\,(t)) \tag{12.k}$$

Diese Gleichungen entsprechen den Gleichungen (4.1–k) für Systeme mit diskreter Zeit. Die Gleichung (12.i) drückt aus, in welchem Maß sich die Größe $A^{(i)}$ zur Zeit t ändert infolge der Interaktionen, die zwischen $A^{(1)}$, $A^{(2)}$, ..., $A^{(k)}$ stattfinden, sowie infolge der das System zum Zeitpunkt t beeinflussenden externen Größen $E^{(1)}$, ..., $E^{(m)}$. Wie bei (4) sind f_1, ..., f_k Funktionen, die einem Tupel von k+m Zahlen $x_1, \ldots, x_k, x_{k+1}, \ldots, x_{k+m}$ eine weitere Zahl y_i zuordnen:

$$y_i = f_i\,(x_1, \ldots, x_k, x_{k+1}, \ldots, x_{k+m}).$$

Hiermit ist eine Präzisierung dessen erreicht, was man unter »Interaktion« oder, mit einem neutraleren Terminus, »dynamische Abhängigkeit« verstehen kann.
In empirischen Wissenschaften können die Funktionen f_i eventuell durch Messungen bestimmt werden. In den Naturwissenschaften drücken die f_i manchmal sogenannte Naturgesetze aus. Allgemein ist jedoch in unserem Zusammenhang der Ursprung der Interaktionsfunktionen f_i irrelevant, es wird einfach angenommen, daß die durch sie ausgedrückten Abhängigkeiten und Relationen bestehen, ohne daß die Gründe dafür bekannt sein müssen. Die Interaktionen zwischen Größen $A^{(i)}$, $A^{(j)}$ müssen auch keineswegs »direkt« sein, sie können auch über Zwischenglieder oder Stufen vermittelt sein, die in der Darstellung (12) nicht explizit auftreten; entscheidend ist nur, ob eine Abhängigkeit besteht, die durch eine Funktion im mathematischen Sinn (Zuordnung) beschrieben werden kann.

Beispiel 3: Newtons Aktionsprinzip.
Bezeichnet $A^{(1)}\,(t)$ den Ort eines Körpers der Masse m und $A^{(2)}\,(t)$ seine Geschwindigkeit zur Zeit t, so gilt nach Newton

$$d\,A^{(1)}/d\,t = A^{(2)}\,(t) \tag{13.1}$$
$$d\,A^{(2)}/d\,t = E^{(1)}\,(t)/m, \tag{13.2}$$

dabei ist $E^{(1)}\,(t)$ die zum Zeitpunkt t auf den Körper einwirkende Kraft. System (13) stellt die allgemeine Form des Newtonschen Aktionsprinzips »Kraft = Masse · Beschleunigung« dar. (Man beachte, daß $d\,A^{(2)}/d\,t$ die Beschleunigung ist.)

In besonderen Fällen kann die einwirkende Kraft selbst eine Funktion von $A^{(1)}$ oder $A^{(2)}$ sein. Zum Beispiel ist beim Pendel ohne Reibung (»harmonischer Oszillator«) und bei kleinen Auslenkungen aus der Ruhelage

$$E^{(1)}(t) = -\gamma A^{(1)}(t)$$

mit einer Konstanten γ. Das System (13) geht in diesem Spezialfall über in

$$dA^{(1)}/dt = A^{(2)}(t) \qquad (14.1)$$
$$dA^{(2)}/dt = -\gamma A^{(1)}(t)/m. \qquad (14.2)$$

Man sieht, daß in diesem nunmehr von äußeren Einflüssen freien, in sich geschlossenen System eine zirkuläre Abhängigkeit zwischen $A^{(1)}$ und $A^{(2)}$ besteht. In der Tat ist dies der Grund dafür, warum das Pendel schwingen kann, ohne daß ihm von außen eine Schwingung aufgezwungen wird. Die Lösungen des Differentialgleichungssystems (14) sind nämlich

$$A^{(1)}(t) = a \sin(\omega t + \varphi), \; A^{(2)}(t) = \omega a \cos(\omega t + \varphi), (15)$$

wobei die Amplitude a und die Phase φ durch die Anfangsbedingungen $A^{(1)}(0)$, $A^{(2)}(0)$ festgelegt sind. $\omega = \sqrt{\gamma/m}$ heißt die Frequenz des harmonischen Oszillators. $i\omega$ und $-i\omega$ sind die sogenannten *Eigenwerte* des Systems (14) ($i = \sqrt{-1}$ imaginäre Einheit). Die so entstehende Schwingung kann man durchaus als selbstorganisiert betrachten, und der hier vertretene Begriff von Selbstorganisation läßt dies zu, wie die weiteren Erörterungen zeigen werden.

Zum Abschluß der Abschnitte 4 und 5, in denen die hier zugrunde gelegte Systemkonzeption entwickelt und präzisiert wurde, soll noch kurz auf die Frage eingegangen werden, welchen Grad von Allgemeingültigkeit die Formalisierungen (4) und (12) beanspruchen können. Zunächst ist festzustellen, daß es sich nicht um die allgemeinsten Darstellungen handelt. Eine Einschränkung besteht darin, daß die Anzahl der Komponenten (k) von vornherein fixiert ist. Viele Systeme haben jedoch die Eigenschaft, daß die Zahl ihrer Komponenten sich im Laufe der Zeit ändert. Dies ist aber kein prinzipielles Problem. Es gibt zwei Auswege:

Entweder man weiß von vornherein, welche Komponenten irgendwann einmal auftreten. In diesem Fall kann man sie allesamt durchnumerieren und gelangt so zur Gesamtanzahl k aller Komponenten (dabei muß man k = ∞ zulassen). Die Nichtexistenz von Komponenten zu gewissen Zeiten drückt sich einfach dadurch aus, daß die entsprechende Variable $A^{(i)}$ zu diesen Zeiten den Wert o hat.

Kennt man jedoch nicht von vornherein alle Komponenten, so kann man die Anzahl k von Komponenten selbst zu einer zeitvariablen Größe k = k(n) machen. Unter der Voraussetzung, daß das Auftreten neuer Komponenten von formalisierbaren Bedingungen der zuvor existierenden Komponenten abhängt, erhält man wieder eine formale Darstellung mit eventuell k(n) → ∞ für n → ∞. Es muß hier freilich gesagt werden, daß solche Systeme mit zeitvariabler Komponentenzahl bisher sehr wenig untersucht wurden. Besondere Schwierigkeiten und eventuell Grenzen der hier verfolgten formalen Beschreibung treten auf, wenn die jeweils hinzukommenden Größen (= Komponenten) mit den vorher vorhandenen Größen interagieren. Dies hätte zur Folge, daß für früher vorhandene $A^{(i)}$ die zugehörige Interaktionsfunktion f_i sich ändern würde, was jenseits des hier vorgelegten Rahmens liegt. Allerdings darf man nicht von vornherein annehmen, daß es für derartige Situationen gar keine formal-mathematischen Beschreibungen geben kann, sie hätten lediglich nicht die Form (4) oder (12). Die in den folgenden Abschnitten gegebene Bestimmung und Phänomenologie von Selbstorganisation ist jedoch nicht starr an die Formalisierungen (4) bzw. (12) gebunden. Diese beiden formalen Strukturen sollen nur einen hinreichend präzisen und nicht zu engen Rahmen für die zu erörternden Begriffe und Phänomene abgeben. Der Rahmen selbst läßt sich in der einen oder anderen Richtung ausbauen, zum Beispiel in Richtung auf Petri-Netze oder auf die von Helmut Schwegler in diesem Band formulierten formalen Strukturen.

Wichtig ist, zu sehen, daß die hier gegebenen Formalisierungen (4) und (12) mit konstanter Zahl k für die Komponenten (Größen) keineswegs voraussetzen, daß diese Komponenten dauerhaft persistieren. Denn es ist ja zulässig, daß die Größen $A^{(1)}$, $A^{(2)}$, ..., $A^{(k)}$ über beliebige Zeiträume hinweg den Wert o annehmen, was dann eventuell bedeutet, daß die entsprechende Größe oder Komponente in diesen Zeiträumen nicht existiert.

Es sei schließlich noch bemerkt, daß die Darstellungen (4) und (12) keinerlei Substantialismus oder eine spezifische Ontologie voraussetzen. Wie an den Darstellungen der Gleichungssysteme

(4) und (12) ersichtlich, kommt es auf irgendwelche substantialistische oder ontologische Eigenschaften der Systemkomponenten $A^{(1)}$, $A^{(2)}$, ..., $A^{(k)}$ gar nicht an, sondern nur auf gewisse *Relationen* zwischen ihnen, die durch die Funktionen f_1, f_2, ..., f_k ausgedrückt werden (und die wir mit dem Begriff »dynamische Abhängigkeiten« bezeichnen). Es ist also letztendlich unerheblich, ob beispielsweise $A^{(2)}$ den Ort eines Teilchens, die Stärke eines Schmerzes, die *geplante* Produktionskapazität eines Betriebes oder das Verhältnis zweier aufeinanderfolgender Primzahlen bedeutet. All dies ist möglich (wobei bewußt einige »immaterielle« Beispiele genannt wurden), entscheidend für die Entwicklung der Komponenten sind ausschließlich die Relationen f_1, f_2, ..., f_k und nicht die Bedeutung der Größen »an sich«.

6. Bestimmung des Begriffs der Selbstorganisation in dynamischen Systemen

Die in den vorigen Abschnitten entwickelte Begrifflichkeit erlaubt nun die folgende, für viele Bereiche fruchtbare Bestimmung von Selbstorganisation.

Die Grundidee besteht zunächst darin, dasjenige an oder in einem System als *selbstorganisiert* zu bezeichnen, was ihm nicht von außen aufgeprägt oder aufgezwungen wird, sondern was im und durch das System selbst erzeugt wird. Gemäß unserer Beschreibung in den vorigen Abschnitten ist ein System kein strukturloses Ganzes, sondern ein Gefüge von wechselseitig in dynamischer Abhängigkeit stehenden Komponenten (Größen, Variablen). Will man keinen *deus in machina* postulieren, so muß das, was vom System selbst hervorgebracht wird, also das Selbstorganisierte, durch diese internen dynamischen Abhängigkeiten der Komponenten im System zustande kommen. Dies ist der hier vertretene Selbstorganisationsbegriff. Er sei noch einmal formuliert: Die durch die dynamische Abhängigkeit zwischen den Komponenten (Größen, Variablen) eines Systems induzierten Eigenschaften und Strukturen eines Systems und seiner Komponenten nennen wir *selbstorganisiert*. Der hiermit bestimmte Begriff von *Selbstorganisation* bezieht sich also auf solche Phänomene, die an Systemen und deren Strukturen infolge von Interaktionen ihrer Komponenten auftreten.

Wenn man einen strengen Beweis antreten will (was nicht immer erforderlich ist), daß ein Selbstorganisationsphänomen vorliegt, so muß sich dieses Phänomen aus den Lösungen des Gleichungssystems (4) bzw. (12) ableiten lassen. Während die Gleichungen selbst nur die zeitlich lokalen dynamischen Abhängigkeiten beschreiben, geben die Lösungen die zeitliche Entwicklung des Systems über einen längeren Zeitraum an (zu einer jeweils gegebenen Anfangsbedingung). Die Lösungen enthalten also die sich im Laufe der Zeit infolge der dynamischen Abhängigkeiten entwickelnden Strukturen. Da in den Gleichungen neben den internen Abhängigkeiten auch Abhängigkeiten der Systemvariablen von der Umgebung (die Größen $E^{(1)}, \ldots, E^{(m)}$) vorkommen, muß bei der Entscheidung, ob ein Selbstorganisationsphänomen vorliegt, darauf geachtet werden, daß das Phänomen in seiner detaillierten Ausprägung nicht überwiegend Resultante der Einflußnahme durch diese externen Größen ist. Um dies sicherzustellen, wird in den folgenden Abschnitten, in denen typische und wichtige Selbstorganisationsphänomene vorgestellt werden, vorausgesetzt, daß die externen Größen sich zeitlich nicht oder, verglichen mit der Dynamik der Systemvariablen, nur sehr langsam ändern (konstante oder fast konstante Umwelt).

Bei Systemen, die sowohl eine starke interne Dynamik entfalten und außerdem starken, rasch schwankenden externen Einflüssen ausgesetzt sind, ist die Unterscheidung zwischen Selbstorganisation und Fremdorganisation problematisch und eventuell gar nicht möglich.

Dem Begriff der Selbstorganisation entgegengesetzt ist der der *Fremdorganisation*. Diese bezeichnet solche Phänomene an Systemen, die diesen im wesentlichen von außen aufgeprägt oder aufgezwungen werden. Die Einschränkung »im wesentlichen« ist wichtig, weil es keine Aufprägung geben kann, in die nicht wenigstens teilweise Eigenschaften und Interaktionen der Komponenten des Systems involviert sind.

Ein gutes Beispiel für Fremdorganisation ist die Marmorskulptur des David von Michelangelo. Die Form dieser Skulptur ist nicht selbstorganisiert, weil sie nicht durch die Interaktion der Moleküle des Marmors zustande gekommen ist. Der Prozeß der Entstehung dieser Form ist ebenfalls nicht selbstorganisiert, solange das betrachtete System lediglich in dem sich verändernden Marmorblock besteht. Die Situation ist völlig anders, wenn man als

System den Marmorblock, Michelangelo und sein Werkzeug zusammen betrachtet. Selbst wenn es nicht gelingt, dieses System in Gleichungen der Art (4) oder (12) darzustellen, ist doch anzunehmen, daß der Prozeß der Entstehung der Davidskulptur, der sich ja *innerhalb* dieses Systems abspielt, nicht von außen aufgezwungen ist. (Gewisse Bedenken gegen diese Aussage können eventuell auftreten unter dem Aspekt, daß die Gestalt Davids auch einen historischen, nicht von Michelangelo geschaffenen Ursprung hat.)
Dieses Beispiel zeigt, daß durch Erweiterung eines Systems um Teile seiner (räumlichen und zeitlichen) Umgebung fremdorganisierte Eigenschaften desselben zu selbstorganisierten Eigenschaften des erweiterten Systems werden können.

7. Selbstorganisationsphänomene in autonomen dynamischen Systemen

7.1 Gleichgewichte. In der Mathematik wird ein Differenzengleichungssystem (4) bzw. ein Differentialgleichungssystem (12) *autonom* genannt, wenn es entweder gar keine externen Einflußgrößen $E^{(1)}, \ldots, E^{(m)}$ gibt oder wenn diese zeitunabhängig, also Konstanten sind. Dieser Begriff von Autonomie mag sich nicht mit anderweitig verwendeten decken, er ist aber insofern bedeutsam, als das Fehlen zeitvariabler externer Einflüsse sicherstellt, daß die auftretenden Phänomene selbstorganisiert sind. Im folgenden ist vorausgesetzt, daß in den Gleichungen (4) (dynamische Systeme mit diskreter Zeit) und (12) (dynamische Systeme mit kontinuierlicher Zeit) entweder keine externen Größen $E^{(1)}, \ldots, E^{(m)}$ vorkommen oder aber $E^{(1)}, \ldots, E^{(m)}$ zeitunabhängige Konstanten sind, das heißt, daß es sich um autonome dynamische Systeme handelt. Derartige Konstanten werden als *Parameter* bezeichnet (nicht zu verwechseln mit den Ordnungsparametern in der Synergetik-Theorie von H. Haken, die zeitvariabel sein können und daher besser »Ordnungsvariable« hießen). Beispielsweise sind α und M in Gleichung (5) Parameter.
Die einfachsten, aber nichtsdestoweniger sehr bedeutsamen Selbstorganisationsphänomene autonomer Systeme sind die sogenannten *Gleichgewichte* (Equilibria). Ein Gleichgewichtszustand ist dadurch gekennzeichnet, daß die Werte der Systemvariablen

$A^{(1)}$, $A^{(2)}$, ..., $A^{(k)}$ sich mit der Zeit nicht ändern: mit anderen Worten, es sind die stationären Lösungen der Gleichungssysteme (4) bzw. (12). Per definitionem gilt im Gleichgewicht

$$A^{(i)}_{n+1} = A_n^{(i)} \text{ für } i = 1, 2, ..., k \qquad (16)$$

bei diskreter Zeit und

$$d\,A^{(i)}/dt = 0 \text{ für } i = 1, 2, ..., k \qquad (17)$$

bei kontinuierlicher Zeit.
Hieraus erhält man mit (4) bzw. (12) folgende Bestimmungsgleichungen für Gleichgewichte:

$$A^{(i)} = f_i\,(A^{(1)}, A^{(2)}, ..., A^{(k)}, E^{(1)}, E^{(2)}, ..., E^{(m)})$$
$$\text{für } i = 1, 2, ..., k \qquad (18)$$

bei diskreter Zeit und

$$f_i\,(A^{(1)}, A^{(2)}, ..., A^{(k)}, E^{(1)}, E^{(2)}, ..., E^{(m)}) = 0$$
$$\text{für } i = 1, 2, ..., k \qquad (19)$$

bei kontinuierlicher Zeit.
Bei (18) und (19) handelt es sich um Gleichungssysteme aus jeweils k Gleichungen mit den k »Unbekannten« $A^{(1)}, A^{(2)}, ..., A^{(k)}$. Jede Lösung des Gleichungssystems, die wir mit $\bar{A}^{(1)}, \bar{A}^{(2)}, ..., \bar{A}^{(k)}$ bezeichnen wollen, stellt einen Gleichgewichtszustand des Systems (4) bzw. (12) dar. Man sieht an der Form von (18) und (19), daß die Gleichgewichte durch die mit Hilfe der Interaktionsfunktionen f_i, $i = 1, 2, ..., k$ ausgedrückten dynamischen Abhängigkeiten zwischen den Gleichgewichtswerten $\bar{A}^{(1)}, \bar{A}^{(2)}, ..., \bar{A}^{(k)}$ bestimmt sind, wobei freilich auch die Parameter $E^{(1)}, E^{(2)}, ..., E^{(m)}$ eine Rolle spielen. Ein Gleichgewicht $\bar{A}^{(1)}, \bar{A}^{(2)}, ..., \bar{A}^{(k)}$ wird also durch die inneren Beziehungen zwischen den Komponenten des Systems hergestellt, und es ist insofern selbstorganisiert.
Die mathematische Theorie linearer und nichtlinearer Gleichungssysteme sagt aus, daß (18) bzw. (19) in der Mehrzahl der Fälle (dies wird in der Theorie, die wir hier nicht in extenso darstellen, präzisiert) entweder keine Lösung oder eine Lösung oder mehr als eine, aber endlich viele Lösungen haben, und damit eine entsprechende Anzahl von Gleichgewichtszuständen existiert.
Als einfaches Beispiel betrachten wir die durch (5) gegebene diskrete logistische Gleichung. Hier ist $k = 1$ und man erhält als einzige Bestimmungsgleichung für Gleichgewichte

$$\bar{A} = \alpha \bar{A} (M - \bar{A}). \tag{20}$$

Es ist leicht zu sehen, daß sie zwei Lösungen hat, nämlich

$$\bar{A} = 0 \text{ und } \bar{A} = M - 1/\alpha. \tag{21}$$

Da A die biologische Bedeutung der Größe einer Population hat, besteht die Schlußfolgerung darin, daß eine sich nach der logistischen Gleichung entwickelnde Population in eines von zwei Gleichgewichten laufen kann: Entweder $\bar{A} = 0$, das heißt, die Population stirbt aus, oder $\bar{A} = M - 1/\alpha$. Dieser zweite Fall kann allerdings nur eintreten, wenn $M - 1/\alpha$ positiv ist, das heißt $\alpha M > 1$ ist, da es negative Populationsgrößen nicht geben kann.

Der Leser wird sich leicht überlegen, welche Gleichgewichte es beim harmonischen Oszillator gibt, der durch die Gleichungen (14.1) und (14.2) beschrieben wird.

Die Tatsache, daß es mehr als ein Gleichgewicht geben kann, ist ebenfalls als ein Selbstorganisationsphänomen im Sinne unserer Definition anzusehen, denn die Anzahl von Lösungen, die (18) bzw. (19) haben, folgt ja aus den Funktionen $f_1, f_2, \ldots, f_k$, die die Interaktionen zwischen den Systemkomponenten beschreiben. Die Existenz mehrerer Gleichgewichte wird in der Systemtheorie häufig als *Multistabilität* bezeichnet.

Daß es mehr als ein Gleichgewicht geben kann, ist ferner die Grundlage der sogenannten *Katastrophentheorie*, die sich damit als ein bedeutsamer, bereits weit entwickelter Zweig der Selbstorganisationstheorie herausstellt. Hierauf wird in einem der nachfolgenden Abschnitte eingegangen.

Daß Systeme Gleichgewichtszustände annehmen können, in denen sich die Systemvariablen zeitlich nicht ändern, ist für viele Bereiche der lebenden und nicht lebenden Welt, der Technik, der Ökonomie, der Psychologie von großer Bedeutung. Über wenige Beispiele hinaus wird dies hier jedoch nicht näher ausgeführt.

Besondere Erwähnung verdient hier die »Theorie dissipativer Strukturen«. Hierunter versteht man chemische Reaktions- oder Stoffwechselsysteme, die eine Gleichgewichtsstruktur »fernab vom thermodynamischen Gleichgewicht«, in der Formulierung von Ilya Prigogine, aufrechterhalten (vgl. Prigogine und Lefever 1967, 1968; Nicolis und Prigogine 1977). Verwandt hiermit ist Ludwig von Bertalanffys Begriff vom »Fließgleichgewicht« (vgl. von Bertalanffy 1977). Die erste konkrete Ausarbeitung eines Modells für dissipative Strukturen stammt von Alan Turing (1952), der zeigte, daß die Kombination von chemischen Reaktions- und Diffusionsvorgängen eine auf Dauer erhalten bleibende, räumlich inhomogene (und damit vom thermodynamischen Gleichgewicht verschiedene) Struktur implizieren kann. Turings Theorie wurde von Prigogine weiterentwickelt und führte schließlich zur Ausarbeitung von Modellen für morphogenetische Vorgänge durch Gierer, Meinhardt, Murray u. a. (vgl. Meinhardt 1982, Murray 1981). Es stellt sich somit heraus, daß diese Theorien und Modelle dissipativer und morphogenetischer Strukturen dem hier diskutierten Konzept der Selbstorganisation genügen und sie sich prinzipiell in die durch die Gleichungssysteme (4) und (12) gegebene Form bringen lassen. (Zur technischen Ausführung ist zunächst die Diffusion zwischen diskreten Kompartimenten und anschließend der approximative Übergang zu räumlich kontinuierlicher Diffusion zu betrachten.)

7.2 *Stabilität.* Für jede Diskussion von Gleichgewichtszuständen ist die Unterscheidung zwischen *stabilen und instabilen Gleichgewichten* von großer Bedeutung. Es ist zwar so, daß ein Gleichgewichtszustand per definitionem beibehalten wird, aber, wie die Beachtung der Definition zeigt, nur unter der Bedingung der Konstanz der externen Einflußgrößen $E^{(1)}$, $E^{(2)}$, ..., $E^{(m)}$. Es stellt sich damit die Frage, wie sich das System verhält, wenn sich die externen Einflüsse kurzfristig ändern. Eine weitere Frage ist, ob sich das System, wenn es sich anfänglich noch nicht in einem Gleichgewichtszustand befindet, schließlich in Richtung auf ein Gleichgewicht entwickeln wird und, sofern es deren mehrere gibt, in welches. Für die Beantwortung beider Fragen ist das Konzept der Stabilität unentbehrlich.

Ein Gleichgewichtszustand heißt *stabil*, wenn das System nach einer kurzfristigen, nicht zu großen externen Störung, die es aus diesem Gleichgewicht auslenkt, in den Gleichgewichtszustand zurückkehrt. In diesem Fall nennt man den Gleichgewichtszustand einen *Attraktor*. Diese Rückkehr in die Gleichgewichtslage ist eine selbständige Leistung des Systems, die infolge der dynamischen Abhängigkeit seiner Komponenten (Größen) zustande kommt, und ist daher, gemäß unserer Definition im vorigen Abschnitt, ein Selbstorganisationsphänomen.

Eine genauere Analyse zeigt, daß in Beispiel 1 das Gleichgewicht

$\bar{A}^{(1)} = 0$ stabil ist, wenn die Parameter α und M die Bedingung $\alpha \cdot M < 1$ erfüllen. Gilt jedoch $\alpha \cdot M > 1$, so ist $\bar{A}^{(1)} = 0$ zwar noch ein Gleichgewicht; dieses ist jedoch instabil, das heißt, bei einer auch noch so kleinen Auslenkung aus dem Gleichgewicht kehrt das System nicht in dieses zurück. Ist $\alpha \cdot M > 1$ und außerdem $\alpha \cdot M < 3$, so ist das zweite Gleichgewicht $\bar{A}^{(1)} = M - 1/\alpha$ stabil, also ein Attraktor. Ist jedoch $\alpha \cdot M > 3$, so sind beide Gleichgewichte instabil. In diesem bemerkenswerten Fall kann sich das System gar nicht in ein Gleichgewicht begeben, sondern es stellt sich eine ungedämpfte Oszillation seiner Zustandsgrößen (in diesem Fall gibt es nur eine, da $k = 1$) ein: das System »schwingt« periodisch oder aperiodisch für alle Zeit. Auf diese Situation (Grenzzyklen, Chaos) wird weiter unten näher eingegangen.

Nur die stabilen Gleichgewichte werden vom System tatsächlich eingenommen, und nur in sie kehrt das System bei einer (nicht zu großen) Störung zurück. Die so definierte Stabilität ist damit ein nicht minder bedeutsames Selbstorganisationsphänomen wie die Existenz von Gleichgewichten. Es gibt eine voll entwickelte mathematische Theorie, die die Beurteilung der Stabilität eines Gleichgewichts $\bar{A}^{(1)}$, $\bar{A}^{(2)}$, ..., $\bar{A}^{(k)}$ von System (4) bzw. System (12) erlaubt. Wesentlich kommt es dabei auf die Eigenwerte der aus den partiellen Abteilungen der Interaktionsfunktionen (f_1, f_2, ..., f_k) gebildeten Matrix an. Für Details sei auf Amann (1983) und Verhulst (1990) verwiesen.

Einige moderne Hirn- und Gedächtnistheorien (vgl. Grossberg 1982, Hebb 1949, Kohonen 1987 u. a.) vertreten den Standpunkt, daß gewisse Gedächtnisinhalte stabilen Gleichgewichtszuständen von Nervennetzen in bestimmten Hirnarealen entsprechen. Hier kommt es natürlich darauf an, daß es viele solcher Gleichgewichte in einem Nervennetz gibt. Mathematische Modelle für solche »assoziativen Gedächtnisse« haben häufig eine Form ähnlich zu System (9) von Beispiel 2, wobei die synaptischen Konnektivitäten w_{ij} als »Sitz« des Gedächtnisses angesehen werden und sich in einer Lernphase etwa entsprechend den Gleichungen (10) und (11) ändern.

Wir kommen auf das Stabilitätsproblem in den folgenden Abschnitten gelegentlich zurück. Insgesamt stellt die Phänomenologie stabiler Gleichgewiche einen wichtigen Teilbereich der hier vertretenen Selbstorganisationstheorie dar, die viele bedeutsame Anwendungen gefunden hat und sicher noch finden wird.

7.3 Oszillationen, Grenzzyklen, Chaos.

Wir behalten unsere bisherige Voraussetzung bei, daß nämlich alle von außen auf das System einwirkenden Größen $E^{(1)}$, $E^{(2)}$, ..., $E^{(m)}$ zeitlich konstant sind. (Bei den Stabilitätsbetrachtungen im vorigen Abschnitt waren eine oder mehrere dieser Größen einer kurzfristigen Veränderung unterworfen, um das System aus einer Gleichgewichtslage auszulenken; nach dieser kurzen Änderung hatten jedoch alle externen Größen wieder denselben Wert wie vorher.) Die vielleicht plausible Annahme, daß unter dieser Bedingung die Systemvariablen $A^{(1)}$, $A^{(2)}$, ..., $A^{(k)}$ sich in einem Gleichgewichtszustand $\bar{A}^{(1)}$, $\bar{A}^{(2)}$, ..., $\bar{A}^{(k)}$ befinden oder aber sich wenigstens in Richtung auf einen solchen entwickeln, kann zwar im Einzelfall zutreffen, ist aber nicht allgemein richtig. In der Menge aller möglichen Systeme ist es keine Ausnahme, daß die durch die Funktionen f_1, f_2, ..., f_k beschriebenen Interaktionen zwischen den Komponenten $A^{(1)}$, $A^{(2)}$, ..., $A^{(k)}$ von der Art sind, daß keiner der eventuell vorhandenen Gleichgewichtszustände stabil ist. In einem solchen Fall kann das System gar keinen Gleichgewichtszustand annehmen, und die Konsequenz ist, daß die Werte der Systemgrößen $A^{(1)}$, $A^{(2)}$, ..., $A^{(m)}$ für alle Zeit variieren und damit oszillieren. Die auftretenden Oszillationen (Schwingungen) sind ungedämpft, das heißt, sie werden immer wieder neu vom System erzeugt und klingen in ihrer Amplitude nicht ab. Im allgemeinen Fall ist die Instabilität aller Gleichgewichtszustände nicht einmal notwendig für das Auftreten ungedämpfter Oszillationen.

Es gibt viele elementare physikalische Vorgänge, wo Oszillationen auftreten, beispielsweise stellt das Elektron im Wasserstoffatom einen harmonischen Oszillator dar, Pendel und Planeten sind bekannte schwingende Systeme. In biologischen Systemen sind Oszillationen (Rhythmen) nahezu universell. Am auffälligsten sind die Atem-, Herz- und Schlaf-Wach-Rhythmen, aber auch unsere Pupille schwingt, die Körpertemperatur, die Hormonkonzentrationen, der Stoffwechselumsatz, die neuronale Aktivität (EEG) usw.

Eine Schwingung ist nicht per se ein Selbstorganisationsphänonomen. Beispielsweise können einige Größen eines Systems, die bei konstanten $E^{(1)}$, $E^{(2)}$, ..., $E^{(m)}$ nicht schwingen, eventuell dadurch zum Schwingen veranlaßt werden, daß eine dieser externen Einflußgrößen, etwa $E^{(1)}$, oszilliert. Das System, genauer: einige seiner Variablen, vollführt dann eine sogenannte *erzwungene*

Schwingung, die insofern nicht selbstorganisiert ist. Eine Oszillation ist nur dann selbstorganisiert, wenn sie aus den dynamischen Abhängigkeiten (Interaktionen) der Variablen desjenigen Systems resultiert, an dem sie auftritt.

Inzwischen gibt es viele theoretische (mathematische) und experimentelle Systeme, an denen derartige selbstorganisierte Oszillationen nachgewiesen worden sind. Das ungedämpfte Pendel (harmonischer Oszillator) ist das einfachste Beispiel. Die entsprechenden Systemgleichungen sind in (14) angegeben, die zugehörigen Lösungen in Form von Sinus- und Cosinusschwingungen in den Gleichungen (15). Bekannt geworden ist das etwas kompliziertere Modell einer Räuber-Beute-Interaktion von Lotka und Volterra aus den zwanziger Jahren (vgl. Verhulst 1990). Es war das erste theoretisch fundierte Beispiel, an dem man nachweisen konnte, daß ein ökologisches System auch bei fehlenden äußeren Störfaktoren keineswegs in einen Gleichgewichtszustand hineinlaufen muß.

Ein Nachteil dieser beiden genannten Systeme, der sie als physiologische Systeme ungeeignet macht, besteht darin, daß die Stärke der Schwingung (Amplitude) sehr von den Anfangsbedingungen abhängt. Physiologische Schwingungen (man denke an Herzschlag und Atmung) sind dadurch ausgezeichnet, daß nach einer Störung des Rhythmus (zum Beispiel durch eine vorübergehende, allerdings nicht zu große Belastung) sich der ursprüngliche Rhythmus mit der gleichen Frequenz und Amplitude wiederherstellt. In diesem Sinne stabile Rhythmen nennt man *Grenzzyklen* (*limit cycles*). Inzwischen hat man auch außerhalb der lebenden Natur sehr viele Systeme mit Grenzzyklen gefunden. Ein frühes Beispiel ist der *van der Pol-Oszillator*, der sich durch eine Triodenschaltung realisieren läßt und formal dem harmonischen Oszillator (14) ähnelt (vgl. Verhulst 1990). Das die Interaktionen beschreibende Gleichungssystem lautet

$$d^2x/dt^2 - a(1 - x^2)\,dx/dt + bx(t) = 0 \qquad (22)$$

mit positiven Konstanten a und b.

Nach Einführung der Variablen $A^{(1)} = x$ und $A^{(2)} = dx/dt$ läßt sich (22) in der Form (12) schreiben, nämlich

$$dA^{(1)}/dt = A^{(2)} \qquad (23.1)$$
$$dA^{(2)}/dt = a(1 - (A^{(1)})^2)\,A^{(2)} - bA^{(1)}. \qquad (23.2)$$

Wichtig für das Auftreten dieses stabilen Grenzzyklus ist die kubische Abhängigkeit der Variablen $A^{(1)}$ und $A^{(2)}$ untereinander, die durch die rechte Seite der Gleichung (23.2) beschrieben wird. Es wird hier erneut sichtbar, daß Art und Typ der auftretenden Selbstorganisationsphänomene abhängen von den Eigenschaften der Interaktionen zwischen den Systemkomponenten.

Kubische Nichtlinearitäten finden sich wieder in den Modellen für die Entstehung und Weiterleitung von Nervenimpulsen (vgl. Hodgkin, Huxley 1952, Fitzhugh 1961, Nagumo 1974) und vielen anderen mathematischen Modellen für autonome Oszillatoren. Es gibt freilich auch andere nichtlineare Interdependenzfunktionen, die zu Grenzzyklen führen. Zum Beispiel hat die diskrete logistische Gleichung (5) eine quadratische Nichtlinearität (gegeben durch Gleichung (6)); gilt für die Paramter α und M, daß $3 < \alpha/M < 3.5700...$, so treten stabile periodische Schwingungen auf.

Gleichgewichtsstrukturen zeichnen sich durch Konstanz in der Zeit aus; Grenzzyklen durch Periodizität. Auf einer dritten Stufe der Komplexität tritt sogenanntes *Chaos* auf. Dieses zeichnet sich durch Aperiodizität in der zeitlichen Entwicklung aus. Zwischen diesen drei Stufen gibt es Übergänge (Bifurkationen), die jeweils einen Komplexitätssprung bedeuten. Auf solche und andere Übergangsphänomene wird im nächsten Abschnitt eingegangen.

Der Begriff Chaos ist sehr allgemein, sofern er alle nichtperiodisch in der Zeit ablaufenden Vorgänge bezeichnet. Die Chaosforschung der letzten Jahre hat eine ganze Reihe spezieller Definitionen von »Chaos« hervorgebracht, die jeweils besondere Aspekte und Teilklassen hervorheben aus der Unendlichkeit chaotischer Phänomene. Es seien hier nur zwei solcher Aspekte genannt. Der erste besteht in der *»sensitiven Abhängigkeit der Entwicklung von den Anfangsbedingungen«*, der zweite in sogenannten *»fraktalen Strukturen«*. In den durch »sensitive Abhängigkeit von den Anfangsbedingungen« gekennzeichneten chaotischen Systemen ist die zeitliche Entwicklung der Systemgrößen $A^{(1)}, A^{(2)}, ..., A^{(m)}$ nicht mehr auf Dauer vorhersagbar, wenn die Anfangsbedingung nicht präzise (das heißt unendlich viele Stellen hinter dem Komma) bekannt ist. Auf Grund der inneren Dynamik des Systems wird jeder noch so kleine Fehler (zum Beispiel auch Rundungsfehler) in der Vorherberechnung exponentiell verstärkt. Die Folge ist, daß ab einer gewissen Vorhersagezeit, die von der Rechengenauigkeit abhängt, jede quantitative Genauigkeit verlorengeht. Diese Tatsache hat bedeutsame Auswirkungen auf unseren Umgang mit komplexen Systemen, worauf jedoch hier nicht näher eingegangen wird.

Es gibt extrem einfache Systeme, die sich bereits chaotisch verhalten. Ein bekanntes Beispiel ist die hier schon mehrfach diskutierte logistische Gleichung (5). Allerdings müssen die Parameter α und M gewisse Bedingungen erfüllen. Der markanteste Fall tritt auf, wenn $\alpha/M = 4$ ist. Man kann zeigen (vgl. Schuster 1989), daß die Größe der Population in aufeinanderfolgenden Generationen einer Zufallsverteilung genügt, obwohl sie in deterministischer Weise aus der Gleichung (5) hervorgeht. Man spricht daher vom *deterministischen Chaos*. In diesen Systemen sind Zufall (geeignet definiert) und Determiniertheit keine sich ausschließenden Begriffe!

Die Chaosforschung (vgl. Schuster 1989) hat gezeigt, daß in der Menge aller nichtlinearen Systeme der Form (4) oder (12) diejenigen mit sensitiver Abhängigkeit von den Anfangsbedingungen keineswegs Ausnahmefälle sind. In Physik, Chemie, Biologie, Ökologie, Ökonomie und Medizin wurde bereits eine große Zahl von Systemen mit dieser Eigenschaft gefunden (vgl. Haken 1981, 1983, 1987; Schuster 1989). Häufig gelang es, diese Systeme durch Modelle der Art (4) und (12) zu beschreiben und den Nachweis zu erbringen, daß die sensitive Abhängigkeit von den Anfangsbedingungen eine systemimmanente Leistung ist, die aus der nichtlinearen Interaktion der Komponenten hervorgeht. Insofern stellt sie ein Selbstorganisationsphänomen dar.

Eine große Klasse von chaotischen Systemen entwickelt zeitliche und räumliche Strukturen, die nach Benoit Mandelbrot (vgl. Mandelbrot 1982) als *fraktal* bezeichnet werden, weil sie in dem von den Systemvariablen $A^{(1)}$, $A^{(2)}$, ..., $A^{(m)}$ aufgespannten Zustandsraum eine Dimension haben, die nicht ganzzahlig ist. Diese Strukturen sind häufig (aber nicht immer) durch *Selbstähnlichkeit* gekennzeichnet, das heißt, im Kleinen zeigen sich die gleichen Strukturen wie im Großen (man denke an die Verästelung eines Baumes). Fraktale Strukturen und Selbstähnlichkeit können daher ebenfalls Selbstorganisationsphänomene sein, nämlich dann, wenn sie durch die dynamische Abhängigkeit der Variablen eines Systems erzeugt werden.

Ebenso wie bei Gleichgewichten und Grenzzyklen kann Chaos

auf einen Teil des Zustandsraumes beschränkt sein. In diesen Fällen läßt sich zwischen einem chaotischen Attraktor und einem chaotischen Repellor unterscheiden. Der chaotische Attraktor (häufig auch »seltsamer Attraktor« genannt) ist in dem Sinne stabil, daß das System nach einer Störung, die es aus der den chaotischen Attraktor ausmachenden Zustandsmenge herauslenkt, in diese Attraktorzustandsmenge zurückkehrt. Es ist eine zu eingeschränkte und früher oft vertretene Einstellung, daß nur Gleichgewichte und allenfalls noch periodische Vorgänge stabil sein können. Die Chaosforschung hat gezeigt, daß es weitaus komplexere, sich in Raum und Zeit entfaltende Strukturen gibt, die ebenfalls stabil sind, zum Beispiel haben neuere Untersuchungen ergeben, daß der gesunde Herzrhythmus nicht eigentlich ein stabiler Grenzzyklus, sondern ein chaotischer Attraktor ist. Ein vollkommen gleichmäßig schlagendes Herz (bei konstanten externen Bedingungen) ist Zeichen des Alterns oder einer Krankheit.
Auf die allgemeine Bedeutung der Chaosforschung kann hier nicht eingegangen werden. Es sollte nur dargestellt werden, daß und in welchem Sinne das sogenannte »deterministische Chaos« zu den Selbstorganisationsphänomenen zu rechnen ist. In Technologie, Medizin, Ökologie, Ökonomie und Politik stellt die Frage der Steuerbarkeit chaotischer Systeme ein besonders wichtiges Problem dar, das freilich bisher nur unbefriedigend gelöst ist und eventuell unlösbar ist. Die Chaosforschung kann unsere Sensibilität im Umgang mit komplexen Systemen wesentlich verbessern.

7.4 Bifurkationen, Katastrophen. Die bisher diskutierten Selbstorganisationsphänomene in dynamischen Systemen traten unter der Bedingung auf, daß die in den Systembeschreibungen (4) und (12) auftretenden externen Einflußgrößen $E^{(1)}$, $E^{(2)}$, ..., $E^{(m)}$ ihre Werte im Laufe der Zeit nicht ändern. Die drei stabilen Phänomentypen, die in dieser Situation auftreten, sind, wie in den vorigen Abschnitten erörtert, stabile Gleichgewichte, Grenzzyklen und chaotische Attraktoren.
Die Konstanz der externen Bedingungen gab uns Evidenz, daß Selbstorganisation in dem eingangs definierten Sinne vorliegt. Selbstorganisationsphänomene können aber gemäß unserer allgemeinen Definition auch unter variablen externen Bedingungen auftreten. Es ist jedoch dabei in vielen Fällen schwierig, wenn

nicht unmöglich, zwischen der durch äußere Beeinflussung bedingten *Fremdorganisation* und der dem System zuzurechnenden Selbstorganisation zu unterscheiden. Besonders schwierig ist dies, wenn sich die externen Variablen $E^{(1)}$, $E^{(2)}$, ..., $E^{(m)}$ mit etwa der gleichen oder noch größerer Geschwindigkeit ändern als die systemimmanenten Variablen $A^{(1)}$, $A^{(2)}$, ..., $A^{(k)}$. In einer völlig allgemeinen Theorie, die wir hier nicht anstreben, muß man beliebige *Mischungsgrade von Selbst- und Fremdorganisation* zulassen und bedenken. Es gibt jedoch eine Klasse von Situationen, bei denen man die durch die Variation der externen Größen bedingte Fremdorganisation als sehr gering einschätzen und somit von deutlichen Selbstorganisationsphänomenen sprechen kann. Diese Klasse ist durch die folgende Bedingung ausgezeichnet:

Die systemexternen Variablen $E^{(1)}$, $E^{(2)}$, ..., $E^{(m)}$ ändern sich so langsam, daß zu fast allen Zeiten der Verhaltens- und Strukturtyp der systemimmanenten Variablen $A^{(1)}$, $A^{(2)}$, ..., $A^{(m)}$ mit einem der drei für konstante externe Variablen existierenden Typen nahezu übereinstimmt, nämlich mit einem stabilen Gleichgewicht, einem Grenzzyklus oder einem chaotischen Attraktor.

Man könnte diese Bedingung als Quasistationarität der externen Größen bezeichnen. Sie läuft darauf hinaus, daß die äußeren Bedingungen sich so langsam ändern, daß das System stets ausreichend Gelegenheit hat, sich demjenigen selbstorganisierten »Eigenzustand« anzunähern, der unter konstanten äußeren Bedingungen eintreten würde.

Es ist wichtig, daß die genannte Bedingung nur für fast alle und nicht für alle Zeiten erfüllt sein muß. Denn wie sich herausstellt, können bei der langsamen Veränderung der externen Variablen Übergänge zwischen den Strukturtypen Gleichgewicht, Grenzzyklus und Chaos stattfinden. Diese Übergänge werden in der Mathematik als *Bifurkationen (Verzweigungen)* und in der Physik häufig als *Phasenübergänge* bezeichnet. In den Augenblicken des Überganges liegt keiner der drei stabilen Strukturtypen vor, sondern irgendein Zwischenzustand.

Außerdem ist wichtig zu bemerken, daß ein solcher Übergang nicht notwendigerweise von einem Strukturtyp zu einem von ihm verschiedenen Strukturtyp stattfindet, sondern innerhalb desselben Strukturtyps verbleiben kann. Es gibt nämlich Systeme, die mehrere stabile Gleichgewichte oder mehrere Grenzzyklen oder mehrere chaotische Attraktoren haben (bei ein und demselben

Wert der externen Variablen $E^{(1)}$, $E^{(2)}$, ..., $E^{(m)}$). Zum Beispiel hat ein Lichtschalter in der Regel zwei stabile Gleichgewichtszustände, der Mensch kann sich in einem von zwei stabilen Zuständen, Schlafen oder Wachen, befinden. Mit Bifurkationen und Phasenübergängen sind also auch solche Übergänge gemeint, die zwischen verschiedenen Gleichgewichtszuständen, verschiedenen Grenzzyklen oder verschiedenen chaotischen Attraktoren stattfinden. Man kann diese Übergänge als eine nicht nur quantitative, sondern auch qualitative Änderung des Systems ansehen, nämlich insofern, als eine stabile Konfiguration in eine andere stabile Konfiguration übergeht.

Die Bifurkationen sind Selbstorganisationsphänomene, weil sich die Werte der externen Größen $E^{(1)}$, $E^{(2)}$, ..., $E^{(m)}$ nur quantitativ (graduell) ändern, während für die internen Variablen $A^{(1)}$, $A^{(2)}$, ..., $A^{(k)}$ eine qualitative Änderung des Verhaltenstyps eintritt. Nicht die externe, sondern die interne Dynamik ändert sich qualitativ. Die bestimmten Werte von $E^{(1)}$, $E^{(2)}$, ..., $E^{(m)}$ (sie heißen *kritische Werte*), bei denen eine Bifurkation stattfindet, sind durch die dynamischen Abhängigkeiten f_1, f_2, ..., f_k der internen Variablen determiniert und nicht durch die externen Variablen selbst.

Wir wollen ein einfaches Beispiel betrachten. Wie wir oben bemerkten, stirbt eine der logistischen Gleichung (5) genügende Population aus, wenn der Quotient α/M aus der Reproduktionsrate α und der Ressourcengröße M, die hier als externe Größe fungieren, die Ungleichung $\alpha/M < 1$ erfüllt. Gilt $1 < \alpha/M < 3$, so gibt es ein positives Gleichgewicht, das stabil ist, und damit bleibt die Population erhalten. Das Gleichgewicht 0 (»Population stirbt aus«) existiert auch, wenn $1 < \alpha/M < 3$, aber es ist instabil; $\alpha/M = 1$ ist also ein kritischer Wert, bei dem eine Bifurkation stattfindet (Übergang von einem Gleichgewicht in ein anderes). Eine weitere Bifurkation ereignet sich bei $\alpha/M = 3$. Hier verliert das positive Gleichgewicht seine Stabilität und für Werte α/M, die etwas über 3 liegen, gibt es einen stabilen Grenzzyklus, die Population schwankt in aufeinanderfolgenden Generationen jeweils zwischen zwei Werten hin und her. Bei $\alpha/M = 3$ gibt es also einen Übergang von einem Gleichgewicht in einen Grenzzyklus. Man kann zeigen, daß für größere Werte α/M weitere Bifurkationen auftreten, die bis hin zum Chaos führen (vgl. Schuster 1989).

Es lassen sich zwei Klassen von Bifurkationen unterscheiden: die *stetigen Bifurkationen (soft bifurcations)* und die *unstetigen Bifurkationen (hard bifurcations)*. Die *Katastrophentheorie* hat insbesondere die unstetigen Bifurkationen zum Gegenstand und nennt diese *Katastrophen*. Bei der stetigen Bifurkation liegen die beiden Verhaltens- oder Strukturtypen beim Übergang nahe beieinander: am Bifurkationspunkt verschmelzen sie sogar ineinander (wie zwei Täler, die sich zu einem verbinden), zum Beispiel erfolgt der Übergang von einem Gleichgewicht in einen Grenzzyklus in der Weise, daß der Grenzzyklus mit sehr kleiner Amplitude um den Gleichgewichtswert schwingt. Am Bifurkationspunkt konvergiert die Amplitude gegen Null.

Dagegen findet bei der Katastrophe (unstetige Bifurkation) ein abrupter, diskreter Übergang zwischen zwei Strukturen statt, die schon am Bifurkationspunkt eine endliche, in Anwendungen häufig beträchtliche Entfernung (gemessen in der Metrik des Zustandsraumes) voneinander haben. Ein bekanntes Beispiel der Katastrophentheorie ist der fliehende und der angreifende Hund bei verschiedenen Bedrohungsgraden; elementarer ist der Übergang von Wasser zu Eis bei 0°C (hier ist die Temperatur die einzige externe Variable).

Die Katastrophentheorie hat sich intensiv mit der Typisierung der Katastrophen befaßt unter der Bedingung von einer oder mehreren externen Variablen $E^{(1)}$, $E^{(2)}$, ..., $E^{(m)}$. So konnte sie zeigen, daß es bei Übergängen zwischen Gleichgewichten genau sieben Arten von Katastrophen gibt, wenn m nicht größer als 4 ist. Dabei kann die Anzahl k der internen Variablen $A^{(1)}$, $A^{(2)}$, ..., $A^{(k)}$ beliebig groß sein.

Die vorliegende Betrachtung hat lediglich den Zweck, der Katastrophentheorie im Rahmen einer Theorie der Selbstorganisation einen systematischen Ort zuzuweisen. Auf Einzelheiten der Katastrophentheorie und die Vielzahl der Anwendungen soll hier nicht eingegangen werden. Darstellungen bieten die Monographien von Thom (1975), Poston und Stewart (1978) und Saunders (1986).

Die Katastrophentheorie hat sich bis heute hauptsächlich mit den Übergängen zwischen Gleichgewichten befaßt, sie ist aber im Prinzip für die unstetigen Übergänge zwischen allen drei Strukturen (Gleichgewicht, Grenzzyklus, Chaos) zuständig und könnte entsprechend verallgemeinert werden.

Literatur

Amann, H. (1983), *Gewöhnliche Differentialgleichungen*, Berlin–New York: de Gruyter.

An der Heiden, U. (1980), *Analysis of Neural Networks*, Berlin–Heidelberg–New York: Springer.

– (1986), »Ordnung und Chaos«, in: *Dialektik* 12, S. 155-167.

– (1990), »Three worlds interactionism and developmental psychology: perspectives of the synergetic approach«, in: H. Haken und M. Stadler (Hg.), *Synergetics of Cognition*, Berlin–Heidelberg–New York: Springer, S. 354-360.

An der Heiden, U., G. Roth und H. Schwegler (1985), »Die Organisation der Organismen: Selbstherstellung und Selbsterhaltung«, in: *Funkt. Biol. Med.* 5, S. 330-346.

Bertalanffy, L. von, W. Beier und R. Laue (1977), *Biophysik des Fließgleichgewichts*, Braunschweig: Vieweg.

Fitzhugh, R. (1961), »Impulses and physiological states in theoretical models of nerve membrane«, in: *Biophys. J.* 1, S. 445 f.

Grossberg, S. (1982), *Studies of Mind and Brain*, Dordrecht–Boston–London: Reidel.

Haken, H. (^{3}1983), *Synergetics. An Introduction* [Springer Series Synergetics, Bd. 1], Berlin–Heidelberg–New York: Springer.

– (^{2}1987), *Advanced Synergetics* [Springer Series Synergetics, Bd. 20], Berlin–Heidelberg–New York: Springer.

– (Hg.) (1981), *Chaos and Order in Nature* [Springer Series Synergetics, Bd. 11], Berlin–Heidelberg–New York: Springer.

Hebb, D. O. (1949), *The Organization of Behaviour*, New York: Wiley.

Hodgkin, A. L. und A. F. Huxley (1952), »A quantitative description of membrane current and its application to conduction and excitation in nerve«, in: *J. Physiol.* (London) 117, S. 500-544.

Kohonen, T. (^{2}1987), *Self-Organization and Associate Memory*, Berlin–Heidelberg-New York–Tokio: Springer.

Mandelbrot, B. B. (1982), *The Fractal Geometry of Nature*, San Francisco: Freeman.

McCulloch, W. S. und W. H. Pitts (1943), »A logical calculus of ideas immanent in nervous activity«, in: *Bull. Math. Biophys.* 5, S. 115-133.

Meinhardt, H. (1982), *Models of Biological Pattern Formation*, London: Academic Press.

Murray, J. D. (1981), »On pattern formation mechanisms for lepidopteran wing patterns and mammalian coat markings«, in: *Phil. Trans. Roy. Soc.* (London) B 295, S. 473-496.

Nagumo, J. (1974), »Response characteristics of a mathematics neuron model«, in: *Advances in Biophysics* 6, S. 41-73.

Nicolis, G. und I. Prigogine (1977), *Self-Organization in Non-Equilibrium Systems*, New York: Wiley.

Ortega, J. M. (1987), *Matrix Theory*, New York und London: Plenum Press.

Popper, K. R. und J. C. Eccles (1977), *Das Ich und sein Gehirn*, Hamburg: Hoffmann & Campe 1982.

Poston, T. und I. N. Stewart (1978), *Catastrophe Theory and its Applications*, London: Pitman.

Prigogine, I. und R. Lefever (1968), »Symmetry breaking instabilities in dissipative systems«, I/II, in: *J. Chem. Phys.* 16 (1967), S. 3542-3550; 48, S. 1665-1700.

Rumelhart, D. E. und J. L. McClelland (Hg.) (1986), *Parallel Distributed Processing: Explorations in the Microstructure of Cognition*, Bd. 1: *Foundations*, Cambridge, MA: MIT Press.

Rumelhart, D. E. und J. L. McClelland (1986), »Learning representations by back-propagating errors«, in: *Nature* 323, S. 533-536.

Saunders, P. T. (1986), *Katastrophentheorie*, Braunschweig–Wiesbaden: Vieweg.

Schuster, H.-G. (1989), *Deterministic Chaos*, Weinheim: VCH-Verlagsgesellschaft.

Thom, R. (1975), *Stabilité structurelle et morphogenèse*, Paris; (englische Übersetzung): *Structural Stability and Morphogenesis*, Reading, MA: W. A. Benjamin.

Turing, A. M. (1952), »The Chemical Basis of Morphogenesis«, in: *Philos. Trans. R. Soc.* London B 237, S. 37-72.

Verhulst, F. (1990), *Nonlinear Differential Equations and Dynamical Systems*, Berlin–Heidelberg–New York–London–Paris–Tokio–Hongkong: Springer.

Ulrich Müller-Herold
Selbstordnungsvorgänge in der Späten Präbiotik

1. Einleitung

Die ältesten Spuren des Lebens auf der Erde sind 3,6 Milliarden Jahre alt. Je mehr Planetologen und Geologen über den Zustand der Erde in jenen fernen Zeiten herausfinden, desto mehr Anregungen erhält unsere Phantasie, sich Möglichkeiten auszumalen, wie es bei der Entstehung des Lebens zugegangen sein mag. Je mehr wir auf der anderen Seite über die physikalische Chemie komplexer Systeme in Erfahrung bringen, desto mehr an sich Denkbares kann mit guten Gründen auch wieder ausgeschieden werden. So manche lang vertraute Vorstellung muß heute als überholt gelten, vor allem was Uratmosphären, Ursuppen und selbstreproduzierende Makromoleküle angeht. Als neue fesselnde Frage hinzugekommen ist das Problem der supramolekularen chemischen Strukturen und insbesondere jenes der präbiotischen Herausbildung von Zellvorstufen.

Mit Präbiotik werden physiko-chemische Szenarien bezeichnet, in welchen sich unter den mutmaßlichen geochemischen Verhältnissen der frühen Erde schrittweise Vorstufen zellulären Lebens herausbilden. Im Standard-Szenarium der Präbiotik kann man zwei Phasen unterscheiden. Die frühe Phase beginnt mit der Bildung der zweiten Erdatmosphäre durch Ausgasung von Vulkangestein, nachdem sich die ursprüngliche erste Gasatmosphäre ins Weltall verflüchtigt hatte. In dieser sekundären Erdatmosphäre bilden sich aus Kleinstmolekeln wie CO, CO_2, N_2, H_2S und H_2O unter dem Einfluß von Sonnenlicht, kosmischer Strahlung und Radioaktivität, von Blitzen, vulkanischer Aktivität und von Stoßwellen die biologisch wichtigen chemischen Grundbausteine, allen voran die Aminosäuren.

Nach Abschluß der frühen Phase, so nimmt man an, sind kleine Molekeln in genügender Zahl vorhanden. Bezüglich der nun folgenden späten Phase der Präbiotik fragt man sich: (1) Wie entstehen unter den fast unendlich vielen, kombinatorisch möglichen Kettenmolekülen mit unterschiedlicher Monomerensequenz gerade die biologisch sinnvollen und keine anderen? (2) Wie entwikkelt sich das Zusammenwirken von Eiweißen und Nukleinsäuren, das heißt der genetische Translationsapparat? (3) Wie kommt es zur Bildung von Protozellen und deren Vorstufen? Intuitiv betrachtet haben alle diese Fragen etwas mit dem Entstehen von Strukturen zu tun, die wir aus unserer Kenntnis des rezenten Lebens als notwendig und sinnvoll ansehen, die aber aus chemischer Sicht nur eine sehr spezielle Wahl unter Myriaden möglicher anderer Strukturen darstellen, in denen wir weder eine besondere Ordnung noch einen Sinn erblicken würden. »Späte Präbiotik« benennt eine jener Schnittstellen, die zugleich einen naturgeschichtlichen Entwicklungssprung und eine Hierarchiestufe im Gefüge unserer Theorien über die Natur bezeichnen. An diesen besonderen Schnittstellen – zwischen Unbelebtem und Lebendigem, Protozoen und Metazoen, primitiven Reflexwesen und Psychozoen, Individuen und Gesellschaft – finden Umstrukturierungen statt, die mit Namen wie »Organisation« oder »Ordnung« belegt werden. Zu fragen ist, ob damit eine tiefergehende Gemeinsamkeit der Schnittstellen bezeichnet ist oder ob es sich um oberflächliche Wortanalogien handelt, wie sie aus der unkontrollierten Verwendung von Laborjargon entstehen.

Damit sich die Untersuchung dieser Frage vom Standpunkt eines Naturwissenschaftlers überhaupt lohnt, wäre zu klären, ob Termini wie »Ordnung« und »Organisation« begrifflich so gut verstanden und theoretisch so inhaltsreich sind, daß damit Ansatzpunkte zu einem umfassenderen Verständnis der Schnittstellen gegeben wären. Daß schon die Klärung dieser Vorfrage außerordentlich anspruchsvoll ist, sieht man an der engen Verbindung zu Problemen der Theoriereduktion und der Emergenz, deren Schwierigkeiten seit langem bekannt und gefürchtet sind.

2. Ordnung und Selbstordnung

Ordnung ist ein nicht schulmäßig definierbarer Fundamentalbegriff: Da eine Klärung des Begriffs »Ordnung« selbst *ordnungsgemäß* erfolgen muß, setzt sie ihn selbst voraus (Kuhn 1973, S. 1037). Dementsprechend haftet allen Definitionsversuchen – etwa: Ordnung benennt eine Konfiguration von Teilen, die jedem ihrer Bestandteile seine Stelle anweist – der Verdacht der Zirkelhaftigkeit an. Denn seinem wesentlichen Gehalt nach wird das

Definiendum dabei durch Worte wie Konfiguration oder *compositio* oder *dispositio* vorweggenommen.[1]

Was wir im Alltagsleben – meist unter ästhetischem Blickwinkel – als »geordnet« ansehen, ist wahrscheinlich nur wahrnehmungspsychologisch-evolutionär zu verstehen, das heißt als Ergebnis naturgeschichtlicher Entwicklung. Außer unter dem ästhetischen Gesichtspunkt wird Ordnung im Alltagsleben auch unter dem Aspekt der Zweckmäßigkeit betrachtet, was darauf hinweist, daß »Ordnung« *kontextabhängig* ist: Je nach Zweck werden durchaus verschiedene Konfigurationen als »geordnet« angesehen, wobei unter verschiedenen Personen durchaus Einigkeit erzielt werden kann. Dasselbe gilt für den Aspekt der Regelmäßigkeit: Je nach »Regel«, das heißt je nach Bildungsgesetz für eine ideale Struktur, wird dieselbe Konfiguration als mehr oder weniger geordnet angesehen. Falls diese Alltagsbeobachtungen sich verallgemeinern lassen, *läßt Ordnung sich grundsätzlich nicht intrinsisch, sondern nur bezüglich eines Kontextes charakterisieren.*

Auch die moderne Entwicklung der Naturwissenschaften liefert Hinweise in dieser Richtung. So zeigt ein Blick in ein fast beliebiges Buch über Turbulenz, daß der Übergang von laminarer zu turbulenter Strömung bei großen Reynolds-Zahlen als Übergang von einem geordneten in einen ungeordneten, chaotischen Zustand betrachtet wird. Seit dem Aufkommen der mathematischen Chaos-Theorie findet man gerade auch die entgegengesetzte Ansicht: »The multiple size and time scales involved in turbulence correspond to the coherent behavior of millions and millions molecules. Viewed in this way, the transition from laminar flow to turbulence is a process of selforganization« (Prigogine und Stengers 1984, S. 141).

Auf der Grundlage dieser Beobachtungen definieren wir versuchsweise: (Vollkommene) *Ordnung* bezeichnet jenen Idealzustand eines Systems, der einen Satz ausgewählter Eigenschaften rein, das heißt extremal oder unüberbietbar, verkörpert. Ordnung ist zugleich subjektiv, insofern der Satz der Eigenschaften willkürlich gewählt werden kann, und objektiv, indem bei einmal festgelegtem Satz von Eigenschaften Ordnung intersubjektiv, das

---

1 Cicero, *De officiis*, I 40: »[Ordo est] compositio rerum aptis et accomodatis locis«. Augustinus, *De Civitate Dei*, XIX 13: »...parium disparium rerum sua cuique loca dispositio.«

heißt unabhängig vom einzelnen, festgestellt werden kann. *Ordnen* ist die Veränderung eines Systems durch äußeren Eingriff in Richtung auf eine Ordnung hin. Unter *Selbstordnung* verstehen wir, daß ein System seinen Zustand durch seine Eigendynamik in Richtung auf eine Ordnung ändert.[2]

In der Präbiotik zum Beispiel hat man, wenn das auch niemals ausgesprochen, sondern stillschweigend vorausgesetzt wird, stets eine ganz bestimmte Ordnung vor Augen. Die Eigenschaften, welche diese Ordnung bestimmen, sind eher vage vorgegeben durch Lebensmerkmale, die man in der Biologie als universell zu betrachten pflegt. Dazu gehören: Stoffwechsel, mechanische Persistenz, Selbstaggregation, Mutabilität, Teilung, Reproduktion und anderes mehr. Es handelt sich dabei wohlgemerkt *nicht um eine theoretische Charakterisierung von Leben,* sondern lediglich um eine Liste von Beobachtungen, über deren theoretischen Zusammenhang wir so gut wie nichts wissen und die zudem selbst erklärungsbedürftig sind. Sobald nun ein physiko-chemisches System seinen Zustand in Richtung auf diese Merkmale hin verändert, spricht man in der Präbiotik von Selbstordnung, von Selbstorganisation und bisweilen – noch mutiger – gar von präbiotischer Evolution.

3. Mikrosphären

Ein Hauptproblem der Späten Präbiotik ist die Spontanentstehung von Protozellen. Sie wurde und wird von vielen als *das* entscheidende Hindernis angesehen, an die Spontanentstehung des Lebens zu glauben. Anfang der sechziger Jahre eröffnete die Entdeckung von S. Fox, daß thermisch polymerisierte Aminosäuren sich in wäßriger Lösung von selbst zu zellähnlichen Gebilden

---

2 Der Wortbestandteil »Selbst« in Selbstordnung erscheint mir an dieser Stelle als unproblematisch. Soweit ich sehe, führt er nicht auf die schwierigen logischen Fragen, die R. Kaehr während der vorbereitenden Arbeiten zu diesem Band aufgeworfen hat. Es geht hier eben nicht um die Frage einer logischen Struktur, in welcher selbstreferentielle Aussagen formuliert werden können, sondern ausschließlich um ein Verhalten materieller Systeme, von denen *ein äußerer Beobachter berichten würde, daß sie sich ohne äußeres Zutun in einem näher zu bestimmenden Sinn verändern.*

zusammenscharen, eine neue Perspektive. Fox nannte diese Gebilde Proteinoid-Mikrosphäre.[3]

Mikrosphären gehören zum Erstaunlichsten, was die präbiotische Forschung bisher zutage gefördert hat. Ihre Herstellung ist einfach: Man nimmt ein Gemisch trockener Aminosäuren und erhitzt es zwischen 10 Stunden (auf 170 °C) und einer Woche (auf 120 °C). Dabei entsteht ein Aminosäure-Polymerisat mit einem Molekulargewicht von einigen Tausend, welches man als »Proteinoid« bezeichnet. Gibt man Proteinoid in eine Salzlösung, heizt die Lösung auf und läßt sie dann sich langsam abkühlen, so bilden sich Mikrosphären in hoher Ausbeute (Abb. 1). Ein Gramm Proteinoid liefert 10^8 bis 10^9 Mikrosphären.

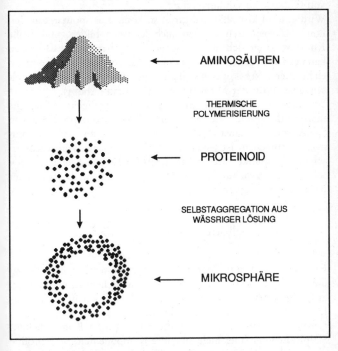

Abbildung 1 Bildung von Mikrosphären

3 Eine erste zusammenfassende Darstellung findet man in Fox und Dose (1972).

Mikrosphären sind stabil gegen pH-Änderungen, und man kann sie schadlos bis auf 100 °C erhitzen. Sie sind mechanisch robust, lassen sich zerstörungsfrei zentrifugieren und überstehen sogar die Präparation für die Elektronen-Mikroskopie. Mikrosphären sind rund wie Blutkörperchen und haben einen Durchmesser von zwischen 0,5 und 7,0 Mikrometern (Abb. 2). Wie Bakterien zeigen sie je nach Präparation positive oder negative Gramfärbung, wie rote Blutkörperchen schwellen sie in hypotonen Elektrolytlösungen an und schrumpfen in hypertonen Lösungen wieder zusammen. Ihre Membran ist durchlässig für Monosaccharide und undurchlässig für Polysaccharide. Sie entwickeln vielfältige enzymatische Aktivitäten, katalysieren zum Beispiel die Oxidation von Glukose zu Glukoronsäure.

Wird eine Mikrosphäre zu groß, so kommt es spontan zur Teilung. Mikrosphären können auch Knospen bilden, und große Knospen lösen sich ab. Zwischen benachbarten Mikrosphären kann es zur Brückenbildung kommen. In solchen Fällen zeigt das elektronenmikroskopische Bild in suggestiver Weise eine Doppelschichtstruktur der Mikrosphären-Membran (Abb. 3).

Wie man sieht, besitzen Mikrosphären viele Eigenschaften, die man so oder ähnlich auch an rezenten Zellen beobachtet. Hier von Selbstordnung, Selbstorganisation oder von präbiotischer Evolution zu sprechen, ist psychologisch naheliegend. Vom theoretischen Standpunkt aber ist damit *nichts über die Beobachtungen selbst Hinausgehendes ausgesagt* – sondern allenfalls etwas über die Erwartungen der Beobachter.

4. Selbstreproduzierende Mizellen

Es ist ein auffallendes Merkmal lebender Systeme, daß sie die zu ihrem Aufbau notwendigen Moleküln, ihre chemischen Bauteile, zu einem wesentlichen Teil selber herstellen, das heißt aus Vorstufen synthetisieren. In der Sprache der Chemie würde man sagen: Lebende Systeme katalysieren die Bildung ihrer Komponenten. Sie produzieren aber nicht nur ihre Komponenten, sie reproduzieren sich auch als Ganzes.[4] Eine ähnliche, wenngleich einfachere

---

4 Wir verwenden hier die von Schwegler vorgeschlagenen Bezeichnungen: *Selbstherstellung* (auch Selbstproduktion): Die Komponenten ei-

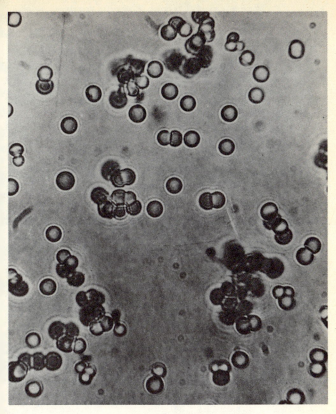

Abbildung 2 Mikrosphären
Lichtoptische Aufnahme aus Fox und Dose 1972

Art von Selbstherstellung ist den Chemikern seit langem bekannt: Es gibt Molekeln, die die Bildung von Kopien ihrer selbst aus geeigneten Vorstufen katalysieren. Einen solchen Vorgang bezeichnet man als Autokatalyse.

> nes Systems entstehen in demselben System. *Selbstreproduktion* (auch Selbstvermehrung): Die Entstehung eines mehr oder weniger gleichartigen Duplikats des Systems durch Selbstreplikation oder Teilung. Zu unterscheiden von Selbstherstellung, die sich nur auf die Produktion der Komponenten bezieht.

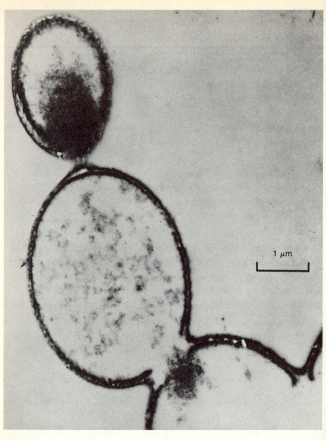

*Abbildung 3 Brückenbildung bei Mikrosphären
Elektronenmikroskopische Aufnahme aus Fox und Dose 1972*

Bei der Entstehung der präbiotischen Chemie zu Anfang der zwanziger Jahre war das ein wichtiger Ausgangspunkt: Das Problem der Selbstreproduktion, das in anderen Bereichen, etwa in der Theorie der selbstreproduzierenden Automaten, Anlaß zu kniffligen Fragen gewesen war, schien in der Chemie durch die beobachtbare Existenz der Autokatalyse im Ansatz gelöst. Alle auf dem Papier entworfenen präbiotischen Szenarien machen dementsprechend selbstverständlichen und ausgiebigen Gebrauch von autokatalytischen Reaktionen.

Im Laboratorium hat es sich dann als außerordentlich schwierig herausgestellt, gerade die für die Entstehung des Lebens wichtigen Kettenmolekeln zur autokatalytischen Vermehrung zu bewegen. Das entspricht der schon lange bekannten Beobachtung, daß Autokatalyse eine eher seltene Erscheinung ist, vor allem in der hier angesprochenen organischen Chemie.[5] Nach vielen Jahren erfolglosen Bemühens ist es heute an der Zeit, die präbiotische Emergenz von Selbstherstellung auf der molekularen Ebene aufzugeben und sie auf eine supramolekulare Ebene zu verlegen: Nicht einzelne Molekeln katalysieren die Bildung ihrer Repliken, sondern eine größere Anzahl von Molekeln »organisiert« sich zu einem »*supramolekularen*« Verbund, und erst diese Überstruktur bewirkt dann eine katalytische Synthese ihrer molekularen Bestandteile.

Für die präbiotische Chemie im Laboratorium ist mit diesem Wechsel der Optik zunächst nicht viel gewonnen, da bis in die jüngste Zeit keine einfachen, wohldefinierten, aus organischen Molekeln bestehenden supramolekularen Strukturen bekannt waren, die sich selbst als Ganzes reproduzieren oder auch nur ihre Komponenten herstellen können. Von Luisi und Mitarbeitern ist vor kurzem ein interessanter Vorschlag in dieser Richtung gemacht worden. Sie bemerkten, daß Umkehrmizellen in ihrem Verhalten dem Ziel der Selbstherstellung sehr nahe kommen. Lusi u. a. haben eine Serie von instruktiven Versuchen durchgeführt, deren Prinzip wir uns vor Augen führen wollen.

Mizellen sind Aggregate von einigen 20 bis 30 000 Tensidmolekeln. Tenside sind grenzflächenaktive Stoffe, die aus einer *wasser*unlöslichen, in *organischen* Stoffen wie Äther oder Benzol jedoch löslichen Kettenmolekel mit einer wasser*löslichen*, in organischen Stoffen aber *unlöslichen* Kopfgruppe bestehen. Zur Mizellenbildung kommt es, wenn eine ausreichende Menge von Tensidmolekeln in *Wasser* gelöst wird. Die Tensidmolekeln legen sich dann

---

[5] Zwischen 1967 und 1989 wurden laut »Chemical Abstracts« 176 Arbeiten über autokatalytische organisch-chemische Reaktionen veröffentlicht. Insgesamt wurden in dieser Zeit etwa 1 Million Arbeiten in organischer Chemie publiziert. (Der Verfasser dankt Herrn Dr. E. Zass, Zürich, für die Literatursuche.)

so zusammen, daß die in Wasser löslichen Kopfgruppen eine geschlossene Oberfläche zum Wasser hin bilden, während sich die wasserunlöslichen Ketten im Inneren zusammendrängen. Mizellen können in verschiedenen Gestalten auftreten: Kugeln, Stäbchen und Scheiben. In ihren Innenräumen können wasserunlösliche organische Stoffe, darunter vor allem auch Fette, aufgenommen werden. Aus diesem Grund verwendet man Tenside als Emulgatoren und Waschmittel.

Umkehrmizellen entstehen durch Lösung von Tensiden in wasserunlöslichen *organischen Stoffen*. Die wasserlöslichen Kopfgruppen befinden sich dann zusammen mit etwa vorhandenem Wasser im Inneren der Mizelle, während die wasserunlöslichen Ketten nach außen, zum organischen Lösungsmittel hin orientiert sind (Abb. 4). Umkehrmizellen sind zu einem Experimentierfeld der Biochemiker geworden, weil sie mit einem Durchmesser von etwa 40-200 Å subzelluläre Dimensionen aufweisen und weil in ihrem Inneren biochemische Reaktionen in kleinsten Wasservolumina studiert werden können.

Luisis Entwurf für selbstreproduzierende Mizellen beruht auf folgenden Überlegungen: Als molekulare Vorstufen der Tensidmolekel dienen eine kleine wasserlösliche Molekel A und eine wasserunlösliche Kettenmolekel B. Wenn diese miteinander reagieren, entstehen Tensidmolekeln AB (Abb. 5). Der entscheidende Punkt ist, *daß diese Reaktion nur an der Oberfläche von Umkehrmizellen ablaufen kann;* das heißt insbesondere, daß sie nur in Gegenwart von Umkehrmizellen überhaupt abläuft:

- Die wasserlösliche Molekel A löst sich *ausschließlich* in dem inneren Wassertropfen und die Kette B *nur* in dem umgebenden organischen Lösungsmittel.
- Die wasserlösliche Molekel A wird an der inneren Oberfläche, die wasserunlösliche Molekel B wird an der Außenseite der Umkehrmizelle angelagert (adsorbiert).
- Auf diese Weise kommen sich die beiden Ausgangsmolekel so nahe, daß sie miteinander zu einer Tensidmolekel AB reagieren können, die sofort in die Wand der Umkehrmizelle eingebaut wird.
- Enthält eine Umkehrmizelle mehr als eine kritische Zahl von Tensidmolekeln AB, so teilt sie sich in zwei Umkehrmizellen auf, wobei der innere Wassertropfen auf die Tochtermizellen verteilt wird (Abb. 6).

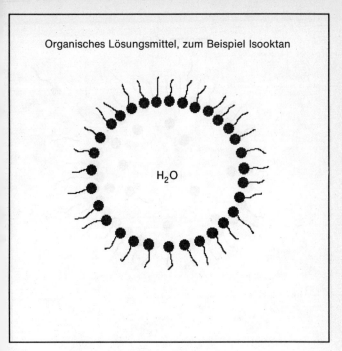

Abbildung 4 Umkehrmizellen

Die Reaktion verläuft deshalb nur in Anwesenheit der Mizellen, weil ohne die adsorbierenden Oberflächen die Ausgangsstoffe aufgrund ihres unterschiedlichen Lösungsverhaltens nicht zusammenkommen und miteinander reagieren können, das heißt, da sich die einen ausschließlich in der organischen und die anderen ausschließlich in der wäßrigen Phase lösen. Alle anderen Schritte des Szenariums vollziehen sich bei Mizellen *in völlig problemloser Weise*.

In einer – hypothetischen – Welt (apolarer) organischer Lösungsmittel, in der es Wasser, A und B vom Himmel regnet, wären die aus AB bestehenden Umkehrmizellen Einheiten, die aus Vorstufen ihre Komponenten und daraus Repliken ihrer selbst bilden und die sich somit unbeschränkt selbst vermehren würden. In

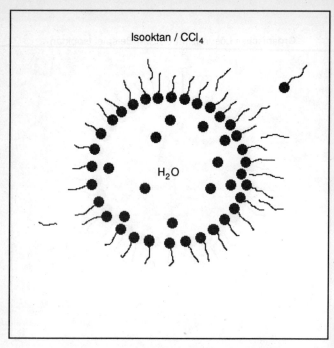

Abbildung 5 Selbstreproduzierende Umkehrmizellen

einer vereinfachten Kunstwelt zeigen sie, was für die Präbiotik eine wichtige prinzipielle Frage war und ist, daß nämlich supramolekulare Strukturen hoher Komplexität vermehrungsfähig sind.[6]

[6] Luisi und seine Mitarbeiter haben mehrere experimentelle Modellsysteme genauer untersucht. In der ersten Studie verwendeten G. Mascolo, P. L. Luisi und J. Lang (Preprint ETH Zürich, 1988, unveröffentlicht) als Tensid Cethyltrimethylammonium (AB), welches an der Mizellenoberfläche entsteht aus Trimethylammonium (A) und Cethylbromid (B). Als organisches Lösungsmittel verwendeten sie Isooktan. Der Reaktionsverlauf in diesem System entsprach im großen und ganzen den Erwartungen. Das System wurde später von Luisi wegen störender Nebenreaktionen im Isooktan aufgegeben. – In einer späteren Studie (Diplomarbeit P. Bachmann, ETH Zürich, 1990, unveröffentlicht)

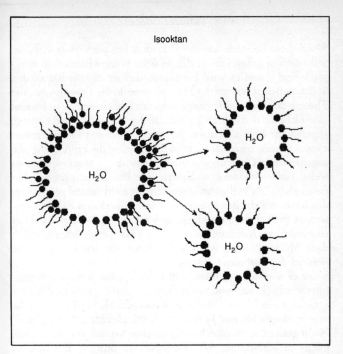

Abbildung 6 Sich teilende Umkehrmizellen

Ebenso wie die Mikrosphären zeigen selbstproduzierende Mizellen ein Verhalten, das wir als einen supramolekularen Organisationsprozeß ansehen, weil wir im Sinne des präbiotischen Programms entsprechendes Verhalten lebender Systeme vor Augen haben. Diese Betrachtungsweise enthält eine Bewertung, die aus der physikalischen Chemie des Systems nicht herleitbar, jedoch mit ihr verträglich ist.

wurde der C_8-Fettsäureester des C_8-Alkohols als apolares Ausgangsprodukt B und Lithiumhydroxid alsl hydrophiles Ausgangsprodukt A eingesetzt. Das Lithiumhydroxid spaltet den Ester in den C_8-Alkohol und die C_8-Fettsäure (AB), die gemeinsam die Mizelle bilden. Lithiumhydroxid ist in Isooktan unlöslich, im inneren Wassertropfen hingegen sehr gut löslich. Bei dem Ester verhält es sich genau umgekehrt. – Eine Vorankündigung der Resultate findet sich in Luisi und Varela (1989).

5. Fabulae docent?

Wenn diese Beispiele aus der Präbiotik für die Verwendung des Selbstordnungsbegriffes in den exakten Naturwissenschaften typisch sind – und es wird behauptet, daß sie das bis hin zu den üblichen Beispielen aus der Hydrodynamik, der Lasertheorie, der Theorie der Phasenübergänge usw. tatsächlich sind –, so kommt man nicht um den Schluß herum, daß der Ordnungsaspekt extrem vage bleibt: Eine allgemeine Strukturtheorie von Ordnungsvorgängen scheint bis heute nicht in Sicht. Selbst die Einführung von sogenannten »Ordnungsparametern« in die – sonst vergleichsweise gut verstandene – Theorie der Phasenübergänge ändert daran nichts, da in theoretischen Termen nicht einmal gesagt werden kann, welche der beteiligten Phasen überhaupt die geordnetere ist (was nicht ausschließt, daß man intuitiv dazu durchaus eine pointierte Meinung hat; nur: theoretisch explizieren läßt sich diese Meinung nicht, wie unter anderem das früher angeführte Beispiel der Turbulenz belegt).

Sollte es wirklich zutreffen, daß Ordnung nur kontextuell definiert werden kann – und fast alles spricht dafür –, so wäre das erste Desiderat eine Theorie der naturwissenschaftlicher Kontexte, die es – in ausgearbeiteter Form – bis heute gleichfalls nicht gibt.

Nicht geringe Konfusion hat der unselige Versuch erzeugt, »Ordnung« in Verbindung mit »Entropie« zu bringen. Entropie ist zunächst einmal eine rein makroskopische Größe der phänomenologischen Thermodynamik und hat als solche zunächst einmal gar nichts mit irgendwelchen Vorstellungen von Molekülen und molekularer Unordnung zu tun. Die unter anderen von Schrödinger (1944) stipulierte »exakte quantitative Beziehung zwischen Entropie und atomarer Unordnung« beruht auf dem Boltzmannschen Postulat $S = k \ln W$, das selbst in der Statistischen Mechanik einen dubiosen Status hat, worauf etwa Khinchin in seiner klassischen Monographie *Mathematical Foundations of Statistical Mechanics* hinweist: »This expression is often used to justify the statement that ›the entropy of a system is proportional to the logarithm of the probability of the corresponding state‹ (Boltzman's Postulate). This statement, which is absolutely meaningless in the case of an isolated system, obtains ... some meaning for a system in [a] larger system. This can be accomplished however, only by using ... [a] generalization of the notion of entropy which is introduced ›ad hoc‹. In fact, one must not forget that this notion is used in connection with the second law of thermodynamics which loses meaning when the generalized definition of entropy is used. All existing attempts to give a general proof of this postulate must be considered as an aggregate of logical and mathematical errors superimposed on a general confusion in the definition of the basic quantities« (1949, S. 142).

So bleibt am Ende nur das Fazit, daß Selbstorganisation oder Selbstordnung oder auch Autopoiese[7] in den exakten Naturwissenschaften gerade keine »Grundkonzepte« sind, und weiter die Vermutung, daß sie gerade deshalb über deren Grenzen hinaus die Phantasie beflügeln, *weil sie keinen hinreichend präzisierbaren Inhalt, wohl aber eine große intuitive Resonanzbreite besitzen;* das heißt, weil sie eben gerade *keine* theoretischen Konzepte, sondern schillernde Begriffe sind, mit denen ein jeder nach Gutdünken verfährt.

Literatur

Fox, S. und K. Dose (1972), *Molecular Evolution and the Origin of Life*, San Francisco: Freeman.

Khinchin, A. J. (1949), *Mathematical Foundations of Statistical Mechanics*. Aus dem Russischen übersetzt von G. Gamov, New York: Dover.

Kuhn, H. (1973), »Ordnung«, in: *Handbuch philosophischer Grundbegriffe*, Bd. 2, München: Kösel.

Luisi, P. L. und F. J. Varela (1989), *Origins of Life*, Bd. 19, S. 634-643.

Prigogine, I. und I. Stengers (1984), *Order out of Chaos*, Toronto: Bantam Books.

Roth, G. (1987), »Die Entwicklung kognitiver Selbstreferentialität im menschlichen Gehirn«, in: D. Baecker u. a. (Hg.), *Theorie als Passion*, Frankfurt am Main: Suhrkamp.

Teubner, G. (1987), »Hyperzyklus in Recht und Organisation. Zum Verhältnis von Selbstbeobachtung, Selbstkonstitution und Autopoiese«, in: H. Haverkamp und M. Schmid (Hg.), *Sinn, Kommunikation und soziale Differenzierung. Beiträge zu Luhmanns Theorie sozialer Systeme*, Frankfurt am Main: Suhrkamp.

---

7 Wie Teubner (1987, zitiert nach Roth 1987, S. 394) feststellt, setzt man »ungeniert Selbstreferenz, Selbstreproduktion, Selbstorganisation und Autopoiese miteinander gleich«.

Gerhard Roth
Kognition: Die Entstehung von Bedeutung im Gehirn

1. »Bedeutung« – ein problematischer Begriff für die Neurobiologie

Vor kurzem hat es im Zusammenhang mit der Planung neuer Forschungsprogramme unter Neurobiologen eine Diskussion darüber gegeben, welches die zur Zeit wichtigsten Fragen der Hirnforschung sind. Das Ergebnis war sehr überraschend. Als die wichtigsten Fragen wurden angesehen: Was ist die Natur des neuronalen Codes? Wie findet Integration der distributiven Reizverarbeitung im Gehirn statt? Was sind die Mechanismen der Selbstorganisation des Gehirns während der Ontogenese und des Lernens? Wie entsteht »Bedeutung« im Gehirn? Die ersten drei Fragen lassen sich letztlich auf die vierte reduzieren: Wie entsteht »Bedeutung« im Gehirn?
Warum ist dies überraschend? Auf der einen Seite akzeptiert jeder Neurobiologe (zusammen mit der Mehrzahl der Nicht-Neurobiologen), daß Gehirn und »Bedeutung« irgend etwas miteinander zu tun haben müssen. Es ist die Aufgabe des Gehirns, ein Verhalten zu erzeugen, das den Organismus unmittelbar oder mittelbar am Leben erhält, und zwar unter ganz spezifischen inneren und äußeren Bedingungen. Verhalten hat in aller Regel eine Bedeutung, nämlich für den Organismus, und das Gehirn muß dieses bedeutungsvolle Verhalten produzieren. Gleichzeitig erlebt jeder von uns in sich sogenannte mentale Zustände, das heißt Wahrnehmungen, Empfindungen, Vorstellungen, Erinnerungen usw., als bedeutungsvolle Zustände, und es wird allgemein angenommen, daß diese mentalen Zustände ursächlich mit den Prozessen im Gehirn zusammenhängen.
Die Hirnforschung hat lange Zeit sorgfältig, ja ängstlich die Frage nach der Beziehung zwischen Gehirn und Bedeutung gemieden. Zu sehr scheint diese Frage in der Nähe der für viele Naturwissenschaftler anrüchigen Gehirn-Geist-Problematik angesiedelt zu sein, und zu unbestimmt erscheint der Begriff »Bedeutung«. Auch

heute noch mag sich der Hirnforscher fragen: Was kann man mit einem solchen Begriff überhaupt anfangen? Ist es nicht besser, sich auf das zu beschränken, was man registrieren und quantifizieren kann, nämlich neuronale, das heißt physikochemische Prozesse, anstatt sich in die Gefilde schwer definierbarer und hochgradig vorbelasteter Begriffe wie »Bedeutung« zu begeben?

Der Nicht-Neurobiologe, etwa der Erkenntnistheoretiker oder Psychologe, mag in der Nachfolge der Theorie Gibsons oder der »Computational Theory of the Mind« wiederum einwenden, daß es für das Verständnis der Zustände und Leistungen unseres Gehirns irrelevant ist, wie die »zugrundeliegende neuronale Maschinerie« aussieht. Bestimmte Prozesse und Gesetzmäßigkeiten der Wahrnehmung und des Denkens können in der Tat ohne Bezug auf ihre neuronalen Grundlagen untersucht werden, wie die Gestaltpsychologie und Denkpsychologie gezeigt haben.

Selbst wenn wir uns vorurteilsfrei dem Problem der Entstehung von Bedeutung zu nähern versuchen, scheinen wir in elementare ontologische und erkenntnistheoretische Schwierigkeiten zu geraten, indem wir bei der Behandlung dieses Problems den Sprung von der »neuronalen Maschinerie« des Gehirns zu den bedeutungshaltigen mentalen Ereignissen und zurück machen. Das Gehirn, als ein neuronales System, ist physikochemischer Natur und mit physikalisch-naturwissenschaftlichen Mitteln und Methoden von jedem Experten analysierbar. Mentale Ereignisse hingegen sind nur demjenigen zugänglich, der sie gerade hat, auch wenn jedes Individuum bereit ist, sie den anderen Individuen zuzugestehen. Diese mentalen Ereignisse scheinen eine »emergente«, nicht physikochemisch begründbare Eigenschaft des Gehirns zu sein. Trifft dies zu, dann konstituieren die neuronalen Prozesse des Gehirns eine neue Seinsweise, eine neue ontologische Ebene, in der die physikochemischen Gesetze, die das materielle Gehirn beherrschen, keine Gültigkeit haben.

Wie aber kann man eine solche »Emergenz« im Rahmen einer naturwissenschaftlichen Theorie überhaupt verstehen? Wie kann ein physikochemisches System etwas hervorbringen, das nicht physikochemischer Natur ist? Eine solche Möglichkeit scheint zunächst den Kontext zu sprengen, in dem sich die naturwissenschaftlich-empirischen Wissenschaften herkömmlicherweise bewegen. Andererseits hat sich seit einer Reihe von Jahren innerhalb der Erkenntnistheorie (Popper und Eccles 1977; Hastedt 1988), der biologischen Evolutions- und Systemtheorie (Lorenz 1973; Riedl 1979; Mayr 1984; Wuketits 1983) und innerhalb der sozialwissenschaftlichen Systemtheorie im Umkreis der Autopoiesetheorie Maturanas (Maturana 1982; Luhmann 1984; Teubner 1987, in diesem Band) die Diskussion um »emergente Eigenschaften« in komplexen, hierarchisch organisierten Systemen außerordentlich verstärkt. Das Auftreten solcher emergenter Eigenschaften wird in Zusammenhang gebracht mit Prinzipien der Selbstorganisation und Selbstreferentialität (bzw. Selbstreferenz): »Emergenz tritt dann auf, wenn selbstreferentielle Zirkel entstehen, die sich in einer Weise miteinander verketten, daß sie die Elemente eines neuen Systems bilden« (Teubner, in diesem Band). Es ist – so diese Autoren – dabei keineswegs notwendig, daß die neuen Eigenschaften »plötzlich« auftreten (das heißt »fulgurieren« im Sinne von Lorenz 1973); sie können sich durchaus graduell ausbilden (Teubner 1987; vgl. Stadler und Kruse in diesem Band). Hier wird »Emergenz« jedoch im Sinne einer grundsätzlichen Nichtreduzierbarkeit von Eigenschaften eines Systems auf die Eigenschaften seiner Komponenten bzw. eine grundsätzliche Nichtvorhersagbarkeit der Systemeigenschaften verstanden. Auch wird ein ursächlicher Zusammenhang zwischen derartigen emergenten Eigenschaften und einer selbstreferentiellen Organisation des Systems gesehen. Wie an anderer Stelle ausgeführt (Roth und Schwegler 1990), ist jedoch das Auftreten emergenter, das heißt »neuartiger« Systemeigenschaften keineswegs notwendig mit einer Nichtreduzierbarkeit und Nichtvorhersagbarkeit und einer selbstreferentiellen Organisation verbunden, sondern ist das Charakteristikum vieler, wenn nicht gar der meisten komplexeren physikalischen und chemischen Systeme.

Eine Diskussion über die Beziehung von Gehirn und Bedeutung muß sich mit der zentralen Aussage der Autopoiese-Theorie Maturanas (vgl. Maturana 1982) sowie des Konstruktivismus (vgl. von Glasersfeld 1987; Roth 1987 a, b) auseinandersetzen, nämlich daß sowohl ein biologisch-autopoietisches System wie auch ein kognitives System von seiner Umwelt »operational« bzw. »semantisch« abgeschlossen ist. Diese Systeme nehmen nach dieser Auffassung keine Information im Sinne von Bedeutung auf. Bedeutung des Handelns sowie Bedeutung des Denkens und der Kommunikation entstehen demnach ausschließlich innerhalb des biologischen bzw. kognitiven Systems. Bei den Gegnern beider

Theorien wird diese Aussage als besonders anstößig oder widersinnig empfunden. Ist es doch ganz offenbar, daß biologische Systeme nur in offenem Kontakt mit ihrer Umwelt sinnvoll handeln und damit überleben können und daß Gehirne nur dann ein überlebenssicherndes Verhalten erzeugen können, wenn sie sich an der Umwelt orientieren, wenn sie Bedeutung oder Information aus der Umwelt aufnehmen. Wie kann da behauptet werden, biologische Systeme bzw. kognitive Systeme seien operational, semantisch oder informational geschlossen?
Innerhalb der Diskussion der Autopoiese-Theorie und des Konstruktivismus herrscht eine erhebliche Verwirrung darüber, was mit den Begriffen der operationalen, informationalen oder semantischen Geschlossenheit eigentlich gemeint ist. Ein guter Teil der Verwirrung rührt daher, daß Maturana den Begriff der »Geschlossenheit« in ganz unterschiedlichem Sinn verwendet. Bei ihm meint der Begriff der »operationalen Geschlossenheit« autopoietischer Systeme etwas ganz anderes als der Begriff der »informationalen Geschlossenheit« kognitiver Systeme. »Operationale Geschlossenheit« eines biologisch-autopoietischen Systems bedeutet, daß innerhalb des selbstproduzierenden (autopoietischen) Netzwerks der Komponenten eines biologischen Systems stets neue Komponenten hervorgebracht werden, die derselben Klasse von Ereignissen, nämlich Komponenten eines autopoietischen Netzwerks, angehören. Komponenten autopoietischer Systeme gibt es deshalb nicht außerhalb dieses Netzwerks (Maturana 1982). Ein zweiter Begriff der Geschlossenheit wird von Maturana in der *Biologie der Kognition* (1970/1982) entwickelt, indem er sagt, daß das Nervensystem nur mit seinen eigenen Zuständen interagieren kann und nicht mit Umweltereignissen. Das Nervensystem kann (aus der Sicht des Beobachters) zwar durch Umweltereignisse »perturbiert«, das heißt zu Aktivitätsänderungen veranlaßt werden. Das Nervensystem repräsentiert die Umwelt aber nicht, es nimmt keine Information von außen auf und gibt keine ab. Insofern gibt es nach Maturana auch keine »Gegenstände der Erkenntnis«. Dieser radikale, aber nur scheinbar konstruktivistische Standpunkt wird bei Maturana teilweise wieder aufgegeben durch den objektivistischen Begriff der »strukturellen Kopplung« (Maturana 1976/1982), der erklären soll, weshalb es trotz der Geschlossenheit kognitiver Systeme gegenseitige Verhaltensorientierung und Kommunikation geben kann.

Von konstruktivistischer Seite wurde stets die radikale informationale Abgeschlossenheit kognitiver Systeme betont (vgl. von Glasersfeld 1980/1987), insbesondere die Tatsache, daß Kognition nicht eine Abbildung der Umwelt beinhaltet, sondern die Erzeugung überlebensermöglichenden (»viablen«) Verhaltens. Ein solches Konzept läßt aber die Frage nach der Herkunft der oft äußerst erstaunlichen »Passung« von Verhalten und neuronalen verhaltenssteuernden Systemen, insbesondere bei Tieren, die nur wenig lernen, völlig außer acht – eine Frage, die den Neurobiologen sehr interessieren muß. Wie kann ein kognitives System seinen Organismus erfolgreich an der Umwelt orientieren, wenn es gar keinen direkten Zugang zu dieser Umwelt hat?

Ich will im folgenden zeigen, daß für die Neurobiologie, wenn sie überhaupt an der Aufklärung der neuronalen Grundlagen des Verhaltens, der Wahrnehmung und der Kognition interessiert ist, die Auseinandersetzung mit dem Begriff »Bedeutung« unausweichlich ist; das heißt, daß sie sich dem Problem der »Emergenz« von Phänomenen im Gehirn stellen muß, die nicht im herkömmlichen Sinn physikalisch-chemischer Natur sind. Zum anderen müssen die philosophische Erkenntnistheorie und die psychologische Wahrnehmungstheorie akzeptieren, daß Kognition, wie Maturana (1982) feststellte, ein *biologisches* Phänomen ist und den Bedingungen der Existenz und Funktion biologischer Systeme, insbesondere des Nervensystems, unterliegt. Ich will zeigen, daß alle Gehirne notwendig bedeutungserzeugende und konstruktive Systeme sind, unabhängig von ihrer Komplexität. Dabei ist allerdings das spezifische Verhältnis des Gehirns zur Umwelt im Rahmen der biologischen Existenzbedingungen genau zu untersuchen. Nur dies führt zur Klärung des Problems der »operationalen« oder »semantischen« Geschlossenheit und der Bedeutungskonstitution.

2. Die Bedeutung von »Bedeutung«

Eine der Hauptschwierigkeiten bei der Frage nach der Entstehung von Bedeutung im Gehirn ist die Definition des Begriffs »Bedeutung«. Hier herrscht eine große Verwirrung (vgl. den Artikel »Bedeutung« im *Historischen Wörterbuch der Philosophie*). Es wird aber allgemein akzeptiert, daß kein Ereignis eine feste, ihm natürlicherweise zukommende Bedeutung hat, sondern daß dasselbe Ereignis unter verschiedenen Umständen verschiedene Bedeutungen haben kann und daß verschiedene Ereignisse dieselbe Bedeutung besitzen können. Daher wird die Unterscheidung von Ereignis (Signal, Bedeutungsträger, Referent) und Bedeutung (Information) als grundlegend angesehen.

Woher kommt aber die Bedeutung eines Ereignisses? Wer konstituiert sie, wenn nicht die Ereignisse selbst? Allgemein wird angenommen, daß ein Reden von Existenz und Entstehung von Bedeutung nur im Hinblick auf kognitive und kommunikative Systeme sinnvoll ist. Niemand würde ernsthaft sagen, daß ein Regentropfen oder ein Sonnenstrahl für einen Stein »bedeutungsvoll« ist und eine Münze für einen Zigarettenautomaten. Hingegen können derartige Ereignisse für Menschen und auch für Tiere sehr wohl eine Bedeutung haben, das heißt für Wesen, denen man ein zweckhaftes Handeln zuschreibt. Mit dieser eher intuitiven Interpretation wird unterstellt, daß rein physikalische bzw. mechanische Einwirkungen, das heißt Einwirkungen, die in einem eindeutigen Kausalzusammenhang stehen, primär nichts mit Bedeutung zu tun haben. Wir sprechen nicht von der schmerzhaften Bedeutung einer Nadel, die in unsere Haut eindringt, sondern wir sagen, daß das Eindringen schmerzhaft ist. Wir gehen dabei, zu Recht oder zu Unrecht, von einer »starren« Beziehung zwischen Eindringen der Nadel und Schmerz aus. Hingegen reden wir davon, daß eine bestimmte Lautfolge die Bedeutung »Baum« hat; es würde seltsam klingen, wenn wir sagten, ein Wort (oder seine Wahrnehmung) sei »baumhaft«. Zur Beziehung zwischen Ereignis und Bedeutung gehört offenbar die tatsächliche oder unterstellte Beliebigkeit der Zuordnung, von der bereits gesprochen wurde. Man sagt: unser kognitives/kommunikatives System »weist« einem Ereignis eine bestimmte Bedeutung »zu«.

Was ist es aber, das hierbei zugewiesen wird? Im Bereich eigener menschlicher Wahrnehmung und Kommunikation sind es Assoziationen oder »Konnotationen«, das heißt Gedanken, Vorstellungen, Erinnerungen, Gefühle. Im Fall von Mitmenschen und von Tieren, also dort, wo uns derartige mentale Ereignisse nicht zugänglich sind, erschließen wir die Bedeutung eines Ereignisses aus beobachteten Verhaltensreaktionen. Wir unterstellen dabei in aller Regel beim Mitmenschen oder auch bei »höheren« Tieren die Mitexistenz oder gar vermittelnde Rolle von bestimmten »assoziierten« mentalen Akten. Interessanterweise sehen wir dabei die »Bedeutung« weder in dem einwirkenden Ereignis noch in der Verhaltensreaktion, sondern in der Zuordnung von Ereignis und Verhalten. Niemand sagt, die Flucht eines Huhns sei die Bedeutung des herannahenden Habichts, sondern man sagt, der herannahende Habicht habe für das Huhn die Bedeutung »Feind«, »Bedrohung« usw. Insofern ist es falsch, »Bedeutung« und »Verhaltensreaktion« miteinander zu identifizieren; vielmehr wird die Verhaltensreaktion als Indikator für Bedeutung als ein kognitiver Akt genommen. Schwieriger ist die Frage, ob dies bei mentalen Zuständen ebenso ist. Ist der innere Zustand »Freude« die Bedeutung eines beglückenden Ereignisses? Akzeptieren wir dies vorschnell, so geraten wir in einen vitiösen Zirkel, denn Ereignisse werden für uns beglückend erst dadurch, daß wir bei ihnen Glück bzw. Freude empfinden.

Wir sind aufgrund dieser Überlegungen gezwungen, ein System anzunehmen, das wahrgenommenen Ereignissen Bedeutungen zuordnet, eben das kognitive oder kommunikative System. Nach welchen Kriterien ordnet dieses System den Ereignissen (natürlich auch seinen eigenen!), die es erfährt, Bedeutungen zu? Das Studium sprachlicher Kommunikation lehrt uns, daß diese Kriterien selbst wiederum Bedeutungen sind, die zusammen ein *Bedeutungsfeld* konstituieren. Allerdings gilt dies für alle bedeutungshaften Ereignisse: Was ein Ereignis für ein kognitives/kommunikatives System bedeutet, resultiert aus den zuvor in diesem System existierenden Bedeutungen und Bedeutungsfeldern (»Kontexten«) und damit aus der bisherigen Geschichte der Bedeutungskonstitution dieses Systems. Bedeutungen erzeugen Bedeutungen: dies ist die fundamentale Selbstreferentialität der Semantik, welche die kognitive Organisation des Gehirns (Hejl, in diesem Band) konstituiert.

Wie aber kann die Anschauung aufkommen, Bedeutung (oder Information) könne von außen, aus der Umwelt aufgenommen werden, bzw. die Umwelt sei als solche bedeutungshaft, informativ, und Mensch und Tier richteten sich danach, um zu überleben? Tatsächlich haben viele Ereignisse in unserer Umwelt eine sehr feste Bedeutung, während andere variable Bedeutungen besitzen. So haben bestimmte Schalldruckwellen für uns die feste Bedeutung von Sprache, andere die von Musik. Zugleich ist das, was Worte und Sätze für uns bedeuten, von unserer individuellen Er-

fahrung abhängig, ebenso wie das, was wir beim Anhören eines Musikstücks empfinden.
»Bedeutung« wird oft mit »Information« gleichgesetzt. Wir können zumindest in vielen Zusammenhängen genausogut sagen: »Dieses Wort hat für mich die und die Bedeutung« wie »Dieses Wort hat für mich die und die Information«. Ebenso wird davon gesprochen, daß das Gehirn mit Hilfe seiner Sinnesorgane »Information« über die Umwelt aufnimmt und verarbeitet. Der Begriff »Information« wird hierbei im Sinne »semantischer Information«, aber nicht im Sinne der technisch-formalen Informationstheorie verwandt. Innerhalb dieser letzteren, von Shannon und Weaver (1949) entwickelten Theorie handelt es sich bei den informationstragenden Ereignissen um Zeichen, die von einer Informationsquelle durch einen Auswahlvorgang aus einem Zeichenvorrat (Repertoire) erzeugt, von einem Sender in eine Signalform umgesetzt und in dieser Form von einem Empfänger aufgenommen werden. Es ist hierbei stets ein abgeschlossener, zwischen einem Sender und Empfänger verabredeter Zeichenvorrat und eine feste Auftrittswahrscheinlichkeit der einzelnen Zeichen vorausgesetzt. Der Informationsbegriff der klassischen Informationstheorie bezieht sich also nur auf Signalübertragung, sei es in technischen oder auch biologischen Systemen (zum Beispiel im Zusammenhang mit der Reizfortleitung im Gehirn), nicht auf Bedeutungsübertragung. So kann ich aufgrund der informationstheoretischen Definitionen genau ausrechnen, welchen (Shannonschen) Informationsgehalt ein bestimmtes Schriftstück hat, wenn mir verschiedene Parameter wie Repertoire, Auftrittswahrscheinlichkeit der verschiedenen Buchstaben und Buchstabenkombinationen bekannt sind. Diese Berechnungen sagen aber überhaupt nichts darüber aus, welchen Bedeutungsgehalt das Schriftstück hat, denn dieser hängt von demjenigen ab, der es liest. Ein Leser mag es hochinteressant, langweilig oder unverständlich finden, oder er mag es, wenn er nicht in einer Kultur mit Schriftsprache aufgewachsen ist, für eine Zeichnung halten oder eine Ansammlung von Fliegenkot auf einem weißen Untergrund.
Im folgenden verstehe ich unter »Bedeutung« oder (semantischer) »Information« die *Wirkung*, die ein physikochemisches Ereignis innerhalb eines kognitiven Systems auslöst. Wir können diesen Prozeß in einem ersten Schritt formal so betrachten, daß einem Umweltereignis Sm durch ein kognitives System K ein Systemer-

eignis Ri zugeordnet wird. Diese Zuordnung hängt teils von den Umweltereignissen S ab, teils vom kognitiven System K, zu dem alle R gehören. Wir können diese Definition dadurch erweitern, daß wir sie auf alle Zuordnungen von Ereignissen *innerhalb* des kognitiven Systems anwenden, zum Beispiel eine Zuordnung von Ri und Rj. Das heißt, Ereignisse innerhalb eines kognitiven Systems können sich gegenseitig Bedeutung zuweisen, indem sie aufeinander wirken.

Nehmen wir an, S sei ein Lichtquant, R die physiologische Antwort eines Photorezeptors und K das visuelle System. Ob ein Lichtquant im Membranpotential eines Photorezeptors eine Veränderung auslöst und welche Veränderung dies ist, hängt natürlich zum einen von der *Existenz* des Lichtquants und seiner physikalischen Beschaffenheit, etwa seiner Wellenlänge ab, zum anderen von der biochemischen Beschaffenheit des Rezeptors, zum Beispiel, daß das im Rezeptor enthaltene Photopigment überhaupt auf Licht dieser Wellenlänge mit Konformationsänderungen antworten kann. Ebenso hängt dies von den gerade herrschenden physiologischen Bedingungen im Rezeptor ab, etwa davon, daß genügend Pigmentmoleküle in der richtigen Konformation vorliegen und der Rezeptor nicht gerade »ausgebleicht« ist. Die physiologischen Bedingungen des Photorezeptors wiederum hängen teils von Prozessen innerhalb des Rezeptors selbst ab, teils von Einflüssen benachbarter Zellen in der Retina, die wiederum unter der Kontrolle ihrer Nachbarn stehen usw.

Nun betrachten wir statt des Lichtquants die physiologische Reaktion des Photorezeptors als S und die neuronale Antwort eines nachgeschalteten Neurons als R, wobei K wieder das kognitive System ist, und wir sehen, daß erneut dasselbe gilt. Ob überhaupt einem Rezeptorpotential eine neuronale Antwort in nachgeschalteten Zellen folgt und wie diese Antwort aussieht, hängt vom physiologischen Zustand sowohl der vorgeschalteten als auch der nachgeschalteten Zellen ab. Dies gilt für alle Zellkontakte (Synapsen), sofern diese von ihrer Nachbarschaft und damit letztlich von der »Vorgeschichte« des Gesamtsystems in ihren Übertragungseigenschaften beeinflußt werden. Jeder solche Zellkontakt ist damit ein Ort der *Informationskonstitution*.

Ich bin mir im klaren, daß ich den Begriff von Bedeutung dadurch stark ausweite, daß ich ihn im Sinne der Wirkung eines Umweltereignisses auf ein kognitives System bzw. von Wirkungen von

Zuständen innerhalb eines kognitiven Systems aufeinander verstehe, sofern diese von der Vorgeschichte des Systems abhängen. Ich werde aber zeigen, daß Bedeutung im üblichen Sinne von mentaler Konnotation nur ein Sonderfall von allgemeiner Bedeutungszuweisung im Gehirn ist. Nichts im Gehirn als einem kognitiven und verhaltenssteuernden System ist bedeutungsfrei, da alle internen Zustände sich gegenseitig modulieren und definieren und damit ihre eigene Organisation erschaffen (Hejl, in diesem Band). Wie dies im empirisch-experimentell zugänglichen Gehirn geschieht, soll im folgenden diskutiert werden.

3. Methodologische und epistemologische Fragen

Es ist für den Neurophysiologen selbstverständlich, dem, was er registriert, eine funktionale Bedeutung beizumessen. Er mag von »visuellen« oder »auditorischen« Neuronen oder spezifischer von einem »farbcodierenden« Neuron reden, und zwar völlig gleichgültig, wie reduktionistisch er vorzugehen gewohnt ist. Er schreibt damit aber neuronalen Prozessen etwas zu, das an dem beobachteten Prozeß gar nicht direkt beobachtet werden kann. Was der Neurophysiologe mißt, sind Veränderungen in Membranpotentialen von Nervenzellen, die als solche überhaupt nichts Visuelles, Auditorisches oder Farbcodierendes an sich haben. Es ist eine Grundtatsache der Neurophysiologie, daß der sogenannte neuronale Code, sei es die Impulsfrequenz oder die zeitliche Struktur der Impulssalven, gegenüber seiner Funktion in der neuronalen Erregungsverarbeitung *neutral* ist und daß die spezifische Funktion vom strukturellen und funktionalen Gesamtkontext innerhalb des Gehirns abhängt. Das heißt, dasselbe Erregungsmuster kann in einem unterschiedlichen Kontext ganz unterschiedliche Wirkungen und damit Bedeutungen haben.

Wie kommt der Neurophysiologe dazu, ein registriertes Neuron als »visuell« oder »farbcodierend« anzusehen, wenn die Aktivität dieses Neurons dies gar nicht anzeigt? Natürlich deshalb, weil er dem Versuchstier visuelle Reize mit einer bestimmten Wellenlänge darbietet und feststellt, ob und wie stark das Neuron darauf reagiert. Er bietet eventuell noch auditorische oder taktile Reize, um zu sehen, ob das Neuron etwa multimodal ist. Ebenso sprechen wir von einem prämotorischen oder motorischen Neuron, wenn wir einen Zusammenhang mit der Aktivität dieses Neurons und einer Muskelaktivität beobachten. Der Neurophysiologe ordnet als Experimentator der an sich bedeutungsneutralen Aktivität des Neurons eine funktionale Bedeutung zu, nämlich »visuell«, »farbcodierend« oder »motorisch«, weil er gleichzeitig Zugang zum Reiz und zur neuronalen Erregung bzw. zur neuronalen Erregung und zur motorischen Reaktion hat und einen funktionalen Zusammenhang daraus folgert. Dasselbe gilt natürlich auch bei viel komplexeren neuronalen Reaktionen, die etwa durch den Anblick von natürlichen Gesichtern oder entsprechenden bildlichen Darstellungen ausgelöst werden. Die Bedeutung der neuronalen Aktivität scheint also in diesem Fall von uns, dem Experimentator oder Beobachter, konstituiert zu sein und nicht vom Neuron.

Heißt das nun, daß die Bedeutung neuronaler Aktivität immer nur vom Beobachter stammt? Die meisten von uns würden das verneinen und statt dessen annehmen, daß sie mit der Rede von visuellen oder farbcodierenden Neuronen Aussagen über Erregungsverarbeitungsprozesse im Gehirn des Versuchstieres machen und nicht bloß über ihre eigenen Beobachtungen. Sie müssen also der Überzeugung sein, daß das registrierte Neuron letztlich selbst »visuell« oder »farbcodierend« ist und nicht nur in unserer Vorstellung. Aber wieso können sie das, wenn es gar nicht aus den beobachteten Prozessen direkt folgt?

Diese Frage, die Theoretiker und Philosophen seit langem beschäftigt, ist im Zusammenhang mit der Entwicklung von sogenannten intelligenten Computern wieder aktuell geworden. Ich erinnere nur an die beiden Artikel von Searle und von dem Ehepaar Churchland im *Scientific American* vom Januar 1990 zu der Frage, ob Computer denken können bzw. Geist besitzen. Die Autoren kommen zu ganz unterschiedlichen Ergebnissen. Nach Searle produzieren Computer keine Bedeutung, sie können nicht denken, sie verarbeiten nur Syntax. Syntax ist weder konstitutiv noch hinreichend für Semantik, das heißt Bedeutungsinhalte. Gehirne dagegen haben Syntax und Semantik. Die Churchlands halten dagegen: Wenn ein Computer in einer bestimmten Weise gebaut wird, wie das Gehirn gebaut ist, dann mag er Bewußtsein/Denken/Geist haben. Die Churchlands sehen das Problem, mit dem wir uns hier beschäftigen, allerdings sehr genau: »How the brain manages meaning is still unknown... To develop a theory of meaning, more must be known about how neurons code and transform sensory signals, about the neural basis of memory, learning and emotion and about the interaction of these capacities and the motor system. A neurally grounded theory of meaning may require revision of the very intuitions that now seem so secure...«

Die Autoren sind sich also einig, daß Gehirne bedeutungsgenerierende Systeme sind, aber sie sagen leider nichts darüber aus, wie Bedeutungen im Gehirn zustande kommen. Die Churchlands machen vage Andeutungen, daß dies mit Parallelverarbeitung zu tun haben muß. Es bleibt aber unklar, warum.

Manche Neurobiologen und Theoretiker nehmen einen radikalen Standpunkt ein, indem sie behaupten, es genüge, Gehirne als Netzwerke in rein physikochemischen Termini zu beschreiben, das heißt in genau den Termini, in denen dasjenige protokollhaft beschrieben wird, was wir messen. Wir können so den gesamten Prozeß der Erregungsverarbeitung rekonstruieren, von einer Synapse zur nächsten und von einer Aktionspotentialsalve zur nächsten, beginnend mit den Sinnesepithelien und endend mit den zuckenden Muskeln. Solch eine Beschreibung könnte beliebig viele Rückkopplungen, Speicher usw. enthalten, wir würden aber nur das berücksichtigen, was direkt zu messen ist. Wir hätten dann eine vollständige physikochemische Beschreibung des Gehirns auf der Basis seiner Netzwerkeigenschaften gewonnen. In einer solchen Beschreibung würde der Terminus »Bedeutung« scheinbar gar nicht vorkommen. Wir könnten, wenn wir geniale Ingenieure wären, ein solches Netzwerk nachbauen, und es wäre dann zu fordern, daß dieser Automat sich wie ein Tier oder Mensch sinnvoll in seiner Umgebung verhält. Wäre dies dann der Beweis, daß die Neurobiologie den Begriff der Bedeutung gar nicht benötigt, um zu erklären, wie das Gehirn funktioniert und sinnvolles, zielgerichtetes Verhalten produziert?

Eine solche Annahme ist aus zwei Gründen nicht akzeptabel. Erstens erscheint das Verhalten dieses Automaten nur deshalb sinnvoll und zielgerichtet, weil wir ihn in einer bestimmten Weise konstruiert haben, und nicht weil der Automat weiß, was er zu tun hat. Wir haben bestimmte Reiz-Reaktions-Beziehungen festgelegt, denen sich alle internen Operationen des Automaten unterordnen. Der Automat ist zielgerichtet, weil er von zielgerichteten Systemen, nämlich uns, gebaut ist. Das Problem der

Bedeutungskonstitution ist damit eine Instanz weiterverlagert, nämlich in uns als Konstrukteure.

Tiere und Menschen hingegen stellen sich selbst her, und ihre Verhaltensziele werden durch ihr Nervensystem aufgrund von Prinzipien bestimmt, die sich während der Ontogenese und der Evolution entwickelt haben. Solange wir in Tieren und Menschen sinnvolles, zielorientiertes Verhalten beobachten, müssen wir annehmen, daß dies von internen Gehirnprozessen erzeugt wurde und nicht von außen kommt.

Zweitens könnten wir die Existenz bedeutungsvoller Prozesse in allen Lebewesen leugnen, aber wir können ihre Existenz nicht in uns leugnen (gleichgültig, ob sie bewußt oder unbewußt sind). Wenn wir die Bedeutungshaftigkeit neuronaler Prozesse nicht in uns leugnen können, dann auch nicht bei unseren Mitmenschen. Aber wenn wir sie nicht für das menschliche Gehirn leugnen können, warum dann für das Gehirn von Menschenaffen und anderen Primaten? Niemand hat zeigen können, daß die Gehirne von Affen bloße elektrochemische Maschinen sind und nicht Farben sehen und Töne hören. Und wenn wir Bedeutungshaftigkeit dem Gehirn von Primaten zugestehen, wie können wir sie dann den Gehirnen anderer Säugetiere oder anderer Wirbeltiere oder auch denen von Insekten absprechen? Niemand hat bisher zeigen können, daß den Gehirnen dieser Tiere etwas fehlt, das in unseren Gehirnen und vielleicht in denen anderer Primaten Bedeutungshaftigkeit erzeugt. Auf der anderen Seite würden manche oder gar viele von uns zögern, derartiges dem Gehirn eines Frosches oder einer Grille zuzugestehen. Können wir nicht wenigstens die Gehirne solch »einfacher« Tiere als reine elektrochemische Netzwerke behandeln? Ich glaube, daß dies nicht möglich ist, sondern daß jedes Gehirn, das überhaupt ein einigermaßen komplexes Verhalten erzeugt, kognitive Leistungen vollbringt und damit Bedeutung generiert.

4. Das Gehirn: ein notwendig bedeutungserzeugendes System

Der Grund hierfür liegt in den Konstruktionsprinzipien der Gehirne selbst. Gehirne, so nehmen wir an, erzeugen ein Verhalten, das es dem Organismus erlaubt, zu überleben (natürlich können Gehirne noch eine Menge anderer Dinge tun). Eine gängige Auffassung lautet, daß zu diesem Zweck das Gehirn die Umwelt mit Hilfe seiner Sinnesorgane abbildet, um sich an ihr zu orientieren. Kein Sinnes- oder Neurophysiologe würde jedoch heute ernsthaft behaupten wollen, daß die Sinnesorgane die Welt in irgendeiner Weise *so* abbilden, wie wir sie bewußt wahrnehmen. Die von uns erlebte, phänomenale Welt ist etwas, das aus der Interaktion des Gehirns mit der Umwelt vom Gehirn erzeugt wird. Dabei sind die Sinnesorgane und, genauer, die Sinnesrezeptoren die Schnittstellen zwischen Umwelt und Gehirn. Sie werden aufgrund ihrer spezifischen physikalischen und chemischen Eigenschaften nur durch bestimmte Klassen von physikalischen und chemischen Umweltereignissen, etwa von elektromagnetischen Wellen, Schalldruck oder mechanischem Druck, Geruchsmolekülen usw., erregt oder in ihrer Erregung moduliert. Es gibt eine Vielzahl von Umweltereignissen, die unsere Sinnesrezeptoren überhaupt nicht erregen und deren Existenz wir nur erschließen können (zum Beispiel Magnetwellen oder radioaktive Strahlung).

Innerhalb der genannten Klassen von Umweltereignissen antworten Rezeptoren wiederum nur auf einen sehr engen Bereich, der durch die pysikalischen Eigenschaften des Rezeptors definiert ist (etwa Erregbarkeit des Sehfarbstoffes durch Licht bestimmter Wellenlänge oder das Abbiegen von Haarsinneszellen durch Druckwellen bestimmter Frequenz). Gleichzeitig gibt es für jeden Typ von Sinnesrezeptoren einen charakteristischen Bereich, in dem die Intensität (zum Beispiel die Zahl der einfallenden Lichtquanten pro Zeit = »Helligkeit«, die Amplitude des mechanischen Drucks = »Druckstärke« usw.) mit einer Veränderung in den Eigenschaften der Membranerregung einhergeht: je höher die Intensität des Reizes, desto stärker die Abweichung (Depolarisation oder Hyperpolarisation) des Membranpotentials vom Ruhewert.

Auf der Ebene der Rezeptoren existiert aus den genannten Gründen prinzipiell keinerlei Abbildung der Welt, sondern ein Mosaik elementarer Erregungszustände (Walraven u. a. 1990; Lennie u. a. 1990; Fiorentini u. a. 1990). Im visuellen System entsprechen die Erregungszustände der Photorezeptoren der Verteilung von punktuellen Wellenlängen- und Helligkeitsunterschieden, es gibt also auf der Ebene der Photorezeptoren weder Gestalten noch Bilder und Szenen, nicht einmal Konturen, Linien oder Kontraste, die im allgemeinen als »einfachste« Komponenten des Sehens angesehen werden. Selbst Bewegung und (relative) Größe eines visuellen Reizes als die in der Tat elementarsten Bausteine visueller Wahrnehmung existieren nicht auf dieser Ebene.

Rezeptoren »signalisieren« zweierlei: 1. die An- bzw. Abwesenheit von physikalischen oder chemischen Ereignissen (»Reizen«), für die sie überhaupt empfindlich sind; und 2. die Intensität des Reizes innerhalb der Grenzen der Empfindlichkeit. Dabei sagt die Antwort der Rezeptoren (das heißt der Membranveränderungen) auf die Reize nichts über die *Natur* des Reizes aus. Die Spezifität der Erregung, wie sie von uns subjektiv empfunden wird und wie sie für die Verhaltenssteuerung notwendig ist, wird durch andere Parameter als den neuronalen Code repräsentiert, nämlich durch den Ort. Darüber wird später noch ausführlicher zu sprechen sein. Die Membranveränderungen der unterschiedlichen Rezeptoren sind (bei entsprechenden Intensitäten) stets dieselben, gleichgültig ob es sich um einen »visuellen Reiz« (das heißt elektromagnetische *Wellen*), um einen »auditorischen Reiz« (das heißt Schalldruck*wellen*) oder einen Geruchsreiz (das heißt Moleküle) handelt. Aus der bloßen Kenntnis der Membranantworten von Rezeptoren läßt sich also nicht auf die Natur des erregenden Reizes schließen. Bei der Umwandlung eines physikalischen oder chemischen Umweltreizes in ein Membranpotential verliert der Reiz jede Spezifität. Die verschiedenen Umweltreize werden also durch die Sinnesrezeptoren in die »Sprache der Neuronen« oder den »neuronalen Code« übersetzt. Die Übersetzung des spezifischen Reizes in den neuronalen Code zerstört die »Information« über die Reizspezifität. Dies ist notwendig, denn sonst könnten die nachgeschalteten Nervenzellen nicht erregt werden. Die Einheitlichkeit des neuronalen Codes innerhalb des Nervensystems bedeutet zum einen, daß im Prinzip alle Teile des Nervensystems miteinander interagieren können. Dies ist die Grundlage komplexer Erregungsverarbeitung im Nervensystem. Zugleich ist nicht nur die Reizantwort der Rezeptoren, sondern die Aktivität jeder Nervenzelle prinzipiell unspezifisch gegenüber der Herkunft der Erregung. Das heißt, man kann der Aktivität eines *einzelnen* Neurons nicht entnehmen, ob es zur visuellen, auditorischen oder somatosensorischen Erregungsverarbeitung gehört.

Aus der Selektivität und der Unspezifität der Antworten der Sinnesrezeptoren gegenüber den spezifischen Umweltereignissen folgt die für die Wahrnehmungs- und Erkenntnistheorie fundamentale Tatsache, daß alle Wahrnehmungsinhalte in ihren Modalitäten, primären und sekundären Qualitäten und auch ihren Quantitäten (Intensitäten) nicht direkt mit den Eigenschaften der Umweltereignisse verbunden sind, sondern prinzipiell *konstruierte*, wenn auch keineswegs willkürliche Eigenschaften darstellen. Diese Konstruktion geschieht schrittweise in den sensorischen Systemen. Im visuellen System ist das Niveau der Retinaganglienzellen der Netzhaut eine erste wichtige »Konstruktionsebene«. Retinaganglienzellen konstituieren die elementaren Komponenten der visuellen Wahrnehmung wie Helligkeit, Bewegung und Kontrast. Allerdings gibt es auch auf der Ebene der Retina noch nicht das, was man »einfache« visuelle Wahrnehmung nennen könnte, das heißt Linien, Kanten, und erst recht nicht Formen und Szenen.

Eine äußerst wichtige Komponente der Aktivität der Retinaganglienzellen ist die Repräsentation des Ortes der Abbildung eines visuellen Reizes. Die retinalen Orte der Abbildung eines Reizes im linken und rechten Auge und ihre Abweichungen (Disparitäten) sind eine wesentliche Grundlage der Lokalisation des Reizes im Gesichtsfeld sowie der Bestimmung der räumlichen Entfernung. Die Konstitution des Raumes aufgrund der Disparitäten und anderer Kriterien sowie der Bewegungen im Raum geschieht jedoch nicht in der Retina, sondern erst in corticalen visuellen Arealen (Sekuler u. a. 1990; Regan u. a. 1990).

Retinaganglienzellen antworten zudem nicht auf absolute, sondern nur auf relative Helligkeiten, und zwar vornehmlich auf Kantenkontraste. Dasselbe gilt für die Farbwahrnehmung: Wellenlängenunterschiede werden stets relativ zur mittleren (durchschnittlichen) Wellenlänge im Gesichtsfeld wahrgenommen und nicht in bezug auf die physikalische Wellenlänge (Retinex-Modell). Das heißt, die jeweils längste Wellenlänge wird als »rot« empfunden und die jeweils kürzeste als »blau-violett«, unabhängig davon, ob die längste Wellenlänge etwa bei 700 nm und die kürzeste etwa bei 400 nm liegt. Ebenso werden Reizgrößen nur als Winkelgrößen und Bewegungen nur als Winkelgeschwindigkeiten wahrgenommen, und zwar relativ zur Netzhaut. Die fundamentale Fähigkeit, in gewissen Grenzen Absolutgrößen und Absolutgeschwindigkeiten und Bewegungen unabhängig von den ständigen Bewegungen unseres Auges und Kopfes (die uns häufig nicht bewußt sind) wahrzunehmen, ist keine Leistung der Netzhaut, sondern komplexer zentraler visueller Areale (Sekuler u. a. 1990).

Wir sehen, daß einerseits auf der Ebene der Sinnesrezeptoren und der ihnen mehr oder weniger unmittelbar nachgeschalteten Nervenzellen (wie der Retinaganglienzellen) keine Abbildung der Umwelt zu finden ist. Zugleich ist aber das, was etwa auf der Netzhaut passiert, eine notwendige Voraussetzung für unsere visuelle Wahrnehmung. Man kann daher durchaus sagen, daß die Ordnung der visuellen Welt, die wir wahrnehmen, in der retinalen Aktivität *implizit* vorhanden ist und vom nachgeschalteten visuellen System »extrahiert« wird. Dabei ist jedoch zu beachten, daß »Extraktion von Ordnung« gleichbedeutend mit »Konstitution von Ordnung« ist: eine gegebene Menge von Signalen muß zum einen die Möglichkeit zu einer stabilen Ordnungsbildung zulassen können, was zum Beispiel bei einem »weißen Rauschen« nicht der Fall ist. Die entnommene Ordnung hängt aber zugleich von den Kriterien der Ordnungsbildung des kognitiven, interpretierenden Systems ab, wie bereits oben geschildert. Die retinale Erregung enthält »Information« und »Ordnung« nicht an sich und für sich, sondern immer nur für ein kognitives System.

Die Untersuchungen zur Struktur und Funktion des visuellen Systems der Säugetiere der letzten Jahre haben gezeigt, wie in parallel-divergent-konvergenter Weise die Erregung aus der Retina in den 20 bis 30 verschiedenen corticalen Arealen zusammen mit zahlreichen subcorticalen Arealen sortiert, zerlegt und zusammengefügt wird (Roth 1992). Die Tatsache, daß so viele unterschiedliche Areale nötig sind, die in sich selbst zum Teil wiederum komplexe Substrukturen besitzen wie die primären und sekundären visuellen Cortexareale (sogenannte Blobs und Interblobs, dicke und dünne Streifen, Okularitäts- und Orientierungskolumnen usw., vgl. Zrenner u. a. 1990), zeigt, daß es sich, wie man inzwischen gern sagt, um ein *interpretatives* System handelt. Aus der von der Netzhaut kommenden Erregung wird in all diesen Arealen extrahiert, miteinander verglichen und mit Gedächtnisinhalten vermischt, was dann zu allen Arten von Größen-, Helligkeits-, Farb-, Objektkonstanz, zur Erstellung von sogenannten konstruierten Karten und zur Wahrnehmung komplexer Objekte wie Gesichter, Hände, Körper und Szenen führt.

5. Prozesse und Mechanismen der Bedeutungserzeugung im Gehirn

Was konstituiert nun diese Spezifität der Erregungsverarbeitung? Zuerst ist es natürlich die Spezifität der Antwort auf Umweltreize: Bestimmte Rezeptoren antworten nur auf bestimmte Klassen von Umweltreizen und ihre Intensitäten und codieren den retinalen Ort. Klassen von Umweltereignissen, für die wir keine Rezeptoren haben, können wir nicht sinnlich wahrnehmen. Insofern sind die Rezeptoren limitierende Faktoren für die Wahrnehmung. Diese »Information« über die Anwesenheit und die Intensitäten wird aber, wie erwähnt, nicht über die Natur der neuronalen Antwort codiert (die überall im Nervensystem gleich ist), sondern über die Ortsrelationen, die Topologie. Soll die Information, daß bestimmte Rezeptoren an einem bestimmten Ort der Sinnesepithelien aktiv waren, weitergegeben werden, so müssen die Erregungsbahnen, die von den Rezeptoren ihren Ausgang nehmen, getrennt gehalten und ihre nachbarschaftlichen Beziehungen bewahrt werden. Dies ist überall in den Sinnessystemen der Fall, so auch im visuellen System: bestimmte Rezeptoren konstituieren die Erregung für bestimmte Retinaganglienzellen, diese für bestimmte Teile des lateralen Kniehöckers, diese wiederum für bestimmte Teile des primären Cortex, wo wiederum andere Zellen spezifische Verbindungen zu Teilen des sekundären Cortex und jeweils zu bestimmten »spezifischen« Cortexarealen schicken. Ein wesentliches Prinzip der Informationsverarbeitung im Gehirn ist also das der »separaten Erregungsbahnen«. Dadurch wird die Spezifität der Einwirkung von Umweltereignissen gewahrt. Zugleich wird die Information des retinalen Ortes von visuellen Ereignissen gewahrt durch die Tatsache, daß die zweidimensionale Reizverteilung auf der Retina unter Wahrung der Nachbarschaftsbeziehungen auf die entsprechenden Schichten des lateralen Kniehöckers und von dort auf den primären visuellen Cortex abgebildet wird (mit einer vergrößerten Repräsentation des zentralen Gesichtsfeldes). Auch einige andere corticale visuelle Felder implizieren eine Abbildung der Retina (zum Beispiel V2, V3), doch sind diese Karten stark verzerrt und bewahren nicht genau die retinalen Nachbarschaften. Hierbei werden bestimmte Teile des Gesichtsfeldes (etwa der Horizont) besonders ausgewertet. Andere Karten haben die Retinotopie ganz aufgegeben und verarbeiten Erregungen nach nichträumlichen »Gesichtspunkten« (Creutzfeldt 1983).

Es geht also beim Prozeß der Bedeutungszuweisung im Gehirn zum einen um die Bewahrung peripherer Information und zum anderen um Erzeugung *neuer* Information *durch Kombination*. Diese neu erzeugte Information muß aber in ihrem Ort gewahrt werden, das heißt: jede Konvergenz von Information konstituiert jeweils eine neue, separate Verarbeitungslinie. Daraus resultiert notwendigerweise ein stark divergierendes System.

Es ist also primär der relative Ort einer Erregung im Gehirn, der festlegt, was diese Erregung bedeutet. »Relativer Ort« bedeutet hier: der Ort innerhalb der Konnektivität des Gehirns, der durch ganz bestimmte (natürlich veränderbare) Eingangs-Ausgangs-Beziehungen von Nervenzellen und Zellverbänden charakterisiert ist. Evidenz dafür, daß es in der Tat der relative Ort der Erregung ist, der die Bedeutung hinsichtlich der Modalität und der primären Qualitäten festlegt, hat man seit langem aufgrund von Hirnstimulationsexperimenten. Derselbe elektrische Reiz löst, wenn er in unterschiedlichen Hirnteilen appliziert wird, ganz unterschiedliche Wirkungen aus, etwa in beobachtbarem Verhalten oder in subjektiven Empfindungen einer Versuchsperson. So führt ein Stromstoß in verschiedenen visuellen Zentren zu entsprechenden Farb-, Form- und Bewegungshalluzinationen, in auditorischen Zentren zu akustischen Halluzinationen, im somatosensorischen System zu Hautprickeln, im motorischen System zu Bewegungen usw. Der gereizte Ort im Gehirn ist gekennzeichnet durch bestimmte Eingänge (die mit der sensorischen und motorischen Peripherie zusammenhängen oder auch nicht) und bestimmte Ausgänge, die – und das ist sehr wichtig – direkt oder indirekt in die Motorik einmünden (Creutzfeldt 1983).

Die Bedeutung wird also durch das *raumzeitliche Erregungsverarbeitungsmuster* konstituiert. Das, was im Gehirn nicht getrennt verarbeitet wird, wird auch psychisch nicht unterschieden, und was hier nicht zu neuer Erregung kombiniert wird, wird auch nicht als neue Information erlebt. Es bleibt zumindest dem Hirnforscher keine andere Wahl, als einen direkten Bezug zwischen Hirnprozessen und bewußt erlebten Sinnesprozessen anzunehmen. Dabei muß allerdings berücksichtigt werden, daß nicht alles, was neuronal im Gehirn abläuft, auch bewußt wahrgenommen wird.

6. Neuronale Selbstorganisation als Prinzip der Bedeutungsentstehung

Es ergeben sich zwei Fragen: (1) Wenn die primäre Bedeutungszuweisung im Gehirn über den Ort der Erregung geschieht, wer legt die räumliche Organisation und damit die *primäre* Bedeutungszuweisung fest? (2) Nach welchen Prinzipien geschehen diejenigen sekundären und tertiären Bedeutungskonstitutionen, die über die Modalitäten und primären Qualitäten von Wahrnehmungsinhalten hinausgehen und die zumindest beim Menschen zum Teil hochgradig erfahrungsabhängig sind?
Die Anatomie des Gehirns und die Art der Verknüpfung zwischen sensorischer und motorischer Peripherie und den Zentren sowie zwischen den vielen hundert Zentren und ihren Teilstrukturen untereinander entsteht zum großen Teil erfahrungsunabhängig. Dies bedeutet nicht, daß sie im strengen Sinne genetisch vorgegeben ist; man nimmt im Gegenteil an, daß die grundlegende neuronale Verknüpfungsstruktur durch komplexe (»epigenetische«) Wechselwirkung zwischen Genen und neuronalen Gewebestrukturen oder zwischen Gewebestrukturen untereinander auf *selbstorganisierende* Weise aufgebaut wird. Das heißt, unter Bedingungen normalen Wachstums nimmt das Gehirn eine bestimmte anatomische Struktur an, die einen Attraktorzustand darstellt, der auch bei Störungen unterhalb einer kritischen Grenze erreicht wird (vgl. Roth 1991; Stadler und Kruse, in diesem Band). Diese selbstorganisierte und zugleich erfahrungsunabhängige Struktur des Gehirns bildet das Grundgerüst der Bedeutungskonstitution. Eine Netzhaut bildet sich in allen »gesunden« Mitgliedern einer Art spontan zu einer komplexen und zugleich stereotypen Struktur aus und sendet den optischen Nerv

gezielt zu den verschiedenen visuellen Arealen des Gehirns. Diese Areale verknüpfen sich wiederum gezielt untereinander und differenzieren sich weiter aus, sofern nur bestimmte Minimalbedingungen erfüllt sind. Daß sie dies in einer ganz bestimmten, hochpräzisen Weise tun, hängt mit den physikochemischen Bedingungen der Gehirnontogenese (spezifische Genexpression, Wachstumsfaktoren, Zelloberflächenmoleküle usw.) zusammen, die wiederum das Ergebnis der Evolution des Gehirns sind. Diese Evolution unterliegt den Bedingungen sogenannter externer und interner Selektion und Differenzierung. Damit sind die primären Prozesse der Bedeutungszuweisung das Ergebnis der Interaktion von genetischer Variation (Mutation, Rekombination) und externer (Umwelt-) Selektion plus interner Selektion (den konstruktionsbedingten Zwängen und Möglichkeiten). Für das Nervensystem heißt das, daß Veränderungen neuronaler Strukturen und Funktionen entsprechend ihrer Leistungen für das Überleben des Organismus beibehalten werden oder wieder verschwinden. Jedoch sind alle Variationen neuronaler Strukturen und Funktionen, die *mehr* tun, als nur den Organismus am Leben zu erhalten, auch »gestattet«. Es ist falsch anzunehmen, daß neuronale Strukturen und Funktionen (und dies gilt für alle biologischen Strukturen und Funktionen) sich stets nur in dem Maße verändern, in dem sie direkt überlebensrelevant sind. Überlebensrelevanz gibt nur eine *Minimalleistung* an, die erbracht werden muß.

Vieles in unserem Gehirn, was über die »Grundverdrahtung« hinausgeht, ist jedoch nicht genetisch-epigenetisch fixiert, sondern ist erfahrungsabhängig und betrifft das, was wir Lernen und Gedächtnis nennen. Nach welchen Prinzipien geschehen diese Prozesse?

Es besteht inzwischen die einhellige Auffassung, daß mittel- und langfristige Veränderungen der Übertragungseigenschaften von Synapsen, den Kontaktstellen zwischen Nervenzellen, die Grundlage von Lern- und Gedächtnisprozessen bilden (vgl. Changeux und Konishi 1987; Squire 1987). Diese Veränderungen werden, so nimmt man an, durch das Prinzip der raumzeitlichen Assoziation von Ereignissen gesteuert, wie es schon vor vielen Jahren im Rahmen der Theorie klassischer und operanter Konditionierung formuliert wurde: Synaptische Kontakte werden verstärkt, wenn sie vorteilhafte Konsequenzen haben; ansonsten werden sie abgeschwächt oder gar nicht ausgebildet. Ein zelluläres

Prinzip, das der prä- und postsynaptischen Koinzidenz, wurde vor einigen Jahrzehnten durch den Psychologen D. Hebb (1949) formuliert (vgl. Roth 1991). Je mehr wir aber über die zellulären und molekularen Mechanismen des Lernens und des Gedächtnisses erfahren (vgl. Singer 1987), desto mehr wird klar, daß Calcium-Kanäle und NMDA-Rezeptoren als eventuell notwendige Komponenten des Lernprozesses gegenüber dem Inhalt des Gelernten neutral sind und sein müssen. Das heißt, diese Mechanismen bestimmen *nicht selbst*, was wann wo »gespeichert« wird. Man nimmt an, daß es im Gehirn globale Mechanismen gibt, die Lernen zu einem spezifischen Zeitpunkt und in einem bestimmten strukturellen und funktionalen Zusammenhang »erlauben«. Dazu gehören im menschlichen Gehirn vor allem die *Formatio reticularis* des Hirnstamms und das basale Vorderhirn (Singer 1987). Diese Gebiete entscheiden aber wiederum keineswegs eigenständig über Speichern oder Nichtspeichern, sondern ihre Aktivität wird gesteuert durch corticale und subcorticale Gedächtnisinhalte, das heißt durch das, dessen Einspeicherung sie steuern. Wenn wir also fragen, wer denn darüber entscheidet, was wann und wo im Gedächtnis gespeichert und abgerufen werden soll, so finden wir einen *Kreisprozeß*, in dem verschiedene Netzwerke sich gegenseitig determinieren, zum Beispiel Hippocampus, basales Vorderhirn, sensorische Cortexareale und Formatio-reticularis-Areale. Dieser neuronale Kreisprozeß ist ganz offenbar das Substrat für das, was man Wissens- oder Erfahrungsakkumulation nennt (Roth 1991).

Zu einer Art Kreisprozeß kommen wir ebenfalls, wenn wir nach den zur Zeit viel diskutierten Mechanismen fragen, die der sogenannten Einheit der Wahrnehmung zugrunde liegen. Dieses Problem trat in dem Augenblick unausweichlich auf, in dem klar wurde, daß Wahrnehmung im Gehirn distributiv abläuft, daß also dasjenige, was wir als Einheit von Objekten und Geschehnissen empfinden, in zahlreichen, räumlich oft weit voneinander getrennten corticalen und subcorticalen Arealen nach vielen einzelnen Aspekten getrennt verarbeitet wird (Roth 1991 b). Es wird zur Zeit diskutiert, daß es langreichweitige Koinzidenz-Detektionssysteme, etwa in Form von tangentialen corticalen Fasern, gibt, die die Einzelaspekte nach bestimmten, bedeutungshaltigen Kriterien zusammenschalten (von der Malsburg und Singer 1988). Derartige Kriterien mögen die der Kohärenz und Konsistenz, des gemeinsamen Schicksals, der guten Gestalt und der Abgeschlossenheit sein, wie sie aus der Gestaltpsychologie seit langem bekannt sind.

Diese Regeln müssen natürlich im Gehirn entstehen, auch wenn sie auf der Interaktion des Gehirns mit seiner Umwelt basieren. Einige von ihnen kommen dem visuellen System der Wirbeltiere allgemein zu und gelten daher unabhängig von individueller Erfahrung. Andere Regeln wurden von derart »angeborenen« Regeln abgeleitet und haben sich im Laufe unserer individuellen kognitiven Entwicklung verfestigt. In jedem Fall aber bilden sie das Rüstzeug, mit dem das Gehirn seine eigenen Aktivitäten ordnet und interpretiert. Alle diese Regeln sind *gehirnintern* erzeugte Regeln, seien sie genetisch fixierte Regeln, selbstorganisiert-epigenetisch oder durch Prägungs- und Lernprozesse entstandene Regeln. »Gesellschaft« ist daher essentiell in die Erzeugung eingebunden. Diese Regeln bauen in der Ontogenese unseres kognitiven Systems ein Feld von Bedeutungszuweisungen auf, das sich schließlich selbst steuert. *Bedeutungen erzeugen dabei Bedeutungen in prinzipiell unendlicher Weise.*

Ein Beispiel: Unser Innenohr ist so gebaut, daß seine Rezeptoren auf Druckwellen der Endolymphe mit Veränderungen des Membranpotentials reagieren und für Frequenzen in einem Bereich von ca. 20 bis maximal 20000 Hz empfänglich sind, in dem auch die Frequenzen der menschlichen Sprache liegen. In den verschiedenen auditorischen Zentren werden nun ähnlich wie im visuellen System durch Kombination zunehmend komplexere neuronale Antworten erzeugt, die in den primären auditorischen Cortexarealen zur Lautwahrnehmung führen. Bestimmte Lautsequenzen werden nun auf eine noch unbekannte Weise in den corticalen Sprachzentren als Worte und schließlich Sätze wahrgenommen. Daß dies so ist, hängt nicht von unserem Willen oder unserer bewußten Erfahrung ab, sondern von der Anatomie und Physiologie des auditorischen Systems, die teils völlig erfahrungsunabhängig sind, teils erfahrungsabhängig ausgebildet werden, wobei letzteres sich meist in den ersten Lebensmonaten vollzieht und der bewußten Kontrolle entzogen ist. Das heißt, das Gehirn hat zu dem Zeitpunkt, an dem ein Kind sprechen lernt, durch die Anatomie und Physiologie des auditorischen Systems definiert, was »Hören« ist, was »Laute« sind und, spezifischer, was »Sprachlaute« sind, und meist auch schon, welches die Laute der

Muttersprache sind. Damit sind die Regeln der primären Bedeutungszuweisung festgelegt. Nun kommt die Phase der sekundären Bedeutungszuweisung, in der das Kind die Bedeutung der *Worte* erlernt. Dies geschieht in aller Regel zuerst unbewußt, und es bilden sich feste Regeln der Bedeutungszuweisung aus. Später kommen bewußt erfahrene Regeln der Bedeutungszuweisungen hinzu, die sich im Umgang mit der Sprache ebenfalls verfestigen.

Trifft nun im Alter der Sprachfähigkeit ein bestimmtes Muster von Schalldruckwellen an unser Ohr, so läuft der Prozeß der Bedeutungszuweisungen völlig unbewußt mindestens bis zur Zuweisung von Bedeutungen zu einzelnen Wörtern ab, und erst bei Sätzen oder ganzen Mitteilungen erleben wir bewußt das Entstehen von Bedeutung. In dieser Situation erscheint es uns, als ob ein Umweltsignal, zum Beispiel das Wort »Stuhl«, eine Information in sich trüge, die vom Ohr aufgenommen und dem Bewußtsein vermittelt wird. Zusätzlich zu phylogenetisch und ontogenetisch entstandenen Zuweisungsmechanismen, wie sie in der Anatomie und Physiologie der Sinnesorgane und des Gehirns enthalten sind, verfestigen sich also frühkindlich erworbene Zuordnungsmechanismen im späteren Leben stark. *Erst in diesem verfestigten Kontext erhalten Umweltreize für uns eine Information.* Dies ist die Normalsituation unserer Wahrnehmung. Die allermeisten Ereignisse in der Umwelt rufen in unserem Wahrnehmungssystem derart fixe Bedeutungen der Modalität, der primären und sekundären Qualitäten und der primären semantischen Inhalte auf, und es erscheint uns dann, als ob Informationen in unser Wahrnehmungssystem hineinflössen. Unter den weitgehend verfestigten Zuordnungsbedingungen hängt es dann wesentlich von den Eigenschaften der Umweltereignisse ab, welche Bedeutung sie für das kognitive System haben.

In diesem Sinne ist die Feststellung Maturanas und vieler Konstruktivisten zumindest irreführend, daß Umweltreize keinerlei Information vermitteln und daß das kognitive System allein die Bedeutung bzw. Information erzeugt. Sobald das kognitive System seinen internen Regelsatz entwickelt hat und ihn auf die Umwelt anwendet, erscheint es in der Tat so, als entnehme es der Umwelt »Information«. Der Widerspruch zwischen semantischer Abgeschlossenheit des kognitiven Systems, wie sie der Konstruktivismus betont, und der von vielen Biologen herausgekehrten

»Offenheit« des kognitiven Systems gegenüber der Umwelt löst sich also auf, sobald wir die Phylogenese und Ontogenese des kognitiven Systems in Betracht ziehen.

7. Bedeutung: ein emergentes Phänomen

Zu Beginn habe ich auf das Problem des ontologischen Sprungs hingewiesen, der wirklich oder scheinbar mit der Frage nach der Konstitution von Bedeutung in unserem Gehirn auftritt. Es bleibt auch nach all dem, was über die Entstehung von Bedeutung im Gehirn gesagt wurde, eine Tatsache, daß sich subjektiv Erlebtes, also Wahrnehmung, Denken, Empfinden, Vorstellen, dem analysierenden Zugriff der Neurobiologie entzieht. Liegt also nicht das, was unser Gehirn wirklich tut, nämlich wahrnehmen, denken, vorstellen, empfinden, doch jenseits der Hirnforschung? Ist nicht die Entstehung von Bedeutung im Gehirn ein emergentes Ereignis, das den Bereich des Physiko-Chemischen verläßt?

Diese Frage läßt sich im Rahmen der konstruktivistischen Erkenntnistheorie beantworten. Wir gehen im Einklang mit der Gehirnforschung davon aus, daß die phänomenale Welt ein Konstrukt unseres kognitiven Systems und damit des Gehirns ist. Diese phänomenale Welt umfaßt alles, was wir überhaupt erleben können, nämlich sinnliche Wahrnehmungen, Gedanken, Empfindungen, Vorstellungen und natürlich auch Konstrukte unseres Denkens. Ebenso ist die grundsätzliche Untergliederung der phänomenalen Welt in drei Bereiche, nämlich die uns umgebende Welt, unseren Körper und unsere mentale Welt, eine Konstruktion unseres Gehirns. Diese Untergliederung vollzieht sich auf der Basis der sensomotorischen Interaktion mit der Umwelt, auch wenn diese drei Bereiche uns »ontologisch« verschieden erscheinen. Das Gehirn nimmt diese Unterscheidung vor, da sie von entscheidender Bedeutung für das Überleben des Organismus ist: es muß für den Organismus stets klar sein, was Ereignisse der Umwelt sind, was den eigenen Körper betrifft und was »bloß« gedacht, gefühlt, erinnert, gewollt ist. Es ist eine der Hauptleistungen unseres kognitiven Systems während seiner Ontogenese, diese »ontologischen Bereiche« zu konstituieren.

Daraus folgt, daß die physikochemischen Prozesse des Gehirns, mit denen sich die Neurowissenschaften beschäftigen, als Prozesse in unserer Umwelt denselben Charakter von *Konstrukten* haben wie mentale Ereignisse, auch wenn sie von uns als außerordentlich verschieden empfunden werden. Umweltereignisse gehören also keineswegs zur »objektiven« Welt. Diejenigen Gehirnprozesse aber, die allem, was wir erleben, zugrunde liegen oder diese Erlebnisse erzeugen, sind uns gar nicht zugänglich. Sie sind »erlebnisjenseitig«, als Teil dessen, was man »Realität« nennen kann im Gegensatz zur »Wirklichkeit« der phänomenalen Welt (Roth 1985). Sie erzeugen die phänomenale Welt, kommen aber nicht in ihr vor.

Wenn wir also die Frage nach der Beziehung zwischen »Leib« und »Seele« bzw. »Gehirn und Geist« als Phänomenen unserer Erlebniswelt stellen, so stellen wir, ontologisch gesehen, *nicht* die Frage nach der Beziehung von »Realität« und »Wirklichkeit«, sondern die Frage nach der Beziehung zwischen Konstrukten aus verschiedenen Konstruktionsbereichen unseres kognitiven Systems *innerhalb* der »Wirklichkeit«. Die Beziehung zwischen Geist und Gehirn erscheint uns rätselhaft, weil ihre Unterscheidung ein notwendiger Zustand der Selbstdifferenzierung unseres kognitiven Systems während der Konstitution von »Wirklichkeit« ist, nämlich im Rahmen der Notwendigkeit, »wirklich Vorhandenes« von »nur Gedachtem« zu unterscheiden. Es erscheint daher widersinnig, die Identität von zwei Instanzen (»Gehirn« und »Geist«) verstehen zu wollen, an deren *Nicht*identität unser kognitives System buchstäblich jahrelang gearbeitet hat. Unser Geist gerät also in eine selbstgestellte Falle; die Unüberbrückbarkeit des »Physischen« und des »Mentalen« ist ein Artefakt.

Ist damit die Sache der Neurobiologie hinsichtlich der Analyse der Beziehung zwischen Geist und Gehirn vergeblich? Wenn wir davon ausgehen, daß die »Wirklichkeit« die einzige Welt ist, von der wir etwas wissen und erfahren können, so bleibt uns als Wissenschaftlern nur der Vergleich zwischen Prozessen in den verschiedenen Bereichen der Wirklichkeit, etwa zwischen Gehirnprozessen und mentalen Prozessen. Wie diese Prozesse sich zueinander verhalten, ist eine empirische Frage *innerhalb* der Wirklichkeit, das heißt eine Frage, die im Bereich unserer Sinneserfahrungen zu beantworten ist. Die Hirnforschung zeigt, daß die Beziehung zwischen neuronalen Prozessen und mentalen Prozessen so eng ist, wie man sie mit den heutigen Mitteln der Forschung feststellen kann. Damit läßt sich bei einem Vergleich neuronaler

Prozesse, subjektiver Bewußtseinsprozesse (im Selbstversuch) und Aussagen von Versuchspersonen und Patienten ein Interpretationsrahmen entwickeln, in dem von neuronalen Prozessen mehr oder weniger verläßlich auf mentale Akte geschlossen werden kann und umgekehrt. Es ist heute eine Frage der Auflösungskraft diagnostischer Methoden, mit denen die globale und lokale Hirntätigkeit »on-line« sichtbar gemacht werden kann, inwieweit wir in der Tat »Gedanken lesen« können. Selbst starke interindividuelle Unterschiede können bei genügender Korrelationstestzeit (oder über ein Biofeedback) berücksichtigt werden. Was wir mit derartigen Untersuchungen *nicht* beantworten, ist die Frage, wie das reale, das heißt erlebnisjenseitige Gehirn »Geist« erzeugt. Was wir untersuchen können, ist: ob und wie innerhalb unserer phänomenalen Welt zwei Prozesse, die verschieden erlebt werden, miteinander zusammenhängen.

Die sich heute abzeichnende technische Möglichkeit des Nachweises einer relativ engen Korrelation zwischen neuronalen und mentalen Prozessen kann nicht als eine Reduktion des Mentalen auf das Neuronale verstanden werden. Eine solche Reduktion ist nach all dem hier Gesagten unmöglich, weil die physikochemische Aktivität von Neuronen als solche gar keine Bedeutung hat. Vielmehr ist es das Grundprinzip des Gehirns als eines kognitiven Systems, daß dieselbe neuronale Aktivität viele Bedeutungen erlangen kann und daß diese Bedeutungen aus dem raumzeitlichen Kontext folgen, in dem die neuronale Aktivität erfolgt. Der raumzeitliche Kontext ist aber wiederum durch neuronale Aktivitäten bestimmt, die ihrerseits in einem zuvor bestehenden raumzeitlichen Kontext Bedeutungen erlangten, und so weiter. Dies ist der ontogenetische Prozeß der sich selbstreferentiell entfaltenden Bedeutungskonstitution, wie er beschrieben wurde. Die globalen Rahmenbedingungen für diesen Prozeß sind das Verhalten und damit das Überleben eines Organismus. Bedeutung ist also in der Tat eine *nicht-reduzierbare Eigenschaft neuronaler Systeme,* die von diesem System zum Teil als mentaler Prozeß erlebt wird. Diese Eigenschaft ist deshalb nichtreduzierbar, weil sie aus den Interaktionsweisen neuronaler Netzwerke resultiert, die wiederum, in selbstreferentieller Weise, aus anderen Interaktionsweisen neuronaler Netzwerke resultieren.

Eine solche Nichtreduzierbarkeit widerspricht nicht der Annahme, daß es sich beim Gehirn um ein nach physikochemischen

Prinzipien ablaufendes System handelt. Wie an anderer Stelle ausgeführt (Roth und Schwegler 1990), ist das Auftreten »emergenter«, nicht auf die Komponenten reduzierter Eigenschaften nichts Geheimnisvolles, sondern ein in vielen komplexen physikalischen und chemischen Systemen anzutreffendes Phänomen. Im übrigen ist das, was »physikochemisch« ist, durch einen bestimmten Prozeß der Vereinbarung unter Wissenschaftlern festgelegt und unterliegt bekanntlich starken historischen Schwankungen. Ein »nichtreduktionistischer Physikalismus« (Roth und Schwegler 1990) kann so formuliert werden, daß er Begriffe wie »Bedeutung« und »Geist« als *physikalische* Gehirnzustände einbezieht. Dies setzt allerdings die Ausarbeitung einer Theorie kognitiver, zur Selbstbeobachtung fähiger Systeme voraus, die noch zu leisten ist.

Dieser Aufsatz ist Ernst Florey in Freundschaft und Dankbarkeit gewidmet. Ich danke P. Hejl, H. Schwegler und W. Walkowiak für kritische Anmerkungen und Verbesserungsvorschläge.

Literatur

Changeux, J.-P. und M. Konishi (1987), *The Neural and Molecular Bases of Learning*. Dahlem Workshop Reports, Chichester: Wiley.

Churchland, P. M. und P. Smith Churchland (1990), »Could a machine think?«, in: *Scientific American,* Januar.

Creutzfeldt, O. (1983), *Cortex Cerebri*, Heidelberg–New York: Springer.

Fiorentini, A., G. Baumgartner, S. Magnussen, P. H. Schiller und J. P. Thomas (1990), »The perception of brightness and darkness relations to neuronal receptive fields«, in: L. Spillmann und J. S. Werner (Hg.), *Visual Perception. The Neurophysiological Foundations,* San Diego: Academic Press, S. 129-163.

Glasersfeld, E. von (1987), *Wissen, Sprache und Wirklichkeit*, Braunschweig–Wiesbaden: Vieweg.

Hastedt, H. (1988), *Das Leib-Seele-Problem. Zwischen Naturwissenschaft des Geistes und kultureller Eindimensionalität,* Frankfurt am Main: Suhrkamp.

Lennie, P., C. Trevarthen, D. van Essen und H. Wässle (1990), »Parallel processing of visual information«, in: L. Spillmann und J. S. Werner (Hg.), *Visual Perception. The Neurophysiological Foundations,* San Diego: Academic Press, S. 103-128.

Lorenz, K. (1973), *Die Rückseite des Spiegels. Versuch einer Naturgeschichte menschlichen Erkennens*, München–Zürich: Piper.

Luhmann, N. (1984), *Soziale Systeme. Grundriß einer allgemeinen Theorie*, Frankfurt am Main: Suhrkamp.

Malsburg, C. v. d., und W. Singer (1988), »Principles of cortical network organization«, in: P. Rakic und W. Singer (Hg.), *Neurobiology of Neocortex. Life Sciences Research Report* 42, Chichester: Wiley, S. 69-100.

Maturana, H. R. (1982), *Erkennen. Die Organisation und Verkörperung von Wirklichkeit*, Braunschweig: Vieweg.

Mayr, E. (1984), *Die Entwicklung der biologischen Gedankenwelt*, Berlin–Heidelberg: Springer.

Popper, K. R. und J. C. Eccles (1977), *The Self and Its Brain: An Argument for Interactionism*, Heidelberg: Springer; deutsch: *Das Ich und sein Gehirn*, Hamburg: Hoffmann und Campe 1982.

Regan, D., J. P. Frisby, G. F. Poggio, C. M. Schor und C. W. Tyler (1990), »The perception of stereodepth and stereo-motion: cortical mechanisms«, in: L. Spillmann und J. S. Werner (Hg.), *Visual Perception. The Neurophysiological Foundations*, San Diego: Academic Press, S. 317-348.

Riedl, R. (1979), *Biologie der Erkenntnis. Die stammesgeschichtlichen Grundlagen der Vernunft*, Berlin–Hamburg: Parey.

Roth, G. (1985), Die Selbstreferentialität des Gehirns und die Prinzipien der Gestaltwahrnehmung«, in: *Gestalt Theory* 7, S. 228-244.

Roth, G. (1987a), »Erkenntnis und Realität: Das reale Gehirn und seine Wirklichkeit«, in: S. J. Schmidt (Hg.), *Der Diskurs des radikalen Konstruktivismus*, Frankfurt am Main: Suhrkamp, S. 229-255.

Roth, G. (1987b), »Autopoiese und Kognition: Die Theorie H. R. Maturanas und die Notwendigkeit ihrer Weiterentwicklung«, in: S. J. Schmidt (Hg.), *Der Diskurs des Radikalen Konstruktivismus*, Frankfurt am Main: Suhrkamp, S. 256-286.

Roth, G. (1987c), »Die Entwicklung kognitiver Selbstreferentialität im menschlichen Gehirn«, in: D. Baecker u. a. (Hg.), *Theorie als Passion*, Frankfurt am Main: Suhrkamp, S. 394-422.

Roth, G. (1990), »Gehirn und Selbstorganisation«, in: W. Krohn und G. Küppers (Hg.), *Selbstorganisation. Aspekte einer wissenschaftlichen Revolution*, Braunschweig/Wiesbaden: Vieweg, S. 167-180.

Roth, G. (1991), »Neuronale Grundlagen des Lernens und des Gedächtnisses«, in: S. J. Schmidt (Hg.), *Gedächtnis. Probleme und Perspektiven der interdisziplinären Gedächtnisforschung*, Frankfurt am Main: Suhrkamp, S. 127-158.

Roth, G. (1992), »Das konstruktive Gehirn. Die neurobiologischen Grundlagen von Wahrnehmung und Erkenntnis«, in: S. J. Schmidt (Hg.), *Kognition und Gesellschaft. Der Diskurs des Radikalen Konstruktivismus* 2, Frankfurt am Main: Suhrkamp, S. 276-335.

Roth, G. und H. Schwegler (1990), »Self-organization, emergent properties and the unity of the world«, in: W. Krohn, G. Küppers und H. Nowotny (Hg.), *Selforganization. Portrait of a Scientific Revolution. Sociology of the Sciences, Yearbook 1990*, Dordrecht/Boston/London: Kluwer Academic Publishers, S. 36-50.

Searle, J. R. (1990), »In the brain's mind a computer program?«, in: *Scientific American*, Januar.

Sekuler, R., S. Anstis, O. J. Braddick, T. Brandt, J. A. Movshon und G. Organ (1990), »The perception of motion«, in: L. Spillmann und J. S. Werner (Hg.), *Visual Perception. The Neurophysiological Foundations*, San Diego: Academic Press, S. 205-230.

Shannon, C. und W. Weaver (1949), *The Mathematical Theory of Information*, Urbana: Illinois Press.

Singer, W. (1987), »Activity-dependent self-organization of synaptic connections as a substrate of learning«, in: Changeux, J.-P./Konoshi, M. (Hg.), *The Neutral and Molekular Bases of Learning*. Dahlem Workshop Reports, Chichester: Wiley, S. 301-336.

Squire, L. (1987), *Memory and Brain*, New York/Oxford: Oxford University Press.

Teubner, G. (1987), »Episodenverknüpfung. Zur Steigerung von Selbstreferenz im Recht«, in: D. Baecker u. a. (Hg.), *Theorie als Passion*, Frankfurt am Main: Suhrkamp, S. 423-446.

Walraven, J., V. Enroth-Cugell, D. C. Hood, D. I. A. MacLeod und J. L. Schnapf (1990): »The control of visual sensitivity: Receptoral and postreceptoral processes«, in: L. Spillmann und J. S. Werner (Hg.), *Visual Perception. The Neurophysiological Foundations*, San Diego: Acacemic Press, S. 53-102.

Wuketits, F. (1983), *Biologische Erkenntnis: Grundlagen und Probleme*, Stuttgart: G. Fischer.

Zrenner, E., I. Abramov, M. Akita, A. Cowey, M. Livingston und A. Valberg (1990), »Color perception: Retina to cortex«, in: L. Spillmann und J. S. Werner (Hg.), *Visual Perception. The Neurophysiological Foundations*, San Diego: Academic Press, S. 163-204.

Michael Stadler/Peter Kruse
Zur Emergenz psychischer Qualitäten
Das psychophysische Problem im Lichte der Selbstorganisationstheorie

1. Zur Geschichte des psychophysischen Problems

Das Leib-Seele-Problem gehört zu den ältesten Rätseln der Menschheit. In der über 2000jährigen Geschichte der Auseinandersetzung mit dem Problem von Innen und Außen, von Mikrokosmos und Makrokosmos, von Körper und Geist oder, wie es heute schärfer formuliert wird, von Gehirn und Kognition überwogen von der klassischen griechischen Philosophie bis zur Renaissance Zwei- oder Mehrweltentheorien, die in Descartes' Inkommensurabilität von »res extensae« und »res cogitans« ihren schärfsten Ausdruck fanden. Der Dualismus blieb aber zutiefst unbefriedigend, da er sowohl der Alltagserfahrung wie auch wissenschaftlichen Erkenntnissen der Psychophysik, der Psychosomatik und der neuropsychologischen Korrelationsforschung widersprach. Gegen eine monistische Theorie sprechen auf der anderen Seite die scheinbare Verletzung des Kausalitätsprinzips und insbesondere logische Widersprüche, die sich daraus ergeben, daß einerseits alle psychischen Prozesse auf Gehirnprozessen aufruhen, zum anderen psychische Prozesse aber nur dann auf Gehirnprozesse zurückwirken könnten, wenn sie zumindest zeitweilig unabhängig von diesen wären. Weder der Isomorphiegedanke Wolfgang Köhlers (1920), der eine funktionelle Analogie zwischen Gehirnprozessen und Erleben postuliert, noch Identitätsvorstellungen von Spinoza bis Feigl (1958), die die psychischen und die physischen Vorgänge nur als zwei Betrachtungsweisen ein und der gleichen Sache annehmen, nach Emergenztheorien, die die Neuentstehung psychischer Qualitäten auf der Basis physischer Vorgänge im Sinne eines »deus ex machina« postulieren, überwinden die genannten Probleme (vgl. Bunge 1984).

Berücksichtigt man andererseits, daß in die obengenannten Widersprüche oft stillschweigende Voraussetzungen eingehen, die gerade erst zu diesen Widersprüchen führen, so kann man die

Hoffnung hegen, daß sich bei einer Modifikation dieser herkömmlichen Denkweisen die Probleme möglicherweise anders darstellen. Zu den stillschweigenden Voraussetzungen in der Diskussion des psychophysischen Problems gehören:
(1) *Die Äquivalenzannahme* (»causa aequat effectum«); die Annahme nämlich, daß bei Kausalprozessen, auf die alle Prozesse der Natur zurückgeführt werden, die Wirkung immer der Ursache gleicht, und zwar in quantitativer wie in qualitativer Hinsicht. In der klassischen Kausalitätsvorstellung zweier Billardkugeln, von denen der Bewegungsimpuls der einen (Ursache) sich auf die andere (Wirkung) überträgt, bleibt sowohl die Größe des Impulses erhalten wie auch dessen Qualität; er verwandelt seine Energieform nicht. Dadurch wird die wissenschaftliche Hypothesenbildung bei der Suche nach den Ursachen von Erleben und Verhalten bevorzugt auf Prozesse gelenkt, die diesem äquivalent sind.
(2) *Die Kontinuitätsannahme* (»natura non facit saltus«); diese Annahme läßt die Möglichkeit von sprunghaften Änderungen natürlicher Prozesse unberücksichtigt. Die Hypothese linearen Verhaltens läßt den Übergang von Erregungsmustern im Gehirn zu Erlebnisqualitäten zum unüberwindlichen Problem werden (Kruse, Roth und Stadler 1987).
(3) *Die mechanistische Voraussetzung;* hiernach werden organismische Vorgänge nach der Art des Ineinandergreifens der Teile einer Maschine interpretiert. Alle Naturvorgänge, auch die im lebendigen Organismus, müssen von außen angestoßen werden, und für jede Ordnung in einem Wirkungsgefüge bedarf es eines äußeren Ordners, der diese festlegt. Auch die Computermetapher der Kognitionswissenschaft beinhaltet derartige mechanistische Vorstellungen: alle Programme funktionieren nach vorher festgelegten Algorithmen, und nichts passiert, was der Programmierer nicht zumindest hätte voraussehen können. Zur mechanistischen Vorstellung gehört auch, daß alle Prozesse in feste Leitungsbahnen eingezwängt sind und daß von daher eine Ordnungsbildung durch ein freies Spiel der Kräfte ausgeschlossen wird (vgl. Köhler 1955).
(4) *Die elementaristische Voraussetzung;* nach dieser weitverbreiteten Vorstellung kann ein komplexes System dadurch analysiert werden, daß es in seine Elemente zerlegt wird und das Funktionieren dieser Elemente untersucht wird. Die Funktion des ganzen Systems erklärt sich dann aus der Zusammensetzung der Detail-

prozesse in den Elementen. Das Entstehen neuer Qualitäten gerät hier nicht in den Blickpunkt des Forschers.

(5) *Die realistische Vorstellung;* die Vorstellung nämlich, daß die uns umgebende physische Welt tatsächlich so ist, wie sie für uns aussieht, ist wohl die am schwersten zu kritisierende implizite Grundannahme, da sie so fest in unseren alltäglichen Erfahrungen verankert zu sein scheint. Ein Tisch ist ein Tisch und ein Baum ist ein Baum, und sie verlassen ihren Platz in der Realität nicht, wenn wir gerade nicht mit offenen Augen vor ihnen stehen. Die Möglichkeit, daß es sich um eine bloße Bedeutungsattribution zu Gehirnprozessen handelt, die in einem nicht direkt erkennbaren Zusammenhang zu äußeren energetischen Prozessen steht, widerspricht in höchstem Maße der Sicherheit unserer alltäglichen Wirklichkeitskonstruktion (Stadler und Kruse 1991). Daß die äußere Realität ohne einen mit Sinnesorganen ausgestatteten Organismus gar kein »Aussehen« haben kann, also weder mit den Begriffen von hell und dunkel noch mit Farbbegriffen beschreibbar wäre, hat Rohracher (1967) herausgestellt.[1] Die Realismusannahme beinhaltet zumeist implizit die Vorstellung, daß die Organismen nicht nur in einem Energieaustausch, sondern auch in einem Informationsaustausch mit der Umgebung stehen; das heißt, daß Lebewesen informationsverarbeitende Systeme sind. Mit Information ist dabei nicht immer nur im Sinne von Shannon und Weaver (1949) Reduktion von Unsicherheit, sondern zumeist auch semantische Information (Bedeutung) gemeint.

Zu den genannten fünf Grundannahmen gab es in der Geschichte der Philosophie und der Wissenschaften ernstzunehmende und gewichtige Gegenpositionen, besonders in der Naturdialektik des 19. Jahrhunderts (Engels 1972), bevor in den Naturwissenschaften das Pendel im Zuge der Anwendungsbedürfnisse der Industrie stärker in Richtung auf die obengenannten Grundannahmen aus-

---

[1] An dieser Stelle berührt sich das psychophysische Problem mit dem Innen-Außen-Problem. Während die (objektive) bewußtseinsunabhängige *Realität* unseren ebenso realen Organismus umgibt, ist die phänomenale *Wirklichkeit* von dessen kognitivem System erzeugt und innerhalb von dessen Grenzen lokalisiert. Der erlebte eigene Körper, wohlunterschieden vom realen Organismus, ist Teil der phänomenalen Wirklichkeit und ist von dieser umgeben. Insofern wird die erlebte Welt und der erlebte Körper vom Nervensystem konstituiert (vgl. Köhler 1929, Metzger 1954, Bischof 1966, Stadler und Kruse 1990a).

schlug. Erst in den letzten Jahrzehnten dieses Jahrhunderts fokussierten sich verschiedene Ansätze, die ihren Ausgangspunkt in der Physik (Hermann Hakens »Synergetik«), der Chemie (Ilja Prigogines »Dissipative Strukturen«), der Neurobiologie (Humberto Maturanas »Konstruktivistische Kognitionstheorie«), der Psychologie (Wolfgang Köhlers »Gestalttheorie«) und den Sozialwissenschaften (Niklas Luhmanns »Theorie sozialer Systeme«) nahmen, zu einer interdisziplinären Theorie der Selbstorganisation dynamischer Systeme, die den obengenannten Grundannahmen widersprechen und die Perspektive für einen Paradigmenwechsel in den Wissenschaften eröffnen:

(1) Die Analyse komplexer dynamischer Systeme zeigt, daß in der Natur sehr häufig an instabilen Gleichgewichtspunkten Bifurkationen eintreten, bei denen minimale Ursachen größte Wirkungen hervorrufen können. Die Vorhersagbarkeit der Entwicklung solcher Systeme wird dadurch ganz erheblich gemindert.

(2) In vielen komplexen dynamischen Systemen treten bei kontinuierlicher Variation eines Parameters (zum Beispiel der Energiezufuhr) plötzliche Phasenübergänge auf, die auf einer höheren Analyseebene gänzlich neue Ordnungsstrukturen erzeugen. In solchen nicht im Gleichgewicht befindlichen Systemen wird das Prinzip der Höherentwicklung verständlich.

(3) Die Komponenten dynamischer Systeme interagieren mit sich selbst und erzeugen bei gegebenen Anfangs- und Randbedingungen autonome Ordnungszustände, ohne daß diese von außen aufgezwungen werden oder durch einen Mechanismus zwangsläufig erreicht werden. Selbstorganisation ist Ordnungsbildung ohne Ordner.

(4) Elementare Mikroprozesse laufen nicht unabhängig voneinander ab, sondern kooperieren miteinander und erzeugen auf makroskopischer Ebene neue Qualitäten, die durch die einzelnen Elementarprozesse nicht erklärt werden können. Der gestalttheoretische Satz, daß das Ganze mehr (oder anderes) ist als die Summe seiner Teile, findet hier seine Entsprechung.

(5) Der realistischen Grundannahme wird eine konstruktivistische entgegengesetzt. Kognitive Systeme nehmen keine (semantische) Information aus ihrer Umgebung auf, sondern erzeugen diese systemintern selbst (vgl. Roth in diesem Band). Die konstruktivistische Grundannahme setzt die Tatsache der Selbstorganisation in kognitiven Systemen voraus.

Auf der Grundlage dieser veränderten Basisannahmen kann das psychophysische Problem einem neuen Verständnis nähergebracht werden. Die Tatsache der Emergenz psychischer Qualitäten widerspricht nicht mehr naturwissenschaftlichen Grundannahmen und verliert damit ihren metaphysischen Charakter. Vielmehr können für eine nunmehr sogenannte *holistische Emergenztheorie* (vgl. Bischof 1989) sehr konkrete Prozeßtypen angegeben werden, ohne daß naturwissenschaftliche oder logische Prinzipien verletzt werden.

2. Die autonome Entstehung von Eigenschaften in kognitiven Systemen

Betrachten wir kognitive Prozesse auf dem heutigen Stand der Wahrnehmungs-, Gedächtnis-, Motivations- und Emotionstheorie, so ist es nicht schwer auszumachen, welche neuen Eigenschaften in kognitiven Systemen gegenüber der Reizsituation entstehen bzw. auf welche Weise den durch Reize determinierten Prozessen Bedeutungen zugewiesen werden. Betrachten wir einige einfache Fälle.

– *Eigenschaftsentstehung durch Relationsbildung:* Die Entstehung von Eigenschaften in der Wahrnehmung läßt sich als Serie von Phasenübergängen bei kontinuierlicher Zunahme der Komplexität von Reizmustern verstehen. Bei einer linearen Vermehrung der Elemente eines Reizmusters erfolgen in der Wahrnehmung Dimensionalitätssprünge, die jeweils, da sie energetisch (also vom Reizmuster her) nicht determiniert sind, mit der Zuordnung neuer Qualitäten einhergehen und bei der dabei entstehenden Vielschichtigkeit den Eindruck von wirklich vorhandenen Eigenschaften erzeugen. Befindet sich beispielsweise eine Person für längere Zeit in einem Dunkelraum und bekommt als Reiz einen einzelnen, ruhenden Lichtpunkt dargeboten[2], so hat dieser in der

---

[2] Wir beginnen nicht ohne Grund die weitere Argumentation mit der Betrachtung eines einzelnen Lichtpunktes im Dunkelraum, da die psychophysische Zuordnung dieses Minimalereignisses in der phänomenalen Welt zu einem neurophysiologischen Prozeß, nämlich der Aktivität eines einzelnen Neurons, welchem ein rezeptives Feld mit On-Zentrum und Off-Peripherie zugeordnet ist, nach allgemeiner Auffassung unpro-

Wahrnehmung zunächst keine weiteren Eigenschaften: Er besitzt keinen Ort, das heißt, er scheint sich zu bewegen und wird mal an dieser, mal an jener Stelle gesehen, ohne daß er lokalisierbar wäre; er besitzt weiterhin keine Farbe, keine räumliche Ausdehnung und keine Körperlichkeit. Fügt man bereits einen zweiten Lichtpunkt hinzu, so bilden beide ein Paar, das heißt, sie bewegen sich nicht relativ zueinander. Versetzt man beide in eine sinusförmige Bewegung, den einen vertikal und den anderen horizontal, so erscheint bei einer bestimmten Phasenlage die Gestalt eines Kreises, den beide Punkte beschreiben. Hinsichtlich des umgebenden Raumes vollführt dieser Kreis exzentrische Bewegungen, was aber der menschliche Beobachter nicht bemerkt, da noch kein räumliches Bezugssystem existiert. Die Hinzufügung eines weiteren ruhenden oder bewegten Lichtpunktes kann bereits zwingend den Eindruck einer durch drei Punkte begrenzten Fläche erzeugen, die sich auf allen drei Dimensionen variierend durch den Raum bewegt. Die Hinzufügung weiterer ruhender Punkte würde als nächstes ein Bezugssystem für die im dreidimensionalen Raum bewegte Fläche erzeugen und ihr damit einen festen Ort geben. Langsam würde der Eindruck, ein wirklich vorhandenes Objekt zu sehen, immer stärker werden. An diesem einfachen Beispiel kann gezeigt werden, daß mit der kontinuierlichen Vergrößerung des Reizangebotes immer neue Qualitäten emergieren: Vom ortlosen Punkt über ein festes Paar zur Figurfläche (frontalparalleler Kreis) und zur im dreidimensionalen Raum bewegten Fläche mit eindeutiger Raumlokalisation.

– *Eigenschaftsdifferenzierung durch Nullpunktbildung:* Beispielsweise wird in der Thermorezeption das physikalisch unidimensionale Spektrum der Temperatur in das bipolardimensionale Spektrum der Wärme- und Kälteempfindungen übersetzt. Wir lassen hierbei unberücksichtigt, daß durch die Thermorezeptoren der Haut faktisch nicht die Temperatur von Objekten, sondern die Änderungsgeschwindigkeit der Temperatur der sie berührenden Haut gemessen wird. Der physiologische Nullpunkt zwischen Wärme- und Kälteempfindung liegt im Mittel bei etwa 20°. Oberhalb dessen ist es warm, unterhalb dessen wird Kälte empfunden. Der physiologische Nullpunkt ist allerdings verschieb-

---

blematisch erscheint (Jung 1961), zumal der Lichtpunkt, wie ausgeführt wird, keine weiteren Eigenschaften besitzt.

bar; wenn wir beispielsweise die Hand für einige Zeit in Wasser mit der Temperatur von 12° legen, so wird beim Wechsel in Wasser von 17° Wärme empfunden. Ähnliche Verhältnisse finden wir bei fast allen Sinnesqualitäten. Auch in der Farbwahrnehmung ist keineswegs, wie fälschlicherweise häufig angenommen wird, jeder Wellenlänge des elektromagnetischen Spektrums eine bestimmte Farbqualität zugeordnet. Blicken wir etwa für längere Zeit durch eine grüne Brille, so verblaßt der zunächst über dem gesamten Wahrnehmungsfeld liegende grünliche Schimmer, und die Farben Grün und Rot (und natürlich alle anderen Farben) heben sich wieder wie vorher vor einem mittelgrauen Hintergrund ab. Nehmen wir die Brille wieder ab, so sehen vorher graue Flächen nunmehr rötlich aus und vorher grüne nunmehr grau. Es hat eine Nullpunktverschiebung im Sinnessystem stattgefunden, bei der eine Veränderung der Qualitätszuordnung zu bestimmten Wellenlängen des Reizes impliziert ist. Der Nullpunkt wird immer in den Bereich der mittleren Reizintensität gelegt, so daß bei Gültigkeit des Weber-Fechnerschen-Gesetzes in der Nähe des Nullpunktes immer die größte Differenzierungsfähigkeit des Sinnessystems erreicht wird.

– *Absolute Eigenschaften durch unscheinbare Bezugssysteme:* Man mag verwundert sein, wie trotz der Tatsache, daß alle Sinnessysteme nur auf den Differentialquotienten der Reizintensität reagieren, die Abgabe absoluter Urteile in den verschiedenen Qualitätssystemen möglich ist. Dies geschieht durch die Bildung von Bezugssystemen, in deren Rahmen eine kategoriale Beurteilung erfolgt. Ein Ton kann etwa sehr laut, laut, etwas laut, weder laut noch leise, etwas leise, leise oder sehr leise sein. Die diesen Urteilen zugrundeliegende Metrik ist rein intraphänomenal und zudem durch Ankerreize (beispielsweise ein an der Schmerzgrenze liegender Knall) verschiebbar gegenüber dem zugeordneten physikalischen Reizparameter. Mit der Zuordnung von Bedeutungen zu Objektklassen in der Ontogenese (Benennung von Objekten) wird für jede Objektklasse ein eigenes Bezugssystem gebildet, welches die Extension der Objektklasse bestimmt. Daher ist jeder in der Lage, einen bestimmten Vertreter der Objektklasse Ratte als groß zu bezeichnen und einen bestimmten Vertreter der Objektklasse Elefant als klein. Diese unscheinbaren, das heißt in der Wahrnehmung nicht unmittelbar präsenten Bezugssysteme bestimmen quantitative Urteile ebenso wie qualitative Benennungen im kognitiven System (vgl. Witte 1966). Ihre Entstehung ist selbstreferentiell, das heißt, jedes Objekt wird im kognitiven Bereich in seiner Ausprägung auf alle anderen kognitiven Objekte seiner Klasse bezogen und nicht auf die Reizgeometrie.

– *Entstehung von Ganzeigenschaften (Gestaltqualitäten):* In der Gestalttheorie werden drei Arten von Eigenschaften unterschieden, die sich immer auf den gesamten Systemzusammenhang beziehen und von denen nichts, auch nicht andeutungsweise, an den das System bildenden Elementen zu erkennen ist (Metzger 1975). Es handelt sich um *Struktureigenschaften* (wie geschlossen, symmetrisch, wellig, das Wachsen, das Steigen, das Fallen, Springen usw.), *Materialqualitäten* (wie leuchtend, durchsichtig, glänzend, dinghaft, hart, federnd usw.) und die *Wesenseigenschaften* (wie freundlich, zierlich, feierlich, kindlich, männlich, weiblich usw.). Gestaltqualitäten bilden nicht nur völlig neue Eigenschaften gegenüber der ihnen zugrunde liegenden Summe der Elementarereignisse (Übersummativität), sondern sie bleiben auch unter Beibehaltung ihrer Strukturrelationen beim Austausch aller Elementarereignisse vollständig erhalten (Transponierbarkeit). Die Entstehung neuer Gestaltqualitäten im kognitiven System hängt eng zusammen mit dem Übergang von unverbundenen Elementarereignissen zu kooperativ interagierenden Elementarereignissen. Dieser Übergang wird in Abb. 1 (S. 142 f.) veranschaulicht:

– *Spontaner Wechsel von Eigenschaften:* Die semantische Multistabilität ist ein altbekanntes Rätsel der kognitiven Psychologie. Worte wechseln bei häufigem Aussprechen ihre Bedeutung, Strichfiguren stellen bei längerem Betrachten etwas anderes dar, Figur und Grund treten abwechselnd mit veränderten Bedeutungen hervor (Kruse 1988, Kruse und Stadler 1990; vgl. Abb. 2, S. 144).

Das Phänomen der Multistabilität zeigt am deutlichsten, daß Bedeutungen nicht in der Reizstruktur fest verankert sind, sondern im kognitiven System den Strukturen zugewiesen werden. Die Phänomene der Multistabilität zeigen aber auch, daß bei einem gegebenen Lernstatus keine beliebige Zuordnung von Bedeutungen zu Strukturen möglich ist. Die Abb. 2 könnte vielleicht noch als Darstellung eines Menschen oder einer Amöbe hingenommen werden, nicht aber als Ahornblatt oder Mondrakete.

Abbildung 1 Ein grob gerastertes Muster (links) bekommt die Gestaltqualitäten eines Gesichts, wenn man mit den Augen blinzelt (rechts); aus Pribram (1975).

– *Qualitätszuordnung durch Kontext:* Die Kontextabhängigkeit von Bedeutungszuweisungen ist nicht nur im sprachlichen Bereich ein häufig untersuchtes Phänomen, wo ganze Sätze ihre Bedeutung durch minimale Umzentrierungen grundlegend verändern können (»Nichts macht mir mehr Spaß«, mit Betonung auf

»nichts« oder mit Betonung auf »mehr«), sondern besonders auch im emotionalen Bereich ist der Einfluß des Kontextes auf die Interpretation eines physiologischen Vorganges wohlbekannt (sind es Tränen der Freude oder der Trauer?). In den bekannten Experimenten von Schachter und Singer (1962) interpretierten Ver-

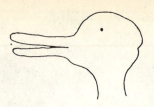

Abbildung 2 Hasenkopf – Entenkopf

suchspersonen nach Adrenalininjektionen die den physiologischen Erregungszustand begleitenden Gefühle je nach situativem Kontext, in dem sie sich befanden, außerordentlich unterschiedlich.
Die angeführten Beispiele ließen sich lange fortsetzen. Als gemeinsames Fazit mag daraus entnommen werden, daß psychische Qualitäten in der phänomenalen Welt entstehen, eine eigene Dynamik entfalten und durch äußere Reize und neurophysiologische Vorgänge lediglich angeregt werden.

3. Zum Verhältnis von Gehirnprozessen und psychischen Prozessen

Die Fortschritte der Neurobiologie in den letzten Jahrzehnten haben eine Fülle von Korrelationen zwischen der Aktivität einzelner Zellen und Wahrnehmungsqualitäten aufgezeigt. Allerdings ist die Hoffnung, daß mit aufsteigender Integration einzelner Merkmale letztlich ein kognitiver Akt für ein Objekt in der Aktivität einer einzigen Zelle konvergiert, durch neuere Forschungen zunehmend zunichte gemacht worden (Roth 1985). Auch die Vorstellung, daß die Topographie räumlicher Erregungsmuster auf dem Kortex der Topographie phänomenaler Ereignisse entsprechen könnte, kann nicht mehr aufrechterhalten werden, da Korrelate einzelner phänomenaler Ereignisse in verschiedensten, weit auseinanderliegenden Hirnteilen gleichzeitig gefunden werden. Neue Hypothesen über die Entstehung von psychischen Qualitäten auf der Grundlage neuronaler Prozesse wurden daher von Forschern entwickelt, die die Aktivität unterschiedlicher Hirnareale zeitgleich in Augenschein nahmen (Skarda und Freeman 1988, Singer 1989, Eckhorn und Reitboeck 1990). Hierbei wurde gefunden, daß in unterschiedlichen Hirnarealen auftretende Oszillationen spontan synchronisiert werden. Diese Phänomene werden im Sinne einer »Synergetik der Kognition« interpretiert (Haken und Stadler 1990). In der Synergetik (Haken 1977, 1981) werden Vorgänge aus allen Bereichen der Natur untersucht, die bei kontinuierlicher Variation des energetischen Zustandes eines Systems (sogenannte Kontrollparameter) zunächst starke Fluktuationen und dann Phasensprünge in neue geordnete Zustände zeigen (sogenannte Ordnungsparameter). Die Interaktionen auf der elementaren Ebene erreichen dabei in der kritischen Fluktuation einzelne synchrone Zustände auf der höheren Integrationsebene des Ordnungsparameters, welche dann auf die Elementarebene zurückwirken, indem sie den Rest der Elementarzustände »versklaven«, das heißt synchronisieren. Die emergenten Eigenschaften des Ordnungsparameters können also durchaus auf die Elementarebene, aus der heraus sie entstanden sind, zurückwirken. Bischof (1989) bezeichnet diese Form der Wechselwirkung als *holistischen Emergentismus*.

Kommen wir zurück zur psychophysischen Emergenz in kognitiven Systemen. Kognitive Systeme bestehen also aus zwei in einem Organisationszusammenhang stehenden Hauptkomponenten – den zentralnervösen Prozessen und den Bewußtseinszuständen. Erstere bezeichnet man als die mikroskopische und letztere als die makroskopische Systemebene. Zentralnervöse Prozesse gehorchen prinzipiell physikalischen, chemischen und biologischen Gesetzmäßigkeiten; sie sind damit kausal-deterministisch, allerdings bei der hohen Komplexität des zentralen Nervensystems in der Regel chaotisch. Bewußtseinszustände sind demgegenüber weit weniger komplex, nicht deterministisch, sondern teleonom und intentional (vgl. Bischof 1981). Dies bedeutet, daß Bewußtseinszustände keineswegs kausal-logisch auseinander hervorgehen, wenngleich dies in Einzelfällen auch zutreffen kann, sondern daß sie assoziativ und zielgerichtet sind, das heißt eigenen (psychischen) Gesetzmäßigkeiten gehorchen, die als solche nichts mit den Naturgesetzen gemein haben. Man muß sich etwa vorstellen, daß ähnliche Bedeutungen im Bewußtsein, beispielsweise Analogien, mit Gehirnprozessen gekoppelt sind, die sich gänzlich unähnlich sind. Über den Zusammenhang zwischen den beiden Komponenten des kognitiven Systems wissen wir noch sehr wenig. Wir können uns aber heuristische Vorstellungen machen. In den chaotischen Prozessen des ZNS werden zwangsläufig an verschiedenen Orten und zu verschiedenen Zeiten lokale Stabilitäten entstehen. Diese können als hoch geordnete Zustände innerhalb einer im übrigen chaotischen Umgebung betrachtet werden. Die lokalen Stabilitäten des ZNS sind die Grundlage geordneter semantischer Zusammenhänge in den Bewußtseinszuständen. Die Bewußtseinszustände bilden gewissermaßen die höchste Integrationsstufe der Gehirnprozesse. Da sie eigenen Gesetzmäßigkeiten gehorchen, können sie, obwohl selbst auf Gehirnprozessen beruhend, diese beeinflussen und dort selbst neue Stabilitäten erzeugen.

Zu der Frage, wie in kognitiven Systemen bestimmten funktionellen Zuständen auf der mikroskopischen Ebene Bedeutungen zugewiesen werden, haben die Untersuchungen von Freeman erstaunliche Erkenntnisse zutage gefördert (Skarda und Freeman 1987, Freeman 1990). Analysen von EEG-Wellen, die über der *regia olfactoria* von Kaninchen abgeleitet wurden, haben gezeigt, daß das Auftreten neuer Geruchsreize in der Umgebung des Kaninchens in dieser Gehirnregion zu einer aktiven Produktion deterministisch-chaotischer Wellenformen führte. Einer lokalen Stabilität, wie sie in jedem Chaos zwangsläufig immer wieder entsteht, wurde dann die Besonderheit des entsprechenden Geruchsreizes zugewiesen, das heißt, der lokale Ordnungszustand bildet einen Attraktor für die von diesem Geruchsreiz verursachten Erregungen. Der neue Attraktor wurde nun beim Abflachen der chaotischen Fluktuationen in die Topologie der übrigen Attraktoren für bereits bekannte Gerüche eingebunden. Er erhielt, so die theoretische Vorstellung, seine Bedeutung durch seine Relationen zu den übrigen Geruchsattraktoren. Jeder neue Geruchsreiz würde auf diese Weise einen weiteren Platz in einem solchen Relationsnetz besetzen, wobei sich die Bedeutung aller bereits vorhandenen Geruchsattraktoren ein wenig verändert, wenn ein neuer Attraktor das Netz erweitert.

Das Konzept der Attraktoren erweist sich dabei als die dem phänomenalen Geschehen am nächsten stehende bzw. in diesem Bereich am leichtesten verstehbare Konzeption. *Attraktoren* sind relativ stabile, lokal begrenzte Zustände in einem chaotischen System. Sie zeichnen sich in der Gehirnfunktion beispielsweise dadurch aus, daß eine Gruppe von Zellen synchron feuert und daß etwa bei der im EEG gemessenen Globalaktivität dieser Zellen

eine hochamplitudige Schwingung über alle anderen Schwingungen dominiert. Die Synchronizität von Zellgruppen muß dabei keineswegs auf einen Gehirnbereich eng lokalisiert sein, sondern kann sich über weit entfernte Gehirnbereiche erstrecken. Attraktoren zeichnen sich dadurch aus, daß sie nicht dem Prozeß aufgezwungen werden müssen, sondern daß sie gewissermaßen im freien Spiel der Kräfte von sich aus das Optimum des Prozesses finden, bei dem die geringste Energie verbraucht wird. Attraktoren sind also Ordnungszustände, die keines Ordners bedürfen, sondern aus der inneren Dynamik des Prozesses von selbst entstehen. Sie haben zudem die Eigenschaft, relativ stabil zu sein, das heißt, nicht sofort wieder zu zerfallen, sondern sich gegenüber der Entstehungsdynamik neuer Attraktoren für einige Zeit zu behaupten. Diesen Stabilitätsüberhang von Attraktoren bezeichnet man als Hysterese.
Die Organisation psychischer Prozesse im freien Kräftespiel ist bekanntlich eines der Hauptthemen der Gestaltpsychologie und dort durch Kurt Lewin und seine Mitarbeiter in einer großen Zahl von Untersuchungen belegt worden. Insbesondere die Organisation zielorientierter Handlungen läßt sich durch das Konzept der Attraktoren verstehen, da diese die gleiche Funktion haben wie die sogenannten Aufforderungscharaktere (Lewin 1926) im phänomenalen Feld. In Lewins Vorstellung wird das Verhalten eines Menschen bestimmt von den Kräfteverteilungen eines psychischen Feldes, dessen immanente Dynamik bestimmte Verhaltensweisen situativ unterstützt oder modifiziert und andere Verhaltensweisen unterdrückt. Ziele wirken in diesem Modell wie Attraktoren oder Täler einer Potentiallandschaft, die das konkrete Systemverhalten autonom in Richtung auf eine momentane Stabilität organisieren. Die Arbeiten von Köhler und Lewin machen die Gestalttheorie zu einem Vorläufer der Selbstorganisationstheorie (Stadler und Kruse 1986).
In den beiden folgenden Abschnitten sollen die Möglichkeiten der mathematischen Modellierung von Selbstorganisationsprozessen und ihrer Anwendungen im kognitiven Bereich untersucht werden.

4. Entfaltung von Ordnung durch Selbstorganisation

Die verschiedenen Zweige der Selbstorganisationstheorie sind mit ihren Möglichkeiten mathematischer Modellierung offenkundig recht gut in der Lage, für bestimmte Systeme die Entstehung makroskopischer Ordnung oder die Emergenz neuer Qualitäten aus der Dynamik elementarer Zustände zu beschreiben. Das makroskopische Systemverhalten erscheint in seiner generellen Bindung an bestimmte Randbedingungen oder an bestimmte, zum Beispiel energetische Verhältnisse ausreichend definiert. Die Aufgabe der Suche nach einem elementaren Determinismus eröffnet den Blick für eine komplexe Systemphänomenologie. Modellbildung ist nicht länger eine mehr oder weniger unzutreffende Verkürzung, sondern wird zur Chance, systemimmanente Möglichkeiten der Ordnungsbildung sichtbar zu machen. Einfache Regeln entfalten in der Interaktion mit elementaren Zufallsprozessen vielgestaltige Kaskaden makroskopischer Ordnung. Die Kenntnis der Regeln allein erlaubt dabei ebensowenig eine Bestimmung dieser Ordnungszustände, wie es aus der bloßen Erfassung der elementaren Dynamik möglich ist, die Ordnungszustände vorherzusagen. Diese Immanenz der möglichen makroskopischen Ordnungsbildungen verbindet hochgeordnete Phänomene wie die Entstehung verschiedener Formen des Laserlichtes oder das Auftreten raum-zeitlicher Oszillationen bei chemischen Verbindungen in gewissem Sinne mit dem Verhalten einfachster mathematischer Operationen und Formeln. Nimmt man zum Beispiel die lineare Transformation »Dividiere durch 2 und addiere 1« und wendet sie rekursiv auf beliebige reelle Zahlen an, so wird deutlich, daß dieser Operator bei unendlicher Selbstanwendung von allen Ausgangszahlen auf die Zahl 2 konvergiert.

Ausgangswert 4 $\times 1$ = $4/2+1$ = 3
 $\times 2$ = $3/2+1$ = $2,5$
 $\times 3$ = $2,5/2+1$ = $2,25$

$\times 11$ = $2,001$ usw.

Ausgangswert 1 $\times 1$ = $1/2+1$ = $1,5$
 $\times 2$ = $1,5/2+1$ = $1,75$
 $\times 3$ = $1,75/2+1$ = $1,875$

$\times 10$ = $1,999$ usw.

Die Zahl 2 kann man als Eigenwert des Operators bezeichnen. Das Prinzip der Rekursion entfaltet bei zufälliger Wahl der Ausgangsbedingungen immer wieder den immanenten Endzustand (vgl. von Foerster 1985). Bei anderen Operatoren entfalten sich mehrere Eigenwerte, und bereits auf der Basis einfacher nichtlinearer Formeln etwa vom Typ $x_i \leftarrow x_i^2 + c$ entsteht die Vielfalt fraktaler Strukturen. In Abhängigkeit von Ausgangsbedingungen konvergieren in der Iteration errechnete Zahlenwerte auf stabile Endgrößen (Punktattraktoren), verlaufen auf festen Orbitalen (Grenzzyklen), bilden komplexe diskrete und kontinuierliche Muster (siehe Abb. 3) oder entfernen sich über verschiedene Szenarien (zum Beispiel Periodenverdopplung) in den unendlichen Zahlenraum. Das Verhalten der Formeln ist nicht theoretisch vorhersagbar, sondern kann nur quasi phänomenologisch ermittelt werden.

Eine vergleichbare Perspektive kann auch bei der Betrachtung selbstorganisierender Systeme eingenommen werden. Ähnlich den Operatoren und Formeln besitzen selbstorganisierende Systeme aufgrund der elementaren Regelstrukturen, denen sie fol-

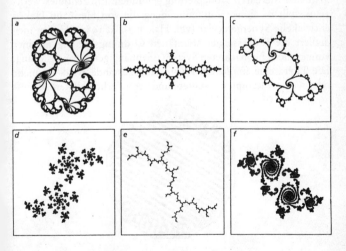

Abbildung 3 Verschiedene Julia-Mengen
(nach Peitgen und Richter 1986)

gen, ein mehr oder weniger großes Repertoire immanenter makroskopischer Verhaltensweisen oder Ordnungsbildungen. Wiederum erlaubt eine noch so genaue Kenntnis der Regelstrukturen keine Vorhersage. Erst die zum Beispiel experimentelle oder mathematische Entfaltung des Systems legt die potentiellen Attraktoren und die Bereiche chaotischen Systemverhaltens offen. Selbstorganisierende, das heißt ordnungsbildende oder entropieminimierende, dissipative Systeme sind demnach durch die gezielte Beeinflussung vorgegebener Randbedingungen oder durch kontinuierliche Variation zum Beispiel energetischer Eingangsgrößen analysierbar. Im Falle der Bénard-Instabilität verändert sich das spontane Muster auftretender Bewegungen bei ungleichmäßig erhitzten Flüssigkeitsschichten systematisch in Abhängigkeit von der Form des Gefäßes und der Größe der Temperaturdifferenz (siehe Abb. 4).

Zwar können die immanenten Ordnungsbildungen selbstorganisierender Systeme demnach prinzipiell unmittelbar empirisch entfaltet werden, eine umfassendere Untersuchung der Unordnungs-Ordnungs-Übergänge ist jedoch, bezogen auf die Experimentalökonomie, an die Möglichkeit einer mathematischen oder mathematisierbaren Modellierung gebunden. Ein zentrales Werkzeug stellt in diesem Zusammenhang die von Hermann Haken entwickelte Synergetik dar (vgl. Haken 1983, 1987). Haken modelliert die Prozesse der spontanen Ordnungsbildung in einer vom konkret beobachteten System unabhängigen Formalisierung. Die Hierarchie immanenter Ordnungszustände wird als mehr oder weniger komplex gestaltete und veränderliche Potentialland-

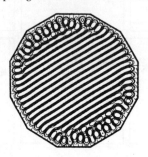

Abbildung 4 Musterbildung der Konvektionsinstabilität nach Bénard (nach Haken 1983).

schaft aufgefaßt, in der das jeweilige Systemverhalten der überdämpften Bewegung eines Partikels entspricht (siehe Abb. 5). Über Fluktuationen des Partikels oder Veränderungen der Potentiallandschaft werden die möglichen Attraktoren oder Ordnungszustände sichtbar, die das System einnimmt oder hervorbringen kann. Vergleichbare Attraktorstrukturen werden in psychologischen Experimenten zum Beispiel bei der Untersuchung von Punkten auf leeren Flächen gefunden (siehe Abb. 6).

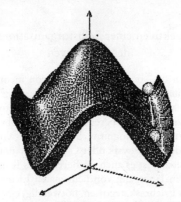

Abbildung 5 Potentiallandschaft mit mehreren Attraktoren (nach Haken 1990).

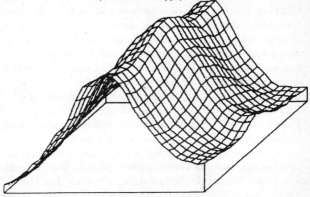

Abbildung 6 Potentiallandschaft eines leeren DIN-A4-Blattes (nach Stadler u. a. 1991).

Beim Übergang von einem Ordnungs- oder Unordnungszustand in einen anderen (Phasenübergang) treten gesetzmäßig Effekte auf, die zum Beispiel im konkreten Experiment eine Schätzung der dem Systemverhalten zugrundeliegenden Potentiallandschaft erlauben (Hysterese, Übergangszeit, kritische Fluktuationen usw.). In der Interaktion von Experiment und mathematischer Modellierung werden die Selbstorganisationsprozesse erfaßbar.

5. Perspektiven einer Selbstorganisationstheorie des Kognitiven

Betrachtet man das spontane Auftreten von mehr oder weniger stabilen Ordnungszuständen oder die Emergenz neuer Verhaltensqualitäten als definitorisches Kriterium selbstorganisierender Systeme, so wird es – wie bereits ausführlicher begründet (siehe oben) – nahezu trivial, kognitive Systeme hier einzureihen. Vergleichbar mit den aus Physik oder Chemie bekannten Selbstorganisationsprozessen, ist es auch im Bereich des Kognitiven, insbesondere für den Übergang von neuronalen Elementarvorgängen zu geordneten Erlebniskategorien, notwendig, einen prinzipiellen Unterschied zwischen der mikroskopischen und der makroskopischen Systemebene zu machen. Eine stabile Wahrnehmung, ein Gedanke, eine Intention oder generell jede Form der Bedeutungsentstehung ist offenkundig nicht aus der Elementardynamik des Gehirns ableitbar (vgl. Creutzfeldt 1983), sondern ist als immanenter makroskopischer Ordnungszustand aufzufassen (vgl. Haken und Stadler 1990). Konsequenterweise ist jede Form eines deterministischen Reduktionismus zur Analyse kognitiver Funktionen ungeeignet. Vielmehr liegt es nahe, psychologisch die Entfaltung immanenter Ordnungszustände zu untersuchen, diese Phänomene (zum Beispiel Phasenübergänge) mathematisch im Sinne der Synergetik zu modellieren oder im Sinne des Konnektivismus neuronale Netzwerke zu konstruieren, die Teile der beobachteten kognitiven Funktionen nachahmen. Die Konstruktion neuronaler Netzwerke besitzt dabei scheinbar den Vorteil, das Entstehen der Ordnungszustände im Detail nachvollziehbar zu halten, da die Eigenschaften der interagierenden Elementareinheiten (Zellen) und deren Verbindungen untereinander (Konnektivität) bekannt sind. Im Prinzip trifft hier jedoch die gleiche Situation zu, die schon für einfache mathematische Formeln geschildert wurde. Selbst wenn die Netzwerke – da aktiv konstruiert – strukturell völlig verstanden sind, ist letztlich weder das Elementarverhalten noch das Entstehen von Ordnung oder die Emergenz neuer Qualiäten vorhersagbar. Wenn es möglich werden sollte, Netzwerke zu erstellen, die komplexe Qualitäten wie Emotion oder Bewußtsein hervorbringen, entsteht letztlich die gleiche Problemlage, mit der sich die Analyse natürlicher kognitiver Systeme auseinandersetzen muß. Es entstünde eine Psychologie 2. Ordnung, die sich wiederum phänomenologisch um die Entfaltung immanenter Ordnungszustände, das heißt um eine Kenntnis der Systemattraktoren bemühen müßte (vgl. Haken 1990). Eine derartige »Netzwerkpsychologie« ist vielleicht ein attraktives Gedankenspiel; die naheliegendste Konsequenz einer Selbstorganisationstheorie des Kognitiven ist sie sicherlich nicht.

Der Versuch einer Selbstorganisationstheorie des Kognitiven beginnt vielmehr mit der Frage, welche grundsätzlichen theoretischen Neuorientierungen mit einer derartigen Sichtweise einhergehen und welche bekannten psychologischen Phänomene die Existenz von Phasenübergängen und damit von Selbstorganisationsprozessen belegen. Dann können über eine gezielte Beeinflussung von Randbedingungen oder eine Variation von Eingangsgrößen (Kontrollparametern) weitere Attraktorzustände entfaltet oder die Phasenübergänge selbst in ihren Eigenschaften (Hysterese, Übergangszeit, kritische Fluktuationen usw.) genauer untersucht werden. Diese Analyse ermöglicht es, die dem Systemverhalten zugrunde zu legende Potentiallandschaft zu schätzen und eine wechselseitige Optimierung des Vorgehens zwischen psychologischem Experiment und synergetischer Modellierung voranzutreiben. Die Fruchtbarkeit eines derartigen Vorgehens ist bereits verschiedentlich gezeigt worden (vgl. Haken 1990).

Die zentrale theoretische Konsequenz der Annahme einer grundsätzlichen Autonomie der Ordnungsbildungen im Kognitiven wurde bereits ausführlicher abgeleitet (siehe oben). Diese Annahme impliziert eine weitgehende Abkehr vom Informationsverarbeitungsmodell. Wahrnehmungsereignisse zum Beispiel werden nicht mehr als das Ergebnis eines Abbildungsprozesses verstanden, sondern gewinnen selbst den Charakter emergenter Qualitäten. Die Ordnung der Wahrnehmungswelt erscheint nicht länger als mehr oder weniger direktes Produkt einer vorgegebenen Reizlage, sondern wird als Endergebnis eines autonomen innerkognitiven Ordnungsprozesses aufgefaßt. Das Wahrnehmungsphänomen der Multistabilität (siehe Abb. 7) belegt diese Autonomie besonders eindrücklich und hat in der Gestaltpsychologie entsprechend von Anbeginn eine große Bedeutung besessen.

In der Synergetik wird das Phänomen der Multistabilität als Symmetriebruch beschrieben. In einer Potentiallandschaft mit zwei oder mehreren Attraktoren durchläuft das System einfach oder mehrfach die instabile Lage eines Bergrückens, um sich in dieser Situation in Richtung auf eine der möglichen stabilen Lagen zu entscheiden. In der Phase der Instabilität, deren Erreichen von kritischen Fluktuationen im System abhängt, ist das System offen für geringste Einwirkungen, die dann die gegebene Symmetrie der instabilen Lage brechen und zur Stabilität führen. Der Symmetriebruch beschreibt damit eine Situation des Phasenüberganges. Die perzeptive Multistabilität ist entsprechend ein vielzitiertes Beispiel kognitiver Selbstorganisation (vgl. Haken 1983). Da prinzipiell jede Wahrnehmung als multistabil betrachtet werden kann – jedes Reizmuster beinhaltet eine Figur-Grund-Entscheidung, und jede Kontur muß in ihrer Begrenzungsfunktion festgelegt werden (vgl. Kruse 1988, Kruse und Stadler 1990) –, ist das Wahrnehmungsphänomen der Multistabilität tatsächlich als paradigmatisch für den Prozeß kognitiver Selbstorganisation anzusehen. Mit der Verallgemeinerung der Bedeutung der Multistabilität für Wahrnehmung allgemein wird deutlich, in welchem wechselseitigen Beeinflussungsverhältnis emergente Qualitäten wie Bedeutung und die basalen Prozesse der Objektkonstituierung stehen. Wahrnehmung ist kein »Bottom-up«-Geschehen. Die neuronale Dynamik des Wahrnehmungssystems, die von der energetischen Wirkung eines Reizmusters angeregt wird, führt zwar einerseits zur basalen Ordnungsbildung und zum Erkennen, die Bedeutungszuweisung wirkt aber andererseits auf die Dynamik des Wahrnehmungssystems zurück (siehe Abb. 8).

Eine Bedeutungszuweisung, ein Gedanke ist gleichzeitig Produkt und Ordner der elementaren Dynamik des Nervensystems. Wahrnehmung zum Beispiel ist als Selbstorganisationsprozeß gleichzeitig *bottom up* und *top down*. In der Instabilität, beispielsweise in der Situation des Symmetriebruches, sind minimale weitreichende Wechselwirkungskräfte von innerhalb oder außerhalb des

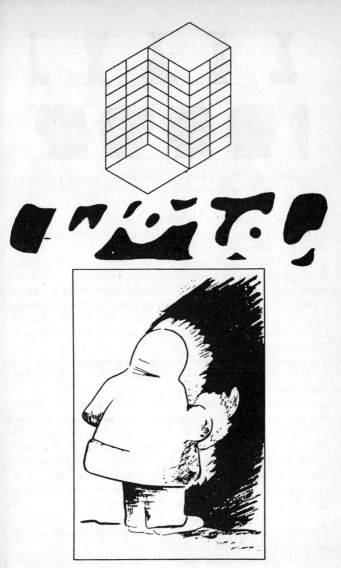

Abbildung 7 Multistabile Reizmuster. Perspektivische Multistabilität, Figur-Grund-Reversion und Bedeutungsambiguität

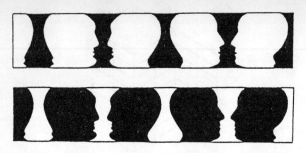

Abbildung 8 Die Wirkung der Bedeutungszuweisung auf die Ordnungsbildung (nach Kruse 1986).

Systems in der Lage, entscheidenden Einfluß auf die Ordnungsbildung auszuüben (vgl. von der Malsburg 1983). Im psychologischen Zusammenhang ergibt sich hier eine interessante Verbindung zur Möglichkeit suggestiver Beeinflussungen, für die gezeigt werden kann, daß ein Gedanke, also eine emergente Qualität des neuronalen Substrates, in der Lage ist, weitgehend die Funktion, ja sogar die materiellen Gegebenheiten dieses Substrates zu beeinflussen (vgl. Kruse und Stadler 1990). Suggestive Einflüsse können Halluzinationen ebenso hervorrufen wie manifeste organische Veränderungen.

Die Aussage, daß im Prinzip jede Wahrnehmung multistabil und im Gegensatz zum subjektiven Erleben Instabilität die Prozeßcharakteristik des Kognitiven ist (vgl. Kruse 1988), legt aus psychologischer Sicht die Behauptung nahe, daß kognitives Geschehen in erster Linie ein Vorgang kontinuierlicher Disambiguierung ist (vgl. Kawamoto und Anderson 1985). Was für die basale Objektkonstituierung in der Wahrnehmung gilt, kann um so mehr für die Vieldeutigkeit komplexerer und weniger außenbestimmter psychischer Phänomene angenommen werden. Spekulativ können höhere psychische Prozesse der Bedeutungszuweisung möglicherweise als eine Art internen Ordnungsparameters aufgefaßt werden, der im Wechselspiel von Stabilität und Instabilität an der Entfaltung der jeweiligen Attraktormannigfaltigkeit beteiligt ist.

Psychologisch-empirisch ergibt sich mit der Selbstorganisationsperspektive des Kognitiven die Aufgabe, nach Möglichkeiten zu suchen, die Prozesse und Prinzipien der autonomen Ordnungsbildung in Wahrnehmung, Denken, Gedächtnis und Handlung offenzulegen und in eine interaktive Modellierung münden zu lassen. Neben der gezielten Untersuchung kognitiver Instabilitäten wie der perzeptiven Multistabilität und der Analyse von Phasenübergängen allgemein ist hier wiederum das Prinzip der Iteration von Bedeutung. Wie bereits ausgeführt, ist das Prinzip der Iteration in besonderem Maße geeignet, immanente Ordnungszustände eines Systems zu entfalten und den Prozeß der Emergenz neuer Qualitäten analysierbar zu machen. In die Psychologie ist dieses Prinzip von Sir Frederic Bartlett bei der Untersuchung von autonomen Ordnungstendenzen im Gedächtnis eingeführt worden (Bartlett 1932, 1951). In der Technik der seriellen Reproduktion werden zum Beispiel Erinnerungsergebnisse zum Ausgangspunkt einer neuen Erinnerungsleistung gemacht, diese Leistung wird dann wieder zum Ausgangspunkt usw. Bei dieser Technik addieren sich im System wirksame subtile Ordnungstendenzen und leiten die Entwicklung in Richtung auf systemimmanente Attraktorzustände (siehe Abb. 9).

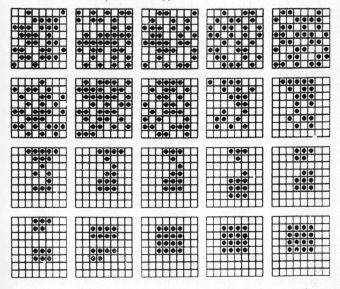

Abbildung 9 Serielle Reproduktion eines komplexen Punktmusters bei 19 aufeinanderfolgenden Versuchspersonen (nach Stadler und Kruse 1990b).

In entsprechenden Experimenten können auf diese Art Ordnungsprinzipien oder zugrundeliegende Potentiallandschaften (siehe Abb. 6) sichtbar gemacht werden (vgl. Stadler und Kruse 1990 b, Stadler u. a. 1990).
Abschließend bleibt festzustellen, daß die Selbstorganisationstheorie im Zusammenklang von psychologischem Experiment und mathematischer Modellierung ein überaus geeignetes Instrument zur Analyse und zum Verständnis der Emergenz kognitiver Qualitäten aus der Elementardynamik des neuronalen Substrats darstellt. Allerdings scheint es der Gegenstand der Untersuchung durch Komplexität und Autonomie des Geschehens notwendig zu machen, von dem Versuch einer Vorhersage des Systemverhaltens im deduktiven Sinne Abstand zu nehmen. Statt dessen gewinnt eine Sichtweise an Gewicht, die sich eher phänomenologisch um die Bedingungen und immanenten Möglichkeiten der Ordnungsbildung eines Systems bemüht. Auch die Beschreibung kognitiver Funktionen als Ordnungsparameter neuronaler Aktivität ist letztlich mehr eine Metapher als eine Erklärung, wenn auch eine Metapher mit hohem heuristischen Wert.

Literatur

Bartlett, F. C. (1932), *Remembering*, Cambridge: Cambridge University Press.

Bartlett, F. C. (1951), *Denken und Begreifen*, Köln: Kiepenheuer & Witsch.

Bischof, N. (1966), »Erkenntnistheoretische Grundlagenprobleme der Wahrnehmungspsychologie«, in: W. Metzger (Hg.), *Wahrnehmung und Bewußtsein. Handbuch der Psychologie*, Bd. 1/1, Göttingen: Hogrefe.

Bischof, N. (1981), »Aristoteles, Galilei, Kurt Lewin – und die Folgen«, in: W. Michaelis (Hg.), *Bericht über den 32. Kongreß der Deutschen Gesellschaft für Psychologie in Zürich 1980*, Göttingen: Hogrefe.

Bischof, N. (1989), »Enthymeme, Definitionen und Semantik – eine Replik«, in: *Psychologische Rundschau* 40, S. 222-225.

Bunge, M. (1984), *Das Leib-Seele-Problem*, Tübingen: Mohr.

Creutzfeld, O. D. (1983), *Cortex Cerebri*, Berlin: Springer.

Eckhorn, R. und H. J. Reitboeck (1990), »Stimulus-specific synchronization in cat visual cortex and its possible role in visual pattern recognition«, in: H. Haken und M. Stadler (Hg.), *Synergetics of Cognition*, Berlin: Springer.

Engels, F. (1972), *Dialektik der Natur. Marx-Engels-Werke*, Bd. 20, Berlin: Dietz.

Feigl, H. (1958), *The »Mental« and the »Physical«*, Minneapolis: University of Minnesota Press.

Foerster, H. v. (1985), *Sicht und Einsicht*, Wiesbaden: Vieweg.

Freeman, W. J. (1990), »On the problem of anomalous dispersion in chaoto-chaotic phase transitions of neural masses, and its significance for the management of perceptual information in brains«, in: H. Haken und M. Stadler (Hg.), *Synergetics of Cognition*, Berlin: Springer.

Haken, H. (1977, [3]1983), *Synergetics – An Introduction*, Berlin: Springer.

Haken, H. (1981), *Erfolgsgeheimnisse der Natur*, Stuttgart: Deutsche Verlagsanstalt.

Haken, H. (1983, [2]1987), *Advanced Synergetics*, Berlin: Springer.

Haken, H. (1990), »Synergetics as a tool for the conceptualization and mathematization of cognition and behavior – how far can we go?«, in: H. Haken und M. Stadler (Hg.), *Synergetics of Cognition*, Berlin: Springer.

Haken, H. und M. Stadler (Hg.) (1990), *Synergetics of Cognition*, Berlin: Springer.

Jung, R. (1961), »Korrelationen von Neuronentätigkeit und Sehen«, in: R. Jung und H. Kornhuber (Hg.), *Neurophysiologie und Psychophysik des visuellen Systems*, Berlin: Springer.

Kawamoto, A. H. und J. A. Anderson (1985), »A neural network model of multistable perception, in: *Acta Psychologica* 59, S. 35-65.

Köhler, W. (1920), *Die physischen Gestalten in Ruhe und im stationären Zustand*, Braunschweig: Vieweg.

Köhler, W. (1929), »Ein altes Scheinproblem«, in: *Naturwissenschaften* 17, S. 395-401.

Köhler, W. (1955), »Direction of processes in living systems«, in: *Scientific Monthly* 80, S. 29-32.

Kruse, P. (1986), »Wie unabhängig ist das Wahrnehmungsobjekt vom Prozeß der Identifikation?«, in: *Gestalt Theory* 8, S. 141-143.

Kruse, P. (1988), »Stabilität – Instabilität – Multistabilität. Selbstorganisation und Selbstrefentialität in kognitiven Systemen«, in: *Delfin* 6/3, S. 35-57.

Kruse, P., G. Roth und M. Stadler (1987), »Ordnungsbildung und psychophysische Feldtheorie«, in: *Gestalt Theory* 9, S. 150-167.

Kruse, P. und M. Stadler (1990), »Stability and instability in cognitive systems: Multistability, suggestion and psychosomatic interaction«, in: H. Haken und M. Stadler (Hg.), *Synergetics of Cognition*, Berlin: Springer.

Lewin, K. (1926), »Vorsatz, Wille und Bedürfnis, mit Vorbemerkungen über die psychischen Kräfte und Energien und die Struktur der Seele«, in: *Psychologische Forschung* 7, S. 294-384.

Luhmann, N. (1984), *Soziale Systeme*, Frankfurt am Main: Suhrkamp.
Malsburg, C. von der (1983), »How are nervous structures organized?«, in: E. Basar, H. Flohr, H. Haken und A. J. Mandell (Hg.), *Synergetics of the Brain*, Berlin: Springer.
Maturana, H. R. (1970), *Biology of Cognition*, Urbana, Ill.
Metzger, W. (1954), *Psychologie*, Darmstadt: Steinkopff.
Peitgen, H. O. und P. H. Richter (1986), *The Beauty of Fractals*, Berlin: Springer.
Prigogine, I. (1979), *Vom Sein zum Werden*, München: Piper.
Rohracher, H. (1967), »Subjektive und objektive Wirklichkeit«, in: *Schweizerische Zeitschrift für Psychologie und ihre Anwendungen* 29, S. 41-44.
Roth, G. (1985), »Die Selbstreferentialität des Gehirns und die Prinzipien der Gestaltwahrnehmung«, in: *Gestalt Theory* 7, S. 228-244.
Schachter, S. und J. E. Singer (1962), »Cognitive, social and physiological determinants of emotional state«, in: *Psychological Review* 69, S. 379-399.
Shannon, C. E. und W. Weaver (1949), *The Mathematical Theory of Communication*, Urbana: University of Illinois Press.
Singer, W. (1989), »Pattern recognition and self-organization in biological systems«, in: H. Marko, G. Hauske und A. Struppler (Hg.), *Processing Structures for Perception and Action*, Weinheim: VCH Verlagsgesellschaft.
Skarda, C. A. und W. J. Freeman (1987), »How brain make chaos to make sense of the world«, in: *Brain and Behavioral Science* 10, S. 161-195.
Stadler, M. und P. Kruse (1986), »Gestalttheorie und Theorie der Selbstorganisation«, in: *Gestalt Theory* 8, S. 75-98.
Stadler, M. und P. Kruse (1990a), »Über Wirklichkeitskriterien«, in: V. Riegas und C. Vetter (Hg.), *Zur Biologie der Kognition*, Frankfurt am Main: Suhrkamp.
Stadler, M. und P. Kruse (1990b), »The self-organization perspective in cognition research: Historical remarks and new experimental approaches«, in: H. Haken und M. Stadler (Hg.), *Synergetics of Cognition*, Berlin: Springer.
Stadler, M. und P. Kruse (1991), »Visuelles Gedächtnis für Formen und das Problem der Bedeutungszuweisung in kognitiven Systemen«, in: S. J. Schmidt (Hg.), *Gedächtnis*, Frankfurt am Main: Suhrkamp.
Stadler, M., P. H. Richter, S. Pfaff und P. Kruse (1991), »Attractors and perceptual field dynamics of homogeneous stimulus areas«, in: *Psychological Research* 53, S. 102-112.
Witte, W. (1966), »Das Problem der Bezugssysteme«, in: W. Metzger (Hg.), *Wahrnehmung und Bewußtsein. Handbuch der Psychologie*, Bd. 1/1, Göttingen: Hogrefe.

Günter Küppers/Wolfgang Krohn
Zur Emergenz systemspezifischer Leistungen

1. Einleitung

Eine Verknüpfung der beiden Ideen, daß *erstens* in modernen Gesellschaften Subsysteme nach *funktionalen* Bezugspunkten ausdifferenziert und daß *zweitens* soziale Systeme *selbstorganisierend* sind, wirft begriffliche Probleme auf. Auf den ersten Blick scheinen diese beiden Sichtweisen sich eher gegenseitig auszuschließen als miteinander verträglich zu sein.[1] Denn *Selbstorganisation* verlegt die Funktionen *in* das System, wobei der funktionale Bezugspunkt sich auf die faktische Aufrechterhaltung der Selbstorganisation – biologisch betrachtet geht es um das Überleben – beschränkt. Eine funktionale Anbindung eines selbstorganisierten Systems an seine Umwelt ist im strikten Sinne dagegen nicht de-

---

1 Daß auf dieses Problem bisher in der theoretischen Literatur kaum explizit eingegangen worden ist, liegt vermutlich daran, daß sich in der Soziologie der Übergang von der am Gleichgewichtsmodell orientierten Theorie der funktionalen Differenzierung von Parsons zu der mit Ungleichgewichtsvorstellungen operierenden Theorie der Selbstorganisation nicht als ein scharfer Schnitt, sondern als ein schrittweiser Übergang vollzog. Luhmann (1984), der als Funktionstheoretiker begann, kommt in *Soziale Systeme* eher beiläufig auf das Problem zu sprechen. Zu Beginn vertritt er die Auffassung, daß *Systemdifferenzierung* »nichts anderes als die Wiederholung der Differenz von System und Umwelt ist« (S. 22), also Subsystembildung sich auf Systembildung reduzieren läßt. Später führt er allerdings explizit, wenn auch hypothetisch ein »morphogenetisches Prinzip« ein, dem gemäß durch Selbstbeschreibung *in* Systemen sich *Funktionsorientierungen* ergeben, die die Selektion von erfolgreichen Strukturen im Evolutionsprozeß steuern (S. 404 ff.). Am Ende des Buches wird über den Begriff der »Asymmetrisierung« in das Repertoire der Selbstbeschreibung der Subsysteme eingebaut, daß diese ihren funktionalen Bezugspunkt als »allopoietisch gegeben« unterstellen (S. 631). »Das System operiert stets, aber nicht nur, im Selbst-Kontakt. Es fungiert als offenes und als geschlossenes System zugleich« (S. 624). – Vergleiche zur weiteren Diskussion zu Luhmann auch Teubner (1989, S. 105), der dann seinerseits eine Konstruktion über den Begriff der »Interferenz« vorsieht (S. 106 ff.).

finierbar. Ein System transportiert in seine Umwelt nur, was der Prozeß der Selbstorganisation übrig läßt – Abfall.

Der Begriff der *Funktion* dagegen verweist auf ein nicht-kontingentes Verhältnis eines Systems zu seiner Umwelt und unterstellt zudem einen Vorrang dieser Umwelt gegenüber dem für diese Umwelt funktionalen System. Denn die Umwelt überträgt dem System seine Funktion und kontrolliert ihre Erfüllung. Vom Standpunkt des Systems aus ist in der Umwelt eine negative Rückkopplung eingerichtet, über die es lernend seine Anpassung organisiert.

Nun ist zwar denkbar, daß auch ein selbstorganisiertes System auf funktionale Anforderungen mit hochspezifischen Produkten reagiert, die unter dem Gesichtspunkt der Aufrechterhaltung der systemischen Selbstorganisation dennoch »Abfall« sind. Der springende Punkt aber ist, daß der funktionale Wert einer solchen Produktion auf Dauer weder durch Zufall gesichert werden kann noch durch eine transzendentale, der historischen Entwicklung entzogene Konstruktion begründbar ist, daß aber auch keine gesamtgesellschaftliche Steuerungsagentur existiert, die die Koordination der Systeme mit ihren Umwelten übernehmen könnte. Wir wollen diese Problemlage die *Inkongruenz zwischen funktionalen Erwartungen und systemischen Leistungen* nennen. Es scheint, daß sie typisch für soziale Systeme ist (womit nicht ausgeschlossen ist, daß es auf der Ebene der Biologie verwandte Probleme gibt).

Ein sprachlicher Indikator dafür, daß die Problemlage begrifflich nicht aufgearbeitet ist, ist das Schwanken zwischen den Termini »System« und »Subsystem«. Während der erste Autonomie signalisiert, verweist der letzte auf funktionale Differenzierung. Im klassischen Modell der Modernisierungstheorie von Parsons ist die Legitimationsquelle für die Entkopplung der Subsysteme und die Entwicklung ihrer spezifischen Rationalitäten letztlich immer die Leistungssteigerung für das Gesamtsystem.[2] Je stärker die Entkopplung ist, um so mehr bilden auch die Subsysteme Merkmale der Autonomie aus. Das klassische Modell ist das Wirtschaftssystem mit seinem generalisierten Medium »Geld«, auf dessen Basis das innersystemische Funktionieren, das heißt die

---

2 Vgl. vor allem Parsons (1966).

Selbstorganisation des Subsystems, organisiert wird.³ Diese internen Funktionsimperative schützen vor Ad-hoc-Erwartungen, immunisieren gegenüber moralischen Zurechnungen von Handlungsfolgen und dienen dazu, Definitionsmonopole zu errichten (das heißt Problemlagen als »Wirtschaftsprobleme« ein- oder auszugrenzen).

Diesen Selbstbezug der Subsysteme auf ihre eigenen Funktionen hat Luhmann mit dem Begriff des »reflexiven Mechanismus« beschrieben und als eine Quelle der internen Dynamik und der Autonomisierung der Subsysteme erkannt.⁴ Luhmann hat auch betont, daß über die reflexiven Mechanismen die funktionalen Bezugspunkte der Subsysteme internalisiert werden: Rechtmäßige Entscheidungen über Gerechtigkeit trifft das Rechtssystem; angemessene Kennzeichnungen von Erkenntnis erarbeitet das Wissenschaftssystem, usw. Aber eine vollständige Ablösung ist nicht möglich, solange die Subsysteme funktionale Komponenten eines Systems sind, dessen Bestandswahrung sie mitthematisieren müssen und das die Ressourcen bereitstellt und für die Erfüllung spezifischer Erwartungen gewährt.⁵

Unterstellt man, daß eine solche Ablösung erfolgen könnte und die (ehemals) funktionalen Subsysteme in der gesellschaftlichen Umwelt gewissermaßen in einem ressourcengeladenen Medium, dessen Regeneration sie nichts angeht, vagabundieren, dann wäre

3 Vgl. zur Rekonstruktion des Entwicklungsgangs der Theorie von Parsons und der Analyse der Probleme, in die die Analogisierung der anderen Subsysteme zum ökonomischen führt, Habermas (1981).
4 Vgl. Luhmann 1970, S. 92-112.
5 Richard Münch (1984, S. 22 f.) hat dieses Prinzip der funktionalen Differenzierung in aufwendiger systematisch-klassifikatorischer Weise aufgearbeitet. Er halte es für »verfehlt, die modernen westlichen Gesellschaften von den vormodernen und nicht-westlichen Gesellschaften durch die schärfere Ausdifferenzierung von Sphären nach deren innerer Eigengesetzlichkeit abzugrenzen. Das gerade Gegenteil ist der Fall... die modernen Gesellschaften weisen eine stärkere Interpenetration von unterschiedlichen Sphären des Handelns und eine bessere Integration von verschiedenen Subsystemen in ihren Institutionen auf als die vormodernen und nicht-westlichen traditionalen (primitiven) Gesellschaften«. Vgl. auch seine Kritik daran, funktionale Differenzierung zur Leitidee der Systemtheorie zu machen (Münch 1982, S. 476 ff.). Münch will historisch feststellen und normativ postulieren: Die Funktion von funktionaler Differenzierung ist Interpenetration.

nicht mehr ersichtlich, worin der evolutionäre Gewinn der Herausbildung selbstorganisierender Subsysteme läge. Außerdem würde, auch dies hat Luhmann herausgearbeitet, der systemische Bezugspunkt, die für seine Entstehung notwendige asymmetrisierende Bedingung, in eine tautologische Falle der Selbstreferenz treten: Das System könnte sich bei der Selbstfestlegung seiner Identität nicht mehr gegen die eigene Beliebigkeit schützen. Auch wenn man zustimmt, daß sich in der modernen Gesellschaft »kein Standpunkt mehr festlegen läßt, von dem aus das Ganze, mag man es Staat oder Gesellschaft nennen, richtig beobachtet werden kann« (Luhmann 1984, S. 629), muß jedes Subsystem zur Ermöglichung seiner Operationen Bezugspunkte wählen, die als »allopoietisch gegeben behandelt werden« (ebd., S. 631).

Empirisch-historisch betrachtet sind diese Gesichtspunkte nicht überraschend. Die Subsysteme sind immer autonomer geworden *und* befriedigen immer komplexer und diverser werdende Außenerwartungen. Besonders prägnant ist dies im Verhältnis des Rechtssystems einerseits zur Politik und andererseits zur Wirtschaft zu beobachten.[6] Auch Wissenschaft im Verhältnis zu Industrie (Industrieforschung) und Staat (etwa Militärforschung) zeigt teilweise bizarre Formen der Responsivität, ohne (bisher) ihre Selbstorganisation zu verlieren. Bei einseitiger Beobachtung und Auswahl prekärer Beispiele kann zwar immer (und fallweise zu Recht) argumentiert werden, daß das Recht politisch gebeugt, die Wirtschaft rechtlich eingeschnürt, die Wissenschaft durch Wirtschaftsinteressen verzerrt wird. Als Reaktion wird der Ruf nach Autonomie in den Subsystemen immer lauter. Die gegenläufige Argumentation ist aber ebenso möglich: daß das Recht an den politischen Erfordernissen vorbei entscheidet, die Wirtschaft sich über politische Entscheidungen hinwegsetzt und die Wissenschaft Erkenntnisbedarf ignoriert. Jetzt wird von der Umwelt die Funktion eingefordert. Die Lösung kann nur sein, daß man grundsätzlich von der Kovariation von Autonomie und Heteronomie beziehungsweise von Selbstorganisation und funktioneller Leistungsfähigkeit ausgeht.[7] Verrechtlichung, Politisierung, Ökono-

---

6 Vgl. zum ersten Punkt Luhmann 1981, S. 154 ff.; zum zweiten Teubner 1989, S. 149 ff.

7 Dieser Grundsatz schließt die empirische Beobachtung der Verzerrungen nicht aus.

misierung und Verwissenschaftlichung der Gesellschaft geschehen gleichzeitig und betreffen nicht nur die residuale Lebenswelt, sondern wechselseitig alle Funktionssysteme, so daß die eine Dynamik (Ökonomisierung der Wissenschaft usw.) die andere (Verwissenschaftlichung der Produktion usw.) nicht ausschließt.

Dieser faktische Bestand läßt die theoretische Frage nach einer befriedigenden begrifflichen Konstruktion ungelöst. Selbstorganisierte Systeme (und a fortiori autopoietische Systeme) kümmern sich »blind« allein um sich selbst und erbringen dennoch hochspezifische Leistungen, die funktional erwartet werden. Wir werden im folgenden eine Lösung dieses Problems vorschlagen und zunächst darstellen, daß man für die Selbstorganisation sozialer Funktionssysteme das Prinzip der operationalen Geschlossenheit, auf dem alle Selbstorganisation beruht, nicht mit dem Prinzip der informationalen Geschlossenheit, auf dem biologische Selbstorganisation beruht, koppeln muß, sondern mit einem Prinzip der informationalen Offenheit, auf dem alle soziale Subsystembildung beruht. Die Formel »Operationale Geschlossenheit bei informationaler Offenheit« gibt die spezifische Differenz, über die soziale Subsysteme sich als Typus von anderen Typen der Selbstorganisation unterscheiden.

Auf diesem Hintergrund wird in einem zweiten Schritt versucht, die Struktur systemischer Leistungen zu erfassen und daran aufzuweisen, wie diese zugleich an funktionale Erwartungen gerichtet und systemintern verarbeitet werden.

2. Zur Definition selbstorganisierender Systeme

Rein formal sind alle Systeme selbstorganisierend, bei denen die Ursachen für Systemveränderungen im System selbst liegen und externe Einflüsse auf die Systemdynamik nicht entscheidend sind. Mit anderen Worten, autonome Systeme sind, sofern sie überhaupt organisiert sind, selbstorganisiert. Diese Definition ist zwar grundlegend, aber nicht spezifisch genug. Sie läßt zu, daß jedes fremdorganisierte System durch eine Verschiebung der Grenzen, bei der die außerhalb liegenden Quellen der Veränderung in das System integriert werden, zu einem selbstorganisierenden System wird. Die Frage nach der Selbstorganisation eines Systems spitzt sich dann darauf zu, wo der Schnitt zwischen System und Umwelt im Einzelfall gemacht wird. Eine von der willkürlichen Definition des Beobachters unabhängige und damit für die Analyse dynamischer Systeme sicher fruchtbarere Definition von Selbstorganisation erhält man, wenn man verlangt, daß das System sich selbst von seiner Umwelt abgrenzt, das heißt einen Rand bildet (Systementstehung) und ihn aufrechterhält (Systemerhaltung). Selbstorganisation ist dann *Autonomisierung durch systemische Randbildung*.[8]

In einer mathematischen Repräsentation bedeutet Autonomie zunächst nur, daß die (diskreten oder kontinuierlichen) Veränderungen der Systemvariablen in der Zeit allein eine Funktion dieser Variablen sind. Für kontinuierliche Prozesse muß gelten:

$$dX/dt = Op(X,P)$$

Im Vektor X haben wir die einzelnen Systemvariablen $\{x_1, x_2 \ldots x_n\}$ zusammengefaßt; dX/dt bedeutet deren Veränderung in der Zeit, die durch die Operationen Op im System bewirkt werden und die allein von X abhängen; andere (externe) Quellen der Veränderung gibt es nicht. P sind freie Parameter, auf die wir später noch ausführlich eingehen werden.

Die Autonomie verlangt lediglich die Unabhängigkeit der Prozeßdynamik von externen Ursachen; Selbstorganisation dagegen verlangt deren Reproduktion, das heißt die Existenz einer stabilen[9], zeitinvarianten Lösung dieses Gleichungssystems. Eine solche Lösung beschreibt einen Zustand des Systems (Werte der Systemvariablen), der wegen seiner zeitlichen Invarianz auch *stationärer Zustand* genannt wird. In ihm haben sich die Systemoperationen zu einem zeitlich invarianten und deshalb sich selbst reproduzierenden Netzwerk geschlossen. Es liegt daher nahe, mit *operationaler Geschlossenheit*[10] die Autonomie eines Systems *und*

---

8 Diese Definition ist in der systemtheoretischen Diskussion (Roth/Schwegler 1981) früher eingeführt worden als in der mathematisch-naturwissenschaftlichen Diskussion dynamischer Systeme (an der Heiden in diesem Band).

9 Stabilität besagt, daß durch Störungen ausgelöste Abweichungen vom stationären Zustand sich nicht aufschaukeln, sondern nach einer gewissen Zeit wieder verschwinden. Das System kehrt in den stationären Zustand zurück.

10 Vgl. Varela 1981.

die Existenz stationärer Zustände, die wir im folgenden Eigenlösungen nennen wollen[11], zu bezeichnen und diese zu einer Voraussetzung für die Existenz selbstorganisierender Systeme zu machen.[12]

2.1 Randbildung

An welche Bedingungen sind Autonomie und Existenz einer Eigenlösung geknüpft? Wer legt die Systemvariablen fest und definiert ihre Verknüpfung? Zunächst geschieht dies durch die Wahl der Beschreibung (Theorie). Durch sie wird ein bestimmtes Gebiet ausgegrenzt, und die relevanten Variablen einschließlich ihrer Verknüpfungen (Wechselwirkung) werden durch den Beobachter festgelegt. Dies kann freilich nicht willkürlich geschehen. Im Falle physikalischer Systeme sind es die Naturgesetze, die als *externe Randbedingungen* festlegen, welche Wahl bei der Bestimmung der Variablen und ihrer Wechselwirkung zu treffen ist. Bei sozialen Systemen ist es deren Funktion, die sie nach innen (für die individuellen psychischen Systeme) oder nach außen (für andere soziale Systeme) übernehmen, die als externe Randbedingung die spezifischen (funktionalen) Formen der Wechselwirkung aus dem Pool der möglichen selegiert.

Ganz allgemein sind es Strukturen in der Umwelt, die als Randbedingung im System als Selektionskriterien Bedeutung erlangen, weil sie die systemspezifische Wechselwirkung festlegen. Selbstorganisation ist daher immer an die Existenz einer in diesem Sinne strukturierten Umwelt gebunden.[13]

Aber die Randbedingungen definieren nur die Struktur der Systemdynamik. Ihr konkreter Verlauf ist durch sie noch nicht fest-

---

11 Stabile stationäre Lösungen werden in der Theorie dynamischer Systeme Attraktoren genannt. Wir verwenden hier den sich in den Sozialwissenschaften eingebürgerten Begriff der Eigenlösung, um die soziale Konstruktion einer solchen Lösung zu betonen.
12 Mit dem Erreichen eines stationären Zustandes hat das System sich von seiner Umwelt abgegrenzt, und es existiert als beobachtbare Entität. Vgl. hierzu auch Varela 1981, S. 16.
13 Heinz von Foerster hat schon früh, allerdings mit einer anderen Begründung, auf diesen Umstand aufmerksam gemacht. Vgl. von Foerster 1960.

gelegt. Denn offen ist noch, welches Gewicht die verschiedenen Grundtypen der Wechselwirkung haben, die sich zu einem autonomen System vernetzen. So ist zum Beispiel im Falle der Bénard-Konvektion durch die Grundgleichungen der Hydrodynamik nicht festgelegt, in welchem Größenverhältnis thermodynamischer Auftrieb und Energiedissipation durch Reibung zueinander stehen.

Das eingangs eingeführte Gleichungssystem legt also lediglich die verschiedenen Typen der Wechselwirkung fest, aber nicht deren relatives Gewicht. Das geschieht über die Festlegung der freien Parameter P, die die Amplituden der einzelnen Terme bestimmen. Diese Parameter charakterisieren zum einen Eigenschaften des Mediums, in dem die Wechselwirkung abläuft, oder beschreiben Eigenschaften der Elemente mit Bezug auf die zwischen ihnen möglichen Formen der Wechselwirkung. Beispiele hierfür sind in physikalischen Systemen Materialkonstanten wie Viskosität, Leitfähigkeit oder Brechungsindex.

Zum anderen beschreiben sie Durchflußraten für Materie und Energie und charakterisieren so die »Offenheit« des Systems gegenüber seiner Umwelt. Im Falle eines chemischen Reaktors bestimmen sie etwa die Zufuhr der Rohstoffe, im Falle des Lasers die Pumpleistung oder bei der Zellularkonvektion den Temperaturgradienten. Sie legen fest, wie weit entfernt ein System sich vom Gleichgewicht befindet.[14] Weil sie die Dynamik solcher Anordnungen wesentlich bestimmen, werden sie auch Kontrollparameter genannt.

Entscheidend ist nun, daß eine stationäre Lösung (Eigenlösung) unseres Gleichungssystems nur zu bestimmten Werten dieser Parameter P existiert. Anders als bei linearen Systemen, wo die Parameter wieder als solche in der allgemeinen Lösung auftreten, bestimmen sie bei nichtlinearen Systemen die Charakteristik der Nichtlinearitäten, das heißt das relative Gewicht der einzelnen Terme und damit entscheidend Existenz und Eigenschaft (etwa die Stabilität) der Lösung.

Nach diesen Vorbemerkungen können wir nun den Mechanismus der Randbildung beschreiben. Er besteht aus zwei Stufen: (1) Strukturen der Umwelt dienen als Randbedingungen, die aus den möglichen Formen der Wechselwirkung – diese werden im

---

14 Vgl. Haken/Wunderlin 1986.

wesentlichen von den Eigenschaften der Komponenten bestimmt – diejenigen auswählen, die mit ihnen verträglich sind, und diese rekursiv vernetzen (Autonomisierung). (2) Durch Variation der Amplituden der Basiswechselwirkungen wird deren relatives Gewicht verändert, und zwar so lange, bis der rekursive Prozeß stationär geworden ist und sich selbst reproduziert (Reproduktion des autonomen Netzwerkes der Wechselwirkung). Dabei ist Rekursion der Mechanismus zum Auffinden einer Eigenlösung. Im Falle einer diskreten Veränderung in der Zeit erhält man für eine Eigenlösung X_o:

$$OP^x \ldots (OP^x X_o) = OP^x X_o = X_o$$

oder

Randbildung ist also die operationale Abgrenzung eines Systems von seiner Umwelt aufgrund *externer Randbedingungen* und die Reproduktion dieser Abgrenzung aufgrund einer *internen Variation* einzelner Teile des rekursiven Netzwerkes der Wechselwirkung.

Definiert man Selbstorganisation über die hier vorgestellten Mechanismen der Randbildung, ist sie nicht mehr eine Folge einer willkürlich von einem Beobachter getroffenen Entscheidung über die Festlegung der Systemgrenzen, sondern eine Leistung des Systems selbst.[15]

2.2 Randbildung bei sozialen Systemen

Soziale Systeme sind als Gesellschaften trivialerweise autonom, weil soziale Interaktionen (Kommunikation und Kooperation) in ihrer natürlichen Umwelt nicht erklärt sind und deshalb alle Quellen der Veränderung des Sozialen im System selbst liegen. Wie kommt es zur Subsystembildung innerhalb sozialer Systeme? Kommunikation und Kooperation sind ihrer Natur nach zwar rekursiv, aber Rekursion allein ist nicht ausreichend, um spezifi-

---

15 Genauer gesagt, die »Willkür« wird (zu Recht) eine der Theorie und nicht eine der Beobachtung.

sche Formen der Kommunikation und Kooperation zu erzeugen.[16] Strukturen der natürlichen Umwelt, die für soziale Systeme relevant sein können (Klimaveränderungen, Nahrungsressourcen etc.), können als Randbedingungen eine soziale Binnendifferenzierung auslösen[17], die, ist sie erst einmal vorhanden, selbst Randbedingung für weitere Differenzierungsprozesse werden kann und so zur (Sub-)systembildung innerhalb des Sozialen führt. Externe Randbedingungen sind Selektionskriterien beim Aufbau einer systemspezifischen Wechselwirkung. Ohne sie würden Kommunikation und Kooperation, die durch einen beliebigen Anlaß entstehen können, wieder verebben. Wenn dagegen *Außenerwartung von Leistungen* auf die rekursive Kommunikation und Kooperation so einwirken, daß bestimmte Fortsetzungen gegenüber anderen selegiert werden (Asymmetrisierung), dann entstehen durch diese externen Randbedingungen gewisse *Regeln* des Operierens, die dafür sorgen, daß die Rekursion sich schließt und dann entweder »funktioniert« oder zusammenbricht. Zum Teil sind solche Regeln explizit in Dienstanweisungen vorgegeben, zum Teil implizit durch die Funktionsweise der Organisationen.

Für die Erledigung konkreter Aufgaben muß innerhalb dieser vorgegebenen Randbedingungen zusätzlich eine Verständigung (Konsens) über die Aufgabe und die Vorgehensweise erzielt werden, es müssen also *zusätzliche* Regeln des Operierens erzeugt werden, deren Verbindlichkeit auf die kooperierende Einheit beschränkt ist. Dies geschieht dadurch, daß bestimmte Teile der Interaktion im Hinblick auf die zu erfüllende Funktion für wichtiger erachtet werden als andere. Es kommt zu einer Variation der einzelnen Teile des komplexen Geflechts von Wechselwirkungen, und zwar so lange, bis sich innerhalb der Gruppe gemeinsam getragene Absichten, Einstellungen und Überzeugungen *bilden und*

16 Luhmanns »These, daß doppelte Kontingenz zwangsläufig zur Bildung von sozialen Systemen führt«, legt zuviel in die Rekursion hinein. Man kann allenfalls von der Bildung sozialer Strukturen sprechen (Luhmann 1984, S. 177).
17 Dabei muß sich diese Binnendifferenzierung zunächst nicht als Subsystembildung niederschlagen. Es genügt, wenn die sozialen Interaktionen sich ausdifferenzieren und komplexer werden. Innerhalb der Kommunikation genügt für weitere Differenzierungsprozesse zum Beispiel die Entstehung einer bestimmten Semantik.

reproduzieren. Diese »steuern« nun selbst wieder als Randbedingungen den Produktionsprozeß systemspezifischer Leistungen. Diese gemeinsam getragenen Absichten, Einstellungen und Überzeugungen bilden den sozialen Rand der Gruppe.[18]

2.3 Informationserzeugung in sozialen Systemen

Thermodynamisch betrachtet müssen selbstorganisierende Systeme offene Systeme sein, die aus ihrer Umwelt die zur Selbstorganisation notwendige Energie und Materie importieren und dieser den Abfall überlassen: dekomponierte Materie und im System nicht weiter verwertbare Abwärme. Der Export des Abfalls ist freilich an die Voraussetzung gebunden, daß die Umwelt ihn auch aufnehmen kann. Das kann sie immer dann problemlos, wenn sie selbst nicht durch systemische Wechselwirkungen Einschränkungen unterworfen ist, das heißt, wenn sie im Idealfall ein strukturloses, unendlich großes Reservoir ist. Erst wenn die Umwelt selbst zum System wird, ist die Aufnahme des Abfalls an Bedingungen geknüpft: er muß als Ressource für die dort ablaufenden Systemoperationen genutzt werden können. Dies ist gerade für soziale Systeme charakteristisch, weil sie jeweils andere soziale Systeme als Umwelt haben. System und systemische Umwelt sind miteinander gekoppelt. Für das System ist dies gleichbedeutend mit der Existenz von externen Randbedingungen, über die es nicht frei verfügen kann und die deshalb wie negative Rückkopplungen wirken. Das System kann nicht einfach abladen, was es selbst nicht mehr braucht, es muß produzieren, was gebraucht wird.

Informationale Offenheit. Was bedeutet dies für die Selbstorganisation sozialer Systeme? Soziale Systeme sind keine dissipativen Systeme[19] in dem Sinne, daß sie höherwertige Energie in minder-

---

18 Dieser Rand ist dynamisch, weil er durch Systementwicklung, die er ermöglicht, dauernd modifiziert wird. Zur Entstehung der Gruppenidentität als sozialer Rand vgl. Krohn und Küppers 1989.
19 Dissipative Systeme sind, im Gegensatz zu konservativen Prozessen, solche, in denen irreversible Prozesse eine Rolle spielen. Die Dissipation (zum Beispiel die Reibung) sorgt dafür, daß gerichtete Energie in ungerichtete (Abwärme) umgewandelt wird. Nur in dissipativen Sy-

wertige Abwärme umformen oder vorgefertigte materielle Bausteine zum Aufbau ihrer internen Struktur benutzen. Wir beschränken uns im folgenden auf das in der Einleitung dieses Beitrags formulierte Problem der Selbstorganisation funktional ausdifferenzierter Systeme. Dabei geht es weniger um die Frage, wie solche Systeme entstehen, sondern wie sie, wenn es sie einmal gibt, ihre Leistung erbringen.

Als erstes muß geklärt werden, was die spezifische Leistung funktionaler Systeme ist. Zunächst ist die Antwort geleitet durch die analytischen Kategorien, die die funktionale Differenzierung bestimmen: normative Entscheidungen im Recht; (knappe) Güter und Dienste in der Wirtschaft; zustimmungsfähige Maßnahmen in der Politik; Erkenntnisse in der Wissenschaft. Diese Produkte sind keine einfachen Gebilde, sondern komplexe Strukturen, weil in ihnen im System vorhandene Regeln für neue Tatbestände operationalisiert und neue Tatbestände im Sinne vorhandener Regeln interpretiert werden müssen. Operationalisierung der Regeln und Interpretation von Tatbeständen sind Modifikationen, die bei der Herstellung der systemspezifischen Produkte betrieben werden müssen, bis – zunächst in den Augen der Beteiligten, aber auch in Erwartung einer Zustimmung durch die Umwelt – ein informationaler Gesamtzusammenhang entsteht, der als eine befriedigende Lösung des Problems erachtet wird. Dieser Modifikationsprozeß, in dem vorhandene Möglichkeiten reduziert werden und eine Festlegung auf nur eine geschieht, ist deshalb ein Prozeß der Informationserzeugung. Soziale Systeme sind also informationserzeugende Systeme, und die Ressource hierfür ist *Sinn*.

Luhmann führt Sinn phänomenologisch als »Form eines Überschusses von Verweisungen auf weitere Möglichkeiten des Erlebens und Handelns« ein.[20] Sinn ist damit eine Art von Reservoir für ein »Und-so-weiter des Erlebens und Handelns«.[21] Sinn »stattet das je aktuell vollzogene Erleben oder Handeln mit redundanten Möglichkeiten aus«.[22] Uns genügt es, Sinn als einen Möglich-

---

stemen gibt es stabile stationäre Zustände (Attraktoren). Vgl. Nicolis/Prigogine 1987.
20 Luhmann 1984, S. 93.
21 Ebd.
22 Ebd., S. 94. Die Konzeption, Sinn über das Verstehen des Möglichkeitsraumes zu bestimmen, geht auf Heidegger zurück. »Im Verstehen liegt existenzial die Seinsart des Daseins als Sein-können.« (Heidegger

keitsraum und Informationsentstehung als einen Auswahlprozeß zwischen einer Vielzahl gleichwertiger Alternativen sinnvoller Unterscheidungen zu kennzeichnen; der Inhalt (Bedeutung) der Information ist die Bezeichnung des Unterschiedenen.[23] Sinn ist *potentielle* Information, die durch die konkrete Entscheidung realisiert wird. Für die Entscheidungsfindung existiert im allgemeinen kein Algorithmus; sie ist der informationsverarbeitende bzw. -generierende Prozeß. Dieser ist um so komplexer, je mehr Variablen Berücksichtigung finden müssen. In diesem Sinne ist die Dimension dieses Möglichkeitsraumes ein Maß für die Unwahrscheinlichkeit einer Information. Da diese Reduktion von Möglichkeiten selbst ein sozialer Prozeß ist, ist Informationserzeugung (Regelbildung) im sozialen Bereich geeignet, als Prozeß sozialer Selbstorganisation interpretiert zu werden.

Für die folgende Diskussion benötigen wir nur die Vorstellung, daß entsprechend der Energie in dissipativen Systemen für soziale Systeme – als informationserzeugende und -verarbeitende Systeme – immer genügend Sinn als Reservoir für informationsgenerierende Verweisungen zur Verfügung steht.[24] Sinn an sich (das heißt ohne Information) gibt es nicht; beobachtbar ist er nur als Information. Das zeigt sich darin, daß alle sinnvollen Alternativen, aus denen Information gewonnen werden kann, mit einem informationalen Gehalt auftreten; sie müssen symbolisch artikulierbar sein.[25]

Soziale Systeme produzieren informationale Strukturen, indem

1960, S. 143) Der Möglichkeitsraum ist für Heidegger der *Entwurf* als die »existenziale Seinsverfassung des Spielraums des faktischen Seinkönnens« (ebd., S. 145). Sinn wird dann eingeführt als »das formale Gerüst dessen, was notwendig zu dem gehört, was verstehende Auslegung artikuliert« (ebd., S. 151).

23 Vgl. Spencer Brown 1972.
24 Mit Blick auf den Ansatz von Schütz würde dies bedeuten, »Sinnstrukturen« und »Sinnsetzungs- und Sinndeutungsakte« so zu trennen, daß letztere sich auf Information beziehen und als Prozesse der kommunikativen Ordnungsbildung zu verstehen sind, erstere dagegen als die Felder, in denen diese Prozesse stattfinden. Vgl. Schütz 1981, S. 19 f.
25 In der Alltagssprache ist diese Artikulation nicht immer explizit, weil der Alternativraum konsensuell festliegt. So erwartet man auf die Frage nach der Farbe eines Gegenstandes eine Antwort aus dem Bereich der Bezeichnung von Farben.

sie aus der Umwelt Sinn und Information importieren. Mit Sinn läßt sich interne Information zu neuer Information vernetzen; externe Information kann, sofern sie paßt (das heißt Sinn »macht«, indem sie sich als eine zusätzliche Alternative erweist), Informationslücken schließen und den Informationsbestand vergrößern. Wie immer man nun eine Grenze zwischen System und Umwelt zieht, ist die tragende Voraussetzung, daß soziale Systeme informational *offen* sind. Denn allein aus der Benutzung von nichtsystemischer Information als Ressource ist mit Bezug auf innersystemischen Sinn Informationserzeugung denkbar. Umgekehrt kann aus innersystemischer Information nur durch die Erweiterung des innersystemischen Bezugsrahmens, das heißt durch den Import von Sinn, neue Information entstehen. Damit stellt man sich einem Theorem der informationalen Geschlossenheit entgegen, das in die soziologische Diskussion über eine Parallelisierung zwischen kognitiven und sozialen Systemen Eingang gefunden hat. Wir glauben aber, daß diese Parallelisierung einen konzeptuellen Fehler enthält.[26]

Soziale Systeme als informationsverarbeitende Systeme exportieren Information in ihre Umwelt (das sind andere soziale Systeme). Dort haben aber die innerhalb des informationsproduzierenden Systems getroffenen Festlegungen keine Verbindlichkeit. Das ist eine Folge der operationalen Geschlossenheit. Die Information erhöht in der Umwelt lediglich das Reservoir an Sinn und eröffnet neue Möglichkeiten der Entscheidung bei der Informationsverarbeitung. Information als Reduktion möglicher Verweisungen im System ist in dessen Umwelt mit der Zunahme von Verweisungsmöglichkeiten verbunden. Diesen Prozeß könnte man als »soziale Dissipation« bezeichnen.

Mit der bisherigen Diskussion sind die Grundlagen für eine allgemeine Beschreibung der Selbstorganisation sozialer Systeme gegeben. Wir kommen jetzt auf den zurückgelassenen Begriff der Funktionalität zurück. Die Grundidee, die es für die Theorie der

---

26 Kognitive Systeme operieren auf der Basis von Störungen durch *physikalische* Ereignisse an den Nervenenden und nicht aufgrund des Imports von Information bzw. Sinn. Sie müssen daher offen für Energie- und Materieflüsse sein. Würde man *in* einem kognitiven System untersuchen, wie sich dort spezielle Regionen des Wissens aufbauen (Subsysteme), dann würde man ebenfalls mit der Kategorie der informationalen Offenheit operieren müssen.

funktionalen Differenzierung zu entwickeln gilt, lautet, daß die Leistungsfähigkeit der Subsysteme für die Bestandserhaltung und/oder Komplexitätssteigerung des gesellschaftlichen Systems (beziehungsweise und vorsichtiger: der anderen Subsysteme) steigt, wenn sie als eigengesetzliche, selbstorganisierende Systeme operieren. Die Leistung der Systeme besteht dabei in der Erzeugung spezifischer Informationen, die durch rekursives Operieren innerhalb der Systeme entstehen (positive Rückkopplung) und außerhalb der Systeme gebraucht werden (negative Rückkopplung).

Um diesen Prozeß der Informationserzeugung genauer zu analysieren, führen wir konkretisierende Annahmen ein. Wir gehen erstens von der Existenz funktional ausdifferenzierter Subsysteme aus und nehmen als Beispiele das Rechtssystem, das politische System, das Wirtschaftssystem und das Wissenschaftssystem (wir übergehen das Problem einer präzisen Kennzeichnung dieser Systeme). Wir unterstellen weiter, daß Systeme nur über Organisationen oder Institutionen (Verbände, Betriebe, Märkte, Parteien usw.) beobachtbar sind, in denen die Systemfunktionen als externe Randbedingungen für die in ihnen ablaufenden rekursiven Prozesse der Kommunikation und Kooperation festgelegt sind.[27] Schließlich gehen wir davon aus, daß neben den durch die Institutionen gegebenen externen Randbedingungen *(fester Rand)* durch die Kommunikation und Kooperation spezifische Interaktionsregeln entstehen *(freier Rand)*, die für die Erzeugung einzelner Leistungen benötigt werden. Der dynamische Rand, der sich aus externen Randbedingungen und der internen Variation der unterschiedlichen Teile der komplexen Interaktion ergibt, ist die Voraussetzung dafür, daß spezifische Ergebnisse (»Eigenlösungen«) erzeugt werden. Die Feinheiten dieses Prozesses werden uns im folgenden interessieren.

---

[27] Diese Festlegungen sind nicht a priori vorgegeben. Sie unterliegen aber Veränderungen, die mindestens eine Größenordnung langsamer sind als die, die in diesen Institutionen produziert werden. Die Zeitskala für die Produktion neuer Urteile ist eine andere als die für die Verkündung neuer Gesetze. Analoges gilt für Forschungsergebnisse vs. Theorien, Produkte vs. Marktstrukturen, politische Entscheidungen vs. Programme.

3. Leistungsgenerierende Institutionen

Als Beispiele von Institutionen, die in den genannten Subsystemen Leistungen erbringen, an die nicht nur systemintern angeknüpft werden kann, sondern die auch extern wirksam sind, wählen wir in den genannten Subsystemen:
– für das *Rechtssystem:* Gerichte, die über Urteile normative Bedingungen des Handelns (das heißt Verpflichtungen, Bestrafungen) außerhalb des Rechtssystems setzen;
– für das *politische System:* Gremien (zum Beispiel Ausschüsse), die kollektive Entscheidungen vor allem von Handlungszielen vorbereiten und gegebenenfalls treffen. Solche Entscheidungen bestimmen außerhalb des politischen Systems faktische Handlungschancen und -schranken;
– für das *Wirtschaftssystem:* Unternehmensleitungen, Abteilungsleitungen und dergleichen, die über die Entscheidung zur Erzeugung von Gütern und Diensten außerhalb des Wirtschaftssystems die Bedingungen setzen, nach denen Präferenzen erfüllt werden können;
– für das *Wissenschaftssystem:* Forschungsgruppen, die über Erkenntnisse (Erfindungen, Entdeckungen) außerhalb des Wissenschaftssystems die Bedingungen der Innovation setzen.[28]

Die externe Wirksamkeit dieser Leistungen besteht – wie oben ausgeführt wurde – darin, daß über die Konstruktion einer Information für die Beteiligten eine Randbedingung des weiteren Operierens gesetzt ist. Innerhalb des Rechtssystems ist ein Urteil ein neues Element; außerhalb ist es eine Bedingung, die das Handeln zu einer Entscheidung zwingt (Folge leisten oder nicht). Im poli-

---

28 Mit der Betonung der externen Funktionen soll nicht die Einbindung dieser Institutionen in die Netzwerke der Systeme ignoriert werden. Es versteht sich von selbst, daß diese Institutionen in allen Fällen zuallererst der Einbindung in diese Netzwerke verpflichtet sind, die wenig Spielraum für noch so sinnvolle Erwartungen lassen. Die Autonomie der Gerichte ist bei der formalen und materiellen Rechtsfindung und der Tatsachenerhebung eng begrenzt. Politische Entscheidungen eines Gremiums müssen in Parteilinie, Verwaltungspraxis usw. passen, Produktentscheidungen müssen der Firmenstrategie entsprechen, und wissenschaftliche Erkenntnisse müssen den theoretischen Vorgaben und methodischen Standards einer Disziplin genügen.

tischen System ist ein Beschluß ein Element, das Anlaß für einen nächsten Beschluß gibt; außerhalb errichtet er die Alternative der Unterwerfung oder Nicht-Unterwerfung. Im Wirtschaftssystem löst die Produktion eines Gutes oder Dienstes weitere wirtschaftliche Schritte aus; extern errichtet sie die Alternative des Kaufens oder Nicht-Kaufens. Eine wissenschaftliche Erkenntnis veranlaßt intern die Fortsetzung der Forschung, extern die Alternative der technischen und/oder ideologischen Umsetzung oder der Ignorierung.

Die Schwierigkeit der Konstruktion einer neuen Information besteht nun genau darin, zwei grundsätzliche Erfordernisse unter einen Hut zu bringen: erstens die Anknüpfung der Information an das *globale* Regelwerk, das für die Institution als Komponente einer Organisation und weiter eines Subsystems gültig ist; und zweitens die Behandlung einer lokalen Störung, die durch eine ganz spezifische Aufgabenstellung gegeben ist und die der Anlaß des Tätigseins ist. Um dieser Problemlage Namen zu geben, haben wir das erste Erfordernis das *Konsistenzpostulat* genannt, das zweite das *Kohärenzpostulat*. Das Konsistenzpostulat verlangt, daß jede neue Lösung kompatibel ist mit dem akzeptierten Regelwerk des Systems beziehungsweise daß alle Abweichungen unter besonderem Begründungszwang und Erfolgsdruck stehen. Das Kohärenzpostulat verlangt, daß alle noch nicht gelösten Probleme, für die eine Zuständigkeit besteht oder reklamiert wird, als zugehörig, als ein neuer Teil des Ganzen erklärt werden. Für viele Fälle sind beide Postulate leicht zu erfüllen: das ist die Routinetätigkeit der Institutionen, über die nur marginale Veränderungen eintreten. Ein Teil der Legitimation der funktionalen Systeme besteht gerade in der Organisation dieser Routinetätigkeit. Aber die Kompetenz der Institutionen umfaßt auch Abweichungen von der Routine, das heißt die Erzeugung von Lösungen, die nicht unmittelbar auf der Hand liegen. Diese Kopplung von Routine und Innovation ist die Quelle der systemischen Leistungen für ihre Umwelten.

Die beiden Postulate finden sich in verwandten Formen in anderen konzeptuellen Entwürfen zur Systemtheorie. Kohärenz ist immer dann gefragt, wenn Systeme auf Umweltereignisse reagieren müssen, die zunächst als Störungen, Irritationen, Überraschungen, *constraints* wahrgenommen werden und für deren Verarbeitung konzeptuelle Veränderungen des innersystemischen

Referenzrahmens, also auch der innersystemischen Modellierung von Umwelt vorgenommen werden müssen. In Luhmanns Theorie werden Systeme an dieser Stelle mit einem Problem der »Komplexität« konfrontiert. Sie ist »die Information, die dem System fehlt, um seine Umwelt (Umweltkomplexität)... vollständig erfassen und beschreiben zu können«. Sie wird dann »als Selektionshorizont relevant«, der das System dazu bringt, zunächst mit einer Selbstproblematisierung (durch Einführung neuer Begriffe, Unterstellung unbekannter Größen, durch Angst, Risikobewußtsein, Entscheidungsunsicherheit oder Ausreden) zu reagieren, um schließlich eine Reduktion der Komplexität durch »besser organisierte Selektivität« zu erreichen.[29] In der Theorie Piagets ist mit dem Kohärenzpostulat die »Assimilation der Objekte« an die kognitiven Schemata des erkennenden Systems angesprochen, also dessen Aktivität in der Verarbeitung von neuen Erfahrungen, die zu registrieren der Konstruktionsrahmen gerade noch ermöglicht. Der besser organisierten Selektivität bei Luhmann entspricht bei Piaget die »Akkomodation der Handlungen«, das heißt die Entwicklung eines höheren Operationsmodus, über den Störungen in (praktisch oder theoretisch) behandelbare Ereignisse transformiert werden.[30]

Die einander entgegengesetzte Wirkungsweise der beiden Postulate ist die Quelle dafür, daß alle Produkte systemischer Informationsverarbeitung eine *komplexe Binnenstruktur* haben. Diese ist immer aufgespannt zwischen einerseits der Wahrung der systemischen *Konsistenz,* auf der die *globale* Kompetenz des Systems beruht, und andererseits dem Einbeziehen *(Kohärenz)* einer in einer singulären Situation aufgebauten Problemlage, in der sich die *spezielle* Kompetenz durch Innovation bewährt. Diese Kopplung gibt den systemischen Leistungen ihren funktionalen Wert und begründet den institutionellen Aufwand ihrer Erzeugung. Sie ist zugleich die Ursache dafür, daß sie mühsam durch rekursives Operieren konstruiert werden müssen.

Für den Prozeß der Informationsverarbeitung bedeutet dies, daß er zwei voneinander unabhängige Mechanismen, die man allgemein den »operativen« und den »interpretativen« Teil der Gesamtoperation nennen kann, kompatibel gestalten und für den

---

29 Vgl. Luhmann 1984, S. 46 ff.
30 Vgl. etwa Piaget 1975, Bd. III, S. 118 und S. 158.

gesamten Prozeß eine Eigenlösung finden muß. Hinsichtlich der gewählten Beispiele läßt sich dies veranschaulichen:
Ein *Rechtsurteil* ist eine Rechtshandlung, die als eine Leistung des Rechtssystems einen (möglicherweise neuen) Einzelfall regulieren soll, und es ist ein Begründungszusammenhang, der den Einzelfall in das geltende Recht einordnet. In problematischen Fällen kommt es zur rechtstheoretisch dubiosen »richterlichen Rechtsschöpfung«.[31]
Eine politische *Abstimmungsvorlage* zielt auf eine Mehrheitsentscheidung hinsichtlich eines politischen Ereignisses und begründet diese im Rahmen einer politischen Programmatik. In problematischen Fällen werden Argumentationen entwickelt, die die durch die neue Situation bedingte Modifikation als der »eigentlichen« Tradition entsprechend ausweisen.
Investitionsvorhaben sind einerseits auf ein bestimmtes Produkt oder eine Dienstleistung zugeschnitten, die in eine konkrete Marktsituation passen sollen, wahren andererseits die Kontinuität im Rahmen einer Unternehmensstrategie.
Eine *wissenschaftliche Erkenntnis* ist eine methodische Anleitung für die Erzeugung eines sachhaltigen (meist, aber nicht unbedingt, empirischen) Wissens und zugleich eine Einordnung (und Erklärung) dieses Wissens in einen Theoriezusammenhang.
Im allgemeinen besteht die Konstruktion einer systemischen Leistung (Eigenlösung) in dem Zusammenfügen dieser *operativen* und *interpretativen* Komponenten. Die Konstruktionsprobleme bestehen darin, daß zugleich mindestens zwei Gütekriterien entsprochen werden muß – der operative Teil muß *gelingen,* der interpretatorische muß *zutreffen.* Wahrung von Konsistenz ist freilich nicht in einem strikten formalen Sinne zu nehmen, schon deswegen nicht, weil die systemischen Semantiken nicht rein formal sind.[32] Wichtiger aber ist, daß die Beziehung zwischen Kohärenz und Konsistenz von vornherein dynamisch ist. Wegen der Verschränkung von einerseits der Ausweitung einer gegebenen Semantik auf neue Fälle (Kohärenz) und andererseits der Modifika-

31 Vgl. als klassisches Werk, das dieser Institution systematische Anerkennung verschafft, Esser 1964.
32 In einem Kalkül bedeutet die Forderung nach Konsistenz, daß in ihm nur Sätze auftreten, die wahr sein *können*. Die Konsistenz aller Sätze eines Kalküls ist äquivalent mit der Widerspruchsfreiheit des Kalküls.

tion der Semantik aufgrund neuer Fälle ist Konsistenz nicht algorithmisch prüfbar, sondern nur im kommunikativen Verkehr der zuständigen Institutionen thematisierbar. Auch ist die Verarbeitung von festgestellten Inkonsistenzen zwischen neuen und etablierten Eigenlösungen unterschiedlich. Im Rechtssystem müssen Inkonsistenzen entweder bestritten oder ausgemerzt werden. Im Wissenschaftssystem bieten sie Anlaß zu Paradigmawechseln und Schulenbildungen. Im politischen System beruht die Funktionsfähigkeit geradezu darauf, daß Parteien ihre Politiken als miteinander unverträglich aufbauen. Im Wirtschaftssystem ist der Begriff weniger präzise zu verorten. Auf Firmenebene denkt man etwa daran, daß jede betriebliche Innovation mit der Organisation der Reproduktion vereinbar sein muß.
Das Konsistenzpostulat zwingt also nicht zur Unterlassung, sondern vielmehr zu einem besonderen Aufwand im innersystemischen Umgang mit Inkonsistenz. Ebenso erzwingt das Kohärenzpostulat nicht bedingungslos den Einbezug neuer Ereignisse. Allerdings ist die Abweisung der Zuständigkeit entweder mit besonderen Legitimationslasten verbunden (zum Beispiel im Fall der Wissenschaft und des Rechts im öffentlichen Diskurs) oder eröffnet Konkurrenten Chancen, die sich zu Recht oder Unrecht die Zuständigkeit zuschreiben.
Diese verschränkte Problematik, die gute Lösungen knapp macht, tritt nur auf, weil systemische Selbstorganisation und funktionale Differenzierung zusammentreffen. Rechtsurteile außerhalb des Rechtssystems (zum Beispiel in der Rechtsprechung des Familienvaters), Machtausübung außerhalb der Politik, Erkenntnis außerhalb der Wissenschaft, Investitionen außerhalb des Wirtschaftssystems sind von dem Konstruktionsproblem befreit: Ad-hoc-Lösungen sind ebenso erlaubt wie die Konservierung von Traditionen, die gegen neue Aufgaben blind sind. Unwahrscheinlich und daher knapp sind Leistungen, die zugleich Konsistenz wahren und Innovation liefern.
Zur komplexen Binnenstruktur der Produkte systemischer Informationsverarbeitung gehört weiter deren Reflexivität. Rechtsurteile, wissenschaftliche Aufsätze, politische Beschlußvorlagen, Wirtschaftspläne sind in der Regel »selbstexplikativ«, indem sie Zielsetzung, Begründung und Kontext einschließen. Grund dieser Reflexivität ist die Beziehung zwischen Informationserzeugung und -mitteilung. Das Ziel, das Produkt als Leistung zu transpor-

tieren, also außerhalb der produzierenden Institution wirken zu lassen, verlangt, die möglichen Anschlüsse mitzukonstruieren. Hierauf werden wir im Schlußabschnitt zurückkommen.
Diese Merkmale systemischer Leistungen bedingen den Aufwand, der zu ihrer Konstruktion betrieben werden muß. Ihre Konstruktion soll nun modellhaft, mit Hilfe des Begriffs der Eigenlösung, präzisiert werden.

4. Die Erzeugung von Eigenlösungen

Systemspezifische Leistungen als Eigenlösungen eines Selbstorganisationprozesses zu beschreiben verlangt die Einführung geeigneter Variablen und die Definition systemspezifischer Operationen als Mechanismen ihrer Veränderung. Unter Variablen verstehen wir veränderliche Größen, das heißt Objektklassen, Phänomene oder auch Sachverhalte, die für die in Betracht kommenden Institutionen und die in ihnen ablaufenden Prozesse typisch sind. Ausgangspunkt für die Festlegung der Variablen ist die bipolare Struktur systemischer Leistungen, also die Kombination interpretatorischer und operativer Komponenten und deren Abhängigkeiten. Wir diskutieren dies modellhaft am Beispiel der Wissenschaft. Eine analoge Behandlung der anderen Systeme erscheint uns möglich, kann hier aber nicht durchgeführt werden.
Im Wissenschaftssystem läßt sich – gestützt auf wissenschaftstheoretische und empirische Studien – annehmen, daß Forschungsergebnisse durch die Kopplung von sechs Variablen bestimmt sind, die jeweils unterschiedliche »Werte« annehmen können. Dabei sind hier nicht quantitative Werte gemeint, sondern unterschiedliche Repräsentationen ein und derselben Variablen (siehe Tabelle auf S. 182).
In jede wissenschaftliche Erkenntnis geht eine Auswahl geeigneter »Werte« der einzelnen Variablen ein, wobei die Eignung sich aus ihrer wechselseitigen Abhängigkeit ergibt: die Werte müssen eine Eigenlösung des dynamischen Prozesses »Erkenntnisproduktion« bilden. Da eine Forschungsgruppe diese Eignung nicht im voraus vollständig abschätzen kann, werden zu Beginn plausibel erachtete, aber letztlich willkürliche Anfangswerte gewählt. Durch rekursives Operieren erweist sich dann, ob diese als Werte

Variable	Wertebereich
Verfahren	{Experimentelle Designs, Simulationsmodelle, numerische Codes, Feldforschung ...}
Dokumente	{Meßstreifen, Protokolle, Filmaufnahmen, Interviews ...}
Daten	{Zahlenwerte, Graphen, empirische Beispiele ...}
Muster	{Korrelationen, Gesetzmäßigkeiten, Kausalbeziehungen, Interpolationen ...}
Theoreme	{Ableitungen, Bestätigungen, Widerlegungen ...}
Hypothesen	{Behauptungen, Fragestellungen ...}

einer stationären Lösung Bestand haben, leicht modifiziert oder völlig ausgetauscht werden müssen.

Darüber hinaus müssen die funktionalen Abhängigkeiten der Variablen definiert werden, über die die Erkenntnisproduktion beschrieben und als zirkulär geschlossener Prozeß dargestellt wird:

Hypothesen = Ableitung von (Theoremen)
Theoreme = Vernetzung von (Mustern)
Muster   = Interpretation von (Daten)
Daten   = Selektion/Bewertung von (Dokumenten)
Dokumente = Anwendung von (Verfahren)
Verfahren = Operationalisierung von (Hypothesen)
Hypothesen = Ableitung von (Theoremen)

Zusammenfassend kann man schreiben:

Hypothesen = Ableitung (Vernetzung (Interpretation (Selektion/Bewertung (Anwendung (Operationalisierung von *(Hypothesen)*))))))
oder
H = OP(H),

wobei H für Hypothesen steht und mit OP die Kette der Operationen im Prozeß der Erkenntnisproduktion bezeichnet wird. H

ist die gesuchte Eigenlösung der komplexen Erkenntnisoperation. Je nach Erkenntnisinteresse kann man auch Daten, Verfahren usw. als Eigenlösungen konstruieren.
Die Konstruktion einer Eigenlösung besteht also darin, für dieses System vernetzter Operationen einen stationären Zustand zu finden. Dazu muß einerseits über die relative Gewichtung der einzelnen Operationen entschieden (»interne Variation«) und müssen andererseits Werte für die verschiedenen Variablen so ausgewählt werden, daß sich diese beim erneuten Durchlauf nicht mehr verändern. In einem rekursiven Verfahren werden die zunächst willkürlich (wenn auch mit Plausibilitätserwägungen) gewählten Werte modifiziert: Meßverfahren werden so verändert, daß unerwünschte Daten nicht mehr anfallen; Hypothesen werden so variiert, daß abweichende Daten integriert werden können; die Bezüge zu Theoremen werden qualifiziert; usw. Steht für eine Kombination von Werten schließlich fest, daß die komplexe Erkenntnisproduktion eine Eigenlösung hat, kann die Rekursion abgebrochen werden; ein Forschungsergebnis ist erzielt und kann als Leistung nach außen transportiert werden. Die Rekursion als Verfahren bewirkt, daß jeder neue Wert einer Variablen zum Input der nächsten Operation wird und so Kohärenzen erzeugt werden. Außerdem signalisiert die Stationarität eines rekursiven Prozesses das Auffinden einer Eigenlösung.
Eine analoge Konstruktion der systemischen Leistungen für die anderen Systeme kann hier nicht im Detail versucht werden. Ansatzpunkt müßte sein, erstens die für die zentralen systemischen Funktionen (also den Entsprechungen zur Erkenntnisproduktion der Wissenschaft) zuständigen Institutionen zu identifizieren, zweitens die Variablen und deren Abhängigkeiten zu isolieren und drittens die sozialen Modalitäten der Interaktion der Mitglieder in diesen Institutionen festzustellen. Beispiele können etwa Gerichte sein, in denen ein rekursives Operieren zwischen Parteien und Richter, gegebenenfalls Verteidiger und Staatsanwalt oder auch Experten, Zeugen usw. eingerichtet werden muß, oder ein Wirtschaftsgremium, in dem technischer Betriebsleiter, kaufmännischer Direktor, Laborleiter und gegebenenfalls Betriebsrat kooperieren.

5. Der Transfer von Eigenlösungen in die Umwelt

Die Mitteilung von Information, die irgendwo erzeugt worden ist, ist ein strukturell anderer Prozeß als deren Erzeugung. Information besteht aus *entschiedenen* Alternativen und reduziert daher – strikt gesprochen – die Menge an verwertbaren Sinnverweisungen.[33] Die Ausbreitung von Information ist dagegen die Eröffnung von Möglichkeiten, das heißt die Erweiterung des Alternativ- und Optionsraums. Dies ist unmittelbar einsichtig im Bereich von Wissenschaft und Technik: Resultate liegen als Angebote neuen Wissens für andere vor, wenn sie in Aufsätzen, Vorträgen, Patentschriften usw. verbreitet werden. Die Nutzung dieser Angebote auf der Empfängerseite besteht in erster Linie darin, die Möglichkeiten der Verwendung innerhalb und außerhalb der Wissenschaft zu sondieren, also darin, sich im Sinnraum der Verweisungen zu bewegen. Meistens bleibt es auch dabei. Wenn es zu einer informationsverarbeitenden Nutzung kommt, besteht diese darin, die neue Alternative als Komponente in die Konstruktion einer Eigenlösung – innerhalb oder außerhalb der Wissenschaft – einzufügen, also in neue feste Kopplungen mit anderen Komponenten zu bringen und damit zur Einschränkung von Alternativen zu verwenden.

Die Übertragung dieses Modells der informationalen Offenheit sozialer Systeme von der Wissenschaft auf andere Systeme verlangt einige Modifikationen, die aber nicht den strukturellen Kern betreffen. Rechtsurteile unterscheiden sich von Forschungsergebnissen darin, daß der Normalfall das wenig informative Routineurteil ist und dieses daher auch nur in marginaler Weise neue Alternativen eröffnet.[34] Wichtig ist auch, daß es im Rechtssystem *formale* Regeln des Reagierens auf angezweifelte Eigenlösungen (Urteile) gibt; dem Sondieren der durch sie eröffneten Möglichkeiten kann nicht immer die Ausdünnung durch Nichtberücksichtigung folgen. Aber auch hier besteht kein prinzipieller Un-

---

33 Dieser »Sinnverlust« ist vor allem im Verhältnis Wissenschaft/Technologie-Lebenswelt diskutiert worden; vgl. Tenbruck 1984.
34 Allerdings ist die Frage offen, ob sich in der Forschung, bei Berücksichtigung aller Routineforschung in der industriellen und staatlichen Forschung, die Sachlage erheblich unterscheidet. Eine Wasserprobe eines Gesundheitsamtes schlägt ebensowenig Wellen wie die Verurteilung eines Fahrraddiebes.

terschied zur Wissenschaft: Die Entstehung von Kontroversen, das aktive Zurückweisen absurder Ergebnisse kann bei vorliegendem Interesse von Beteiligten/Betroffenen normalerweise ebenfalls erzwungen werden, wenn auch nicht aufgrund formaler Verpflichtungen. Schließlich gibt es im Rechtssystem formale Regeln der Akzeptanz von Urteilen, das heißt Regeln der zwangsläufigen Übernahme von Eigenlösungen in die Konstruktion neuer Eigenlösungen. Die Entsprechung in der Wissenschaft existiert, aber wiederum in nicht formalisierter Weise: etwa in denjenigen Eigenlösungen, die in der Terminologie Kuhns das »zentrale Dogma« eines Paradigmas bestimmen, oder in der Lakatos/Sneed-Variante die strukturellen Kerne eines Forschungsprogramms.[35]

In der Wirtschaft ist offensichtlich, daß die Eigenlösung in Form eines neuen kommerziellen Gutes die Optionen am Markt erweitert, ohne zum Kauf zu zwingen. Ähnlich wie in der Wissenschaft gibt es keine Handlungsautomatik, durch die der Informationstransfer weitere Informationsverarbeitung erzwingt.

In der Politik erscheint die Sachlage dadurch anders, daß Abstimmungsergebnisse den Alternativraum nur einschränken. Geht man aber davon aus, daß neben- und übergeordnete Gremien nicht an die Beschlüsse gebunden sind, wohl aber auf sie reagieren müssen, ergibt sich auch hier, daß die kollektive Bindung zunächst nur nach innen wirkt, während nach außen die Möglichkeiten der Zustimmung oder Ablehnung erzeugt werden.

Wie immer in detaillierter Ausführung die systemspezifischen Übersetzungen von Eigenlösungen in Leistungen durchzugestalten wären: es scheint möglich zu sein, die Beziehungen zwischen Sinnressource, Informationsverarbeitung und Informationstransfer in den verschiedenen Funktionssystemen in einer analogischen Weise zu konstruieren.

Der Transfer von Eigenlösungen in die Umwelt des diese produzierenden Systems ist keine einfache Informationsübertragung. Die Feinheiten, die in ihre Konstruktion eingehen und deren Kenntnis den Konsens der Mitglieder trägt, lassen sich gar nicht vollständig transferieren. Man kann auch sagen: sie sind gar nicht so leicht loszuwerden. Die Ausbreitung von Eigenlösungen folgt also nicht dem Muster der Informationsübertragung, in dem die Codierung, der Code und die Decodierung als im Prinzip ohne

---

35 Vgl. hierzu Gähde 1990.

Rückwirkung auf die Information gelten. Hier ist dagegen die Codierung ein aktives Prinzip der Gestaltung von Eigenlösungen, betrieben zu dem Zweck, Eigenlösungen als Leistungen in die funktionalen Erwartungen der Umwelt einzupassen. Damit wird das Problem, daß die Konstruktion von Eigenlösungen außerhalb der rekursiven Interaktion weder vollständig noch angemessen beschrieben werden kann, selbst auf eine konstruktive Weise gelöst.

Auf dieses Problem ist vor allem in der Wissenschaftsforschung hingewiesen worden, zuerst wohl von Ludwik Fleck mit der Kategorie des »esoterischen« und »exoterischen« Wissens, dann von Polanyi mit seinem Begriff des »impliziten Wissens« und später von Collins mit der Kategorie der »interpretativen Flexibilität«.[36] In den Fallstudien dieser Autoren wird herausgestellt, daß weder eine präzise noch eine vollständige Beschreibung der Konstruktion einer Eigenlösung möglich ist. Weder lassen sich die vielen Einigungsprozesse der rekursiven Interaktion genau wiedergeben, noch ist eine Übersetzung der handlungsbezogenen Teile der Eigenlösung in eine beschreibende Sprache möglich. Der sich anbietende Ausweg ist die *Rekonstruktion* aus der Perspektive des potentiellen Verwenders, also eine beschreibende Stilisierung, eine Art Marketing. Die »Entsorgung« von Information, ihr Transfer in eine systemische Umwelt ist also ein aktiver systemisch strukturierter Prozeß.

In der Wissenschaft ist dieser Prozeß sofort zu sehen; er ist augenfälliger als die Produktion der Eigenlösungen. Sein Vehikel sind Vorträge, Aufsätze, Vorlesungen, Gutachten und alles, was auf irgendeine Weise Wissen so gestaltet, daß es für andere Institutionen wie Zeitschriftenredaktionen und Lektoren, Veranstalter von Konferenzen, Ausbildungsveranstaltungen geeignet erscheint. Allerdings werden diese Stilisierungen immer aus dem Beobachtungsstandpunkt eines Systems und des in ihm konstruierten Umweltbildes heraus vorgenommen. Wie erfolgreich diese Konstruktion ist, ob also die Eigenlösung überhaupt irgendwo deponiert werden kann und einen Verwendungskontext findet, ist nicht im System vorprogrammierbar. Vorprogrammierbar ist dagegen, daß die Entscheidung über die Form der Codierung sich in die Konstruktion der Eigenlösung rückvermittelt. Rücksichten auf die

---

36 Vgl. Fleck 1980; Polanyi 1985; Collins 1985.

Chancen, das Ergebnis loszuwerden, bestimmen seine Konstruktion mit.

In den anderen Systemen sind wiederum analoge Prozesse der Stilisierung zu beobachten. In Urteilsbegründungen überwiegt ähnlich wie in wissenschaftlichen Darstellungen der deduktive Stil einerseits und die Tatsachenplausibilität andererseits. Im politischen Konsens wird der Anschein erweckt, daß die erzielte Lösung die beste, wenn nicht einzig mögliche ist. Und im Design neuer Güter wird die Herleitung des Ergebnisses aus den vorgegebenen Rahmenbedingungen demonstriert.

Diese antizipierten Einpassungen von Eigenlösungen in soziale Umwelten sind nicht nebensächlich: sie sind die kommunikativen Mittel für die Erzeugung bzw. Aufrechterhaltung von komplexen Systemen: sie erzeugen soziale Strukturen und kognitive Muster. So zentral die Produktion von Eigenlösungen in allen Systemen ist, sowenig würde diese die systemische Organisation eines komplexen Institutionensystems garantieren.

Literatur

An der Heiden, Uwe, Gerhard Roth, Helmut Schwegler (1985), »Die Organisation der Organismen: Selbstherstellung und Selbsterhaltung«, in: *Funkt. Biol. Med.* 5, S. 330-346.

Collins, Harry (1985), *Changing Order*, London, Beverly Hills.

Esser, Josef (1964), *Grundsatz und Norm in der richterlichen Fortbildung des Privatrechts*, Tübingen: Mohr.

Fleck, Ludwik (1980), *Entstehung und Entwicklung einer wissenschaftlichen Tatsache*, Frankfurt am Main: Suhrkamp.

Foerster, Heinz von (1960), »On Self-Organizing Systems and Their Environment«, in: M. C. Yovits, S. Cameron (Hg.), *Self-Organizing Systems*, London: Pergamon, S. 31-50.

Gähde, Ulrich (1990), *Theorie und Hypothese. Zur Eingrenzung von Konflikten zwischen Theorie und Erfahrung*, Ms., Berlin.

Habermas, Jürgen (1981), *Theorie des kommunikativen Handelns*, 2 Bände, Frankfurt am Main: Suhrkamp.

Haken, Hermann und Arne Wunderlin (1986), »Synergetik: Prozesse der Selbstorganisation in der belebten und unbelebten Natur«, in: Andreas Dress, Hubert Hendrichs, Günter Küppers, *Selbstorganisation – Die Entstehung von Ordnung in Natur und Gesellschaft*, München: Piper, S. 35-61.

Heidegger, Martin (1960), *Sein und Zeit*, Tübingen: Niemeyer.

Hofstadter, Douglas (1985), *Metamagicum*. Stuttgart: Klett/Cotta.
Krohn, Wolfgang und Günter Küppers (1989), *Die Selbstorganisation der Wissenschaft*, Frankfurt am Main: Suhrkamp.
Luhmann, Niklas (1970), *Soziologische Aufklärung* 1, Frankfurt am Main: Suhrkamp.
Luhmann, Niklas (1981), »Rechtszwang und politische Gewalt«, in: ders., *Ausdifferenzierung des Rechts*, Frankfurt am Main: Suhrkamp.
Luhmann, Niklas (1984), *Soziale Systeme*, Frankfurt am Main: Suhrkamp.
Maturana, Humberto (1982), *Erkennen: Die Organisation und Verkörperung von Wirklichkeit*, Braunschweig: Vieweg.
Münch, Richard (1982), *Theorie des Handelns*, Frankfurt am Main: Suhrkamp.
Münch, Richard (1984), *Struktur der Moderne*, Frankfurt am Main: Suhrkamp.
Nicolis, Grégoire und Ilya Prigogine (1987), *Die Erforschung des Komplexen*, München: Piper.
Parsons, Talcott (1966), *Societies – Evolutionary and Comparative Perspectives*, Prentice Hall, New Jersey.
Piaget, Jean (1975), *Die Entwicklung des Erkennens*, 3 Bände, Stuttgart: Klett.
Polanyi, Michael (1985), *Implizites Wissen*, Frankfurt am Main: Suhrkamp.
Schütz, Alfred (1981), *Theorie der Lebensformen*, Frankfurt am Main: Suhrkamp.
Spencer Brown, George (1972), *Laws of Form*, New York: Dutton.
Tenbruck, Friedrich H. (1984), *Die unbewältigte Sozialwissenschaft oder die Abschaffung des Menschen*, Graz: Styria.
Teubner, Gunther (1989), *Recht als autopoietisches System*, Frankfurt am Main: Suhrkamp.
Varela, Francisco (1981), »Autonomy and Autopoiese«, in: Gerhard Roth und Helmut Schwegler (Hg.), *Self-organizing Systems. An Interdisciplinary Approach*, Frankfurt/New York: Campus.

Gunther Teubner
Die vielköpfige Hydra:
Netzwerke als kollektive Akteure
höherer Ordnung

1. Fernöstliche Geheimnisse

Der Schrecken über die japanische Invasion in westliche Märkte wurde noch größer, als man gewahr wurde, daß die Japaner wahre Organisations-Monstren einsetzten. Anscheinend operieren die japanischen Strategien nicht nur mit Preisen und Qualität, sondern zugleich mit neuartigen »organizational weapons«. Westliche Beobachter registrieren verblüfft den Einsatz hybrider Organisationen – »something between market and organization«, wie man etwas ratlos sagt (Thorelli 1986) –, die sich nicht in die gängigen Organisationsmuster westlicher Praxis und Theorie einfügen wollen. Keiretsu etwa, eine aggressive Gruppe vertikal kooperierender japanischer Firmen, agiert als ein merkwürdiges Zwischending zwischen Organisation und Markt, in der ein Kernunternehmen eng geknüpfte Zuliefer- und Distributionsnetze beherrscht, ohne daß es an den Zuliefer- und Vertriebsfirmen kapitalmäßig beteiligt wäre (Imai und Itami 1984). Solche »intermediären Organisationen« operieren in Japan nicht nur im Produktionsbereich, sondern besonders im R&D-Sektor, im Beziehungsgeflecht zwischen Banken und Unternehmen und selbst im Verbund von Staatsorganisationen und Privatunternehmen. Das japanische Erfolgsgeheimnis scheint nicht zuletzt auf dieser »third arena of allocation« zu beruhen, die in Japan ungleich größeres Ausmaß besitzt als im Westen (Twaalhoven und Hattori 1982; Imai, Nonaka und Takeuchi 1985; Kaneko und Imai 1987; Wolf 1990, S. 106 ff.).

Inzwischen hat man sich auch hier in der Organisationspraxis wie in den beteiligten Wissenschaften verstärkt solchen hybriden Organisationsformen zugewandt.[1] Manche dieser Netzwerkorganisationen können schon auf eine lange Tradition im »organisierten Kapitalismus« zurückblicken, manche jedoch, wie etwa die *Just-*

---

[1] Vgl. den Überblick bei Jarrilo 1988; Lorenzoni 1989.

in-Time-Zuliefernetze (vgl. Nagel 1989), sind erst als unmittelbare Reaktion auf die japanische Herausforderung entstanden. Heute sind dezentralisierte Konzerne, multidivisionale Unternehmen mit autonomen *profit centers*, *joint ventures* im R&D-Bereich, aber auch Franchising-Netze und andere Vertriebssysteme, auf Vertragsbasis organisierte Zulieferersysteme, Systeme bargeldlosen Zahlungsverkehrs der Banken, Großbauprojekte auf Subunternehmensbasis, Organisationsnetze im Energie-, Transport- und Telekommunikationssektor prominente westliche Entsprechungen zur japanischen »interpenetration of market and organization«.

Obwohl sich inzwischen Netzwerkforschung und Transaktionskostenökonomie große Verdienste um die Eigenarten, Ursachen und Konsequenzen solcher hybrider Organisationen erworben haben, so sind doch noch wesentliche Fragen offen. Was ist denn gewonnen, wenn man Netzwerke bloß metaphorisch als »complex arrays of relationships among firms« (Johanson und Mattson 1989) oder als »managed economic systems« (MacMillan und Farmer 1979) umschreibt? Genügt es, sie auf einer gleitenden Skala zwischen Vertrag und Organisation zu plazieren (Williamson 1985)? Wird man ihrem organisatorischen Charakter allein mit dem Begriff der Hierarchie gerecht, den man vertraglichen Arrangements aufpflanzt? Sollte man nur von Netzwerken *zwischen* korporativen Akteuren sprechen (Schneider 1988) oder nicht auch von Netzwerken *als* korporativen Akteuren? Und wie geht man theoretisch und praktisch mit ihren negativen Externalitäten um?

Hier soll versucht werden, die Theorie der Autopoiese, wie sie von Humberto Maturana (1982), Heinz von Foerster (1984) und Niklas Luhmann (1984) entwickelt worden ist, einzusetzen, um Antworten auf diese Fragen zu finden. Die Stärke dieser Theorie dürfte darin bestehen, das Auftreten neuartiger Organisationsformen als Emergenz von selbstreferentiell konstituierten Einheiten zu erklären. Drei Thesen seien zur Diskussion gestellt:

(1) Netzwerke bilden sich als echte Emergenzphänomene nicht »zwischen«, sondern »jenseits« von Vertrag und Organisation. Die Selbstorganisation von Netzwerken als autopoietischen Systemen höherer Ordnung vollzieht sich über den »re-entry« der institutionalisierten Unterscheidung von Markt und Organisation in diese selbst.

(2) Netzwerke sind nicht bloße »Hierarchien« zwischen autonomen Akteuren, sondern sind selbst »corporate actors« eigener Art, sind als »polykorporative Kollektive« in der Tat personifizierte Beziehungsgeflechte zwischen den Knoten des Netzes.

(3) Netzwerke, deren Effizienzgewinne auf einer intelligenten Kombination von hierarchischer und marktlicher Organisation beruhen, produzieren zugleich spezifische Transaktionsrisiken, deren Externalisierung ihnen (illegitime) Kostenvorteile verschafft. Eine adäquate Internalisierung erscheint über neuartige Mechanismen der simultanen Vielfachzurechnung möglich.

2. Emergenz durch Selbstorganisation

In welchem Sinne kann man bei kommunikativen Netzwerken von »Emergenz durch Selbstorganisation« sprechen? Gemeinhin benutzt man den Begriff Emergenz, um das Auftreten von etwas Neuem im Evolutionsprozeß zu kennzeichnen oder um auszudrücken, daß das Ganze mehr ist als die Summe seiner Teile (Hastedt 1988, S. 175 ff. mit weiteren Nachweisen). Nach Popper und Eccles (1977, S. 22) verweist Emergenz »to the fact that in the course of evolution new things and events occur, with unexpected an indeed unpredictable properties«. Die Theorie der Selbstorganisation bricht mit dieser Tradition der »Emergenz von unten« und ersetzt sie durch die Vorstellung einer selbstreferentiell-systemischen Neugruppierung gegebenen Materials. Die Vorstellung, daß neue Eigenschaften dadurch auftreten, daß bestehende Elemente Relationen eingehen oder miteinander interagieren, ist schon dadurch diskreditiert, daß Eigenschaften und Interaktionen nicht trennbar sind (Roth und Schwegler 1990, S. 39). Wenn dies aber so ist, dann wird Emergenz trivial: Alles ist emergent. Darüber hinaus dürfte aber auch die Vorstellung »an sich« bestehender Elemente unhaltbar sein. In der Theorie selbstorganisierender Systeme macht der Elementbegriff nur systemrelativ einen Sinn. Jedes Element ist nur im Hinblick auf »sein« System eine Letzteinheit, also nicht weiter dekomponierbar, während es in anderer Systemreferenz durchaus in immer weitere Relationen dekomponiert werden kann (Luhmann 1984, S. 245 f.).

Im Theoriekontext von Selbstorganisation gewinnt Emergenz einen anderen Sinn. *Emergenz tritt dann auf, wenn selbstreferen-*

tielle Zirkel entstehen, die sich in einer Weise miteinander verketten, daß sie die Elemente eines neuen Systems bilden. Die Theorie der Selbstorganisation gibt damit eine ganz spezifische Antwort auf eine zentrale Frage, die gerade auch in den neueren anspruchsvollen Emergenztheorien von Popper und Eccles (1977) und Bunge (1980) unbeantwortet geblieben ist, nämlich »wie eine graduell vor sich gegangene Gewordenheit zum qualitativen Sprung einer dann einsetzenden Autonomie führt« (Hastedt 1988, S. 186). Die Antwort heißt: Selbstreferenz. Sie führt dazu, daß gegebenes Material in einer Weise neugruppiert wird, daß sowohl neue Eigenschaften als auch neue Elemente von neuen Systemen entstehen, die gegenüber den vorher bestehenden Konstellationen autonom sind. Das Herausevolvieren von selbstreferentiellen Verhältnissen ist als ein gradueller Prozeß zu verstehen, der zur Bildung neuer und zugleich autonomer Systeme führt.[2]

In dieser Sicht kann man von psychischen Systemen als gegenüber dem Nervensystem neuartigen autopoietischen Sinn-Systemen dann sprechen, wenn man von der selbstreferentiellen Neukonstituierung ihrer Elementareinheiten – mentaler Akte – ausgeht und deren zyklische Verknüpfung analysiert (vgl. Roth 1987, S. 398 f.). Gesellschaft wiederum setzt eine weitere Emergenzebene voraus. Sie kann nicht etwa als autopoietisches System zweiter Ordnung auf der Grundlage der Autopoiese menschlicher Individuen konstituiert werden.[3] Auch hier muß man die neue Emergenzebene sehen, die sich bei der »Begegnung« von psychischen Systemen als eine Verkettung von neukonstituierten Sinnelementen – Kommunikationen als Einheit aus Information, Mitteilung und Verstehen – bildet (Luhmann 1984, S. 191 ff.).

Die Emergenz von kommunikativen Netzwerken ist erst auf diesem Hintergrund der Trennung verschiedener Emergenzebenen (organische, neuronale, psychische und soziale Autopoiesis) zu verstehen. Dieser Hintergrund kann hier nicht im einzelnen erörtert, sondern soll hier vorausgesetzt werden (vgl. Luhmann 1984, S. 43 f.). Letztelemente von Netzwerken sind entsprechend nicht menschliche Akteure oder deren Bewußtseinsinhalte, wie es meist

---

2 Vgl. zu dieser Gradualisierung Roth 1987, S. 400; Stichweh 1987, S. 452 ff.; Teubner 1987a, S. 430 ff.; Teubner 1989, S. 43 ff.; anders Maturana 1982, S. 301; Luhmann 1985, S. 2.
3 So aber Maturana 1982, S. 212; Hejl 1985.

in Theorien personeller Netzwerke vorausgesetzt ist (Tichy 1981; Birley 1985, S. 113; Mueller 1986; Kaneko und Imai 1987), sondern Kommunikationen. Und es geht bei der Emergenz von Netzwerken um die Verselbständigung von sozialen Prozessen nicht gegenüber psychischen oder gar organischen Prozessen – dies ist schon mit dem ersten Auftauchen von Kommunikation passiert –, sondern um ihre Autonomisierung im sozialen Phänomenbereich selbst. Kommunikationssysteme verselbständigen sich gegenüber Kommunikationssystemen. Es wird damit behauptet, daß auch innerhalb des gleichen Phänomenbereichs die Herausbildung höherstufiger selbstreproduktiver Systeme möglich ist.[4] Das nötigt zu der Unterscheidung von autopoietischen Systemen unterschiedlichen Ordnungsgrades innerhalb eines Phänomenbereiches. Die Gesellschaft als das Ensemble menschlicher Kommunikationen ist als soziales System erster Ordnung anzusehen. Soziale Systeme zweiter Ordnung entstehen, wenn sich innerhalb der Gesellschaft Spezialkommunikationen herausdifferenzieren und zu Systemen mit eigener Identität verketten. Kommt es innerhalb dieser Systeme zu einer weiteren Verkettung von spezialisierten Kommunikationen, so bilden sich soziale Systeme dritter Ordnung usw. Am Beispiel der Netzwerke wäre dann das Emergenzphänomen in der Weise nachzuweisen, daß sich autopoietische Systeme zweiter und dritter Ordnung auf der Basis der Gesellschaft als autopoietischem System erster Ordnung in Prozessen der Selbstorganisation bilden.

3. Jenseits von Vertrag und Organisation

Die zur Zeit dominierende Vorstellung von Netzwerken und anderen hybriden Arrangements (relationale Verträge, joint ventures) sieht freilich ganz anders aus. Gemeinhin bezeichnet man damit eine dezentral regulierte Ordnung der Zusammenarbeit autonomer Akteure (Schneider 1988, S. 9). Es soll sich um lose Kooperationsformen handeln, die nicht mehr bloß flüchtige Interaktionen sind, aber noch nicht die Kooperationsdichte formaler Organisation aufweisen. Diese Vorstellung eines »Nicht mehr, aber zugleich noch nicht« dominierte schon soziologische Be-

---

[4] Vgl. Roth 1987 einerseits, Teubner 1987a, S. 430 f., andererseits.

griffe des *organization set*, mit denen die Organisationssoziologie Inter-Organisations-Beziehungen untersuchte (Evan 1966; Aldrich und Whetten 1981). Sie fand Eingang in »personelle Netzwerke« der Gruppensoziologie und kennzeichnete Zusammenarbeitsformen, die nicht die Intensität, aber auch nicht die bürokratischen Nachteile formaler Organisation aufweisen (Tichy 1981; Mueller 1986). Und auch in den »policy networks«, mit denen Politikwissenschaftler besonders neo-korporatistische Koordinationsformen analysieren, findet sich ihr Einfluß (Hanf und Scharpf 1978; Trasher 1983, S. 375; Lehmbruch 1985; Sharpe 1985, S. 361).

Nicht viel anders denkt die Transaktionskostenökonomie (Williamson 1985). Sie geht davon aus, daß Akteure institutionelle Arrangements nach Kosten-Nutzen-Gesichtspunkten auswählen. »Handle so, daß die Maxime deines Willens jederzeit zugleich der Minimierung von Transaktionskosten dienen kann«, lautet der neue kategorische Imperativ. »Minimize transaction costs!« entscheidet darüber, ob die Akteure einen Vertrag schließen oder zu Mitgliedern einer Organisation werden. Zwischen Vertrag und Organisation bestehen keine fundamentalen Unterschiede. Auch bei Organisationen handelt es sich um Vertragsarrangements, durch die Zahlungsströme ungehindert hindurchfließen (Grossman und Hart 1986). In einer besonders extremen neoklassischen Formulierung heißt es, daß Organisationen sich nicht »in the slightest degree from ordinary market contracting between any two people« unterscheiden (Alchian und Demsetz 1972, S. 777). In der etwas maßvolleren institutionalistischen Formulierung unterscheiden sie sich wenigstens graduell nach der Intensität der *governance structures*, mit denen im wesentlichen opportunistisches Verhalten kontrolliert werden soll (Williamson 1985). Hybride Arrangements schließlich werden auf dieser gleitenden Skala gewählt, wenn einerseits wegen der *asset specificity* der Transaktion Marktkontrollen ausfallen, andererseits die Transaktionskosten einer voll integrierten Organisation zu hoch sind.

Nichts gegen den Vergleich von institutionellen Arrangements unter Kostengesichtspunkten! Aber alles gegen die grundbegriffliche Einebnung des Gegensatzes von Vertrag und Organisation! Hier herrschen die Zwänge des ökonomischen Denkens, die jegliche soziale Phänomene als hypothetische Verträge zwischen rationalen Akteuren interpretieren. Dies erklärt die »zwanghafte«

Subsumtion von formalen Organisationen unter die Vertragskategorie (Organisation als Nexus von Verträgen). Im Gegensatz zu solchen Reduktionen wird hier davon ausgegangen, daß die Sozialbeziehungen »Vertrag« und »Organisation« jeweils eigenständige autopoietische Sozialsysteme zweiter Ordnung darstellen, die sich voneinander prinzipiell und nicht bloß graduell durch die Intensität der governance structures unterscheiden. »Netzwerke« sind dann auch nicht eine bloße Zwischenform, sondern eine Steigerungsform besonderer Art. Kann man sie mit Recht als »symbiotische Kontrakte«, als eine vom klassischen Vertrag und der klassischen Organisation deutlich geschiedene »dritte Ordnungsstruktur« bezeichnen (Schanze 1991)?

Für die formale Organisation ist schon an anderer Stelle im Detail gezeigt worden, wie deren eigenständige Autopoiese durch Prozesse spontaner Selbstorganisation zustande kommt (Teubner 1987b, 1987c). Deshalb soll hier das Ergebnis kurz referiert werden: Organisationen differenzieren sich gegenüber diffuser Interaktion, wenn Kommunikationsprozesse in der Interaktion selbst die Komponenten der Grenze (Mitgliedschaft), des Elements (Entscheidung), der Struktur (Norm) und der Identität (Kollektiv) reflexiv konstituieren. Aus der hyperzyklischen Verkettung dieser Komponenten, nämlich der von Mitgliedschaft und Norm und der von Kollektiv und Entscheidung, erwächst dann die selbstreproduktive Organisation. Gegenüber einfachen Interaktionen stellen Organisationen ein Emergenzphänomen dar, da sie neuartige Systemkomponenten selbstreferentiell konstituieren und diese zirkulär miteinander verknüpfen.

Verträge wiederum sind nicht bloße Vorformen von Organisationen à la Williamson & Co., sondern unterscheiden sich von ihnen dadurch, daß sie auf einem fundamental anderen Handlungstyp aufbauen: Austausch im Unterschied zur Kooperation (vgl. Teubner 1979, S. 719 ff.; 1989, S. 160 ff.). Organisationen sind Formalisierung von sozialen Kooperationsbeziehungen – Verträge sind Formalisierung von sozialen Tauschbeziehungen. Auch hier gibt es einen Prozeß der graduellen Verselbständigung des formalen Arrangements gegenüber der bloßen informellen Interaktion. Im einfachen interaktionellen Tausch gibt es noch keine »an sich« bestehenden Leistungspflichten der Tauschpartner. Erst die Vorleistung des einen löst aufgrund diffuser sozialer Normen die Tauscherwartung an den anderen aus. Die große zivilisatorische

Errungenschaft des Vertrages besteht nun darin, daß er selbstgenerierte Leistungspflichten kennt, die vorleistungsfrei aufgrund eines in der Interaktion selbstkonstituierten Aktes, des Vertragsschlusses, entstehen.[5]

Auch hier also eine selbstreferentielle Konstitution von eigenständigen Systemkomponenten: Elemente der Sozialbeziehung des Vertrages sind nicht mehr bloße Tauschhandlungen, sondern werden in der Kommunikation des Tausches als formalisierte »Vertragsakte« definiert (Vertragsschluß, Vertragsverletzung, Vertragsänderung, Vertragserfüllung). Sie profilieren sich vor dem Hintergrund von Strukturen, die sich bloß von allgemeinen sozialen Normen zu selbstgenerierten »Vertragsnormen« beliebigen Inhalts verselbständigt haben. Die Identität der Sozialbeziehung wird nicht mehr durch bloße Anwesenheit der Interaktionspartner, sondern durch deren in der Kommunikation definierte Eigenschaft als »Vertragspartner« auf Dauer gestellt, und der Prozeß wird nicht mehr durch den bloßen Interaktionsverlauf bestimmt, sondern durch die »Lebensstadien« der Vertragsbeziehung.[6]

Hyperzyklische Verknüpfungen der Systemkomponenten sind in der formalisierten Vertragsbeziehung ebenso aufweisbar. Zentral ist die selbstreproduktive Verknüpfung von »Vertragsakt« und »Vertragsnorm«, die gegenüber der bloßen Verhaltenskoordinierung, der Gesetzgebung, der Rechtsprechung und der innerorganisatorischen Normbildung einen eigenständigen Typ der neuzeitlichen Normproduktion darstellt. Im Unterschied zur formalen Organisation aber kennen Verträge andere Formen der hyperzyklischen Verknüpfung nicht. Es gibt keine vergleichbare Verselbständigung der Sozialbeziehung gegenüber den Personen durch die Verknüpfung von Systemgrenze und Struktur. Gegenüber dem Mitgliederwechsel in der Organisation ist der Wechsel von Vertragspartnern auch in hochformalisierten Vertragswerken sehr viel schwieriger. Und schon gar nicht gibt es die Kollektivierung des Vertrages, die in der Organisation durch die zyklische Verknüpfung von Identität und Handlung erreicht wird.

5 Zur Soziologie des Vertrages vgl. Köndgen 1981, S. 97 ff.; Schmid 1983.
6 Zu einer systemtheoretischen Vertragskonzeption Parsons und Smelser 1956, S. 104 ff., 143 ff.; Teubner 1980, S. 44 ff.; J. Schmidt 1985, 1989; und zu ihrer autopoietischen Radikalisierung Deggau 1987; Teubner 1989, S. 140 ff.

Vertrag und Organisation sind also autopoietische Sozialsysteme zweiter Ordnung, die auf unterschiedlichen Handlungstypen – Tausch und Kooperation – aufbauen. Netzwerke sind nun nicht »zwischen« Vertrag und Organisation, sondern »jenseits« davon anzusiedeln. Ihre Eigenlogik erschließt sich erst, wenn man Netzwerke nicht als Übergangsformen in einer Grauzone sieht, die die klare Unterscheidung zwischen Vertrag und Organisation grundsätzlich in Frage stellen, sondern im Gegenteil als deren Steigerungsformen, die die klare Unterscheidung voraussetzen. Solche Steigerungsformen können sich überhaupt erst organisieren, wenn die ihnen zugrunde liegende Unterscheidung von Vertrag und Organisation fest institutionalisiert ist und dann zum Ordnungsaufbau der Netzwerke benutzt werden kann.

4. Netzwerke – autopoietische Sozialsysteme höherer Ordnung

Ausgangspunkt ist eine Form des »Marktversagens« und des »Organisationsversagens« (Imai und Itami 1984, S. 298 ff.) im Hinblick auf das prekäre Verhältnis von Varietät und Redundanz.
Als *Varietät* soll die Vielzahl und Verschiedenartigkeit der Elemente eines Systems bezeichnet sein, als *Redundanz* das Ausmaß, in dem man in Kenntnis eines Elementes andere erraten kann und nicht auf weitere Informationen angewiesen ist. Es handelt sich um zwei unterschiedliche, aber nicht strikt gegenläufige Maße für Komplexität (Luhmann 1987, S. 47 f.; 1988a; im Anschluß an Atlan 1979).
Rein marktlich vermittelte Vertragsbeziehungen weisen eine relativ hohe Varietät bei relativ niedriger Redundanz auf. Sie sind zwar außerordentlich flexibel, veränderbar, innovativ, weisen aber andererseits wenig Langfristorientierung, Durchschlagskraft, Kohärenz, Durchhaltevermögen und akkumulierte Erfahrung auf. Die Erfindung der formalen Organisation konnte zwar solche Probleme fehlender Redundanz lösen, aber dies gelang nur recht einseitig auf Kosten der Varietät. Rigidität, Bürokratismus, Motivationsprobleme, Innovationsmangel, hohe Informationskosten sind nicht nur ein Problem von Staatsorganisationen, sondern speziell auch von Privatunternehmen.
»Verpaßte Gelegenheiten« – dies ist der treibende Motor für ein

neues Experimentieren mit institutionellen Arrangements, die sich als *re-entry* einer Unterscheidung in das durch sie Unterschiedene beschreiben lassen (Spencer Brown 1972). Und es ist nicht das kluge Handeln rational sich gebender Akteure, sondern das unkoordinierte Zusammenspiel von Evolutionsmechanismen – Variation: Versuch und Irrtum; Selektion: Konkurrenz und Macht; Retention: Institutionalisierung –, das über diesen *re-entry* und seinen Erfolg entscheidet. Dies ist der Augenblick der Emergenz von Netzwerken. Netzwerke als autopoietische Systeme dritter Ordnung resultieren aus einem *re-entry* der Unterscheidung von Markt und Hierarchie in diese selbst. In der Formulierung der japanischen Lehrmeister Imai und Itami:

»Market principles penetrate into the firm's resource allocation and organization principles creep into the market allocation. Interpenetration occurs to remedy the failure of pure principles either in the market or in the organization« (Imai und Itami 1984, S. 285).

Vertrag und Organisation profilieren sich als Systeme durch die Unterscheidung von Markt und Hierarchie. Organisationen definieren ihre Grenze durch die Umwelt des Marktes, vertragliche Arrangements definieren sich durch ihren Gegensatz zu formalen Organisationen. Probleme im Mischungsverhältnis von Varietät und Redundanz führen dazu, daß Verträge ihren Redundanzmängeln dadurch abzuhelfen suchen, daß sie organisatorische Elemente in sich aufnehmen. Ähnlich experimentieren Großorganisationen mit der Einführung von Marktelementen. In diesem experimentellen Spiel von Entdifferenzierungen und fließenden Übergängen sind nun Netzwerke im engeren Sinne ein interessanter Sonderfall. Sie zeichnen sich dadurch aus, daß sie am einmal gewählten Arrangement unbeirrt festhalten, zugleich aber das Gegenprinzip fest institutionalisieren. Innerhalb des durch die institutionalisierte Unterscheidung Vertrag/Organisation definierten Arrangements wird die Unterscheidung Vertrag/Organisation noch einmal wiederholt. Verträge nehmen organisatorische Elemente in sich auf und Organisationen werden mit marktlichen Elementen durchsetzt. Sie sind damit in der Lage, institutionell zwischen der Sprache der Organisation und der des Vertrages zu unterscheiden. Ergebnis ist die »Doppelkonstitution« von Vertrag und Organisation innerhalb eines institutionellen Arrangements.

	Differenz	Re-entry
Markt	Vertrag	Marktnetzwerk (zum Beispiel Zuliefersysteme, Franchising, Bankenverkehr)
Hierarchie	Organisation	Organisationsnetzwerk (zum Beispiel Konzerne, *joint ventures*)

Und es ist diese Doppelkonstitution des institutionellen Arrangements, die das Emergenzphänomen ausmacht. Der entscheidende Schritt zur Selbstorganisation von Netzwerken ist, daß vertragliche oder organisatorische Arrangements eine neuartige Selbstbeschreibung ihrer Elementarakte erzeugen und diese operativ verknüpfen. *Eine »Netzwerkoperation« als neuer Elementarakt entsteht durch soziale Doppelattribution von Handlungen: Ein kommunikatives Ereignis im Netzwerk wird sowohl einem der autonomen Vertragspartner als auch gleichzeitig der Gesamtorganisation zugerechnet.* Mein Verzehr eines saftigen Hamburgers ist von einem solchen wundersamen Doppelakt begleitet: der Transaktion des Franchisee an der Autobahn und der von MacDonalds Himself. Und doppelzüngig spricht der lokale Manager im multinationalen Unternehmen: im Namen der nationalen »subsidiary« und gleichzeitig im Namen der »headquarters« in den fernen USA.

»Netzwerkoperationen« sind also gegenüber bloßen »Vertragshandlungen« einerseits wie gegenüber bloßen »Organisationsentscheidungen« andererseits emergente Phänomene, insofern sie *uno actu* den Vertragsbezug und den Organisationsbezug herstellen. Wenn diese Doppelattribution von Handlungen in die Selbstbeschreibung des sozialen Arrangements eingeht und dort auch operativ verwendet wird, dann hat sich das Netzwerk als autonomes Handlungssystem selbst konstituiert.

Der Doppelbezug wiederholt sich in der »Netzwerkstruktur«, insofern jede Operation den Anforderungen des Vertrages zwischen den Einzelakteuren und denen der Netzwerkorganisation als ganzer gleichzeitig genügen muß. Und der hieraus resultierende Doppelbezug in der Relationierung der Einzeloperationen macht die Eigenständigkeit des »Netzwerksystems« aus. Gegenüber Vertrag und Organisation stellen also Netzwerke autopoietische Systeme höherer Ordnung dar, insofern sie durch Doppelattribution emergente Elementarakte (»Netzwerkoperationen«) herausbilden und diese zirkulär zu einem Operationssystem verknüpfen.

Damit wird die gleichzeitige Steigerung der vertraglichen und der organisatorischen Dimension möglich. Wir sind es gewohnt, das Verhältnis von vertraglichen und organisatorischen Komponenten als »Nullsummenspiel«, in dem stets der eine Teil auf Kosten des anderen gewinnt, zu sehen. Im Übergang von kurzfristigen *spot-market transactions* über *relational contracts*, über lose Gruppierungen bis hin zu integrierten Großorganisationen beobachten wir regelmäßig, daß organisatorische Elemente genau in dem Maße an Gewicht gewinnen, wie vertragliche Elemente an Gewicht verlieren. Netzwerke lassen sich in dieser Skala nicht unterbringen, weil bei ihnen vertragliche und organisatorische Komponenten gleichzeitig an Bedeutung gewinnen. Wie das Beispiel des Franchising gut zeigt, können in Netzwerken sowohl der Kollektivcharakter (Systemcharakter, Marketingverbund, Image-Einheit, Wettbewerbseinheit) als auch der Individualcharakter (Profitorientierung der Vertriebsstellen) gleichzeitig ins Extrem gesteigert werden (vgl. Martinek 1987, S. 121 ff.).

Resultat dieser Steigerung gegenläufiger Prinzipien ist eine eigentümliche Selbststeuerung des Netzwerks, die auf eben dieser Doppelorientierung des Handelns beruht. Wirtschaftlich betrachtet werden alle Transaktionen gleichzeitig auf den Profit des Netzwerks und den Profit des individuellen Akteurs ausgerichtet (»profit sharing«). Diese Doppelorientierung wirkt als *constraint*, insofern alle Transaktionen dem doppelten Test genügen müssen, und zugleich als *incentive*, insofern Netzwerkvorteile mit Einzelvorteilen verknüpft sind. Mit ausgeklügelten Anreizen und Sanktionen sorgen vertragliche Einzelklauseln dafür, daß die Doppelorientierung auch tatsächlich die Motive der Akteure trifft (Dnes 1988, 1991). Der ökonomische Witz des Franchising etwa im Vergleich zu firmeneigenen Vertriebsnetzen (selbst solchen mit firmeninternen Anreizprogrammen) liegt im *residual claim* für den Franchisee.[7] Der *residual claim* ist wegen der Ersparnis von *monitoring costs* regelmäßig höher als vergleichbare »Anreize« im firmeneigenen Vertrieb (vgl. Rubin 1978; Brickley und Dark 1987,

---

7 Vgl. als besonders klare, empirisch gestützte Studie Norton 1988.

S. 411 ff.; Dnes 1991, S. 140). Die hier herausgearbeitete Doppelorientierung, die zugleich als *constraint* und *incentive* wirkt, wird in ökonomischer Sprache als *principal-agent incentive* und als *information incentive* analysiert (Norton 1988, S. 202 ff.; vgl. Klein und Saft 1985; Mathewson und Winter 1985). Ganz parallel dazu liegt der ökonomische Witz der dezentralen Konzernorganisation in der doppelten Profitorientierung der *profit centers*.

Entsprechend muß man im Netzwerk von der Ko-Existenz von vergemeinschafteten Zwecken und Individualzwecken ausgehen. Das steht im deutlichen Gegensatz zu der unter Juristen verbreiteten Vorstellung, daß die Interessen entweder gegenläufig sind – dann Austauschvertrag – oder aber gleichgerichtet – dann Gesellschaft (vgl. Larenz 1987, § 601). Das Handeln der Systemmitglieder ist gleichzeitig »korporativ« am gemeinsamen Zweck und »vertraglich« an den Individualzwecken der Systemmitglieder orientiert, ohne daß man vom normativen Vorrang der einen oder der anderen Orientierung ausgehen dürfte. Hier liegt der entscheidende Unterschied zum *relational contracting* mit seinem Vorrang der Verfolgung von Individualzwecken gegenüber gemeinsamen Zwecken einerseits und den lockeren Kooperationsformen mit dem Vorrang der vergemeinschafteten Zwecke andererseits. »Il policentrismo, la multipolarità sono quindi caratteri della rete« (Lorenzoni 1989, S. 12).

5. Organisationsnetzwerke und Marktnetzwerke

In der Sache lassen sich zwei Typen von Netzwerken unterscheiden, je nachdem, welche Seite der Ausgangsunterscheidung, Markt oder Organisation, primär ist, der dann die andere Seite als Sekundärorientierung aufoktroyiert wird. »Organisationsnetzwerke« entstehen, wenn formale Organisationen in sich die Binnendifferenzierung der Wirtschaft in einen formal organisierten Bereich und einen spontanen Bereich innerhalb der eigenen Systemgrenzen wiederholen. Dezentrale Konzerne in der berühmten *multidivisional form* sind die bedeutsamste Neuerung in diesem Bereich, deren letzte Entwicklungsform als *network groups* bezeichnet wird (Sapelli 1990). Sie reagieren auf Mängel hoher Redundanz in Großorganisationen, indem sie das Ausmaß an or-

ganisationsinterner Varietät über drei Strategien zu steigern suchen[8]:
(1) Indirekte Kontextsteuerung selbständiger Subeinheiten durch die Zentrale (allgemeine Konzernpolitik, Management-Personalpolitik, indirekte Profitsteuerung) ersetzt Formen unmittelbarer hierarchischer Steuerung (Hedlund 1981, S. 21 ff.; Scheffler 1987, S. 469 ff.; van den Bulcke 1986, S. 222 ff.).
(2) Lange Hierarchieketten werden durch organisationsinterne Märkte abgelöst: in der Beziehung zwischen Konzernspitze und Konzernunternehmen wird eine Art Kapitalmarkt simuliert, daneben entstehen konzerninterne Arbeitsmärkte, Managermärkte, Ressourcen- und Produktmärkte.
(3) Die funktionale Differenzierung der Gesamtorganisation, die zu einer inadäquaten Maximierung der Einzelfunktionen führt, wird zugunsten einer segmentären Differenzierung aufgegeben, in der die autonomen *profit centers* eine doppelte Ausrichtung haben: Eigenprofit der *profit centers* und Profit der Gesamtorganisation (Dioguardi 1986; Lorenzoni 1989; Wolf 1990, S. 114).
»Marktnetzwerke« hingegen entstehen im vertraglich organisierten Bereich.[9] Sie reagieren auf Mängel zu hoher Varietät in rein marktlich kontrollierten Vertragsbeziehungen und versuchen, durch den Einbau von Organisationselementen die Redundanz zu steigern. Die Entstehung von Franchise-Systemen etwa erklärt sich dann daraus, daß rein vertragliche Arrangements den Erfordernissen der Vertriebsorganisation (zentrale Werbung, überregionale Imageeinheit, dezentraler Vertrieb, starke lokale Variationen) nicht gerecht werden (vgl. Rubin 1978, S. 223; Mathewson und Winter 1985, S. 503; Dnes 1991, S. 134 ff.). Sie setzen nicht genügend Anreize des Franchisor für Aufbau und Kontrolle eines vereinheitlichten Vertriebssystems und haben unzureichende Kontrollmechanismen gegen opportunistisches Verhalten der Franchisees. Zudem treten Informationsasymmetrien in bezug auf lokale Gegebenheiten auf, die durch rein vertragliche Mechanismen nicht beseitigt werden können. Beide Konstellationen von »Vertragsversagen« legen es nahe, durch den Einbau von hierarchischen Elementen in den Vertrag interne Anreize und Kontrollen zu verstärken und Informationsasymmetrien abzubauen.

8 Dazu ausführlicher Teubner 1989, S. 169 ff.
9 Zur Interpretation von Franchising als Netzwerk vgl. Teubner.

Als »Marktnetzwerke« wiederholen Vertragsbeziehungen in ihren Systemgrenzen die Differenzierung von Markt und Hierarchie, indem sie nicht nur sporadisch organisatorische Elemente in den Vertrag einbauen, sondern den Vertragsnexus zugleich als formale Organisation aufbauen. Selten lassen sich solche Netzwerke spontan und unkoordiniert organisieren. Regelmäßig spielt eine *hub firm*, eine *focal firm*, eine *impresa guida* die führende Rolle beim Aufbau und der laufenden Koordination. Diese Spezialisierung eines der beteiligten Unternehmen auf Strategie und Koordination kann, muß aber nicht, auf einem vorausgesetzten Marktmachtgefälle (etwa zwischen Marktstufen: Industrie-Handel oder Industrie-Vorlieferanten) beruhen; ebenso verbreitet sind Netzwerk-Zentren auf der Grundlage gleichgeordneter Arbeitsteilung (Jarrillo 1988; Lorenzoni 1989).

Das Resultat dieses re-entry der Organisation in den Vertrag sind

»›Strategic Networks‹. In them, a ›hub‹ firm has a special relationship with the other members of the network. Those relationships have most of the characteristics of a ›hierarchical‹ relationship: relatively unstructured tasks, long-term point of view, relatively unspecified contracts. These relationships have all the characteristics of ›investments‹, since there is always a certain ›asset specificity‹ to the know-how of, say, dealing with a given supplier instead of a new one. And yet, the ›contracting parties‹ remain as independent organizations, with few or no points of contact along many of their dimensions« (Jarrillo 1988, S. 35).

Vertrags-Netzwerke machen sich damit das Zusammenspiel von varietätssteigernden und redundanzsteigernden Mechanismen zunutze. Also kein prekärer Kompromiß, kein Ausgleich zwischen beiden Prinzipien, sondern ein Steigerungszusammenhang! Darin dürfte ihr fernöstliches Erfolgsgeheimnis bestehen, das Ökonomen in ihrer reichen Weltsicht allerdings nur als Transaktionskostenvorteil wahrnehmen können.

6. Netzwerke als *corporate actors*?

Im Unterschied zu den üblichen Definitionen des Netzwerks als lose Kooperationsform, als dezentrale Koordination autonomer Akteure oder als Übergangsform zwischen Vertrag und Organisation ist damit ein sehr viel engerer und zugleich präziserer Begriff des Netzwerkes gewonnen. Von Netzwerk sollte man dann und nur dann sprechen, wenn ein Handlungssystem sich zugleich als formale Organisation und als Vertragsbeziehung zwischen autonomen Akteuren formiert. Operationaler Test für das empirische Vorliegen eines Netzwerkes ist der Aufweis von folgenden Sozialphänomenen: (1) Läßt sich eine Doppelattribution der Handlungen auf Organisation und Vertragspartner *in concreto* nachweisen? (2) Unterliegt das Handeln den doppelten Anforderungen der Gesamtorganisation und der einzelnen Vertragsbeziehung? Hierzu lassen sich am leichtesten Befragungstechniken einsetzen, die subjektive Einstellungen und individuelles Wissen über die Zurechnung von Handlungen und über die reale Geltung von Organisations- und Vertragsnormen erforschen. »Näher dran« wären freilich härtere Tests, die das Zurechnungsverhalten in Mißerfolgs- wie in Erfolgsfällen direkt beobachten und daher Zurechnungs- und Erwartungsstrukturen an den realen Handlungen selbst ablesen. Daß es neben diesen sehr eng definierten Netzwerken andere empirische Phänomene loser Kooperationsformen gibt, die nicht diesen strengen Bedingungen genügen, sei nicht bestritten. Auf die Terminologie (Netzwerk, symbiotischer Kontrakt) kommt es nicht an; entscheidend ist die Auszeichnung eines empirischen Phänomens durch den simultanen Doppelbezug auf Vertrag und Organisation.

Doch sind Netzwerke selbst auch kollektive Akteure? Sind dezentrale Konzerne als solche der sozialen Verantwortung fähig? Können Franchise-Systeme eine *corporate identity* entwickeln? Sollten gar Bündel von bloßen Verträgen selbst als soziale Akteure auftreten? Kann man »dezentralisierte und informalisierte Organisationen« als »emergente Kollektivakteure *sui generis*« bezeichnen (Geser 1990, S. 405) und, wenn ja, in Hinsicht auf welche Eigenheiten? Dies alles sind Fragen der kollektiven Handlungsfähigkeit von Netzwerken. Sie richten sich in erster Linie an die empirische Sozialforschung! Und natürlich zugleich an die Sozialtheorie. Jedenfalls ist dies nicht nur ein Problem juristischer Konstruktion.

Man sollte die politisch-moralische Brisanz des Kollektivcharakters von Netzwerken nicht unterschätzen. Sie läßt sich wahrlich nicht auf die Imagepflege von *corporate identity* reduzieren. Vor einigen Jahren ging die Nachricht durch die Zeitungen, daß der Daimler-Benz-Konzern mit seiner NS-Vergangenheit neu konfrontiert wurde. In den Kriegsjahren waren KZ-Häftlinge an den Konzern »abgeordnet« worden, die jetzt finanzielle Entschädigung und politisch-moralische Genugtuung verlangten. »Ohne Anerkennung einer Rechtspflicht« zahlte der Konzern schließlich nach einer quälenden öffentlichen Diskussion eine symbolische Summe. Ist dies die faktische gesellschaftliche Anerkennung einer »Kollektivschuld« eines Großkonzerns? Oder trifft es im Gegenteil zu, daß nach dem Ableben der alten involvierten Führungskräfte eine soziale Verantwortlichkeit des Konzerns unter dem neuen modernen Management nicht mehr bestehen kann? Und kann man eine politisch-moralische Verantwortung des gesamten Konzerns als Netzwerk für das Verhalten seiner Teileinheiten verneinen? Oder sind dies politische Vorgänge, für die nur staatliche Institutionen, nicht aber private Konzerne verantwortlich gemacht werden können?[10] Dies sind natürlich alles normative Fragen der moralisch-politischen Bewertung, aber zugleich Fragen nach der sozialen Realität von Netzwerken und ihrer kollektiven Handlungsfähigkeit, die sich an die Soziologie richten.

Nun ist die Vorstellung eines überpersonalen sozialen Kollektivs, das über eine eigenständige Handlungsfähigkeit verfügen soll, in den Sozialwissenschaften äußerst kontrovers. Besonders vehement wird sie von Ökonomen bestritten. In ihrer zwanghaften Orientierung am methodologischen Individualismus lassen sie sich etwa zu folgenden paradoxen Äußerungen hinreißen:

»The private corporation or firm is simply one form of legal fiction which serves as a nexus for contracting relationships ... it makes little or no sense to try to distinguish those things which are ›inside‹ the firm (or any other organization) from those things that are ›outside‹ of it. There is in a very real sense only a multitude of complex relationships (i.e. contracts) between the legal fiction (the firm) and the owners of labor, material and capital inputs and the consumers of output ... the ›behavior‹ of the firm is like the behavior of a market, i.e. the outcome of a complex equilibrium process. We seldom fall into the trap of characterizing the wheat or stock market as an individual, but we often make this error by thinking about organizations as if they were persons with motivations and intentions.« (Jensen und Meckling 1976, S. 311[11])

---

10 Vgl. die Argumentation im Parallelfall Siemens in der ZEIT Nr. 36, 31.8.1990, und zum Fall Volkswagenwerk: Siegfried 1987.
11 Ähnlich Williamson 1985, passim; Easterbrook 1988.

Paradox sind solche Äußerungen insofern, als sie einerseits die soziale Realität eines handlungsfähigen Kollektivs strikt negieren (»trap«, »error«, »fiction«), andererseits sich gezwungen sehen, von der Realität einer solchen Fiktion als Vertragspartner auszugehen (»nexus«). Ganz zu schweigen von der Einebnung des Unterschieds von Markt und Organisation in Hinblick auf soziale Handlungsfähigkeit. Und die Rede von »inside« und »outside« in bezug auf Firmen dient häufig nur dazu, Inkonsistenzen (»outside«: Unternehmen als *rational actor* am Markt; »inside«: Unternehmen als Vertragsnexus zwischen Individuen; ungelöstes Problem: wie wird ein *nexus* zum *rational actor*?) zu verdecken.

Soziologische Äußerungen zu diesem Thema sind oft nicht besser, besonders seit dem autoritativen Verdikt von Max Weber (1972, S. 6 f.), der den Kollektiven die Handlungsfähigkeit abgesprochen hat. Am fortgeschrittensten immer noch sind Konzepte kollektiver Akteure in Form von Theorien der Ressourcenzusammenlegung (Coleman 1974; 1982; 1989; Vanberg 1982, S. 8 ff., 37 ff.), die aber nur einseitig den statischen Strukturaspekt herauszuarbeiten in der Lage sind.

Die Theorie autopoietischer Sozialsysteme hingegen erlaubt eine begriffliche Fassung des kollektiven Akteurs, die den Fallstricken der Fiktionstheorien wie auch den Mystifikationen der Theorien der realen Verbandspersönlichkeit entgehen kann (vgl. Luhmann 1984, S. 270 ff.; Teubner 1987c, S. 64 ff.; Knyphausen 1988, S. 120 ff.; Hutter 1989, S. 32 ff.; Ladeur 1989; Vardaro 1990). Um es kurz zu machen: Kollektivakteure sind weder Fiktionen noch die »leiblich-geistige Einheit« der realen Verbandspersönlichkeit, noch sind sie nur verselbständigte Ressourcenbündel. Aber auch mit dem Begriff des sozialen Handlungssystems, ja selbst mit dem der formalen Organisation ist noch nicht ihre Handlungsfähigkeit getroffen. Vielmehr besteht ihre soziale Realität in der sozial verbindlichen Selbstbeschreibung eines organisierten Handlungssystems als zyklische Verknüpfung von Identität und Handlung. Der »Witz« des Kollektivs als handlungsfähiger sozialer Einheit besteht demnach darin, daß systeminterne Kommunikation eine Selbstbeschreibung des Handlungssystems als Ganzem produziert (*corporate identity*) und daß soziale Prozesse diesem semantischen Konstrukt Ereignisse als Handlungen des Systems zuschreiben. In der Sache bedeutet die soziale Realität von Kollektivpersonen, wie Scharpf (1989, S. 13 f.) zustimmend notiert, also »eine die Anwendung von Zurechnungsregeln steuernde nützliche Fiktion« nicht der Juristen, auch nicht des Staates, sondern der gesellschaftlichen Praxis selbst, eine Fiktion, die »als gradualisierte Variable« bestimmten sozialen Phänomenen die Fähigkeit zur Selbstbindung, zur Konstitution von Aktor-Identität und von kollektiver Handlungsfähigkeit verschafft (vgl. auch Geser 1990, S. 402 ff.).

Jetzt erst kommen wir zur eigentlichen Frage dieses Abschnitts: Sind in diesem Sinne Netzwerke »Kollektivakteure«? Auf den ersten Blick: nein. Denn in ihrer dezentralisierten Arbeitsweise widersprechen sie diametral dem Bild einer hierarchischen Organisation, die durch ihre Spitze (zentrales Management) handelt. Vertriebsnetze etwa handeln nicht durch die Vertriebszentrale, vielmehr ist die kollektive Handlungsfähigkeit dezentral auf die einzelnen Außenstellen als autonome Akteure verteilt. Und wollte man Konzerne als hierarchische Einheitsunternehmen interpretieren, in denen die Konzernspitze für die Tochtergesellschaften handelt, handelte man angesichts der oben herausgearbeiteten Merkmale der Konzernorganisation – Kontextsteuerung, Marktinternalisierung, dezentrale Eigendynamik – kontraproduktiv.

Also keine kollektive Handlungsfähigkeit von Netzwerken? Etwas sträubt sich. Hat denn Daimler-Benz als Großkonzern keine *corporate identity*? Und ist denn MacDonald keine »Imageeinheit«? Und was für eine! Zugleich ist MacDonald »Marketinggemeinschaft« und »Wettbewerbseinheit« oder wie immer auch die betriebswirtschaftlichen Euphemismen für Franchise-Systeme heißen. Und immerhin hat man als Resultat empirischer Organisationsforschung festgestellt: »Franchising is more like an integrated business than a set of independent firms« (Dnes 1991, S. 141). Sollte man dann nicht wenigstens wieder die Vorstellung eines »Zwischengebildes« zwischen Vertrag und Organisation einführen und den Netzwerken eine Art unterentwickelter Kollektivität zusprechen? Man könnte so der dezentralen Autonomie der Subeinheiten gerecht werden und dennoch die hierarchische Spitze, die Konzernspitze oder die *hub firm* der Netzwerkorganisationen, das Ganze repräsentieren lassen.

Doch die Konstruktionen der sozialen Praxis sind weitaus radikaler, als sich unsere Schulweisheit träumen läßt. Die Selbstorganisation der Netzwerke in der *real world* hat längst schon unsere anthropomorphen Vorstellungen vom *corporate actor*, von der mit

Hilfe von »Organen« handelnden »Verbandsperson«, gesprengt. Es gehörte immer zu den Zwängen des anthropomorphen Denkens in Kollektiv-»Personen«, daß man sich bei der sozialen Realität der *corporate actors* wie bei den rechtlichen Konstruktionen der juristischen Person ein einheitliches Aktions- und Willenszentrum vorstellen mußte, das als sozialer Zurechnungsendpunkt für Handlungen, Rechte und Verantwortlichkeiten diente. Seitdem die christologische Analogie der beiden Körper des Königs (»The King's Two Bodies«) soziale Systeme, insbesondere den Staat, aber auch Unternehmen und Verbände, selbst handlungsfähig machten[12], sind wir es gewohnt, Handlungsfähigkeit von Kollektiven mit deren »Personifizierung« zu assoziieren. Die soziale Praxis hat bisher bestimmte soziale Gebilde als Quasi-Personen angesehen und sie nach dem Vorbild der menschlichen Person mit einem Willenszentrum, mit Eigeninteressen, mit Handlungsfähigkeit, ja selbst mit »Allgemeinen Menschenrechten« ausgestattet.[13]

Mit solchen allzumenschlichen Personifikationen sozialer Systeme bricht die Selbstorganisation der Netzwerke endgültig. Sie treibt eine neue soziale Form der kollektiven Handlungsfähigkeit hervor, die von den Parallelen zum Handeln des menschlichen Individuums abstrahiert. Die »vielköpfige Hydra« scheint die angemessene Metapher und nicht die mit einem einheitlichen Willenszentrum begabte »Verbandsperson«. *Nicht mehr Personifizierung, sondern polyzentrische Autonomisierung, nicht mehr Einheitszurechnung, sondern simultane Vielfachzurechnung werden erst der Handlungslogik des Netzwerkes gerecht.* Entscheidend ist die Fragmentierung der kollektiven Handlungsfähigkeit in dezentrale Subeinheiten, zu denen auch die Zentrale als *primus inter pares* zählt. Netzwerke handeln nicht durch ein einheitliches Willens- und Aktionszentrum, wie es für die klassische Korporation typisch ist, sondern über eine Vielzahl von »Knoten«, die jeder autonom für sich, aber zugleich für das »Netz« operieren. Das »Netz« selbst ist Kollektivakteur, dessen Handlungen nicht in einem »Knoten«, sondern in sämtlichen »Knoten« vollzogen werden, ohne daß deswegen die »Knoten« selbst ihre Eigenschaft als Kollektivakteure verlören.

---

12 Dazu vorzüglich Kantorowicz 1957.
13 Dazu kritisch Dan-Cohen 1986; Röhl 1990, S. 266 ff.

7. Externalitäten

Was bedeutet dann die Metapher der »vielköpfigen Hydra« für die soziale Verantwortung von Netzwerken? Oder kühler: Gibt es netzwerkspezifische negative externe Effekte, die es durch ebenso netzwerkspezifische Verantwortungsmechanismen zu internalisieren gilt? Die soziologische und ökonomische Literatur, die die Effizienzgewinne der Netzwerkorganisation feiert, ist zu dieser Frage merkwürdig still (vgl. MacMillan und Farmer 1979; Kaneko und Imai 1987; Jarrillo 1988; Lorenzoni 1989). Nun gibt es sowohl in »Marktnetzwerken« als auch in »Organisationsnetzwerken« durchaus die für formale Organisationen notorischen Phänomene, die man als »illegitime Transaktionskostenersparnisse« oder brutaler als Ausdruck »organisierter Unverantwortlichkeit«[14] kennzeichnen muß. Ja, gegenüber anderen formalen Organisationen zeichnen sich hybride Arrangements durch besonders unerfreuliche »netzwerkspezifische« Externalitäten aus. Die Praxis der Konzerne, die sich der Dezentralisierung mit Hilfe von *profit centers* bedienen, um neben (legitimen) Effizienzvorteilen zugleich (illegitime) Risikoverlagerungen und Haftungsbegrenzungen zu erzielen, gibt dafür reichlich Anschauungsmaterial (vgl. Hommelhoff 1990, S. 761). Aber auch Zulieferer- und Vertriebsnetze ebenso wie die Vertragsnetze im Transport-, Banken- oder Telekommunikationsbereich kennen dieses Phänomen: sozial erwünschte Transaktionskostenvorteile aus der intelligenten Mischung von Vertrag und Organisation gehen Hand in Hand mit sozial fragwürdigen Risikoverlagerungen auf Dritte und künstlichen vertraglichen Beschränkungen der Verantwortlichkeit.[15] Netzwerkspezifisch sind diese negativen externen Effekte aus zwei Gründen: Sie entstehen erstens aus der arbeitsteiligen Zersplitterung und verantwortungsmäßigen Isolierung von straff koordinierten Handlungsketten. Und sie sind zweitens auf die Fähigkeit von Netzwerken zurückzuführen, »chamäleonartig« die Organisationsfarbe zu wechseln – Vertrag, Organisation, Netzwerk, Vertrag, Organisation . . . –, je nachdem, wie es die Umwelt und das Profitinteresse verlangen. Will man hier politisch gegen-

---

14 Dazu allgemein Coleman 1982, S. 79 ff.; Röhl 1987, S. 574 ff., 1990; Beck 1988, S. 96 ff.; Perrow 1988, S. 267 ff.
15 Dazu am Fall des Franchising Teubner 1990 b.

steuern, so bedarf es im Prinzip zweier Steuerungsmechanismen. Einmal einer hohen Flexibilität der Haftungsinstrumente, die sich nicht auf das gewählte Arrangement festnageln lassen, sondern genauso »opportunistisch« reagieren wie das chamäleonartig changierende Netzwerk selbst. Zum anderen bedarf es der simultanen Vielfachzurechnung korporativer Verantwortung. Die Verantwortung darf sich nicht auf die »Knoten« des Netzes beschränken lassen, sie muß gleichzeitig die »Zentrale« des Netzwerkes wie auch das Koordinationssystem des »Netzes« selbst erfassen.

Was oben für die Zweckorientierung und für die Handlungszurechnung gesagt wurde, gilt gleichermaßen für die Verantwortung und Haftung solcher hybrider Arrangements. *Simultane Vielfachzurechnung der Verantwortung auf Kollektiv, Zentrale und Individualeinheit* unterscheidet das Netzwerk vom Verband einerseits, vom Vertrag andererseits. Auch wenn das heutige Recht noch weit davon entfernt ist, Konzerne oder gar Vertragssysteme als Rechtssubjekte zu behandeln, in der sozioökonomischen »Praxis«, also in der Selbststeuerung durch die Organisation und in der Fremdsteuerung durch den Markt, werden straff organisierte Vertriebssysteme und Konzerne (auch wenn sie dezentral koordiniert sind) als Handlungseinheit und zugleich als Handlungsvielheit »beobachtet« (vgl. Martinek 1987, S. 121). Die Praxis macht ohne weiteres möglich, was heute noch im Recht als Widerspruch erscheint, die Verantwortung für ein und dieselbe Handlung gleichzeitig der Organisation, der Zentrale und der Individualeinheit zuzurechnen.

Und diese Mehrfachzurechnung der »Praxis«, mit der organisatorische Selbststeuerung und marktliche Fremdsteuerung kombiniert wird, sollte auch das Modell für eine »netzwerkadäquate« soziale Verantwortung abgeben. Indirekte Verhaltenssteuerung durch Verantwortungszurechnung kann das Selbststeuerungszentrum im Netzwerk nur dann »treffen«, wenn sie die Mehrfachorientierung des Netzwerkhandelns »irritieren« kann.[16] Erst die gleichzeitige Beeinflussung der Kosten-Nutzen-Kalküle von »Netz«, »Zentrale« und »Knoten« gibt der Außensteuerung ge-

---

16 Zum Modell »indirekter« Steuerung von Systemen vgl. Luhmann 1988 b, S. 345 ff.; zur Problematik der Netzwerksteuerung im Konzern vgl. Teubner 1990 a.

wisse Chancen, das Verhalten des Netzwerks zu irritieren. »Jenseits« von Kollektiv und Individualeinheit müßte eine gleichzeitige dreifache Verantwortung von Kollektiv, Zentrale und Subeinheit etabliert werden, die eine dezentrale Haftung des gesamten Netzwerks ermöglicht.

Literatur

Alchian, Armen A., und Harold Demsetz (1972), »Production, Information Costs, and Economic Organization«, in: *American Economic Review* 62, S. 777-795.

Aldrich, Howard und D. A. Whetten (1981), »Organization-Sets, Action-Sets, and Networks: Making the Most of Simplicity«, in: P. C. Nistrom & W. H. Starbuck (Hg.), *Handbook for Organizational Design*, Oxford: Oxford University Press, S. 385-408.

Atlan, Henri (1979), *Entre le Cristal et la Fumèe*, Paris: Seuil.

Beck, Ulrich (1988), *Gegengifte: Die organisierte Unverantwortlichkeit*. Frankfurt am Main: Suhrkamp.

Birley, S. (1985), »The Role of Networks in the Entrepreneurial Process«, *Journal of Business Venturing* 1, S. 107-117.

Brickley, James A. und Frederick H. Dark (1987), »The Choice of the Organizational Form: The Case of Franchising«, in: *Journal of Financial Economics* 18, S. 401-420.

Bunge, Mario (1980), *The Mind-Body Problem: A Psychobiological Approach*, Oxford: Pergamon.

Coleman, James S. (1974), *Power and the Structure of Society*, New York: Norton.

Coleman, James S. (1982), *The Asymmetric Society*, Syracuse: Syracuse University Press.

Coleman, James S. (1989), *Foundations of Social Theory*, Cambridge, MA: Harvard University Press.

Dan-Cohen, Meir (1986), *Rights, Persons, and Organizations. A Legal Theory for Bureaucratic Society*, Berkeley: University of California Press.

Deggau, Hans-Georg (1987), »Versuch über die Autopoiese des Vertrages«, Manuskript, Hannover.

Dioguardi, Gianfranco (1986), *L'impresa nell'era del computer*, Milano: Edizioni del Sole 24 ore.

Dnes, Antony W. (1988), »The Business Functions of Franchising«, in: *Business Studies* 1, S. 33.

Dnes, Antony W. (1991), »The Economic Analysis of Franchise Contracts«, in: C. Joerges (Hg.), *Franchising and the Law*, Baden-Baden: Nomos, S. 133-142.

Easterbrook, Frank (1988), »Corporations as Contracts«, Conference Paper, Stanford.

Evan, William (1966), »The Organization Set«, in: J. D. Thompson (Hg.), *Approaches to Organizational Design*, Pittsburgh: University of Pittsburgh Press.

Foerster, Heinz von (1984), *Sicht und Einsicht*, Braunschweig–Wiesbaden: Vieweg.

Geser, Hans (1990), »Organisationen als soziale Akteure«, in: *Zeitschrift für Soziologie* 19, S. 401-417.

Grossman, Sanford, J. und Oliver Hart (1986), »The Costs and Benefits of Ownership: A Theory of Vertical and Lateral Integration«, in: *Journal of Political Economy* 94, S. 691-719.

Hanf, Kenneth und Fritz W. Scharpf (1978), *Interorganizational Policy Making: Limits to Coordination and Central Control*, London: Sage.

Hastedt, Heiner (1988), *Das Leib-Seele-Problem. Zwischen Naturwissenschaft des Geistes und kultureller Eindimensionalität*, Frankfurt am Main: Suhrkamp.

Hedlund, Gunnar (1981), »Autonomy of Subsidiaries and Formalization of Headquarter-Subsidiary Relationships in Swedish MNCs«, in: L. Otterbeck (Hg.), *The Management of Headquarter-Subsidiary Relationships in Multinational Corporations*, New York: St. Martin's Press, S. 25-78.

Hejl, Peter M. (1985), »Konstruktion der sozialen Konstruktion: Grundlinien einer konstruktivistischen Sozialtheorie«, in: A. Mohlar (Hg.), *Einführung in den Konstruktivismus*, München: Oldenbourg, S. 85-115.

Hommelhoff, Peter (1990), »Produkthaftung im Konzern«, *Zeitschrift für Wirtschaftsrecht* 11, S. 761-771.

Hutter, Michael (1989), *Die Produktion von Recht. Eine selbstreferentielle Theorie der Wirtschaft, angewandt auf den Fall des Arzneimittelpatentrechts*, Tübingen: Mohr/Siebeck.

Imai, Ken-ichi und Hiroyuki Itami (1984), »Interpenetration of Organization and Market: Japan's Firm and Market in Comparison with the U.S.«, in: *International Journal of Industrial Organization* 2, S. 285-310.

Imai, Ken-ichi, I. Nonaka und H. Takeuchi (1985), »Managing New Product Development: How Japanese Companies Learn and Unlearn«, in: K. B. Clark, R. H. Hayes und C. Lorenz (Hg.), *The Uneasy Alliance*, New York: Harper & Row.

Jarrillo, J. C. (1988), »On Strategic Networks«, in: *Strategic Management Journal* 9, S. 31-41.

Jensen, Michael und William H. Meckling (1976), »Theory of the Firm:

Managerial Behavior, Agency Costs and Ownership Structure«, in: *Journal of Financial Economics* 3, S. 306-360.

Johanson, J. und L. G. Mattson (1989), »Interorganizational Relations in Industrial Systems: A Network Approach Compared with the Transactional Approach«, in: *International Journal of Mangement and Organization*.

Kaneko, I. und Ken-ichi Imai (1987), »A Network View of the Firm«, *1st Hitotsubashi-Stanford Conference*.

Kantorowicz, Ernst H. (1957), *The King's Two Bodies. A Study in Mediaeval Political Theology*, Princeton: Princeton University Press.

Klein, Benjamin und Hester F. Saft (1985), »The Law and Economics of Franchise Tying Contracts«, in: *Journal of Law and Economies* 18, S. 345-361.

Knyphausen, Dodo zu (1988), *Unternehmungen als evolutionsfähige Systeme. Überlegungen zu einem evolutionären Konzept für die Organisationstheorie*, Herrsching: Kirsch.

Köndgen, Johannes (1981), *Selbstbindung ohne Vertrag. Zur Haftung aus geschäftsbezogenem Handeln*, Tübingen: Mohr/Siebeck.

Ladeur, Karl-Heinz (1989), »Zu einer Grundrechtstheorie der Selbstorganisation des Unternehmens«, in: H. Faber und E. Stein (Hg.), *Auf einem dritten Weg. Festschrift für Helmut Ridder*, Neuwied: Luchterhand, S. 179-191.

Larenz, Karl (1987), *Lehrbuch des Schuldrechts*, 14. Auflage, München: C. H. Beck.

Lehmbruch, Gerhard (1985), »Sozialpartnerschaft in der vergleichenden Politikforschung«, in: *Journal für Sozialforschung* 25, S. 285-303.

Lorenzoni, Gianni (1989), »Le organizzazioni a rete: Tre forme di base«, Manuskript.

Luhmann, Niklas (1981), »Organisation im Wirtschaftssystem«, in: ders. (Hg.), *Soziologische Aufklärung 3*, Opladen: Westdeutscher Verlag, S. 390-414.

Luhmann, Niklas (1984), *Soziale Systeme: Grundriß einer allgemeinen Theorie*, Frankfurt am Main: Suhrkamp.

Luhmann, Niklas (1985), »Einige Probleme mit ›reflexivem Recht‹«, in: *Zeitschrift für Rechtssoziologie* 6, S. 1-18.

Luhmann, Niklas (1987), »Die Differenzierung von Politik und Wirtschaft und ihre gesellschaftlichen Grundlagen«, in: ders. (Hg.), *Soziologische Aufklärung 4: Beiträge zur funktionalen Differenzierung der Gesellschaft*, Opladen: Westdeutscher Verlag, S. 32-48.

Luhmann, Niklas (1988a), »Organisation«, in: W. Küpper und G. Ortmann (Hg.), *Mikropolitik. Rationalität, Macht und Spiele in Organisationen*, Opladen: Westdeutscher Verlag, S. 165-185.

Luhmann, Niklas (1988b), *Die Wirtschaft der Gesellschaft*, Frankfurt am Main: Suhrkamp.

MacMillan, Keith und David Farmer (1979), »Redefining the Boundaries of the Firm«, in: *The Journal of Industrial Economics* 27, S. 277-285.

Martinek, Michael (1987), *Franchising. Grundlagen der zivil- und wettbewerbsrechtlichen Behandlung der vertikalen Gruppenkooperation beim Absatz von Waren und Dienstleistungen*, Heidelberg: Decker & Schenck.

Mathewson, G. Frank und Ralph A. Winter (1985), »The Economics of Franchise Contracts«, in: *Journal of Law and Economics* 28, S. 503-526.

Maturana, Humberto (1982), *Erkennen. Die Organisation und Verkörperung von Wirklichkeit*, Braunschweig: Vieweg.

Mueller, Robert K. (1986), *Corporate Networking*, New York: The Free Press.

Nagel, Bernhard (1989), »Der faktische Just-in-Time-Konzern – Unternehmensübergreifende Rationalisierungskonzepte und Konzernrecht am Beispiel der Automobilindustrie«, in: *Der Betrieb* 42, S. 1505-1511.

Norton, Seth W. (1988), »An Empirical Look at Franchising as an Organisational Form«, in: *The Journal of Business* 61, S. 197-218.

Parsons, Talcott und Neil J. Smelser (1956), *Economy and Society. A Study in the Integration of Economic and Social Theory*, London: Routledge.

Perrow, Charles (1988), »A Society of Organizations«, in: M. Haller, H.-J. Hoffmann-Nowottny und W. Zapf (Hg.), *Kultur und Gesellschaft*, Frankfurt/New York: Campus, S. 265-276.

Popper, Karl und John Eccles (1977), *The Self and Its Brain: An Argument for Interactionism*. Heidelberg: Springer; deutsch: *Das Ich und sein Gehirn*, Hamburg: Hoffmann und Campe 1981.

Röhl, Klaus (1987), »Die strukturelle Differenz zwischen Individuum und Organisation oder Brauchen wir ein Sonderprivatrecht für Versicherungen und andere Organisationen?«, in: *Festschrift für Ernst C. Stiefel*, München: Beck, S. 574-605.

Röhl, Klaus F. (1990), »Zu einer Jurisprudenz der Organisation«, in: W. Hoffmann-Riem, K. A. Mollnau und H. Rottleuthner (Hg.), *Rechtssoziologie in der Deutschen Demokratischen Republik und in der Bundesrepublik Deutschland*, Baden-Baden: Nomos, S. 266-283.

Roth, Gerhard (1987), »Die Entwicklung kognitiver Selbstreferentialität im menschlichen Gehirn«, in: D. Baecker, J. Markowitz, R. Stichweh, H. Tyrell und H. Willke (Hg.), *Theorie als Passion*, Frankfurt am Main: Suhrkamp, S. 394-422.

Roth, Gerhard und Helmut Schwegler (1989), »Self-Organization, Emergent Properties and the Unity of the World«, in: Wolfgang Krohn/Günter Küppers/Helga Nowotny (Hg.), *Selforganization. Portrait of a Scientific Revolution*, Dordrecht: Kluwer, S. 36-50.

Rubin, Paul A. (1978), »The Theory of the Firm and the Structure of Franchise Contracts«, in: *Journal of Law and Economics* 21, S. 223-233.

Sapelli, Giulio (1990), »A Historical Typology of Group Enterprises: The Debate on the Decline of Popular Sovereignty«, in: D. Sugarman und G. Teubner (Hg.), *Regulating Corporate Groups in Europe*, Baden-Baden: Nomos, S. 193-216.

Schanze, Erich (1991), »Symbiotic Contracts: Exploring Long-Term Agency Structures between Contract and Corporation«, in: C. Joerges (Hg.), *Franchising and the Law*, Baden-Baden: Nomos, S. 67-104.

Scharpf, Fritz W. (1989), »Politische Steuerung und Politische Institutionen«, in: *Politische Vierteljahresschrift* 30, S. 10-21.

Scheffler, Eberhard (1987), »Zur Problematik der Konzernleitung«, in: *Festschrift für Reinhard Goerdeler*, Düsseldorf: IDW-Verlag, S. 469-485.

Schmid, Walter (1983), *Zur sozialen Wirklichkeit des Vertrages*, Berlin: Duncker und Humblot.

Schmidt, Jürgen (1985), *Vertragsfreiheit und Schuldrechtsreform*, Berlin: Duncker & Humblot.

Schmidt, Jürgen (1989), »›Sozialsysteme‹ und ›Autonomie‹«, in: *Festschrift für Günther Jahr*, Köln: Heymanns, S. 34-94.

Schneider, Volker (1988), *Politiknetzwerke der Chemikalienkontrolle. Eine Analyse der transnationalen Politikentwicklung*, Berlin: de Gruyter.

Sharpe, L. J. (1985), »Central Coordination and the Policy Network«, in: *Political Studies* 33, S. 361-381.

Siegfried, Klaus-Jörg (1987), *Rüstungsproduktion und Zwangsarbeit im Volkswagenwerk 1939-1945*, Frankfurt/New York: Campus.

Spencer Brown, George (1972), *Laws of Form*, New York: Julian Press.

Stichweh, Rudolf (1987), »Die Autopoiese der Wissenschaft«, in: Dirk Baecker u. a. (Hg.), *Theorie als Passion*, Frankfurt am Main: Suhrkamp, S. 447-481.

Teubner, Gunther (1979), »Die Gesellschaft des bürgerlichen Rechts. Kommentierung zu §§ 705 ff. BGB«, in: Rudolf Wassermann (Hg.), *Alternativkommentar zum Bürgerlichen Recht*, Neuwied: Luchterhand, S. 718-749.

Teubner, Gunther (1980), »Die Generalklausel von Treu und Glauben. Kommentierung zu § 242 BGB«, in: Rudolf Wassermann (Hg.), *Alternativkommentar zum Bürgerlichen Gesetzbuch*, Band 2, *Allgemeines Schuldrecht*, Neuwied: Luchterhand, S. 32-91.

Teubner, Gunther (1987a), »Episodenverknüpfung. Zur Steigerung von Selbstreferenz im Recht«, in: Dirk Baecker u. a. (Hg.), *Theorie als Passion*, Frankfurt am Main: Suhrkamp, S. 423-446.

Teubner, Gunther (1987b), »Hyperzyklus in Recht und Organisation:

Zum Verhältnis von Selbstbeobachtung, Selbstkonstitution und Autopoiese«, in: H. Haferkamp und M. Schmid (Hg.), *Sinn, Kommunikation und soziale Differenzierung. Beiträge zu Luhmanns Theorie sozialer Systeme*, Frankfurt am Main: Suhrkamp, S. 89-128.

Teubner, Gunther (1987c), »Unternehmenskorporatismus: New Industrial Policy und das ›Wesen‹ der Juristischen Person«, in: *Kritische Vierteljahresschrift für Gesetzgebung und Rechtswissenschaft* 2, S. 61-85.

Teubner, Gunther (1989), *Recht als autopoietisches System*. Frankfurt am Main: Suhrkamp.

Teubner, Gunther (1990a), »Die ›Politik des Gesetzes‹ im Recht der Konzernhaftung«, in: *Festschrift für Ernst Steindorff*, Berlin: de Gruyter, S. 261-279.

Teubner, Gunther (1990b), »Verbund, Verband oder Verkehr? Zur Außenhaftung von Franchising-Systemen«, in: *Zeitschrift für das gesamte Handelsrecht und Wirtschaftsrecht* 154, S. 295-324.

Thorelli, H. B. (1986), »Networks: Between Markets and Hierarchies«, in: *Strategic Management Journal* 7, S. 37-51.

Tichy, Noel M. (1981), »Networs in Organizations«, in: P. C. Nystrom und W. H. Starbuck (Hg.), *Handbook for Organizational Design*, Oxford: Oxford University Press, S. 225-249.

Trasher, Michael (1983), »Exchange Networks and Implementation«, in: *Policy and Politics*, S. 375-391.

Twaalhoven, F. und T. Hattori (1982), *The Supporting Role of Small Japanese Enterprises*, Schiphol: Indivers Research.

Vanberg, Viktor (1982), *Markt und Organisation*, Tübingen: Mohr/Siebeck.

Van den Bulcke, Daniel (1986), »Autonomy of Decision Making by Subsidiaries of Multinational Enterprises«, in: J. Vandamme (Hg.), *Employee Consultation and Information in Multinational Corporations*, London: Croom Helm, S. 219-241.

Vardaro, Gaetano (1990), »Before and Beyond the Legal Person: Group Enterprises, Trade Unions and Industrial Relations«, in: D. Sugarman und G. Teubner (Hg.), *Regulating Corporate Groups in Europe*, Baden-Baden: Nomos, S. 217-251.

Weber, Max (1972), *Wirtschaft und Gesellschaft* (1925), Tübingen: Mohr.

Williamson, Oliver (1985), *The Economic Institutions of Capitalism: Firms, Markets, Relational Contracting*, New York: Free Press.

Wolf, Gottfried (1990), »Gestalten von Komplexität durch Netzwerk-Management«, in: K. Kratky und F. Wallner (Hg.), *Grundprinzipien der Selbstorganisation*, Darmstadt: Wissenschaftliche Buchgesellschaft, S. 103-126.

Dirk Baecker
Die Unterscheidung zwischen Kommunikation und Bewußtsein*

1. Im Spiegel der Kommunikation

Es gibt keine Soziologie des Bewußtseins. Man wüßte auch kaum, ob man sie eher im Stile einer allgemeinen Viktimologie nach dem Vorbild von Jean-François Lyotard oder im Stile einer Parasitologie im Sinne von Michel Serres schreiben sollte.[1] Denn beides scheint ja zuzutreffen: Das Bewußtsein ist einerseits Opfer einer Konfrontation mit Kommunikation, der es nie gelingt auszuschöpfen, was das Bewußtsein an sich als eigene Realität erfährt; und andererseits profitiert das Bewußtsein von immer neuen und immer raffinierteren kommunikativen Optionen, die genau dort das Bewußtsein als den Fluchtpunkt jeder Kommunikation setzen und fordern, wo es um den »Witz« der Kommunikation geht, um den Sprung von der einen zu einer anderen. Aber für die Soziologie zieht sich das Bewußtsein hinter Titel wie »Mensch«, »Individuum«, »Person« zurück. Man kann zwar noch die Entdeckung der Unruhe und inneren Unendlichkeit des Subjekts durch die Anthropologie aufgreifen und etwa unter dem Titel der »exzentrischen Positionalität« festhalten[2], erreicht damit aber nur bestimmte Typen von Kommunikation über das Bewußtsein, nicht aber dieses selbst. Soziologisch läßt sich über Bewußtsein nur etwas im Spiegel der Kommunikation sagen.

Im folgenden akzeptieren wir diesen Stand der Dinge und sprechen ausschließlich über die Unterscheidung zwischen Kommunikation und Bewußtsein, um aus diesem Blickwinkel beziehungsweise mit dieser Beobachterperspektive sowohl über Kommunikation wie über Bewußtsein etwas in Erfahrung zu bringen (3. Abschnitt). Der Beobachter muß seinerseits die Differenz zwischen Kommunikation und Bewußtsein voraussetzen. Er

---

* Für kritische Kommentare zu einer früheren Fassung dieses Beitrags danke ich den Herausgebern dieses Bandes und Gunther Teubner.
1 Vgl. Lyotard 1987 und Serres 1981.
2 Vgl. dazu Luhmann 1980a, S. 162 ff.; Plessner 1965, S. 291 ff.

operiert entweder bewußt oder kommunikativ, das heißt aufgrund und mit Hilfe selbstorganisierender Operationen, die eine Umwelt voraussetzen, die nicht bewußt und nicht kommunikativ operiert. Der Beobachter operiert als System. Das machen wir uns zunutze, um unser unterscheidungstheoretisches Vorgehen mit einem systemtheoretischen Vorgehen zu kombinieren (4. Abschnitt). Sowohl psychische wie soziale Systeme treffen die Unterscheidung zwischen Kommunikation und Bewußtsein als diejenige Unterscheidung, die sie unterscheidet. Wir nehmen daher an, daß die beiden Systeme im selben Medium operieren und ihre Form gewinnen. Wir beschreiben den Sinn als dieses Medium (6. Abschnitt). Nur in diesem Medium kann die von uns beobachtete Unterscheidung getroffen und von uns beobachtet werden.

Unser Interesse an der Unterscheidung zwischen Kommunikation und Bewußtsein ist jedoch nicht nur rein theoretischer Natur. Wir untersuchen die Unterscheidung auch im Hinblick auf die Frage, wie das Bewußtsein sich zur modernen Gesellschaft verhält. Angst und Ironie (5. Abschnitt), Blödigkeit und Eitelkeit (7. Abschnitt) diskutieren wir als soziologisch greifbare und ebenso psychische wie soziale Tatbestände. Ferner skizzieren wir einige Ansatzpunkte der Entfaltung sozialer und psychischer Komplexität (8. Abschnitt). Abschließend fragen wir, welchen Beitrag das unterscheidungs- und systemtheoretische Vorgehen zu einem Verständnis der Emergenz sozialer Systeme leistet (9. Abschnitt). Zu den wichtigsten Voraussetzungen zählt eine die Fremdreferenz der Selbstreferenz implizierende Rekursivität (2. und 10. Abschnitt).

2. Narziß, Echo, Nemesis

Narziß wird in der griechischen Mythologie mit dem Fluch der Selbstliebe dafür bestraft, daß er die Liebe, die ihm die Nymphe Echo entgegenbringt, nicht erwidert. Aus Kummer darüber stirbt Echo; Nemesis rächt sie, indem sie Narziß sich in sein eigenes Spiegelbild verlieben läßt. Er erfährt an sich selbst, was Echo an ihm widerfuhr: Er verzehrt sich in vergeblicher Sehnsucht. Seither bezeichnet der Name Narziß das In-sich-Kreisen anschlußloser Selbstreferenz und die Unmöglichkeit, die Selbstreferenz an die Stelle einer Fremdreferenz zu setzen, die man für nichts erachtet.

Die griechische Mythologie entdeckt in diesem Mythos die Differenz zwischen Kommunikation und Bewußtsein. Sie versteht das Problem der nicht erwiderten Liebe nicht als ein Problem der verstandenen und abgelehnten Kommunikation, sondern sie versteht es als ein Problem der nicht verstandenen Kommunikation, das heißt, wie wir sehen werden, der gar nicht erst zustande gekommenen Kommunikation: Echos Liebe trifft auf das Schweigen und die Taubheit des »tiefen Schlafes«.[3] Das Bewußtsein des Narziß ist mit anderem beschäftigt. Es beteiligt sich nicht an der Kommunikation. Wie auch immer das Bemühen der Echo wahrnehmend, verweigert es sich der von jeder Kommunikation geforderten Differenzierung zwischen Information und Mitteilung, die es ihm erlauben würde, die Diagnose zu treffen: Sie liebt mich. Echo kann ihre Liebe nur kommunizieren, sie kann sie dem Bewußtsein des Narziß nicht direkt vermitteln. Sie kann nicht, was sie fühlt, zum Gefühl des Narziß werden lassen. Sie kann die Kluft zwischen ihrem Bewußtsein und dem Bewußtsein des Narziß nicht überspringen. Und sie kann auch nicht durch ihre Kommunikation das Bewußtsein des Narziß dazu bringen, daß es sich an der Kommunikation beteiligt. Auch diese Differenz ist ihr unverfügbar. Nur Nemesis hat unmittelbaren Zugriff auf das Bewußtsein des Narziß. Sie trifft die Diagnose, daß Echo am Kummer der unerwiderten Liebe starb, weil Narziß' Bewußtsein mit anderem beschäftigt war. Und sie bestimmt für Narziß eine unerbittliche Strafe: die Strafe der Selbstliebe, die Strafe der sich in sich selbst verstrickenden, vergeblichen Liebe zum eigenen Selbst. Da er die Fremdreferenz nicht nutzte, wird ihm die Selbstreferenz zum Schicksal.

Seit die griechische Mythologie diese Geschichte erzählte, stellen sich zwei Fragen. Erstens: Wer ist und wo steht der Beobachter, der die Unterscheidung zwischen Kommunikation und Bewußtsein treffen kann? Wir wissen nicht, ob Nemesis diese Unterscheidung traf. Wir wissen auch nichts über den Beobachterstandort der Nemesis. Und zweitens: Wie ist einerseits die Kommunikation am Bewußtsein zu beteiligen, und wie kann man umgekehrt das Bewußtsein dazu bringen, sich an der Kommunikation zu beteiligen, aus dem Schweigen und der Taubheit des tiefen Schlafes zu erwachen? Wer sagt denn, daß es schläft? Es

---

3 So Mallarmé 1925, S. 206.

selbst ja wohl nicht. Im folgenden sollen einige neuere Konzepte der soziologischen System- und Medientheorie im Hinblick darauf vorgestellt werden, wie sie es erlauben, diese Fragen aufzugreifen.[4]

3. Die Form der Unterscheidung

Unser Ausgangspunkt ist, daß wir nichts über die Unterscheidung zwischen Kommunikation und Bewußtsein wissen. Wir wissen nur, daß man diese Unterscheidung treffen kann. Und das wiederum wissen wir nur, weil wir beobachten können, daß diese Unterscheidung getroffen wird. Die Unterscheidung hat eine gewisse Plausibilität, denn wir können jederzeit an uns selbst Zustände unterscheiden, in denen wir uns an Kommunikation beteiligen, mit anderen kommunizieren, und andere Zustände, in denen wir uns an unserem Bewußtsein beteiligen, uns mit den eigenen Gedanken beschäftigen oder einfach nur denken. Aber schon wenn wir uns fragen, was es uns erlaubt, diese Unterscheidung zu treffen, geraten wir in Schwierigkeiten. Wird diese Unterscheidung zwischen Bewußtsein und Kommunikation vom Bewußtsein getroffen? Oder von der Kommunikation? Denken wir, daß es eines ist, zu denken, und ein ganz anderes, zu kommunizieren? Oder wissen wir, daß es so ist, weil wir es gelesen haben oder weil es uns jemand gesagt hat?

Diese Fragen sind nicht zu entscheiden. Sie müssen auch nicht entschieden werden, denn wir können auf die Ebene der Beobachtung zweiter Ordnung[5], der Beobachtung von Beobachtungen, wechseln, um dort über eine Unterscheidung zu verhandeln, von der wir nur beobachten, daß es Beobachter gibt, die sie treffen. Eine Beobachtung ist die Verwendung einer Unterscheidung. Die Beobachtung einer Beobachtung ist dann, wenn sie nicht nur das in der Beobachtung Bezeichnete (ein Objekt) im Auge hat, die Beobachtung einer Unterscheidung im Hinblick auf ihre zwei Seiten, auf ihre Einheit, auf ihre Form.

---

4 Ich beziehe mich dabei vor allem auf Luhmann 1985, Luhmann 1988a und Luhmann/Fuchs 1989. Siehe jetzt auch, nach Fertigstellung dieses Beitrags erschienen, Luhmann 1990b, inbesondere S. 11 ff.
5 Auch unter dem Titel »second order cybernetics« bekannt geworden. Siehe vor allem von Foerster 1981, 1985, 1991.

Mit dem Wechsel auf die Ebene der Beobachtung zweiter Ordnung legen wir uns zugleich auf ein relativ »technisches« Vorgehen fest, ohne damit behaupten zu wollen, daß in irgendeiner Art von Technik die Einheit unserer Fragestellung und damit auch die Einheit der Welt, die diese Frage ermöglicht, zu finden ist. »Technisch« vorzugehen heißt hier nur, daß wir uns im Hinblick auf die Rekonstruktion der Unterscheidung zwischen Kommunikation und Bewußtsein nicht vorab schon von irgendeiner Phänomenologie des Sozialen oder des Psychischen Ausgangsentscheidungen versprechen können. Die Anschaulichkeit einiger Aspekte unserer Fragestellung, die mit Hilfe soziologischer oder psychologischer Unterscheidungen zu gewinnen sein mag, kommt, wenn überhaupt, erst später ins Spiel, dann nämlich, wenn wir die Unterscheidung zwischen Kommunikation und Bewußtsein soweit entfaltet haben, daß wir unterschiedliche Zugänge wissenschaftlicher Disziplinen zu den beiden Seiten der Unterscheidung beschreiben können.

»Technisch« vorzugehen heißt auch, daß wir nicht in die Philosophie ausweichen, um dort nach einer Ebene zu suchen, auf der die Einheit der Unterscheidung zwischen Psychischem und Sozialem verhandelt wird und damit Erkenntnisse entwickelt werden, die für die Beobachtung der Unterscheidung von Belang sein mögen. Die Philosophie scheint der Unterscheidung zwischen Kommunikation und Bewußtsein heute allenfalls einen abgeleiteten Status gegenüber der Unterscheidung zwischen Sprache und Kommunikation zuzubilligen[6], darum ersparen wir uns hier diesen Umweg. »Technisch« vorzugehen heißt dann schließlich nichts anderes, als Unterscheidungen zu treffen, die als Kognitionen auftreten und beobachtbar sind – und damit von einem Bewußtsein sprachlich, schriftlich oder auch bildlich wahrgenommen und als Kommunikation verstanden werden können. Wir operieren also im Medium des Sinns. Die Unterscheidung zwischen Kommunikation und

---

6 Das ist eine bedauerliche Konsequenz des Abschieds von der Bewußtseinsphilosophie (als Subjektphilosophie), den die Philosophie (als Sozialphilosophie) vollzieht. Siehe etwa Habermas 1985. Philosophisch konsequenter und dann allerdings auch nur philosophisch erträgreich scheint es, jegliche Referenz auf eine Systemreferenz zu vermeiden und wie Jacques Derrida nur noch die Selbstreferenz zum differentiellen Einsatz zu bringen. Siehe etwa Derrida 1988, S. 29 ff. Vgl. zu Derrida auch Baecker 1989 und Rorty 1989, S. 202 ff.

Bewußtsein wird dann, das ist gar nicht zu vermeiden, eine Form sein, die als solche nur im Medium des Sinns zu bilden ist.

Wir wissen zwar nicht, *was* es ist, das in der Unterscheidung zwischen Kommunikation und Bewußtsein unterschieden wird, aber wir wissen, *daß diese Unterscheidung getroffen wird*. Unsere weiteren Überlegungen gehen daher nicht ontologisch, sondern unterscheidungstheoretisch vor. Wir beginnen nicht, indem wir uns eines Seins, eines Wesens oder auch nur einer Frage vorab vergewissern, sondern wir beginnen mit einer Anweisung. Wir beginnen mit der Anweisung: »Draw a distinction.«[7] Das ist der Realitätskontakt unserer Vorgehensweise. Wir treffen eine Unterscheidung, von der wir beobachten können, daß auch andere Beobachter sie treffen. Wir brauchen für diese Vorgehensweise keine Kriterien. Wir können noch nicht einmal das Verfahren selbst vorab beschreiben. Denn solche Kriterien oder solch eine Vorabbeschreibung hieße ja, bereits Unterscheidungen zu treffen, die wir der Unterscheidung, um die es uns geht, vorschalten. Tatsächlich wollen wir jedoch die Möglichkeit, beliebige andere Unterscheidungen zu treffen, aus der Unterscheidung zwischen Kommunikation und Bewußtsein ableiten können. Das schließt jede Vorabfestlegung auf irgendeine wie auch immer erkenntnistheoretisch oder wissenschaftstheoretisch legitimierte Selektivität des Verfahrens aus.

Natürlich können wir nicht leugnen, unsere Untersuchung mit einer ganzen Reihe von Vorabentscheidungen bereits begonnen zu haben. Wir operieren in der Sprache, also sequentiell, und überdies in einer Sprache mit ganz bestimmten Einschränkungen sowohl auf der Ebene der Syntax wie auch des Wortschatzes. Die Unterscheidungstheorie und die Systemtheorie, die sich ihrerseits als Konsequenz unseres Ansatzes erst ergeben sollen, haben wir als Engführung unserer Beobachtungen bereits vor Augen. Das kann auch gar nicht anders sein. Unser einfacher Ausgangspunkt ist von denkbarer Komplexität, und er ist nur zu rechtfertigen, wenn die Komplexität, die zu Beginn unexpliziert bereits mitspielt, im Laufe der Untersuchungen wiedereingeführt werden kann, ohne den Ausgangspunkt in Frage zu stellen. Bestenfalls schließt sich der Kreis.

---

7 Spencer Brown 1979, S. 3.

Was unter einer Unterscheidungstheorie zu verstehen ist, läßt sich wohl am besten unter Verweis auf George Spencer Browns *Laws of Form* erläutern.[8] Eine Unterscheidung grenzt etwas aus unbestimmt anderem aus. Sie markiert einen Raum, Zustand oder Inhalt, die dann auch durch einen Namen bezeichnet werden können, indem die Markierung durch eine weitere Unterscheidung kopiert wird, die nach dem *law of calling* identisch ist mit der Unterscheidung, die sie kopiert: »That is to say, for any name, to recall is to call.«[9] Eine Unterscheidung ist eine Form mit zwei Seiten, einer Innenseite und einer Außenseite. Die Innenseite (*marked state*) wird im Unterschied zur Außenseite (*unmarked state*) bezeichnet. Als Form ist die Unterscheidung die Einheit der Differenz dessen, was sie unterscheidet. Sie ist Unterscheidung im Sinne einer Ausgrenzung und Unterscheidung im Sinne einer Bezeichnung zugleich.

Worauf es der Unterscheidungstheorie ankommt, ist zweierlei. Erstens implementiert jede Unterscheidung eine Asymmetrie: Nur die Innenseite, der *marked state*, wird markiert, die Außenseite, der *unmarked state*, bleibt unmarkiert. Darum verwendet Spencer Brown den Haken ⌐ zur Notation der Unterscheidung. Dank dieser Asymmetrie ist die Unterscheidung, wie Heinz von Foerster hervorhebt, Operator und Operand zugleich.[10] Und zweitens ist jede Unterscheidung eine Form: Sie hat eine andere Seite, den *unmarked state*, den man durch eine spezielle Operation, das *crossing*, erreichen kann. Die Operation des *crossing* hebt die Unterscheidung auf, die dadurch getroffen wurde, daß die erste Anweisung der Konstruktion (»Draw a distinction«) befolgt wurde. Spencer Brown unterscheidet entsprechend zwei Formen des Umgangs mit Unterscheidungen, die *form of condensation*, die dadurch zustande kommt, daß eine Unterscheidung wieder und wieder getroffen wird, und die *form of cancellation*, die durch die Operation des *crossing* zustande kommt. Die erste Form bestätigt die eine Unterscheidung, die getroffen wird, und läßt sich daher auf sie reduzieren. Die zweite Form hebt die Unterschei-

8 Vgl. Spencer Brown 1979, S. 3 ff.
9 Spencer Brown 1979, S. 1. Eine Wiederholung beobachtet Spencer Brown also unter dem Gesichtspunkt der Identität und nicht, wie man mit Deleuze 1968 einwenden könnte, unter dem Gesichtspunkt der Differenz.
10 Siehe von Foerster 1969.

dung auf, die getroffen wurde, und konfrontiert mit nichts als dem *unmarked state*.

In dieser Unterscheidungstheorie bleibt es offen, inwieweit sich der Ausgangspunkt der Unterscheidung etwa wahrnehmungspsychologisch unter Verweis darauf, daß wir nur wahrnehmen können, was in irgendeiner Weise miteinander kontrastiert, also einen Unterschied bildet, oder sich anthropologisch unter Verweis auf die Rolle von Dualen wie innen/außen, oben/unten, rechts/links, Mann/Frau, roh/gekocht etc. in jeder Ordnung des Denkens plausibilisieren läßt. Wichtiger für den Ansatz ist, daß auch die Linguistik, auch die Ökologie des Geistes und auch die moderne Philosophie auf diesen Ausgangspunkt der Unterscheidung gestoßen sind und keine Möglichkeit mehr sehen, von Identitäten auszugehen: »dans la langue il n'y a que des différences«, heißt es bei Ferdinand de Saussure, der überdies unterstreicht, daß diesen Differenzen keine positiven Terme vorausgehen, zwischen denen dann die Unterscheidungen getroffen werden könnten; »it's a difference that makes a difference«, heißt es bei Gregory Bateson bei dem Versuch, Information zu definieren; und Jacques Derrida umspielt mit seiner Philosophie die »différance« als Kunst des Aufschubs und Nachtrags dessen, was es zu denken gilt.[11] Wer immer heute nach Formen fragt, stößt nicht mehr auf Identitäten wie Elemente, Prozesse und Gestalten, sondern auf Differenzen, die immer auch eine andere Seite haben und ein Drittes ausschließen. Die Unterscheidungstheorie ist der Versuch, die Form der Differenz zu bestimmen.

Es gibt verschiedene Typen von Unterscheidungen. Man kann etwa Distinktionen von Differenzen unterscheiden. Allerdings ist die Unterscheidungstheorie in dieser Typisierung noch nicht sehr weit gediehen, was unter anderem damit etwas zu tun hat, daß sie sich mit der Unterscheidung von Unterscheidungen nicht die primäre Untersuchung von Unterscheidungen verstellen will. Auch Spencer Brown verwendet den Unterschied zwischen Distinktion und Differenz nicht. Wir machen dennoch einen Unterscheidungsvorschlag, um auf einen wichtigen Punkt aufmerksam zu machen. Sowohl Distinktionen wie auch Differenzen sind Unterscheidungen. Doch während Distinktionen etwas von etwas un-

---

11 Vgl. Saussure 1971, S. 166; Bateson 1981, S. 408 und 576 ff.; Derrida 1988, S. 29 ff.

bestimmt anderem unterscheiden, unterscheiden Differenzen etwas Bestimmtes von etwas bestimmtem anderen. Die Unterscheidung und Bezeichnung von etwas ist eine Distinktion. Die Unterscheidung zweier jeweils bezeichneter Zustände ist eine Differenz.[12]
Eine Differenz ist also eine Form des Arrangements zweier Distinktionen, denn was in Differenz zueinander gesetzt wird, muß zuvor jeweils von allem anderen und unbestimmt Bleibendem distinguiert werden. Die Form der Differenz ist die Einheit zweier Distinktionen, also letztlich eine Form mit vier Seiten. Die Form der Differenz enthält den *unmarked state* zweifach. Es bedarf folglich spezieller Vorkehrungen, um sicherzustellen, daß das Kreuzen der Unterscheidung auf der anderen Seite der Differenz, also in einem *marked state*, und nicht auf der anderen Seite einer der Distinktionen, also im *unmarked state*, landet.

Unser Ausgangspunkt ist: Was auch immer wir über die Kommunikation und das Bewußtsein zu sehen bekommen, es wird und es kann nur aus der Unterscheidung zwischen Kommunikation und Bewußtsein entwickelt werden. Das bedeutet zunächst, daß wir über das Bewußtsein nichts erfahren werden, was wir erfahren könnten, wenn wir es vom Gehirn und entsprechend Zustände des Denkens und Vorstellens von neurophysiologischen Zuständen unterscheiden würden.[13] Bewußtsein im Unterschied zum Gehirn ist etwas anderes als Bewußtsein im Unterschied zur Kommunikation. Das muß bedacht werden, wenn man es dann

---

12 Mit Luhmann 1990 b, S. 10 f., können wir auch Distinktionen als Unterscheidungen von *Objekten* und Differenzen als Unterscheidungen von *Begriffen* unterscheiden. Man versteht dann, warum jede begriffliche Bestimmung von Objekten mit einem Verlust an Identifizierungssicherheit bezahlen muß, was sie an Bestimmbarkeit mit Hilfe von Gegenbegriffen gewinnt.

13 Siehe dazu Roth 1987 a und 1987 b. Gerhard Roth kann auch in seinem Beitrag in diesem Band (Roth 1992) zwar zeigen, daß »Bedeutung« als eine Art struktureller Kopplung zwischen neurophysiologischen und mentalen Zuständen fungiert, muß es jedoch offen lassen, wie es zur Konstitution von Bedeutung kommt. Es ist klar, daß jeder Versuch, hier soziale Referenzen zum Einsatz zu bringen, mit der Plausibilität der Überlegungen auch zugleich die Schwierigkeiten der Beschreibung der Differenzen zwischen den verschiedenen operativen Ebenen erhöht.

doch, gleichsam orientiert am Wortsinn, als dasselbe behaupten will. Das Auswechseln des Gegenbegriffs, die sogenannte *antonym substitution*, ist für die Bestimmung des Begriffs, um den es geht, von entscheidender Bedeutung. Zu vermuten ist allerdings, daß das, was wir mit Hilfe der Unterscheidung von Gehirn und Bewußtsein beobachten könnten, nur mittels Kommunikation, also mittels Sprache[14], beobachtet werden könnte, so daß es sich empfiehlt, zunächst diese Unterscheidung zwischen Bewußtsein und Kommunikation und dann erst die Unterscheidung zwischen Bewußtsein und Gehirn zu treffen, wohl wissend, daß sich das Bewußtsein in der einen Unterscheidung anders darstellt als in der anderen Unterscheidung – eben weil es jeweils von etwas anderem unterschieden wird. Wollten wir über das Bewußtsein etwas erfahren, indem wir es vom Gehirn unterscheiden und Kommunikation dabei außen vor lassen, müßten wir uns darauf beschränken, was unser Bewußtsein vom Gehirn wahrnimmt. Aber was nimmt es wahr vom Gehirn?

Unser unterscheidungstheoretisches Vorgehen hat jedoch neben der ersten Konsequenz, daß die Entscheidung für eine Unterscheidung zunächst eine Entscheidung gegen andere Unterscheidungen ist (eine Entscheidung, die so nur auf einer Ebene der Beobachtung dritter Ordnung getroffen werden kann), eine zweite Implikation. Wir können das inzwischen ausgearbeitete unterscheidungstheoretische Arsenal nutzen, um uns allmählich näher an das Verhältnis zwischen Kommunikation und Bewußtsein heranzutasten. Dabei ist zunächst einmal die Einsicht wichtig, daß das, was in einer Unterscheidung unterschieden wird, *gleichzeitig* existiert.[15] Was auch immer unterschieden wird: das, wovon es unterschieden wird, existiert mit dem, was in der Unterscheidung bezeichnet wird, gleichzeitig. Eine Unterscheidung verletzt und verändert zwar die Welt, aber sie ist eine Unterscheidung *in der Welt* und setzt die Welt als Bedingung der Möglichkeit der Unterscheidung und zugleich (!) als Einheit jeder Unterscheidung voraus. Das gilt für die Unterscheidungen von gut und böse,

14 Interessanterweise ist dieses Problem, daß wir Unterscheidungen nur mittels Sprache treffen können, für Maturana ein Argument *gegen* die Kommunikationstheorie und für eine »Biologie der Sozialität«. Siehe Maturana 1982, S. 154 f. und passim, sowie Maturana 1985.
15 Siehe Luhmann/Fuchs 1989, S. 13. Vgl. auch Luhmann 1987a, S. 314.

wahr und falsch, Ost und West genauso wie für die Unterscheidung zwischen Kommunikation und Bewußtsein.

Das gilt sogar für die Unterscheidung zwischen vorher und nachher oder auch zwischen Ursache und Wirkung, denn die Gleichzeitigkeit ist eine Gleichzeitigkeit für einen Beobachter, und das schließt nicht aus, daß dieser Beobachter dem, was er in seiner Unterscheidung gleichzeitig zusammenführt, verschiedene Zeitstellen zuordnet. Auch das Ungleichzeitige muß zusammen gesehen werden, sonst könnte es gar nicht gesehen werden. In der Unterscheidung existiert als gleichzeitig, was durch die Unterscheidung als ungleichzeitig existierend bezeichnet wird. Diese Paradoxie läßt sich nur auflösen, wenn man die Vorgängigkeit des Seins vor der Zeit behauptet und das Sein in die Form der Unterscheidung bringt. Die Zeit kommt in jedem Fall erst dadurch ins Spiel, daß man eine Zeit verbrauchende Operation verwenden muß, um von der einen Seite der Unterscheidung auf die andere zu gelangen. Und das gilt für die Unterscheidung zwischen vorher und nachher genauso wie für die Unterscheidung zwischen gut und böse.

Mit diesem Hinweis auf die Gleichzeitigkeit der beiden Seiten der Unterscheidung ist vor allem zweierlei gesagt: Erstens fallen alle Kausalmodelle für die Beschreibung des Verhältnisses zwischen Kommunikation und Bewußtsein aus, da Kausalität notwendig Sequentialität voraussetzt. Eine Ursache kann eine Wirkung nur bewirken, wenn die Wirkung auf die Ursache zeitlich folgt, wie immer dann am Leitfaden der aristotelischen oder anderer Kausalitäten das Bedingungsverhältnis zwischen Ursache und Wirkung beschrieben wird. Was als gleichzeitig wahrgenommen werden kann, muß als kausal voneinander unabhängig gedacht werden.[16]

Das hat für Phänomene der Selbstorganisation und der Systembildung, auf die wir noch zu sprechen kommen, dramatische Folgen, sind sie doch insofern, als sie auf der Organisation von gleichzeitig Möglichem beruhen, nicht mit den in Kausalitätsvorstellungen

---

16 So die Aufnahme des Humeschen Einwandes gegen das Kausalitätskonzept bei Whitehead 1978, S. 123 ff. Siehe dort auch die im Hinblick auf die moderne Physik begründete Ablehnung des Arguments, man könne Kausalität über die Figur der »Dauer« auch auf Verhältnisse der Gleichzeitigkeit anwenden.

verankerten überlieferten Wissenschaftsmodellen zu beschreiben.[17]

Damit soll und kann nicht in Abrede gestellt werden, daß ein Beobachter immer wieder kausale Abläufe zwischen Bewußtsein und Kommunikation feststellen kann. Tatsächlich wird man fast nach Belieben hier Ursachen und dort Wirkungen identifizieren können – und dies in beiden Richtungen. Im Zweifel wird man für jedes Ereignis hier eher zu viele denn zu wenige Ursachen dort finden können. Sowohl das Bewußtsein wie auch die Kommunikation scheinen in ihrer Wechselwirkung eher über- denn unterdeterminiert zu sein. Das ist jedoch nicht das Problem. Worauf es ankommt, ist, daß man für die Konstitution der Systeme, für ihre Selbstreferenz, Selbsterhaltung und Selbstreproduktion, Kausalität nicht in Anspruch nehmen kann. Gleichzeitigkeit der beiden Seiten des Unterschiedenen bedeutet, daß die Existenzbedingungen von Bewußtsein und Kommunikation voneinander kausal unabhängig sind. Das erst setzt sie dann auch in den Stand, im Normalfall zwischen Überdetermination und Unterdetermination jeweils nach eigenen Regeln wählen zu können. Das Problem des Beobachters ist es denn typischerweise auch nicht, Ursachen und Wirkungen zu finden, sondern sie zu attribuieren. Dafür gibt es immer mehr Möglichkeiten, als Kausalitätsmodelle beschreiben oder auch nur verstehen können.

Zweitens ist mit der Einsicht, daß das, was in einer Unterscheidung unterschieden wird, gleichzeitig existiert, ein Argument über die Entstehung von Zeit verbunden: Zwar sind mit einer Unterscheidung die beiden Seiten der Unterscheidung gleichzeitig gegeben, doch kann man von der einen Seite der Unterscheidung auf die andere Seite nur wechseln, wenn man dafür Zeit in Anspruch nimmt. Das *crossing* einer Unterscheidung erfordert Zeit.[18]

17 Siehe in diesem Zusammenhang zu Synchronizität (als Gegenkonzept zu Kausalität) Peat 1989.
18 Kant hatte daraus, daß die Wahrnehmung die Objekte nur im Nacheinander vorstellen kann, der Verstand aber die Objekte als gleichzeitig existierend weiß und daher von der Wechselseitigkeit der Wahrnehmungen weiß, auf den Grund dieser Wechselseitigkeit in einer objektiven Wechselwirkung geschlossen (also Kausalität gleichsam wider besseres Wissen – a priori – in die Simultaneität wieder eingeführt), weil er sich sonst nicht vorstellen konnte, was den Substanzen ihre

Allerdings haben wir es in der Unterscheidung zwischen Kommunikation und Bewußtsein bereits mit einer anspruchsvollen Unterscheidung insofern zu tun, als in ihr nicht nur etwas Bestimmtes von unbestimmt anderem unterschieden wird, sondern etwas Bestimmtes von etwas bestimmtem anderen. Es wird nicht nur eine Unterscheidung getroffen im Vollzug der ersten Anweisung des Spencer Brownschen Logikkalküls »Draw a distinction!«, die ein damit zugleich Bezeichnetes innerhalb des *unmarked state* und im Unterschied zu diesem einzukreisen erlaubt. Sondern es werden zwei Unterscheidungen zueinander in ein Verhältnis der Unterscheidung gesetzt. Wir haben es mit einer Differenz und nicht nur mit einer Distinktion zu tun, mit einer Form mit vier Seiten und nicht nur mit zwei Seiten. Es wird nicht nur Kommunikation von allem anderen unterschieden und bezeichnet. Es wird nicht nur Bewußtsein von allem anderen unterschieden und bezeichnet. Sondern es wird Kommunikation von Bewußtsein und Bewußtsein von Kommunikation unterschieden.

Man hat es demnach mit einer Unterscheidung zu tun, die nur als Verhältnis zweier Unterscheidungen zu beschreiben ist, wobei die eine Unterscheidung die andere Unterscheidung nur innerhalb ihres *unmarked state* (aber nicht: als Bezeichnung ihres *unmarked state*) verorten kann. Denn nach wie vor bleibt für jede Unterscheidung konstitutiv, daß sie das, was sie als *marked state* bezeichnet, nur im Unterschied zu einem *unmarked state*, nicht aber im Unterschied zu einem anderen *marked state* bezeichnen kann. Die Unterscheidung eines *marked state* von einem anderen *marked state* setzt bereits eine zweite Unterscheidung voraus, nämlich die Identifizierung der Selbstausgrenzung eines *marked state* innerhalb des eigenen *unmarked state*. Und genau dieser zweiten Unterscheidung sind wir auf der Spur, wenn wir nach der Unterscheidung zwischen Bewußtsein und Kommunikation fragen.

Zeitstelle zuweist. Siehe *Kritik der reinen Vernunft*, B 256 ff., und vgl. damit ebd., B 233 ff. – An dieser Stelle führt die aktuelle Erkenntnistheorie den Beobachter ein, dem alles, was er an Unterscheidungen verwendet, selbst zugerechnet werden muß – von einem anderen Beobachter, der er selbst sein kann. Vgl. dazu Luhmann 1988 b; 1990 b, S. 68 ff.

4. System und Umwelt

Um an dieser Stelle weiterzukommen, müssen wir systemtheoretische Überlegungen in unsere unterscheidungstheoretische Konzeption einbauen. Denn wir müssen beschreiben können, was es mit den jeweiligen *marked states* auf sich hat, die wir Kommunikation beziehungsweise Bewußtsein nennen und die in der einen Unterscheidung als zwei *marked states* derart miteinander in ein Verhältnis gebracht werden, daß man von der einen Seite der Unterscheidung auf die andere wechseln kann und dabei zunächst nichts anderes als Zeit in Anspruch nimmt. Nur um über dieses Verhältnis und die Möglichkeit des Zeit generierenden Wechsels etwas zu erfahren, unternehmen wir schließlich diese »technischen« Überlegungen.

Aus unseren unterscheidungstheoretischen Prämissen wissen wir, daß wir zunächst Kommunikation von allem anderen und Bewußtsein von allem anderen unterscheiden müssen und erst dann nach einem Verhältnis fragen können, in der die Kommunikation sich auf Bewußtsein und Bewußtsein sich auf Kommunikation bezieht. Wir setzen sowohl die Kommunikation wie auch das Bewußtsein als Systeme, die sich von ihrer Umwelt unterscheiden lassen. Ein System ist im Sinne der soziologischen Systemtheorie nicht nur ein geordneter Zusammenhang von Sachverhalten und auch nicht nur ein Muster der Relationierung von Elementen, sondern eine sich rekursiv selbst herstellende und selbst erhaltende Distinktion, die Operationen ermöglicht, die sich von einer Umwelt unterscheiden lassen. Diese Distinktion wird als Differenz von System und Umwelt bezeichnet.

Auch diese Unterscheidung zwischen System und Umwelt können wir auf der Ebene der Beobachtung zweiter Ordnung treffen.[19] Wir applizieren sie sowohl auf die Unterscheidung zwischen Bewußtsein und allem anderen wie auch auf die Unterscheidung zwischen Kommunikation und allem anderen und kommen damit unvermeidlich zu einer Position, die die Kommunikation als ein System und das Bewußtsein als ein anderes System beschreibt, die sich jeweils aus ihrer Umwelt ausgrenzen – aus einer Umwelt, in der sie, entsprechende eigene Kognitionen vorausgesetzt (aber genau das ist das Problem), Systeme identifizieren kön-

---

19 Vgl. Luhmann/Fuchs 1989, S. 13.

nen, die sich ihrerseits aus ihrer Umwelt ausgrenzen. An diese eine Unterscheidung zwischen System und Umwelt, die wir jeweils, und zwar unabhängig voneinander, auf die Kommunikation und auf das Bewußtsein anwenden, läßt sich nun eine ganze Kaskade von Folgeunterscheidungen zur Beschreibung der Operationen des jeweiligen Systems anhängen, die sich in allem notwendigen und erreichbaren Detailreichtum entfalten lassen, ohne daß wir währenddessen fürchten müssen, das andere System aus den Augen zu verlieren oder gar abzuhängen: Es bringt sich über Gleichzeitigkeit immer wieder zur Geltung – wir wissen nur noch nicht, wie. Sowohl die Kommunikation als auch das Bewußtsein lassen sich als autopoietische, selbstreferentiell geschlossene Systeme beschreiben, die sich reproduzieren, indem sie mit Hilfe der Elemente, aus denen sie bestehen, das Netzwerk der Elemente reproduzieren, aus denen sie bestehen.[20]

Die Reproduktion des Systems ist eine Reproduktion der Unterscheidung, die es aus allem anderen ausgrenzt. Die Elemente des Systems sind die Operationen, die jeweils diese Unterscheidung, und keine andere, setzen. Wir brauchen also, wenn wir die Reproduktion eines Systems beschreiben, keinerlei vorgängig bereits existierende Elemente oder gar Mechanismen der Elementverknüpfung zu postulieren. Die Elemente, und mit ihnen das System, entstehen und reproduzieren sich in dem Moment, in dem die Unterscheidung getroffen werden kann, die das System aus allem anderen ausgrenzt. Nichts anderes versteht man unter operationaler Geschlossenheit: Alle Unterscheidungen, die das System aus seiner Umwelt ausgrenzen, sind Unterscheidungen, die es selbst trifft. Und insofern diese Unterscheidungen getroffen werden, reproduzieren sie das System. Das System kann nicht außerhalb seiner selbst operieren. Mit jeder seiner Unterscheidungen greift es auf die Unterscheidungen zurück, die es bereits getroffen hat, und auf die Unterscheidungen vor, die es weiterhin treffen muß, will es sich reproduzieren.

Um die Autopoiesis sozialer Systeme oder psychischer Systeme beschreiben zu können, muß man daher nach dem Elementtypus suchen, der geeignet ist, als Basisoperation dieser Systeme derart zu fungieren, daß in rekursiven Vor- und Rückgriffen dieser Elemente auf diese Elemente ein System operational geschlossen wer-

---

20 So die Definition der Autopoiesis von Maturana 1981, S. 21.

den und sich autopoietisch reproduzieren kann. Unter der Zusatzbedingung, daß diese Elemente sowohl in psychischen wie auch in sozialen Systemen nur verzeitlichte Elemente sein können, also Ereignisse, schlägt Luhmann vor, *Kommunikation* als Basiselement sozialer und *Gedanken* als die Basiselemente psychischer Systeme zu begreifen.[21]

Kommunikationen und Gedanken sind Ereignisse, die auftauchen und wieder verschwinden. Systeme, die sich mit Hilfe dieser Elemente reproduzieren (also soziale und psychische Systeme), operieren daher endogen unruhig auf der Basis einer dynamischen Stabilität, die vor allem das Finden von Anschlußereignissen, die zur Reproduktion des Systems tauglich sind, zum Dauerproblem werden läßt. Sie müssen daher Strukturen aufbauen, die es erlauben, die Wahrscheinlichkeit des Auftretens von Anschlußereignissen zu erhöhen und zugleich die Suche nach ihnen zu dirigieren. Im Falle sozialer Systeme handelt es sich dabei um *Erwartungsstrukturen*, in deren Licht soziale Systeme beliebiges anderes als Annahme oder Ablehnung einer Kommunikation, also als Kommunikation, behandeln können – zur Überraschung etwa eines Verhaltens, das sich gar nicht als Kommunikation verstand.[22] Im Falle psychischer Systeme handelt es sich um *Vorstellungen*, die es einem Gedanken erlauben, einen Gedanken im Nachhinein als genau das, nämlich als Gedanken, zu beobachten und zu behandeln und daraus Strukturgewinne für die Anschlußorganisation weiterer Gedanken zu beziehen.[23]

Eine weitere Anschlußunterscheidung sowohl im Fall sozialer wie auch im Fall psychischer Systeme ist die Unterscheidung zwischen Selbstreferenz und Fremdreferenz. Beide Systemtypen müssen eigene Zustände von den Zuständen der Umwelt auch dann unterscheiden können, wenn die Zustände der Umwelt nur als eigene Konstruktion und die Unterscheidung zwischen Selbstreferenz und Fremdreferenz nur als selbstreferentielle Unterscheidung gelten kann. Jede Kommunikation beobachtet andere Kommunikationen anhand dieser Differenz von Selbstreferenz

---

21 Siehe zur Kommunikation vor allem Luhmann 1984, S. 191 ff.; zum Bewußtsein Luhmann 1985.
22 Siehe Luhmann 1984, S. 362 ff. und passim; zur Ausgangsentscheidung, Erwartungen als Strukturen sozialer Systeme anzunehmen, auch Katz 1974.
23 Siehe Luhmann 1985, S. 407 f.

und Fremdreferenz. Und jede Vorstellung beobachtet andere Gedanken anhand der Differenz von Selbstreferenz und Fremdreferenz. Sowohl die aktuell operierende beobachtende Kommunikation wie auch die aktuell operierende beobachtende Vorstellung sind die ausgeschlossenen Dritten dieser Differenz. Dadurch steht jede neue Kommunikation, jede neue Vorstellung vor der Bifurkation, entweder an die Selbstreferenz oder an die Fremdreferenz der vorliegenden Kommunikation beziehungsweise des vorliegenden Gedankens anzuschließen. Es entsteht eine fundamentale Bistabilität[24], die dem operierenden System für das Management der eigenen Komplexität ausreichende Freiheitsgrade läßt – unter der Voraussetzung des Verlusts eines entscheidenden Freiheitsgrads: jedes Ende muß zugleich ein Anfang sein.[25]

Jede Kommunikation steht vor der Wahl, an eine vorausliegende Kommunikation unter dem Gesichtspunkt der Selbstreferenz oder der Fremdreferenz anzuschließen, also entweder den Mitteilungscharakter einer Kommunikation oder die Information dieser Kommunikation zum Anknüpfungspunkt für weiteres zu machen. In dem einen Fall schwenkt die Kommunikation auf die soziale Sinndimension der vorausliegenden Kommunikation ein: Wie kommt Alter dazu, Ego dies gerade jetzt mitzuteilen? In dem anderen Fall greift sie die sachliche Sinndimension auf: Was kann man mit der Information in dieser Situation machen? In jedem Fall nimmt die Kommunikation einen ganz anderen Weg und leistet doch das für die Kommunikation Entscheidende: sie reproduziert sich. In jedem Fall ist aber bereits in der folgenden Anschlußkommunikation die Situation wieder die gleiche wie zuvor: Wieder ist die Wahl zwischen Anschluß an die Fremdreferenz oder an die Selbstreferenz der Kommunikation zu treffen – und diesmal kann die andere Entscheidung getroffen werden, kann auf die soziale Sinndimension eingeschwenkt werden, wo es vorher sachlich blieb, und umgekehrt. Damit wird die vorherige Entscheidung jedoch nicht etwa rückgängig gemacht – wie könnte sie auch: die Ereignisse sind irreversibel verschwunden –, sondern nur die weitere Reproduktion der Kommunikation unter andere Bedingungen gesetzt, mit anderen Erwartungen geladen.

Und ganz ähnlich auf dieser sehr abstrakten Ebene der Beschrei-

---

24 So Luhmann 1985, S. 409, für das Bewußtsein.
25 So von Foerster 1984, S. 6.

bung eines Systems ist es auch im Fall des Bewußtseins.[26] Auch hier organisiert die je neu zu treffende Entscheidung zwischen Selbstreferenz und Fremdreferenz die Reproduktion des Systems, eine Entscheidung im übrigen, die genau wie im Fall eines sozialen Systems nur auf der Ebene der Beobachtung der Operationen des Systems getroffen werden kann – also auf der Ebene der Selbstbeobachtung des Systems. Daher ist denn auch Selbstbeobachtung eine von sozialen und psychischen Systemen zwingend zu fordernde und an der Gängigkeit von Kommunikationen über Kommunikation und Vorstellungen über Gedanken leicht zu belegende Eigenschaft.[27] Die Operationen selbst entscheiden nichts: Sie finden statt oder nicht. Sie vollziehen »blind« die Autopoiesis des Systems. Und jede Beobachtung ist zugleich, wenn sie als Kommunikation oder als Vorstellung stattfindet (und wie sonst?), zugleich auch eine Operation, die das jeweilige System reproduziert. Auch das Bewußtsein unterscheidet also jeweils zwischen Selbstreferenz und Fremdreferenz eines als Vorstellung vorgestellten Gedankens und trifft dann die Entscheidung, ob es am Vorstellungsinhalt oder an der Vorstellung selbst ansetzt und damit einen weiteren Gedanken produziert, der zunächst einmal ausgeschlossenes Drittes ist, aber vom sofort folgenden Gedanken seinerseits beobachtet werden kann.

Diese Folgeunterscheidungen könnte man nun noch in einer Reihe von Hinsichten ausbauen und ergänzen und so schließlich zu einer elaborierten Theorie des Bewußtseins und der Kommunikation als selbstreferentiellen Systemen gelangen.[28] Darauf wol-

---

26 Die Rede von Ähnlichkeit darf nicht in dem Sinne mißverstanden werden, daß Analogieschlüsse vom sozialen auf das psychische System bereits als Beschreibung oder gar als Theorie des Systems gelten sollen. Die allgemeine Theorie selbstreferentieller Systeme, die sich auch auf Maschinen, Zellen, Organismen anwenden läßt, arbeitet im Prinzip nicht (induktiv jedoch häufig genug doch) mit Analogieschlüssen, sondern bringt ihre Konzepte zum Einsatz, um eine Beschreibungsfolie zu gewinnen, die dann auch für die Eigenart und Unvergleichlichkeit jeweiliger Systeme empfänglich ist.
27 Pothast 1987, S. 38, bezeichnet die »Entblindung des Innengrunds« als das eigentliche Rätsel der Bewußtseinsphilosophie.
28 Dabei würde man auch auf die Unterscheidung zwischen Intention und Attention zurückgreifen, die Markowitz 1986, S. 10 f., in der Auseinandersetzung mit Husserl entwickelt, um nicht nur den Zugriff auf

len wir hier verzichten, weil es nicht im Mittelpunkt unseres Interesses steht und andernorts ausführlich nachgelesen werden kann.[29] Statt dessen kommen wir wieder auf die Unterscheidung zwischen Kommunikation und Bewußtsein zurück und fragen uns, wie das Verhältnis zwischen Kommunikation und Bewußtsein auf der Grundlage der Theorie selbstreferentieller Systeme beschrieben werden kann.

Zunächst einmal ist festzuhalten, daß sowohl soziale wie auch psychische Systeme operational geschlossene Systeme sind, also auch gegeneinander oder füreinander geschlossene, um nicht zu sagen: verschlossene Systeme sind. Das Bewußtsein kann mit Hilfe seiner Operationen nicht in die Kommunikation hineinoperieren – und das gilt unabhängig von und zusätzlich zu dem Umstand, daß es auch nicht in ein anderes Bewußtsein hineinoperieren kann. Ein noch so mächtiger Gedanke, eine noch so prächtige Vorstellung, eine noch so einleuchtende Einsicht *sind keine Kommunikation*. Und umgekehrt gilt genauso, daß die Kommunikation mit Hilfe ihrer Operationen nicht in das Bewußtsein hineinoperieren kann. Eine noch so verständnisvolle Kommunikation, eine noch so mitreißende Mitteilung, eine noch so bedeutungsschwere Information *sind keine Gedanken*. Alles, was psychische und soziale Systeme als Elemente, als Einheiten, als Operationen verwenden, verdanken sie ausschließlich sich selbst, müssen sie ausschließlich selbst herstellen. Es gibt keinen Input und keinen Output aus dem Bewußtsein in die Kommunikation oder umgekehrt. Operationale Schließung heißt auch: informationale Schließung. Es gibt nichts als den Versuch, Gedanken an Gedanken und Kommunikation an Kommunikation anzuschließen.

Allerdings sind psychische Systeme Systeme in der Umwelt sozialer Systeme und sind soziale Systeme Systeme in der Umwelt psychischer Systeme. Und das heißt zunächst einmal: Dem Bewußtsein, das seine Außenkontakte über Wahrnehmung gewinnt (was allerdings nicht heißt, daß es über die Sinne Informationen aufnimmt, sondern daß es seine Fremdreferenz an Wahrneh-

---

einen Vorstellungsinhalt durch ein Bewußtsein (Intention), sondern auch das »Umherschweifen der Aufmerksamkeit« (S. 60) und das oszillierende Fokussieren in einer Differenz (S. 110f.) fassen zu können.
29 Siehe die Hinweise in Anm. 21.

mungssachverhalte bindet und so eigene Komplexität ausbildet)[30], fallen in seiner Umwelt ungewöhnliche, die Wahrnehmung besonders reizende Sachverhalte auf: es wird gesprochen, es wird geschrieben, man liebt sich, man gehorcht, man glaubt, man sieht fern. Und umgekehrt fallen dem Kommunikationssystem in seiner Umwelt Störeinflüsse auf, die es auf eigene Unterscheidungen zu bringen versuchen kann: Mitteilungsabsichten schieben sich nach vorne, wo es gerade noch um sachliche Informationen ging, Informationsinteressen werden artikuliert, wo jemand nur mitteilen wollte, daß er noch da ist. Dem Bewußtsein fällt, mit anderen Worten, anhand der Medien, die die Kommunikation verwendet (Sprache, Schrift, Liebe, Macht, Glauben, Fernsehen etc.), auf, daß da etwas Besonderes passiert. Es wird irritiert und fasziniert von etwas, das nicht es selbst ist. Und genauso wird die Kommunikation auf ein Unruhepotential, auf eine Sprunghaftigkeit, auf eine Freiheit aufmerksam, von der sie sich nicht abkoppeln kann, weil sie auf Bewußtsein aus Gründen, die wir noch sehen werden, angewiesen ist. Auch die Kommunikation wird irritiert und fasziniert von etwas, das nicht sie selbst ist.

Sobald psychische Systeme und soziale Systeme in der Lage sind, sich selbst anhand der Differenz zwischen System und Umwelt zu beobachten, das heißt, wie man heute unter Verwendung des *Reentry*-Begriffs von Spencer Brown sagt[31], die Unterscheidung in das von ihr Unterschiedene wieder einzuführen, sind sie auch in der Lage, ihre Umwelt nicht nur wie immer »blind« zu bearbeiten, sondern zu beobachten, und das heißt auch: in ihr andere Systeme zu unterscheiden und zu bezeichnen. Sie können sogar beginnen, andere Systeme zu verstehen, indem sie beobachten, wie diese Systeme ihre eigene Selbstreferenz handhaben und sich als Systeme von ihrer Umwelt unterscheiden.[32]

Allerdings sagt diese Möglichkeit der wechselseitigen Beobachtung noch nichts über das Verhältnis zwischen Kommunikation und Bewußtsein aus. Denn denkbar wäre es ja zum Beispiel, daß sich über die Beobachtung der Operationen der Systeme in der eigenen Umwelt die eigenen Operationen so ausgestalten lassen,

---

30 Vgl. dazu zahlreiche Arbeiten von Heinz von Foerster. Siehe nur von Foerster 1989.
31 Spencer Brown 1979, S. 69 ff.
32 Vgl. Luhmann 1986 a.

daß die Systeme in der Umwelt unter Anpassungsdruck geraten, die eigenen Operationen jedoch nur unter dem Anpassungsdruck des Systems selbst stehen. Denkbar wäre, daß sich das Bewußtsein durchsetzt'und die Kommunikation der Logik seiner Einfälle folgt oder daß sich die Kommunikation durchsetzt und das Bewußtsein unerbittlich auf die Sequenz der Redebeiträge festlegt. Beides ist nicht der Fall. Beide Systemtypen entfalten in strikter Gleichzeitigkeit eine enorme Eigenkomplexität und Autonomie der eigenen Operationen – und sind doch ständig »immer schon« einander angepaßt.

Für diesen Sachverhalt steht in der maturanaschen Theorieanlage der Begriff der »strukturellen Kopplung« bereit.[33] Damit ist gemeint, daß zwei Systeme, die operational geschlossen sind und demnach auch keine operationale Kopplung aneinander vornehmen und kein Supersystem bilden können, dennoch in ihrem Stukturaufbau und dann in der Konditionierung der Aktualisierung ihrer Strukturen voneinander abhängig werden können. Das kann immer dann der Fall sein, wenn die jeweiligen Systeme in einem gemeinsamen Medium operieren und wenn sie hinreichend plastisch sind, um in ihren Strukturen sequentielle Veränderungen erfahren zu können, ohne daß ihre jeweilige Identität zerstört wird. Die erste Bedingung ist im Falle von sozialen und psychischen Systemen erfüllt, weil beide Systemtypen im Medium von Sinn operieren: Kommunikationen ebenso wie Gedanken sind Formen (also Unterscheidungen, die immer auch eine andere Seite haben) im Medium des Sinns.

Auch die zweite Bedingung ist erfüllt: Bewußtseinssysteme und Kommunikationssysteme sind hinsichtlich der Relationierbarkeit ihrer Elementarereignisse und Strukturen (Erwartungen und Vorstellungen) in einem so hohen Maße plastisch, daß außerordentlich viel, wenn auch niemals Beliebiges, geschehen kann und den-

---

33 Vgl. Maturana 1982, S. 151, 243 f., 287 ff. Der Begriff der strukturellen Kopplung setzt voraus, daß die Identität eines Systems nicht über seine Strukturen bestimmt wird. Strukturen können sich ändern. Die Identität eines Systems bestimmt sich statt dessen über die Aufrechterhaltung der basalen Zirkularität seiner Operationen. An den Strukturen und nicht an den basalen Operationen selbst kann daher abgelesen werden, wie sich ein System dem Medium anpaßt, in dem es sich reproduziert, kann also beobachtet werden, wie es sich realisiert im präzisen Sinne des Wortes.

noch als Beitrag zur jeweiligen Autopoiesis verwendbar ist. Die Geschichte der Coevolution von Bewußtsein und Gesellschaft ist in dieser Hinsicht ein einziger Beweis für die Möglichkeit des Unwahrscheinlichsten. Systematische Pathologien scheinen jedenfalls nicht hier, nicht auf der Ebene des Verhältnisses zwischen Bewußtsein und Kommunikation als solchem angesiedelt zu sein, sondern erst in spezifischen Ausprägungen.

Strukturelle Kopplung heißt dann, daß die Operationen des einen Systems, insofern sie vom anderen System beobachtet werden, mitbeeinflussen, welche Strukturen das letztere System aktualisiert, konkret: mit welchen Erwartungen es auf beobachtete Vorstellungsgehalte reagiert oder umgekehrt, mit welchen Vorstellungen es beobachtetete Erwartungslagen begleitet. Damit ist vor allem gesagt, daß jedes System sich nicht mehr nur irritieren und faszinieren läßt, sondern die Operationen der eigenen Informationsversorgung und -verarbeitung durch die Erwartung beziehungsweise Vorstellung bestimmter Irritationen oder Faszinosa und möglicher Reaktionen darauf konditioniert. Da beide Systeme gleichzeitig operieren und jedes Ereignis im jeweiligen System vollkommen verschiedene Anschlußereignisse auslöst, ist unter der Bedingung der strukturellen Kopplung auf den Moment bestimmte, fast deckungsgleiche wechselseitige Anpassung und höchste Unabhängigkeit voneinander zugleich zu realisieren. Und das genügt, um das Bewußtsein immer wieder zu motivieren, sich auf Kommunikation einzulassen, und die Kommunikation, sich vom Bewußtsein abhängig zu halten. Alle Probleme, die das Bewußtsein mit der Kommunikation hat und umgekehrt, setzen erst danach ein. Oder nicht?

Man kann sich auf die Suche nach speziellen Mechanismen der strukturellen Kopplung zwischen Bewußtsein und Kommunikation machen und etwa die Sprache als einen solchen, möglicherweise den wichtigsten (aber was heißt hier wichtig?) Mechanismus beschreiben.[34] Man kann die Beichte im Sinne eines Mecha-

---

34 So Luhmann 1988 a, S. 891 f. Sprache könnte dann als Medium verstanden werden, allerdings nicht als ein Medium der Übersetzung zwischen Selbst und Realität – eine Vorstellung, gegen die Rorty 1989, S. 33 ff., zu Recht Einwände erhebt –, sondern als ein Medium im Sinne von Heider 1926, das sowohl vom Bewußtsein wie von der Kommunikation als Realität genommen wird, in der die eigene Realität zum Ausdruck gebracht werden kann, etwa in dem Sinne, in dem Sartre 1962, S. 478, for-

nismus der Selbstthematisierung[35] als besonders eindringlichen Kurzschluß des Bewußtseins an die Kommunikation beschreiben und auf moderne Therapieformen hochrechnen. Man kann den Körper als das von Kommunikation und Bewußtsein immer ausgeschlossene Dritte beschreiben, der sich gerade deswegen – als Rejektionswert *und* Akzeptionswert der Differenz zwischen Bewußtsein und Kommunikation, könnte man mit Gotthard Günther sagen[36] – als Referenz der Bearbeitung dieser Differenz und ihrer Probleme anbietet.[37] Und man kann schließlich nach Strukturen suchen, auf die sowohl das Bewußtsein wie die Kommunikation jederzeit zurückgreifen können, um auch die Loslösung aus den Mechanismen der strukturellen Kopplung sicherzustellen – und etwa zu einer Theorie der Launen und Idiosynkrasien für das Bewußtsein und zu einer Theorie der Codierung der Kommunikation für die Kommunikation gelangen. Aber all das läßt die Frage nach dem Status der Unterscheidung zwischen Kommunikation und Bewußtsein offen, all das reicht nicht heran an das »heart of darkness« (Joseph Conrad), in dem diese Unterscheidung verankert ist.

5. Angst und Ironie

Jede Unterscheidung läßt sich auf die Einheit des in ihr Unterschiedenen hin befragen. Das gilt auch für die Unterscheidung zwischen Kommunikation und Bewußtsein. Zwar können wir noch keine theoriesystematische Antwort auf die Frage nach der Einheit dieser Differenz geben. Wir werden erst im folgenden Abschnitt (6) zu diesem Zweck das Konzept des Sinns einführen. Aber wir können zwei Phänomene untersuchen, die sich als sowohl psychische wie soziale Sachverhalte und zugleich als weder psychische noch soziale Sachverhalte diskutieren lassen, in denen es auf eine charakteristisch unterschiedliche Art und Weise um die Einheit der Differenz von Bewußtsein und Kommunikation geht. Es geht um zwei Phänomene, die genau dort zu veror-

muliert, daß die Sprache »ursprünglich die Erfahrung (ist), die ein Fürsich mit seinem Für-andere-Sein machen kann ...«
35 Vgl. Hahn 1982.
36 Siehe Günther 1976.
37 Siehe dazu reichhaltig Bette 1989.

ten sind, wo wir die Unterscheidung selbst verorten würden, nämlich im Unterschied zwischen Kommunikation und Bewußtsein. Das heißt, es geht um zwei Phänomene, die auf charakteristische Weise oszillieren, sobald man sie zu verorten sucht, und jeweils dort ihren »Ort« finden, wo man sie gerade nicht vermutet.

Im Prinzip kann man sich zwei Möglichkeiten der Reflexion auf die Einheit der Differenz vorstellen. Diese beiden Möglichkeiten resultieren daraus, daß die Differenz eine Form mit vier Seiten ist. Erstens ist es möglich, die Differenz auf die Einheit ihrer beiden *unmarked states* hin zu reflektieren. Und zweitens ist es möglich, die Differenz auf die Einheit ihrer beiden *marked states* hin zu reflektieren. In beiden Fällen kommt es darauf an, daß die Reflexion Operationen des *crossing* vollzieht und anschließend zu unterscheiden und zu bezeichnen versucht, wo sie gelandet ist. In dieser Unterscheidung und Bezeichnung wird jeweils die Einheit der Differenz sichtbar. Diese Einheit ist wiederum in sich unterscheidbar – und dies aus dem einfachen Grunde, daß erstens jede Einheit einer Unterscheidung von anderen Einheiten der Unterscheidung unterschieden werden kann und zweitens die Einheit der Unterscheidung auch von der Unterscheidung selbst unterschieden werden kann. Mit anderen Worten, die Einheit der Differenz wird als Differenz der Einheit sichtbar.

Was sich als Differenz von Kommunikation und Bewußtsein beobachten läßt, ist etwas anderes als das, was sich als Differenz von Bewußtsein und Gehirn oder von Kommunikation und Materie beobachten ließe. Und was sich als Differenz von Kommunikation und Bewußtsein beobachten läßt, ist etwas anderes als das, was sich mit Hilfe dieser Differenz beobachten läßt. Mit anderen Worten, die Reflexion auf die Einheit der Unterscheidung zwischen Kommunikation und Bewußtsein kann auf das stoßen, wovon sich Kommunikation und Bewußtsein unterscheiden lassen, und sie kann auf die Unterscheidung als Unterscheidung selbst stoßen. Im ersten Fall haben wir es mit einer Wiedereinführung des ausgeschlossenen Dritten zu tun, im zweiten Fall mit einer Wiedereinführung der Unterscheidung selbst.[38]

38 Man kann das unterscheidungstheoretische Verfahren dann auch wieder auf diese Unterscheidung zweier Fälle anwenden und nach der Einheit der Differenz zwischen der Wiedereinführung des ausge-

Das klassische Phänomen der Wiedereinführung des in der Differenz von Kommunikation und Bewußtsein ausgeschlossenen Dritten ist die Angst. In der Angst ereignet sich das, was weder Kommunikation noch Bewußtsein ist. In der Angst ereignen sich daher Kommunikation und Bewußtsein als die eine Seite einer Unterscheidung, deren andere Seite die Welt als das in der Unterscheidung ausgeschlossene Dritte, das heißt die Welt nicht als *marked state*, sondern als *unmarked state* ist.[39] In diesem Moment lassen sich Kommunikation und Bewußtsein nicht mehr unterscheiden. Auf beiden Seiten kommt es zu Evidenzerlebnissen einer fraglosen Einheit, die sich gleichwohl als unmöglich weiß – und in diesem Wissen um die andere Seite der anderen Seite das Moment ihrer Überwindung hat.[40] In der Angst ereignet sich die Welt als solche, in der Angst wird jede Unterscheidung unmöglich.[41]

Die Angst ist das Ergebnis des *crossing* sowohl der Distinktion des Bewußtseins wie der Distinktion der Kommunikation, die von beiden Systemen gleichwohl nur innerhalb der Systeme vollzogen werden kann. Genau daraus ergibt sich die Schwierigkeit für jeden

schlossenen Dritten und der Wiedereinführung der Unterscheidung fragen. Das führt jedoch wiederum auf die beiden Möglichkeiten selbst, so daß sich am Fluchtpunkt dieses Verfahrens die Form der Einheit als Form der Differenz erweist, die sich selbst in der Paradoxie des eingeschlossenen ausgeschlossen Dritten bestätigt und abrundet.

39 Die Welt fungiert als Einheit aller Unterscheidungen, die sich jedoch mit jeder Unterscheidung, die getroffen wird, ins Unbeobachtbare zurückzieht, wie Luhmann 1990a formuliert, weil jede Unterscheidung den unmarked state als andere Seite der Unterscheidung gleich mit zur Welt bringt.

40 Siehe dazu Baecker 1988.

41 Heidegger (1972, S. 187) hebt beide Momente hervor. Einerseits: »Das Sichängsten erschließt ursprünglich und direkt die Welt als Welt.« Und andererseits: »In der Angst versinkt das umweltlich Zuhandene, überhaupt das innerweltlich Seiende. Die ›Welt‹ vermag nichts mehr zu bieten, ebensowenig das Mitdasein Anderer. Die Angst benimmt so dem Dasein die Möglichkeit, verfallend sich aus der ›Welt‹ und der öffentlichen Ausgelegtheit zu verstehen.« Die Betonung des bestimmten Weltverlusts zuungunsten eines unbestimmten Weltgewinns schließt die Möglichkeit eher aus, die Angst mit Japp (1987, S. 539f.) zum Ansatzpunkt von individueller und kollektiver Identitätsformierung zu machen.

Beobachter, die Angst zu verorten.[42] Und genau darum ist die Angst auch so ansteckend.[43] Das Bewußtsein wie auch die Kommunikation stoßen bei dieser Operation des *crossing* nicht auf sich selbst und auch nicht auf die andere Seite der Differenz, sondern auf den *unmarked state*, aus dem sich sowohl das Bewußtsein wie auch die Kommunikation auf ihre je eigene Weise ausgrenzen. Aber dieser Umstand, daß der *unmarked state* nichts als die andere Seite einer Distinktion ist, daß er also die Existenz von Kommunikation oder Bewußtsein bereits voraussetzt, muß erst wieder entdeckt werden und fungiert als jener ausgezeichnete Moment, in dem das Bewußtsein (und wohl auch die Kommunikation) sich hat und nicht hat zugleich: in dem es sich selbst als das Nichts seiner selbst hat.[44]

Die zweite Möglichkeit, die Einheit der Differenz von Bewußtsein und Kommunikation zu reflektieren führt nicht wie die Angst auf die anderen Seiten jeder der beiden Distinktionen, in die *unmarked states*, auf die, mit Heidegger, »Aufsässigkeit des innerweltlichen Nichts und Nirgends«[45], sondern auf die Unterscheidung selbst, auf die Differenz der *marked states* als solche, auf die, so könnte man vielleicht formulieren, Aufsässigkeit des innerweltlichen Unterschieds und Anderen. Während die Angst angesichts der Unmöglichkeit jeder Unterscheidung mit deren

---

42 Die Angst, schreibt Kierkegaard (1984, S. 50), »ist eine verstrickte Freiheit, wobei die Freiheit in sich selbst nicht frei ist, sondern verstrickt, nicht in die Notwendigkeit, sondern in sich selbst«.
43 Vgl. zur Angstkommunikation Luhmann 1986b, S. 237ff.
44 Das erklärt charakteristische Unschärfen sowohl in der psychologischen wie in der psychoanalytischen Theorie der Angst in der Frage, ob man Angst eher auf den Zusammenbruch der Unterscheidung zwischen Wahrnehmung und Bewußtsein oder auf den Zusammenbruch der Unterscheidung zwischen Bewußtsein und Kommunikation zurechnen soll. Auch das, was sich in der Angst ereignet, kann dann unterschiedlich bestimmt werden, in der kognitiven Psychologie (Schwarzer 1981) als Infragestellung des Selbstwerts der Person und in der lacanschen Psychoanalyse als »Manifestation des Begehrens des Anderen« (Weber 1990, S. 183). In beiden Fällen sieht man, wie schwer es fallen muß, das Phänomen der Angst, des Zusammenbruchs aller Unterscheidungen, von den Grenzen her zu bestimmen, deren Ziehung bereits eine Überwindung der Angst voraussetzt – und ermöglicht.
45 Heidegger 1972, S. 186.

Notwendigkeit bekannt machte, geht es jetzt um die *Kontingenz* der Unterscheidung. Die Reflexion der Einheit der Differenz von Kommunikation und Bewußtsein setzt diese Differenz in einen Unterschied zu möglichen anderen Differenzen – und gerät dann in größte Schwierigkeiten, wenn sie den Ort bestimmen soll, von dem aus dieser Unterschied beobachtbar sein soll. Oszillierend zwischen Kommunikation und Bewußtsein, findet sie weder hier noch dort ihren Ort und kann daher nur das eine jeweils als anderes des anderen bestimmen.

Das Verfahren erhielt den Namen Ironie. Etablieren konnte es sich wohl nur, weil man lange Zeit, von Sokrates bis Fichte, glaubte, im »Subjekt« auch einen Ort gefunden zu haben, von dem aus es sowohl die Kommunikation wie das Bewußtsein mit seinen Kontingenzzumutungen überziehen konnte.[46] Die Würde der Reflexion zog sich in das Subjekt zurück, bis auch dieses unter dem doppelten Druck des erkenntnistheoretischen Zweifels und der gesellschaftlichen Dynamik sich als kontingent zugeben mußte. Gegenüber der Unterscheidung zwischen Kommunikation und Bewußtsein zeichnet das Subjekt seither keinen dritten Ort weder der Annahme noch der Ablehnung dieser Unterscheidung aus.

Die Ironie, die die Einheit der Differenz, das heißt die Differenz als solche, zum Einsatz bringen will, kann immer nur den einen *marked state* gegen den andern ausspielen. »In der Ironie liegt also überhaupt das Hervortreten des Gegensatzes.«[47] Das galt als so-

---

46 In der Ironie erfaßt sich die Subjektivität als Subjektivität, heißt es bei Hegel (1955, S. 137 ff.). Und darin liegt für ihn solange eine notwendige Bewegung des Geistes, wie das Subjekt nicht als eitles erscheint, das um den Ernst des sittlich Objektiven nicht mehr weiß. Gegen diese Tendenz der bei ihm unbeliebten Romantiker führt Hegel (1983, S. 113) darum ins Feld: »Die Subjektivität muß zur Substantialität kommen.« Anderseits sah man gerade in der Überwindung des Denkens der Substantialität das Verdienst der Ironie. Siehe Kierkegaard 1961, S. 269. Derrida (1972, S. 380 ff.), einer der wichtigsten Nachfahren der romantischen Ironiker, kann daher gar nicht anders, als gegenüber Hegel wieder eine Position des Gelächters zu beziehen. Die Unterscheidungstheorie führt über diese Position in dem Maße hinaus, wie sie die Ironie als Verfahren bestimmen kann. Dabei weiß sie sich ihrerseits ironisierbar.

47 Hegel 1983, S. 114.

kratisches (und noch kantisches) Verfahren solange als akzeptabel, wie nur die Seite des Bewußtseins, nicht aber seit von den Romantikern auch die Seite der Wirklichkeit (der Kommunikation) ironisiert wurde.[48] Trotzdem lag in der Ironie schon in ihrer sokratischen Variante der Keim einer nicht mehr zu hintergehenden Differenz, da sie exakt den Punkt anvisierte, der die Unterscheidung von Kommunikation und Bewußtsein auf Dauer stellt, nämlich die Aufhebung der Identität von Sprechen und Denken.[49] Erst dank dieser Aufhebung, so Kierkegaard, konnte sich das Subjekt als frei, wenn auch negativ frei, setzen.[50] Erst dank dieser Aufhebung kann die Differenz von Kommunikation und Bewußtsein auch seitens des Bewußtseins zum Einsatz gebracht und zum Aufbau eigener Komplexität genutzt werden.

Seither kann die Ironie sowohl auf seiten des Bewußtseins wie auf seiten der Kommunikation nicht nur gegen jeden Autoritätsanspruch abschließender Rede zum Einsatz gebracht werden, wie Richard Rorty hervorhebt[51], sondern überdies auch seitens der Kommunikation zur Ironisierung des Bewußtseins und seitens des Bewußtseins zur Ironisierung der Kommunikation eingesetzt werden.[52] Dabei zeichnet sich das ironische Verfahren durch zwei Momente aus, die beide unmittelbare Bedeutung für die Einsicht in die Differenz von Kommunikation und Bewußtsein haben. Erstens besteht das eigentliche Vergnügen des Ironikers darin, vorgegebene Selektivitäten aufzulösen und einen neuen Anfang zu suchen und zu setzen.[53] Ohne die Möglichkeit, die Differenz als Differenz zu nutzen, gäbe es die Möglichkeit nicht, auf beiden

48 So Kierkegaard 1961, S. 282, im Anschluß an Hegel.
49 Siehe Kierkegaard 1961, S. 251.
50 Kierkegaard 1961, S. 251 und öfter.
51 Rorty 1989, S. 128 und öfter.
52 Besondere Chancen der Ironisierung des Allgemeinen durch das Bestimmte räumt Hegel (1973, S. 352) der Weiblichkeit ein. Diese ist die »ewige Ironie des Gemeinwesens«, weil es dem Allgemeinen, durch das es unterdrückt wird, gleichwohl doch wesentlich ist.
53 Siehe Kierkegaard 1961, S. 257. Und vgl. dazu Rorty 1989, S. 73, 84f. und öfter, zur Entdeckung der Möglichkeit der Neubeschreibung in Literatur, Philosophie und Liberalismus seit Ende des 19. Jahrhunderts. Auch de Man (1977) unterstreicht die Unterbrecherfunktion der Ironie und schließt daraus auf die Unmöglichkeit, ein Konzept der Ironie zu definieren.

Seiten der Differenz neu anzufangen und damit auch das, was auf beiden Seiten der Differenz möglich ist, unabhängig von dem zu entfalten, was auf der anderen Seite möglich ist. Die Ironie leistet einen Beitrag zur Ausdifferenzierung der sozialen und psychischen Systeme. Die Ausdifferenzierung und wechselseitige Distanzierung der Systeme befördert sie auch dadurch, daß die Anfänge, die sie setzt, eher Erinnerungen vormals ausgeschlossener Möglichkeiten denn Visionen des ganz Neuen sind. Die Virtuosität der Initiative, die die Ironie zu entfalten versteht, setzt ein Gedächtnis der nicht realisierten ebenso wie die Kontingenz der realisierten Selektionen voraus. Das erklärt auch die Melancholienähe der Ironie.

Das zweite wichtige Moment an der Ironie arbeitet Walter Benjamin an der Kunstkritik der Romantiker heraus: Hier erscheint die Ironie als ein Verfahren, im Nicht-Wissen besser zu wissen.[54] Wenn es erlaubt ist, diese Formulierung unterscheidungstheoretisch zu deuten, dann drängt sich der Eindruck auf, daß das, was die ironische Beobachtung besser weiß, obwohl sie nichts weiß, das Wissen um die Unterscheidung selbst ist. Der Ironiker kann jeden Beobachter auf die Unterscheidung hin beobachten, die er verwendet, und ist ihm damit ein Stück weit voraus, obwohl damit überhaupt nichts in bezug auf das gewonnen ist, was der beobachtete Beobachter zu beobachten sucht. Der Ironiker ist ein Kenner von Unterscheidungen einschließlich vor allem der jeweiligen anderen Seite der Unterscheidung. Und er führt diese Kenntnis durch Einsatz von Witz und Mystik immer dann ins Feld, wenn andere bereits zu wissen glauben, was sie bezeichnen können.

Dieses Verfahren läßt sich bis zu dem Punkt treiben, wo sich dem Bewußtsein seine Differenz zur Kommunikation und der Kommunikation ihre Differenz zum Bewußtsein vorhalten läßt. Freilich setzt dies voraus, daß die Unverständlichkeit selbst gegen jede Möglichkeit des Verstehens, in dem die Möglichkeit der Emergenz von Kommunikation unter Beteiligung des Bewußtsein beschlossen ist[55], ins Feld geführt wird. In dieser Unverständlichkeit

54 Benjamin 1974, S. 60f. Vgl. dazu auch Baecker 1990, S. 25 ff.
55 Siehe unten, Abschnitt 9. Vgl. dazu Rorty (1989, S. 202 ff.) zu Konsequenzen für die Philosophie und Luhmann/Fuchs (1989, S. 209 ff.) zu Konsequenzen für die Unternehmensberatung.

kann, wie Schlegel sehr genau wußte, die Möglichkeit und die Tragfähigkeit der Differenz zwischen Kommunikation und Bewußtsein wie auch aller Differenzen, die sich daraus zur Entfaltung der Komplexität sozialer und psychischer Systeme gewinnen lassen, abgesichert werden.[56] Denn nur so kann die andere Seite der Differenz von Kommunikation und Bewußtsein ins Spiel gebracht werden, ohne auf Angst rekurrieren zu müssen.

Indem die Ironie auf Unverständlichkeit setzt, bestätigt sie das Medium, in dem Bewußtsein und Kommunikation ausdifferenziert werden: den Sinn. Es kann daher nicht erstaunen, daß das Bewußtsein der modernen Gesellschaft bisher vornehmlich auf die Ironie gesetzt hat. Aber es darf auch nicht überraschen, daß die Angst zur Ironie eine mächtige Alternative darstellt. In der Reflexion auf die Einheit der Differenz von Kommunikation und Bewußtsein sind Angst und Ironie funktional äquivalent – mit dem einen, allerdings wesentlichen Unterschied, daß die Ironie dort Anfänge setzt, wo die Angst erst einmal nur ein Ende sieht.

6. Form und Medium

Wir wissen jetzt wesentlich mehr über die beiden in der Unterscheidung zwischen Kommunikation und Bewußtsein beobachteten und bezeichneten *marked states*, wir haben eine Ahnung von der Operationsweise psychischer und sozialer Systeme, aber wir wissen immer noch nichts über die Möglichkeit der Unterscheidung selbst. Ist die Frage angesichts der Möglichkeiten, Theorien des Bewußtsein und der Kommunikation auszuarbeiten, die noch die strukturelle Kopplung dieser Systeme mitbeschreiben können, hinfällig oder zumindest uninteressant geworden? Für die Bejahung dieser Frage ließen sich einige Argumente finden. Aber die Fruchtbarkeit einer Unterscheidung ist für den Unterscheidungstheoretiker noch kein Grund, es damit sein Bewenden haben zu lassen. Er wird immer versuchen, auch die Unterscheidung selbst, die sich als so fruchtbar erwies, noch zu beobachten. Das heißt, er wird versuchen, eine weitere, »frühere« Unterscheidung (selbstverständlich »nachträglich«) zu treffen, die ihm den Zugang zu der ersten Unterscheidung ermöglicht.

56 Siehe Schlegel 1967.

Wir haben gesehen, welche Ergebnisse die Beobachtung der Unterscheidung zwischen Kommunikation und Bewußtsein mit Hilfe der Differenz von System und Umwelt zeitigt. Wir wollen jetzt versuchen, eine andere Unterscheidung zum Einsatz zu bringen, die es uns ermöglicht, daß spezifische Medium zu beobachten, in dem die Unterscheidung zwischen Bewußtsein und Kommunikation nur formuliert werden kann und in dem sowohl die Operationsweise der psychischen wie jene der sozialen Systeme realisiert ist: das Medium des Sinns. Da wir von der Unterscheidung zwischen Bewußtsein und Kommunikation immerhin wissen, daß sie, wie jede Unterscheidung, eine Form ist (eine Form mit zwei Seiten, deren jede sich wiederum vom *unmarked state* unterscheidet)[57], bietet es sich an, zur Beobachtung dieser Unterscheidung als Form die Unterscheidung zwischen Form und Medium zu benutzen.

Die Unterscheidung zwischen Form und Medium läßt sich mit Fritz Heider genauer fassen als Unterscheidung zwischen fest und lose gekoppelten Elementmengen.[58] Formen, so die wahrnehmungspsychologisch entwickelte These von Heider, lassen sich nur in einem Medium unterscheiden, das aus den gleichen Elementen besteht wie die Form auch. Form und Medium unterscheiden sich im Aggregatzustand dieser Elemente. Formen können sich als feste Kopplungen dieser Elemente den losen Kopplungen des Mediums einprägen. Das Geschehen der Form erscheint als innenbedingt (oder einheitlich), das Geschehen des Mediums als außenbedingt (oder vielheitlich).

Wie können wir nun diese Differenz zwischen Form und Medium benutzen, um unsere Unterscheidung von Kommunikation und Bewußtsein zu beobachten? Wir wissen, daß wir Sinn voraussetzen müssen, um die Unterscheidung treffen zu können.[59] Sinn ist

---

57 Wieder im Sinne von Spencer Brown 1979.
58 Siehe Heider 1926.
59 Sinn ist kein Begriff, der sich seinerseits der Unterscheidung zwischen sinnhaft und sinnlos verdankt. Es ist ebenso sinnvoll wie sinnlos, die Frage nach dem Sinn zu stellen. Luhmann (1984, S. 93) führt den Begriff des Sinns daher als »›differenzlosen‹ Begriff, der sich selbst mitmeint«, ein (vgl. auch Luhmann 1988 b, S. 42), wohl wissend, daß damit ein Theoriefehler verbunden ist, der aber unvermeidbar ist, solange die Theorie ihrerseits im Medium des Sinns formuliert wird.

also nicht etwas, was erst mit dieser Unterscheidung kreiert wird. Aber gäbe es Sinn unabhängig von dem in dieser Unterscheidung Unterschiedenen? Sinn steht für die Welt, in der diese Unterscheidung getroffen werden kann. Und die Welt ist die Einheit der Differenz von Kommunikation und Bewußtsein. Aber was ist dann Sinn? Kann man sagen, daß der Sinn die Differenz der Einheit von Kommunikation und Bewußtsein ist, also diese Unterscheidung insofern, als sie einen Unterschied macht?

Im Sinn konvergieren die hier angestellten Überlegungen: Die Unterscheidung zwischen Kommunikation und Bewußtsein kann nur im Medium des Sinns getroffen werden, sie ist eine Form im Medium des Sinnes. Und zugleich sind soziale und psychische Systeme Sinnsysteme, die also ihrerseits das Medium des Sinns zur Verfügung stellen und in ihm operieren und alle Unterscheidungen, die sie treffen und treffen können, nur als Formen im Medium Sinn ausbilden und behaupten können. Im Hinblick auf ihre Operationen im Medium des Sinns unterscheiden sich Kommunikation und Bewußtsein also gerade nicht. Und doch können wir die Unterscheidung zwischen Kommunikation und Bewußtsein nur dort, nur im Medium Sinn treffen.

Aus dieser allzu großen Verdichtung unserer Fragestellungen im Begriff des Sinns befreit uns die Differenz von Medium und Form durch die beiden Begriffsbestimmungen der Elementmengen und der Kopplungen. Diese beiden Begriffsbestimmungen ermöglichen es, die verdichtete Form der Unterscheidung zwischen Kommunikation und Bewußtsein auf das Medium zurückzurechnen, in dem sie gebildet ist und beobachtet wird, und gleichsam an den Momenten der Auflösung der Form abzugreifen, wie ihre Genese möglich ist. Zunächst: Als was können die Elemente bestimmt werden, die im Medium des Sinns in loser und in der Form einer Unterscheidung in fester Kopplung vorliegen? Wir nehmen an, daß es sich bei diesen Elementmengen nur um *Sinnverweisungen* handeln kann, also um Verweisungen auf »weitere Möglichkeiten des Erlebens und Handelns«[60], die sich dann, im Anschluß an ihre bewußte oder kommunikative Appräsentation, jeweils als aktuell oder als möglich, als unwirklich oder als unmöglich affirmieren und negieren lassen.

---

60 Luhmann 1984, S. 93.

Im Medium des Sinns, in den lose gekoppelten Sinnverweisungen, hat man es mit der Gleichwahrscheinlichkeit von Möglichkeit und Wirklichkeit, von Affirmation und Negation zu tun. Die Kontingenz des Sinns im Sinne der jederzeit möglichen Modalisierung aller Wirklichkeiten und Möglichkeiten beschreibt die Einheit des Mediums Sinn. Diesen entropischen Tendenzen beugt nun die Formbildung vor – und zwar *jede beliebige* Formbildung, weil mit jeder Unterscheidung Anschlußmöglichkeiten für weitere Unterscheidungen gegeben sind. Jede Unterscheidung leistet sinnhafte Negentropie. Dazu ist nichts anderes erforderlich als die Überführung loser in feste Kopplung.

Darauf läßt sich unser Problem demnach reduzieren beziehungsweise zuspitzen: auf die Frage nach der Möglichkeit der Überführung loser in feste Kopplung. Was wissen wir über die lose Kopplung von Sinnverweisungen? Wir wissen nur, daß es sich dabei um die Gleichwahrscheinlichkeit des Möglichen und des Wirklichen handelt. Aber was heißt dann Kopplung – wenn lose Kopplung mindestens soviel heißt wie: Möglichkeit einer festen Kopplung? Wir greifen an dieser Stelle auf die Einsicht zurück, daß alles, was geschieht, gleichzeitig geschieht[61], und leiten daraus eine grundsätzliche, grundlegende Asymmetrie aller Sinnverweisungen im Hinblick auf eine unvermeidbare Präferenz für Aktualität ab.

Das Aktuelle ist dasjenige Wirkliche, das das im nächsten Moment Mögliche auszeichnet. Und eben im Hinblick auf diese Potentialität verdient es Interesse. Das heißt ganz und gar nicht, daß im Medium Sinn eine Präferenz für das Wirkliche zuungunsten des Unwirklichen beschlossen liegt, so wie Hegel behaupten konnte, daß alle Vernunft wirklich ist und das Wirkliche vernünftig. Sondern es heißt, daß in allen Sinnverweisungen eine Tendenz zur Realisierung aktuell möglicher Sinnverweisungen beschlossen ist. In dem Moment, in dem die Welt ist, was sie ist, ist sie, was sie sein kann. Nichts anderes macht das Medium Sinn kenntlich. Und das gilt ebenso für alle Sinnverweisungen, in denen die Welt als das auftaucht, was sie nicht ist. Entscheidend ist einzig und allein, daß diese Sinnverweisungen gegenwärtig möglich, also in diesem Sinne wirklich, und aktuell vollziehbar sind.

Diese Asymmetrie zugunsten des Gegenwärtigen, die in der Nichtnegierbarkeit der Gleichzeitigkeit beschlossen ist, zeichnet

---

61 Vgl. die Hinweise oben, Anm. 14.

aus, was wir als lose Kopplung von Sinnverweisungen bezeichnen wollen. Sie ist zugleich die notwendige und hinreichende Bedingung dafür, daß es zu festen Kopplungen kommen kann, das heißt: zur (andere Möglichkeiten ausschließenden) Selektion von Sinnverweisungen. Erst die Unterscheidung, die Formbildung, die feste Kopplung differenziert innerhalb der Gleichwahrscheinlichkeit wirklicher und möglicher Sinnverweisungen im Medium Sinn nach *marked* und *unmarked states*. Erst die feste Kopplung schafft mit der Ausleuchtung des einen Sinnbereichs auch die Dunkelheit aller übrigen. Träfe man keine Unterscheidung, hätte man auch nicht das Problem des *unmarked state*. Freilich wüßte man dann auch nicht, wo man sich aufhält und aufhalten kann, gibt es doch ohne die Unterscheidung auch keinen *marked state*.

Die Asymmetrie zugunsten des Gegenwärtigen und die Nichtnegierbarkeit des Gleichzeitigen sind die Voraussetzungen dafür, daß sich im Medium des Sinns immer wieder eine Differenz durchsetzt. Diese Differenz ist das Unverfügbare, das die Sinnverweisungen daran hindert, sich zu einer Form zu verdichten, die schließlich kristallisiert und ein für allemal definiert, was sinnhaft möglich ist. Diese Differenz ist andererseits jedoch auch das jederzeit Verfügbare, das den Sinn daran hindert, sich soweit zu verflüchtigen, daß gar nichts mehr möglich beziehungsweise alles wahrscheinlich ist. Für die Kommunikation appräsentiert das Bewußtsein diese unverfügbare und verfügbare Differenz, für das Bewußtsein appräsentiert die Kommunikation diese Differenz. Gäbe es diese Differenz nicht, hätte der Sinn keinen Sinn.

Man kann nun mit Hilfe der Unterscheidung von Form und Medium die psychischen und sozialen Systeme auch je für sich, das heißt in Differenz zu ihrer Umwelt, betrachten und nach den Mechanismen und Konditionierungen von Formbildung im Medium des Sinns fragen. Das führt für den Fall sozialer Systeme mitten hinein in die soziologische Medientheorie und dort zu Fragen einer Sprachtheorie, einer Theorie der Verbreitungsmedien (Schrift, Buchdruck, Telekommunikation, Computer) und einer Theorie der symbolisch generalisierten Kommunikationsmedien (Macht, Recht, Liebe, Glaube, Geld), die unter der Prämisse der »Unwahrscheinlichkeit der Kommunikation« als verschiedene Formen der Elaboration von Sinn, der selektiven Verbreitung und Verarbeitung selegierten Sinns und der Motivation zur Annahme von Sinnofferten untersucht werden.⁶² Etwas mit dieser soziologischen Medientheorie Vergleichbares scheint es in der Psychologie nicht zu geben, doch wäre es auch dort vorstellbar, die Differenz von Form und Medium zu applizieren und etwa eine Theorie der Erregungszustände zu entwerfen, in der Temperament und Gefühle als Medien der Selbstbefähigung (und -behinderung) im Durchhalten einer bestimmten Vorstellungswelt untersucht werden⁶³, oder eine Theorie der Sinne auszuprobieren, in der Wahrnehmungen in den Medien des Sehens (Optik), Hörens (Akustik), Riechens (Olfaktorik), Fühlens (Sensibilität) und Tastens (Taktilität) in ihrer je unterschiedlichen Sensualität und Affinität zu verschiedenen Vorstellungswelten beschrieben werden.⁶⁴ Unser Interesse hier gilt jedoch der Unterscheidung zwischen Kommunikation und Bewußtsein, und wir beschränken uns auf einen Versuch, die Differenz zwischen Form und Medium auf diese Unterscheidung anzuwenden. Ein solcher Versuch ist für die soziologische und die, wenn es sie denn einmal geben sollte, psychologische Medientheorie nicht ohne Belang, denn er beschreibt Dimensionen der strukturellen Kopplung zwischen sozialen und psychischen Systemen, die für die soziologische Medientheorie im Hinblick auf die symbiotischen Mechanismen⁶⁵ zwischen Medium und Bewußtsein und für die psychologische Medientheorie grundsätzlicher noch im Hinblick auf die Unzugänglichkeit des Bewußtseins für die Kommunikation, also auch für Theorie, Methode und Beschreibung, auszuwerten sind. Aber auch diese Konsequenzen werden wir hier nicht ausbuchstabieren können. Wir verzichten hier, mit anderen Worten, darauf, die Differenz von Form und Medium quer zur Unterscheidung zwischen Kommunikation und Bewußtsein zu stellen, sondern legen sie gleichsam deckungsgleich über diese Unterscheidung. Das läuft darauf hin-

62 Vgl. Parsons 1980 und Parsons 1978; Luhmann 1980 b und Luhmann 1981 b.
63 Siehe zu einer Theorie der Gefühle als Immunsystem der Bewußtseinsautopoiesis Luhmann 1984, S. 370 ff.
64 Studien zur Gleichzeitigkeit des Differenten (oder Kontrastierenden) in der Wahrnehmung ließen sich hier einfügen. Serres 1985 versucht, in diesem Sinne auf der Seite der Wahrnehmung zu operieren und die Gleichzeitigkeit des Differenten zum Einwand gegen die auf Einheiten abstellende Sequentialität der Kommunikation zu stilisieren.
65 Vgl. Luhmann 1974.

aus, das Bewußtsein als Medium der Kommunikation und die Kommunikation als Medium des Bewußtseins zu untersuchen.

7. Blödigkeit und Eitelkeit

Was kann man sich darunter vorstellen, daß das Bewußtsein zum Medium der Kommunikation und die Kommunikation zum Medium des Bewußtseins wird?[66] Wie könnte sich die Kommunikation als Form dem Bewußtsein einprägen? Wie könnte sich umgekehrt das Bewußtsein der Kommunikation als Form einprägen? Wäre das gleichzeitig möglich? Zunächst ist festzuhalten, daß beides nur unter den Bedingungen der operationalen Geschlossenheit psychischer und sozialer Systeme und der strukturellen Kopplung dieser beiden Systemtypen überhaupt möglich sein kann. Das Bewußtsein kann nur zum Medium der Kommunikation werden, wenn und soweit es seine Selbstorganisation, also die Selektion der Strukturen, die es auf sich selbst anwendet, von Strukturen abhängig macht, die es als Strukturen der Kommunikation wahrnimmt. Es kann sich also nur selbst zum Medium machen, und dies unabhängig davon, daß es dies in dem Maße, wie es gelingt, nur der Kommunikation und deren prägenden Formen zurechnen kann. Und genauso gilt auch für die Kommunikation, daß sie sich zum Medium des Bewußtseins nur selber machen kann.

Aus den bisherigen Beschreibungen der Operationsweise psychischer und sozialer Systeme wissen wir, daß beides allenfalls momentweise geschehen kann: als Moment einer Konvergenz der jeweiligen Ereignisse unter der Bedingung ihrer Gleichzeitigkeit. Der bereits folgende Moment steht jedoch wieder unter der Bedingung der Anschlußorganisation eines operational geschlossenen Systems, und alle Wahrscheinlichkeit spricht dafür, daß Kommunikation und Bewußtsein jeweils auf ihre getrennte Weise weitermachen. Es sei denn, das Bewußtsein sieht seine Fremdreferenz auf Formofferten der Kommunikation fokussiert, ohne seine Selbstreferenz von dieser Fremdreferenz lösen zu können – und umgekehrt gilt dies für das Verhältnis der Kommunikation zum Bewußtsein. Aber hat man so etwas je erlebt?

[66] Siehe zu der Idee, Bewußtsein als Medium zu beobachten, Luhmann 1988a, S. 890f.

Man hat. Die Selbstentdeckung des Bewußtseins als Medium der Kommunikation wird in der alteuropäischen Tradition unter dem Titel »Blödigkeit«, die Selbstentdeckung der Kommunikation als Medium des Bewußtseins unter dem Titel »Eitelkeit« behandelt.

Die Blödigkeit ist eine Erfahrung des 18. Jahrhunderts, des Zeitalters der Empfindsamkeit und Zärtlichkeit. Sie tritt als unerwartete Störung bei dem Versuch auf, Gesellschaft als Konversation der Aufrichtigen gegen die Adelswelt bei Hofe neu zu begründen. Einige Individuen machen dabei nicht mit. Georg Stanitzek hat gezeigt, wie sie angesichts der Doppelzumutung, einerseits eine neue, dem Modell der ständischen Hierarchie nicht mehr verpflichtete gesellschaftliche Ordnung verarbeiten zu müssen und andererseits aufrichtig kommunizieren zu sollen, in einen »Zustand der ›Überreflexion‹« geraten, der sie erröten und stammeln läßt.[67] Erstmals auch außerhalb des Hofes mit individuellen Karrieremöglichkeiten konfrontiert, erleben sie jede Konversation im Horizont der Gelegenheiten, die sie eröffnet oder verschließt, also mit einem Überschuß an nicht-aufrichtigen Motiven belastet. Und es fehlt an hoch genug zu hängenden aufrichtigen Motiven, die man kommunizieren könnte, ohne ihre Realisierung im Netz der Beobachtung von Beobachtungen, als das die Gesellschaft sich darstellt, damit zugleich zu gefährden. Erst die Differenzierung zwischen Motiven und Werten einerseits und die Entlastung gesellschaftlich relevanter Kommunikation von der Erwartung der Aufrichtigkeit andererseits werden hier Abhilfe schaffen.

Das Dilemma des Blöden ist, daß er zwischen der Geschicklichkeit im Umgang mit der Gesellschaft und der Geschicklichkeit im Umgang mit sich selbst nicht mehr zu differenzieren vermag. Beim Griff nach den eigenen Ressourcen greift er immer wieder ins Leere und wählt dennoch nicht die Strategie des dann unter dem Titel des »Melancholikers« beobachteten Individuums, sich aus der Kommunikation immer wieder zurückzuziehen, sie von außen zu beobachten und ein eigenes, idiosynkratisches Verhaltensrepertoire aufzubauen, das sich in der Kommunikation dann auch durchhalten läßt.[68] Denn damit geht das Risiko der Vereinsamung einher, auf das sich der Blöde nicht einlassen will. Er

---

67 Stanitzek 1989, S. 53.
68 Vgl. Stanitzek 1989, S. 27 ff.

riskiert statt dessen: das Verstummen. Und wenn es soweit gekommen ist, macht er die Entdeckung, auf die es uns hier ankommt: Er entdeckt sein Bewußtsein als Spiegel, wie es dann heißt, der Gesellschaft.[69] Er entdeckt sein Bewußtsein als Medium der Kommunikation. Er entdeckt, daß die Gesellschaft darauf zählt, daß das Individuum die Formofferten, die sie ihm macht, als Eigenleistungen seines Bewußtseins nachvollzieht und jederzeit nachvollziehen kann. Genau das ist die Zumutung der Aufrichtigkeit.[70]

Die Erwartung der Aufrichtigkeit läßt sich nur an jemanden adressieren, dem gleichzeitig Charakter zugeschrieben wird. Denn Aufrichtigkeit zu erwarten, lohnt sich nur gegenüber dem, der es versteht, bei sich zu sein und auf sich zu halten. Aber der Blöde entdeckt bei sich keinen Charakter, der unabhängig von dem zu nennen wäre, was ihm die Gesellschaft offeriert. Er reproduziert die klassische Erfahrung der inneren Unendlichkeit, also Leere, der Selbstreflexion des Bewußtseins. Und die Gesellschaft, die ihn beobachtet, hat keine andere Wahl, als ihn jenen Charakterlosen zuzuordnen, von denen ein zeitgenössisches Lexikon sagt: »Sie nehmen von allem, was geschieht, augenblickliche Eindrücke an, die aber eben so leicht wieder verschwinden, als sie entstanden sind. ... Leute ohne Character sind wirklich für die menschliche Gesellschaft gefährlich; man weiß nicht, wie man mit ihnen umgehen soll.«[71] Wenn das Medium der Kommunikation, als das hier das Bewußtsein gefaßt wird, der Gesellschaft keine eigenen Formofferten macht, werden die Formbildungen der Gesellschaft ungewiß. Man weiß nicht mehr, was man zu erwarten hat.

Ganz ähnlich, nur gleichsam spiegelverkehrt läßt sich die Eitelkeit beschreiben. Unter dem Titel der »Eitelkeit« kommuniziert die Kommunikation ihre Entdeckung, daß Bewußtseinssysteme, die

69 Noch etwas abgeschwächt durch die Vermutung, daß es der »Tand« der Gesellschaft ist, und nicht diese selbst, findet sich die Entdeckung formuliert bei Naumann 1754, 3. Teil, 44. Stück [15. 11. 1754], S. 179: »Den Tand der Gesellschaft nehmen wir, wie die Spiegel den Hauch der Vorstehenden an, ohne zu erwägen, daß jener eben so blöde machet, als dieser verdunkelt wird« (zitiert nach Stanitzek 1979, 157).
70 Siehe dazu Trilling 1971.
71 Art. ›Character‹ (redende Künste), in: *Deutsche Enzyklopädie*, Bd. 5, 1781, S. 452, zitiert nach Stanitzek 1979, S. 157.

als Individuen gefaßt werden, die Kommunikation als Medium ihrer Selbstdarstellung und -inszenierung benutzen.[72] Während die Blödigkeit der Titel für die Erfahrung ist, daß es dem Bewußtsein nicht gelingt, die im Bewußtsein vorliegenden lose gekoppelten Sinnverweisungen unabhängig von den Strukturangeboten der Kommunikation fester zu koppeln und zu Formen kondensieren zu lassen, ist die Eitelkeit der Titel für die Erfahrung, daß die Kommunikation keine Eigendynamik, unabhängig von den Strukturierungsleistungen eines oder mehrerer anwesender Bewußtseinssysteme, entfalten kann. Gesellschaft wird zum »Jahrmarkt der Eitelkeiten«.[73]

Dabei geht es nicht nur um Dreistigkeit. Dreistigkeit ist die Überraschung und Überwältigung der Kommunikation mit ihren eigenen Mitteln durch ein Individuum, das Umstände ausnutzt, in denen die Kommunikation nicht kommunizieren kann, daß sie überrascht und überwältigt wird. Eitelkeit dagegen kann kommuniziert werden, und sie wird kommuniziert. Aber das ändert nichts an der Eitelkeit. Im Gegenteil. Die Kommunikation bleibt ihr ausgeliefert, und dies gerade deswegen, weil sie jetzt keinen Anlaß hat, an der Aufrichtigkeit des Bewußtseins zu zweifeln. Wer eitel ist, ist aufrichtig. Unter der Maßgabe der Aufrichtigkeit läßt sich gerade der Eitelkeit nicht gegensteuern.

Kommunikation und Bewußtsein sitzen in einer Falle, die sie sich selbst gegraben haben. Die Individuen verzweifeln an ihrer Blödigkeit, und die Gesellschaft zappelt im Würgegriff der Eitelkeit. Zwar sind dies nur Grenzfälle der strukturellen Kopplung zwischen Kommunikation und Bewußtsein, aber es sind Grenzfälle, die typisch sind und daher nicht einfach marginalisiert werden können.

Beide, Bewußtsein und Kommunikation, können allerdings zumindest daran Mut schöpfen, daß immer beides möglich ist, Blödigkeit und Eitelkeit, und daher im Oszillieren zwischen den Formangeboten der Kommunikation und den Formangeboten des Bewußtseins sich wiederum diejenige Differenz einspielt und bestätigt, auf die es ankommt, nämlich die Differenz zwischen Kommunikation und Bewußtsein. Individuen, die sich auch dieses noch zunutze machen und sich, aus welchen Gründen auch

---

72 Vgl. zu »Techniken der Imagepflege« Goffman 1971, S. 10 ff.
73 Um den Titel des Buches von Thackeray zu zitieren.

immer, im Dauerswitch zwischen (als simuliert beobachtbarer) Blödigkeit und (als dissimuliert beobachtbarer) Eitelkeit beheimaten, nennt man kokett.[74] Und nichts hindert das Bewußtsein daran, diese Koketterie wiederum unter dem Gesichtspunkt der Unaufrichtigkeit zu beobachten und die eigene Eitelkeit als die verlogenste zu beschreiben, weil sie verbirgt, welche tatsächliche Blödigkeit ihr korrespondiert.[75]

8. Die Entfaltung und Komplexität

Man sieht, daß der Konnex zwischen Bewußtsein und Kommunikation unter dem Titel der Aufrichtigkeit zu eng gefaßt wird, als daß die Differenz von Selbstreferenz und Fremdreferenz soweit entfaltet werden könnte, daß sowohl dem Bewußtsein wie auch der Kommunikation jederzeit deutlich ist, wann sie an Eigenes und wann sie an Fremdes anschließen. Es bedarf auf beiden Seiten der Ausbildung einer zugleich optionsreicheren inneren Komplexität, die nur durch eine Ausdifferenzierung zu generieren ist, die stärker beschränkt, was jeweils möglich ist. Auf der Seite der Kommunikation genügt die Umstellung von stratifikatorischer auf funktionale Differenzierung und eine entsprechende Ausdifferenzierung der Funktionssysteme (Politik, Wirtschaft, Recht, Erziehung, Religion) dieser Anforderung.[76] Mindestens ebenso wichtig ist jedoch die Differenzierung der sozialen Systeme nach Interaktion, Organisation und Gesellschaft.[77] Indem die Gesellschaft die Kommunikation unter Anwesenden als Interaktion aus dem Druck entläßt, gleichzeitig gesellschaftlich relevante Kommunikation zu sein, stellt sie ein Terrain bereit, in dem Blöde sich üben und Eitle sich abarbeiten können. Die Interaktionsordnung steht quer zur Ordnung der Gesellschaft[78], und das gibt der Gesellschaft die Möglichkeit, selektiver auf Abstimmungsprobleme

74 Vgl. dazu unter besonderer Betonung der Dynamik der Beobachtung von Beobachtungen Simmel 1983.
75 »... die Welt kennt, seit sie besteht, keinen Verlogeneren als den Schreibenden, keinen Eitleren und keinen Verlogeneren ...«, schreibt Thomas Bernhard (1985, S. 179).
76 Siehe dazu die Studien von Luhmann 1980a, 1981a und 1989b.
77 Vgl. dazu Luhmann 1982.
78 Vgl. Goffman 1983 und Luhmann 1987b.

zwischen Kommunikation und Bewußtsein zu reagieren, als das auf der Ebene der Interaktion möglich ist. Die schärfere Selektivität kann sie dann wiederum nutzen, das Bewußtsein über Wahrnehmung ganz anders an die Kommunikation zu binden, als das in der Interaktion möglich wäre. Massenmedien machen sich dies zunutze.

Auf der Seite des Bewußtseins wird die optionsreichere innere Komplexität, die aus dem Problem der Oszillation zwischen Selbstreferenz der Kommunikation und Selbstreferenz des Bewußtseins durch die Ausbildung einer eigenartigen Gemengelage zwischen Genialisierung und Psychologisierung des Bewußtseins gesichert. Das Geniekonzept wird Ende des 18. Jahrhunderts gerade rechtzeitig entwickelt, um nicht nur dem Individuum eine Handhabe zu geben, mit sich als einem Einzigartigen umzugehen, das sich nicht vollständig der Gesellschaft verdankt[79], sondern überdies dem Bewußtsein einen positiven Begriff von sich als Medium der Kommunikation zu geben. Das Genie ist in der Lage, sich als Medium der Kommunikation zum Medium des eigenen Bewußtseins zu machen. Das kann allerdings nur unter besonderen Bedingungen gelingen, die zunächst nur der Künstler vorfindet und sich zu eigen machen kann[80] und die vermutlich damit etwas zu tun haben, daß der Künstler Formen schafft, die sowohl

---

79 So Luhmann/Fuchs 1989, S. 147 ff. Siehe zum Genie- als Autonomiekonzept des Dichters auch Schmidt 1985.
80 Siehe als Fallstudie zu Jean-Jacques Rousseau die Beschreibung des Dichters als »blödes Genie« bei Stanitzek 1989, S. 187 ff.
Für einen Moment kann dann die Blödigkeit gar als optimistischer Begriff eines besonderen Dichtermutes begriffen werden: in Hölderlins Ode »Blödigkeit«, die zugleich als Beleg für die Interpretation der Blödigkeit als Selbstentdeckung des Bewußtseins als Medium gelesen werden kann:
»Sind denn Dir nicht bekannt viele Lebendigen?
Geht auf Wahrem dein Fuß nicht, wie auf Teppichen?
Drum, mein Genius! tritt nur
Baar ins Leben, und sorge nicht!«
Siehe: Hölderlin 1984, S. 699 f. Stanitzek (1989, S. 243 ff.) geht in seiner Lektüre der Ode allerdings nicht so weit. Aber Benjamin (1977, S. 125) liest »Blödigkeit« als ein Gedicht, in dem der Dichter, »ganz hingegeben der Beziehung«, »nicht mehr als Gestalt gesehen (ist), sondern allein noch als Prinzip der Gestalt, Begrenzendes, auch seinen eigenen Körper noch Tragendes«.

auf die individuelle Erfindungsgabe wie auch auf die Verarbeitung gesellschaftlicher Formangebote zuzurechnen sind und deren Reiz, um nicht zu sagen: Schönheit, gerade darin liegt, daß zwischen diesen gleichzeitig möglichen Zurechnungen keine Entscheidung möglich ist, sondern sie als gleichzeitig präsent sind und in dem niemals enden könnenden Zurechnungsprozeß mehr oder weniger genau die Zeit verbraucht wird, die der Künstler aufgewendet hat, um das Werk zu schaffen.

Die Formen, die der geniale Künstler in sich selbst als gesellschaftliche Prägungen gedanklicher Vorstellungswelten vorfindet, macht er zu dem Medium, in das er wiederum eigene Formen einprägt, die er, je tiefenschärfer er sich selbst als Produkt der strukturellen Kopplung zwischen Kommunikation und Bewußtsein erfährt, desto hermetischer und schließlich abstrakter gegen die Gesellschaft abschirmen muß. Sogar die Eitelkeit läßt sich dann als Medium eines künstlerischen, also blöde-genialen Umgangs mit der Gesellschaft vorführen. Der Dandy übernimmt die Aufgabe, zu zeigen, wie das geht – und je gelangweilter er das tut, desto aufregender wird es.

Die andere Möglichkeit der Ausbildung einer Eigenkomplexität des Bewußtseins neben der Genialisierung ist die Psychologisierung. Dafür steht unter anderem die allmähliche Zurücknahme der Aufrichtigkeitszumutung zugunsten einer generalisierten Authentizitätszuschreibung[81], die das Individuum und sein Bewußtsein, abgesichert durch einen Prozeß der Zivilisierung[82], mit größeren Freiheitsspielräumen in Richtung Unordnung, Unvernunft und Gewalt ausstattet. Unter der Prämisse der Unruhe seiner Gefühlswelt und im Bewußtsein einer je unergründlichen Eigenkomplexität kann sich das Bewußtsein dann beobachtend zu Formangeboten der Kommunikation einschließlich psychologischer Selbstbeschreibungsangebote verhalten und zwecks Entscheidung zwischen verschiedenen Kommunikationsmöglichkeiten auf nicht explikationsbedürftige Eigenressourcen und Sonderleistungen verweisen.

Innerhalb der Genialisierung oder der Psychologisierung sind viele verschiedene Formen der Ausbildung von Eigenkomplexität des Bewußtseins möglich, und zwischen diesen beiden Möglich-

---

81 Siehe Trilling 1972, S. 12f.
82 Im Sinne von Elias 1976.

keiten gibt es Mischformen. Sicherlich ist damit kein erschöpfender Katalog der Formen aufgestellt, in denen das moderne Bewußtsein mit sich selbst umgeht. Formen der Trivialisierung und Pathologisierung kommen hinzu. Aber die Strategien der Genialisierung und Psychologisierung scheinen die Spannweite der Möglichkeiten zwischen der selbstreferentiellen Fokussierung auf Fremdreferenz (Genialisierung) einerseits und der selbstreferentiellen Fokussierung auf Selbstreferenz (Psychologisierung) andererseits bezeichnen zu können. Vielleicht kann diese Kategorisierung mit Hilfe einer Relationierung selbstreferentieller beziehungsweise fremdreferentieller Fokussierung auf Selbstreferenz beziehungsweise Fremdreferenz bereits erste Hinweise auch auf eine Beschreibung pathologischer Fälle geben. Immerhin scheint einiges dafür zu sprechen, etwa den Narzißmus als fremdreferentielle Fokussierung auf Selbstreferenz[83] und Hysterie als fremdreferentielle Fokussierung auf Fremdreferenz zu fassen.

9. Verstehen als Emergenz von Kommunikation

Man sieht, daß ein wie auch immer ausgebildetes Verhältnis der strukturellen Kopplung psychischer und sozialer Systeme stark von den Möglichkeiten des Auseinanderdividierens von Selbstreferenz und Fremdreferenz auf beiden Seiten der Unterscheidung von Kommunikation und Bewußtsein abhängig ist. Sinnverweisungen sind die Elemente, die sowohl in sozialen Systemen (als Kommunikationen) wie auch in psychischen Systemen (als Gedanken und Vorstellungen) als Operationen verwendet werden, um die Systeme im rekursiven Vor- und Rückgriff auf ihre eigenen Elemente zu reproduzieren. Wenn wir nun zum Abschluß unserer Überlegungen wieder an den Anfang zurückkehren und uns fragen, wie die Unterscheidung zwischen Kommunikation und Bewußtsein, die wir als Unterscheidung eines Beobachters auf der Ebene der Beobachtung von Beobachtungen bezeichnet haben, von sozialen und psychischen Systemen gehandhabt wird, müssen wir untersuchen, wie dieses Auseinanderdividieren von Selbstreferenz und Fremdreferenz im Medium der Sinnverweisungen der-

---

83 Kohut 1976 spricht unter Verweis auf Heinz Hartmann von »Besetzung des Selbst«.

art möglich ist, daß die Unterscheidung zwischen Kommunikation und Bewußtsein stabilisiert werden kann.

Wir greifen einen Vorschlag von Niklas Luhmann auf und bestimmen das basale Elementarereignis sozialer Systeme, die Kommunikation, als Einheit dreier Selektionen: als Einheit von Information, Mitteilung und Verstehen.[84] Im Mitteilungsaspekt der Kommunikation ist ihre Selbstreferenz, im Informationsaspekt ihre Fremdreferenz enthalten. Sowohl die Mitteilung wie auch die Information sind Selektionen und werden als solche beobachtet, so daß mit jeder Mitteilung und Information bereits ihre Kontingenz innerhalb eines durch sie »angerissenen« (konstituierten) Verweisungshorizonts von Sinn mitkommuniziert wird. Entscheidend ist nun jedoch, daß die Kommunikation überhaupt nur zustande kommt, wenn diese Unterscheidung zwischen Information und Mitteilung, zwischen Selbstreferenz und Fremdreferenz getroffen wird. *Ohne* diese Unterscheidung handelt es sich bei dem, was *mit* der Unterscheidung als Kommunikation sichtbar wird, nur um das Rauschen der Gesten und Daten. Die Unterscheidung zwischen Information und Mitteilung, Selbstreferenz und Fremdreferenz wird im Akt des Verstehens getroffen, der die Kommunikation »von hinten her«[85] zum Abschluß bringt und damit ermöglicht.

Der Akt des Verstehens ist seinerseits ein Element der (für einen Beobachter) komplex gebauten Kommunikation. Das Verstehen fällt nicht aus der Kommunikation heraus, um einem Bewußtseinssystem anvertraut und dann, falls dort geleistet und in der Form, wie dort geleistet, wieder in die Kommunikation zurückgespielt zu werden, um sie zum Abschluß zu bringen. Genau das ist nicht der Fall. Eine Vorstellung dieser Art hängt noch zu sehr an der Übertragungsmetaphorik der älteren Kommunikationstheorie, die immer dann, wenn von Kommunikation die Rede ist, nach Kanälen, Sendern und Empfängern sucht. Eine Kommunikationstheorie, die mit der Idee der operationalen Geschlossenheit sozialer Systeme arbeitet, muß sich von diesem Bild eines Austausches von Informationen zwischen Sendern und Empfängern in mehr oder weniger rauschfrei zu haltenden Übertragungskanälen distanzieren. Ob verstanden oder nicht verstanden wird

84 Luhmann 1984, S. 193 ff.
85 Ebd., S. 198.

und wie verstanden wird, ist demnach nur in der Kommunikation zu entscheiden. Und sie ist zu entscheiden, noch bevor sich die Frage der Annahme oder Ablehnung der Kommunikation stellt. Natürlich ist immer beides möglich, aber beides ist nur möglich als ein bereits neuer Akt der Kommunikation.

Verstehen heißt dann in einem sehr genauen Sinne: Emergenz von Kommunikation. Es kann alles mögliche geschehen, aber es wird zur Kommunikation erst dadurch, daß es im Verstehen als Mitteilung und Information auseinandergehalten und aufeinander bezogen wird. Genau dadurch sichert sich die Kommunikation ihren bistabilen und endogen unruhigen Verweisungsreichtum zwischen Selbstreferenz und Fremdreferenz. Und genau dadurch sichert sie sich auch ihren Unterschied zum Bewußtsein. Denn nicht bereits etwas, was als Gedanke eines Bewußtseins in der Kommunikation wie auch immer vorgestellt werden mag, ist Kommunikation, sondern erst eine Rekonstruktion dieses Gedankens an der Schnittstelle zwischen Information und Mitteilung kann dann, wenn das Verstehen eben diesen Schnitt macht und beobachtet, was an eben dieser Schnittstelle passiert, als Kommunikation aufgegriffen und als Element der Reproduktion von Kommunikationen durch Kommunikation anschlußfähig verwendet werden. Dabei muß die Eigenqualität des Gedankens verlorengehen, denn in der Vorstellungswelt des Bewußtseins spielt diese Unterscheidung zwischen Information und Mitteilung zunächst überhaupt keine Rolle.

Die Emergenz von Kommunikation im Akt des Verstehens zu lokalisieren heißt in einem sehr genauen Sinne, die Beschreibung der Emergenz und Selbstorganisation sozialer Systeme von der Vorstellung zu befreien, daß sie Individuen oder Menschen mit bestimmten Eigenschaften voraussetze, die aus ihrem wechselseitigen und wechselwirkenden Kontakt ein höherstufiges System hervortreiben. Dieser Kontakt wird vorausgesetzt. Aber die Selbstorganisation und Autopoiesis eines sozialen Systems ist eher ein Akt der Konstitution »von oben« denn ein Akt der Emergenz »von unten«.[86] Der soziale Systeme katalysierende Tatbestand ist gerade nicht der Kontakt zwischen Menschen, Individuen oder Akteuren, sondern das Problem der doppelten

---

86 Luhmann 1984, S. 43.

Kontingenz.[87] Dieses Problem entsteht erst in dem Moment, in dem Individuen aufeinandertreffen. Niemand hätte sich seine Existenz vorher vorstellen können. Um deutlich zu machen, daß es hierbei um ein Problem der sich wechselweise wahrnehmenden Individuen geht, spricht der Soziologe daher von Alter/Ego-Konstellationen, denn die Rede von Individuen setzt voraus, daß soziale Systeme bereits zustande gekommen sind, die Individuen als Zurechnungsartefakte fordern und ermöglichen.

Ego und Alter sind also nicht verschiedene Individuen, sondern Perspektiven der Wahrnehmung einer sozialen Situation. In diesen Perspektiven taucht das Problem der doppelten Kontingenz als das Problem auf, daß die Kommunikation für Alter und Ego nur bestimmbar wird, wenn Alter oder Ego sie wie auch immer in der Weise bestimmen, daß beide als alter Ego wissen, worauf sie sich einlassen. Und selbst dieses Wissen ist kein Wissen der Individuen oder der beteiligten psychischen Systeme, sondern ein Wissen der Kommunikation.[88] Die soziale Situation ist in sich leer und unbestimmt. Sie braucht irgendeine Festlegung, um in Gang zu kommen. Jeder Zufall ist ihr recht, sofern ihm nur die Unterscheidung von Information und Mitteilung appliziert werden kann.

Aber die Pointe ist nun, daß die Kommunikation, um sich die Möglichkeit der Emergenz von Kommunikation vorstellen zu können, auf Bewußtseinssysteme als Instanzen der Möglichkeit von Verstehen zurechnen muß. Sie selbst ist und bleibt der Agent und Operator des Verstehens. Es gibt für die Kommunikation kein Verstehen, das nicht Kommunikation wäre. Aber ohne die Existenz von Bewußtseinssystemen in der Umwelt der Kommunikation käme kein Verstehen zustande und käme daher auch keine Kommunikation zustande. Und darüber kann in der Kommunikation kommuniziert werden, weil man Beobachter beob-

---

87 Parsons 1951, S. 16; Luhmann 1984, S. 148 ff. In der ökonomischen Theorie wurde das Problem der doppelten Kontingenz als Sherlock Holmes/Moriarty-Paradox bekannt – hatte aber leider keine theoriearchitektonischen Konsequenzen. Siehe vor allem Morgenstern 1935, S. 343 f.

88 Auch hier zeigt sich, daß unsere Sprache die Reduktionsleistungen der sozialen Systeme, also die Selbststeuerung der sozialen Komplexität mit Hilfe einer vereinfachenden Reduktion auf Individuen und Handlungen von Individuen, mitvollzogen hat und darum nur schwer dazu zu bewegen ist, die Komplexität ihrerseits zu formulieren.

achten kann, die die Unterscheidung zwischen Kommunikation und Bewußtsein treffen.
Und dies wiederum kann sich das Bewußtsein zunutze machen, das in seiner Umwelt einen besonders auffälligen Sachverhalt wahrnimmt, der laufend an das Bewußtsein die Zumutung des Verstehens adressiert, ohne sich jedoch, auch das ist wahrnehmbar, von den Vorstellungen des Bewußtseins irgend abhängig zu machen. Alle Möglichkeiten, seine Selbstreferenz und seine Fremdreferenz, seinen Vorstellungsgehalt und seinen Vorstellungsinhalt zu unterscheiden, kann und muß es dann an dieser Zumutung des Verstehens kristallisieren lassen, die es zu einer eigenen macht, um sich von ihr zu unterscheiden.[89] Das Bewußtsein ist dann für sich all das, was es im Verstehen von etwas nicht ist, und dies insofern, als das, was es ist, es zum Verstehen befähigt. Aber genau dies ist es nur, wenn es in seiner Umwelt Beobachter wahrnimmt, die die Unterscheidung zwischen Kommunikation und Bewußtsein treffen und sich als Bewußtseinssysteme behaupten, die genau das, was sie verstehen, nicht sind – und dies, ohne damit behaupten zu wollen, daß sie das sind, was sie nicht verstehen.
Für das Bewußtsein und für die Kommunikation gilt daher immer ein *tertium datur*. Für die Kommunikation ist dieses Dritte sie selbst als Agent eines Verstehens, dessen Möglichkeitsbedingung in der Umwelt der Kommunikation, in den Bewußtseinssystemen, verortet wird. Für das Bewußtsein ist dieses Dritte es selbst als Einheit der Differenz von Verstehen und Nichtverstehen. Dieses Dritte muß jeweils als Ausgeschlossenes eingeschlossen werden, um Kommunikation und Bewußtsein zu ermöglichen. Für den Beobachter jedoch ist das Dritte die Unterscheidung selbst zwischen Kommunikation und Bewußtsein. Denn ohne die Unterscheidung könnte er weder die Kommunikation noch das Be-

---

89 Luhmann/Fuchs 1989, S. 62 ff., können daher Zen als eine Technik des kommunikativen Durchkreuzens von Verstehen beschreiben, um so das Unmögliche zu ermöglichen, einen momenthaften Kontakt zwischen dem Bewußtsein des Lehrers und dem Bewußtsein des Schülers in der Einsicht in die Bedingungen der Möglichkeit von Nichtverstehen. Diese Einsicht kann nur ein Verstehen sein, muß also Kommunikation sein, so daß alles Raffinement des Zen darauf gerichtet ist, den momenthaften Kontakt zwischen den Bewußtseinssystemen nicht zum Ansatzpunkt der Emergenz von Kommunikation werden zu lassen – und genau dies dann zu kommunizieren.

wußtsein beobachten. Und das heißt letztlich, daß der Beobachter die Erfindung psychischer und sozialer Systeme ist, die ohne die Unterscheidung, die der Beobachter trifft, nicht wüßten, was sie als Ausgeschlossenes einzuschließen haben, um sich als das zu ermöglichen, was sie im Unterschied zum jeweils anderen jeweils sind. Das eingeschlossene ausgeschlossene Dritte ist die Unterscheidung zwischen Kommunikation und Bewußtsein.

10. Echo

Weder Narziß noch Nemesis konnten die Unterscheidung zwischen Kommunikation und Bewußtsein selber treffen. Es bedarf eines Echos, einer minimalen Rekursivität, damit sie sich entfaltet.

Literatur

Baecker, Dirk (1988), »Die Ökologie der Angst«, in: *Verhaltenstherapie und psychosoziale Praxis* 3/20, S. 301-314.

Baecker, Dirk (1989), »Wir werden darauf zurückkommen oder Die Sprache und die Hand bei Jacques Derrida«, in: *Ästhetik und Kommunikation* Nr. 72, S. 109-115.

Baecker, Dirk (1990), »Die Kunst der Unterscheidungen«, in: ders. u. a., *Im Netz der Systeme*, Berlin, S. 7-39.

Benjamin, Walter (1974), *Der Begriff der Kunstkritik in der deutschen Romantik*, in: ders., *Gesammelte Schriften*, Bd. 1, Frankfurt am Main, S. 7-122.

Benjamin, Walter (1977), »Zwei Gedichte von Friedrich Hölderlin«, in: *Gesammelte Schriften*, Bd. 2, Frankfurt am Main, S. 105-106.

Bernhard, Thomas (1985), *Alte Meister. Komödie*, Frankfurt am Main.

Bette, Karl-Heinrich (1989), *Körperspuren: Zur Semantik und Paradoxie moderner Körperlichkeit*, Berlin und New York.

Deleuze, Gilles (1968), *Différence et Répétition*, Paris.

Derrida, Jacques (1972), *Die Schrift und die Differenz*, Frankfurt am Main.

Derrida, Jacques (1988), *Randgänge der Philosophie*, Wien.

Elias, Norbert (1976), *Über den Prozeß der Zivilisation*, 2 Bde., Frankfurt am Main.

Foerster, Heinz von (1969), »Laws of Form« (Rezension von George Spencer Brown 1969), in: *Whole Earth Catalog* 14, Palo Alto.

Foerster, Heinz von (1981), *Observing Systems*, Seaside, Cal.
Foerster, Heinz von (1984), »Principles of Self-Organization – In a Socio-Managerial Context«, in: H. Ulrich und G. J. B. Probst (Hg.), *Self-Organization and Management of Social Systems. Insights, Promises, Doubts, and Questions*, Berlin etc., S. 2-24.
Foerster, Heinz von (1985), *Sicht und Einsicht*, Braunschweig-Wiesbaden.
Foerster, Heinz von (1989), »Wahrnehmung«, in: Jean Baudrillard u. a., *Philosophien der neuen Technologie*, Berlin, S. 27-40.
Foerster, Heinz von (1991), *Wissen und Gewissen*, Frankfurt am Main.
Goffman, Erving (1971), *Interaktionsrituale: Über Verhalten in direkter Kommunikation*, Frankfurt am Main.
Goffman, Erving (1983), »The Interaction Order«, in: *American Sociological Review* 1/48, S. 1-17.
Günther, Gotthard (1976), »Cybernetic Ontology and Transjunctional Operations«, in: ders., *Beiträge zur Grundlegung einer operationsfähigen Dialektik*, Bd. 1, Hamburg, S. 249-328.
Habermas, Jürgen (1985), *Der philosophische Diskurs der Moderne. Zwölf Vorlesungen*, Frankfurt am Main.
Hahn, Alois (1982), »Zur Soziologie der Beichte und anderer Formen institutionalisierter Bekenntnisse. Selbstthematisierung und Zivilisationsprozeß«, in: *Kölner Zeitschrift für Soziologie und Sozialpsychologie* 23, S. 408-434.
Hegel, Georg Wilhelm Friedrich (1973), *Phänomenologie des Geistes*, Frankfurt am Main.
Hegel, Georg Wilhelm Friedrich (1983), *Philosophie des Rechts. Die Vorlesung von 1819/20 in einer Nachschrift*, hg. von D. Henrich, Frankfurt am Main.
Hegel, Georg Wilhelm Friedrich (1955), *Grundlinien der Philosophie des Rechts*, hg. von J. Hoffmeister, Hamburg, Nachdruck 1967.
Heidegger, Martin (1972), *Sein und Zeit*, 12. unveränderte Auflage, Tübingen.
Heider, Fritz (1926), »Ding und Medium«, in: *Symposion. Philosophische Zeitschrift für Forschung und Aussprache* 1, S. 109-157.
Hölderlin, Friedrich (1984), *Oden II. Sämtliche Werke*, hg. von D. E. Sattler, Bd. 5, Frankfurt am Main.
Japp, Klaus P. (1987), »Neue soziale Bewegungen. Technisierung und Stabilität«, in: B. Lutz (Hg.), *Technik und sozialer Wandel*, Frankfurt am Main und New York, S. 534-544.
Kant, Immanuel (1956), *Kritik der reinen Vernunft*, Werke, Bd. 2, Frankfurt am Main.
Katz, Fred E. (1974), »Indeterminacy in the Structure of Systems«, in: *Behavioral Science* 19, S. 394-403.
Kierkegaard, Sören (1961), *Über den Begriff der Ironie. Mit ständiger*

Rücksicht auf Sokrates, in: *Gesammelte Werke*, 31. Abteilung, Düsseldorf–Köln.
Kierkegaard, Sören (1984), *Der Begriff Angst*, Hamburg.
Kohut, Heinz (1976), *Narzißmus. Eine Theorie der psychoanalytischen Behandlung narzißtischer Persönlichkeitsstörungen*, Frankfurt am Main.
Luhmann, Niklas (1974), »Symbiotische Mechanismen«, in: O. Rammstedt (Hg.), *Gewaltverhältnisse und die Ohnmacht der Kritik*, Frankfurt am Main, S. 107-131.
Luhmann, Niklas (1980a), *Gesellschaftsstruktur und Semantik. Studien zur Wissenssoziologie der modernen Gesellschaft*, Bd. 1, Frankfurt am Main.
Luhmann, Niklas (1980b), »Einführende Bemerkungen zu einer Theorie symbolisch generalisierter Kommunikationsmedien«, in: ders., *Soziologische Aufklärung*, Bd. 2, 2. Auflage, Opladen, S. 170-192.
Luhmann, Niklas (1981a), *Gesellschaftsstruktur und Semantik*, Bd. 2, Frankfurt am Main.
Luhmann, Niklas (1981b), »Die Unwahrscheinlichkeit der Kommunikation«, in: ders., *Soziologische Aufklärung*, Bd. 3, Opladen, S. 25-49.
Luhmann, Niklas (1982), »Interaktion, Organisation, Gesellschaft«, in: ders., *Soziologische Aufklärung*, Bd. 2, 2. Auflage, Opladen, S. 9-20.
Luhmann, Niklas (1984), *Soziale Systeme. Grundriß einer allgemeinen Theorie*, Frankfurt am Main.
Luhmann, Niklas (1985), »Die Autopoiesis des Bewußtseins«, in: A. Hahn und V. Kapp (Hg.), *Selbstthematisierung und Selbstzeugnis. Bekenntnis und Geständnis*, Frankfurt am Main 1987, S. 25-94.
Luhmann, Niklas (1986), *Ökologische Kommunikation. Kann die moderne Gesellschaft sich auf ökologische Gefährdungen einstellen?*, Opladen.
Luhmann, Niklas (1986a), »Systeme verstehen Systeme«, in: N. Luhmann und K. E. Schorr (Hg.), *Zwischen Intransparenz und Verstehen. Fragen an die Pädagogik*, Frankfurt am Main, S. 154-182.
Luhmann, Niklas (1987a), »Autopoiesis als soziologischer Begriff«, in: H. Haferkamp und M. Schmid (Hg.), *Sinn, Kommunikation und soziale Differenzierung. Beiträge zu Luhmanns Theorie sozialer Systeme*, Frankfurt am Main, S. 307-324.
Luhmann, Niklas (1987b), »The Evolutionary Differentiation between Society and Interaction«, in: J. C. Alexander u. a. (Hg.), *The Micro-Macro Link*, Berkeley, S. 112-131.
Luhmann, Niklas (1988a), »Wie ist Bewußtsein an Kommunikation beteiligt?«, in: H. U. Gumbrecht und K. L. Pfeiffer (Hg.), *Materialität der Kommunikation*, Frankfurt am Main, S. 884-905.
Luhmann, Niklas (1988b), *Erkenntnis als Konstruktion*, Bern.
Luhmann, Niklas (1989b), *Gesellschaftsstruktur und Semantik*, Bd. 3, Frankfurt am Main.

Luhmann, Niklas (1990a), »Weltkunst«, in: ders., Frederick D. Bunsen und Dirk Baecker, *Unbeobachtbare Welt. Über Kunst und Architektur*, Bielefeld 1990.

Luhmann, Niklas (1990b), *Die Wissenschaft der Gesellschaft*, Frankfurt am Main.

Luhmann, Niklas (1991), *Soziologie des Risikos*, Berlin.

Luhmann, Niklas, und Peter Fuchs (1989), *Reden und Schweigen*, Frankfurt am Main.

Lyotard, Jean-François (1987), *Der Widerstreit*, München.

Mallarmé, Stéphane (1925), *Les Dieux Antiques. Nouvelle Mythologie*, Paris.

Man, Paul de (1977), »The Concept of Irony«. Lecture given at the Ohio State University, 4. April 1977, unveröffentlichtes Transkript.

Markowitz, Jürgen (1986), *Verhalten im Systemkontext. Zum Begriff des sozialen Epigramms, diskutiert am Beispiel des Schulunterrichts*, Frankfurt am Main.

Maturana, Humberto R. (1982), *Erkennen. Die Organisation und Verkörperung von Wirklichkeit*, Braunschweig–Wiesbaden.

Maturana, Humberto R. (1981), »Autopoiesis«, in: M. Zeleny (Hg.), *Autopoiesis. A Theory of Living Organizations*, New York–Oxford, S. 21-32.

Maturana, Humberto R. (1985), »Biologie der Sozialität«, in: *Delfin* V, S. 6-14.

Morgenstern, Oskar (1935), »Vollkommene Voraussicht und wirtschaftliches Gleichgewicht«, in: *Zeitschrift für Nationalökonomie* 6, S. 337-357.

Naumann, Christian Nicolaus (1754), *Der Vernünftler, eine sittliche Wochenschrift, auf das Jahr 1754*, 3 Teile, Berlin.

Parsons, Talcott (1951), »General Statement«, in: ders. und E. Shils (Hg.), *Toward a General Theory of Action*, Cambridge, Mass., S. 3-29.

Parsons, Talcott (1978), »A Paradigm of the Human Condition«, in: ders., *Action Theory and the Human Condition*, New York 1978, S. 352-433.

Parsons, Talcott (1980), *Zur Theorie der sozialen Interaktionsmedien*, Opladen.

Peat, F. David (1989), *Synchronizität. Die verborgene Ordnung*, Bern–München–Wien.

Plessner, Helmuth (1965), *Die Stufen des Organischen und der Mensch. Einleitung in die philosophische Anthropologie*, 2., um ein Vorwort, Nachtrag und Register erweiterte Auflage, Berlin.

Pothast, Ulrich (1987), »Etwas über ›Bewußtsein‹«, in: K. Cramer, H. F. Fulda, R.-P. Horstmann und U. Pothast (Hg.), *Theorie der Subjektivität*, Frankfurt am Main, S. 15-43.

Rorty, Richard (1989), *Kontingenz, Ironie und Solidarität*, Frankfurt am Main.

Roth, Gerhard (1987a), »Erkenntnis und Realität: Das reale Gehirn und seine Wirklichkeit«, in: S. J. Schmidt (Hg.), *Der Diskurs des Radikalen Konstruktivismus*, Frankfurt am Main, S. 229-255.

Roth, Gerhard (1987b), »Die Entwicklung kognitiver Selbstreferentialität im menschlichen Gehirn«, in: D. Baecker u. a. (Hg.), *Theorie als Passion*, Frankfurt am Main, S. 394-422.

Roth, Gerhard (1992), »Die Konstitution von Bedeutung im Gehirn«, in diesem Band.

Sartre, Jean-Paul (1962), *Das Sein und das Nichts. Versuch einer phänomenologischen Ontologie*, Hamburg.

Schlegel, Friedrich (1967), »Über die Unverständlichkeit«, in: *Charakteristiken und Kritiken I (1796-1901). Kritische Friedrich-Schlegel-Ausgabe*, Bd. 2, München etc., S. 363-372.

Schmidt, Jochen (1985), *Die Geschichte des Genie-Gedankens in der deutschen Literatur, Philosophie und Politik 1750-1945*, 2 Bde., Darmstadt.

Schwarzer, Ralf (1981), *Streß, Angst und Hilflosigkeit. Die Bedeutung von Kognitionen und Emotionen bei der Regulation von Belastungssituationen*, Stuttgart.

Serres, Michel (1981), *Der Parasit*, Frankfurt am Main.

Serres, Michel (1985), *Les cinq sens*, Paris.

Simmel, Georg (1983), »Die Koketterie«, in: ders., *Philosophische Kultur*. Neuausgabe, Berlin, S. 81-98.

Spencer Brown, G. (1969), *Laws of Form*, London, zitiert nach der amerikanischen Ausgabe New York 1979.

Stanitzek, Georg (1989), *Blödigkeit. Beschreibungen des Individuums im 18. Jahrhundert*, Tübingen.

Trilling, Lionel (1972), *Das Ende der Aufrichtigkeit*, München.

Weber, Samuel (1990), *Rückkehr zu Freud. Jacques Lacans Ent-stellung der Psychoanalyse*, Wien.

Whitehead, Alfred North (1979), *Prozeß und Realität*, Frankfurt am Main.

Peter M. Hejl
Selbstorganisation und Emergenz
in sozialen Systemen

1. Ausgangsposition und Fragestellung

In der Sicht des Konstruktivismus[1] sind Wahrnehmungen unvermeidlich abhängig vom Wahrnehmenden. »Wirklichkeit« wird damit als Ergebnis eines Verarbeitungs- oder Konstruktionsprozesses gesehen. Sein Ergebnis hängt davon ab, ob ein wahrnehmender Beobachter, sei er nun ein menschlicher Beobachter oder eine soziale Einheit, Ereignisse aufgrund seines historisch ausgebildeten Zustandes wahrnehmen kann, das heißt, ob die betreffenden Ereignisse ihn verändern können und wie diese Veränderungen aufgrund der Eigendynamik der betreffenden Einheit ausgeprägt sind und weitere Veränderungen auslösen. Eine konstruktivistische Sozialtheorie[2] versteht dementsprechend Theorien als klassifizierende, beschreibende und erklärende, vor allem auch kommunikativ verwendbare Konstrukte dessen, was in den beobachtenden (klassifizierenden, beschreibenden, experimentierenden usw.) Interaktionen und durch sie als ein spezifischer »Gegenstand« konstruiert wurde. Gleichzeitig geht sie davon aus, daß ihr Gegenstandsbereich aus und in den Interaktionen von gleichfalls konstruktiv wahrnehmenden und denkenden Menschen entsteht.

Die Konstruktivität der Theorie weist ihr einen analytischen Charakter zu. Sie enthält also keine Aussagen über »die« Wirklichkeit. Vielmehr beziehen sich ihre Aussagen auf Interaktionsergebnisse,

1 Vgl. zur Position des hier vorausgesetzten Konstruktivismus Glasersfeld 1987 sowie die Beiträge in Schmidt (Hg.) 1987.
2 Zur Konzeption der hier vertretenen »kognitionstheoretisch-konstruktivistischen« (so Knorr-Cetina 1989, S. 86) Sozialtheorie vgl. Hejl 1987 a und 1992 a. Da die dort zumindest skizzierte Richtung der Theorieentwicklung in keinem *direkten und expliziten* Zusammenhang mit älteren konstruktivistischen Überlegungen in der Soziologie steht, ihnen aber sozusagen als Hintergrund natürlich verpflichtet ist, sei zumindest stellvertretend für diese Tradition auf den Klassiker von Berger/Luckmann (1969) verwiesen.

die durchaus mit der Tradition als durch Logik und Empirie gewonnen verstanden werden können. Für sie wird aber darüber hinaus – und das entgegen der Tradition – kein ontologischer Anspruch erhoben. Mit dem Ausgangspunkt der Konstruktivität werden kognitive Prozesse im weiteren Sinne (das heißt unter Einschluß auch von »Emotionalität«) mit ihrer vielfachen Beeinflussung und Wirkung zu basalen Einheiten der Gegenstände der Sozialtheorie. Wie noch genauer zu diskutieren sein wird, legt bereits das den Bezug auf wahrnehmende, denkende, lernende, sich erinnernde, aber auch arbeitende und vielerlei Gefühle erlebende Menschen nahe. Mit der Annahme, daß diese kognitiven Prozesse gekoppelt sind an ausgrenzbare Zusammenhänge (»Netze«) bildende Interaktionen, nämlich *sowohl* an Handlungen *als auch* an Kommunikationen, werden Einheiten zum Gegenstand der Theorie, die von den Individuen unterschieden sind, die sie bilden oder die an ihnen beteiligt sind, nämlich soziale Systeme, ihr internes Funktionieren und ihre Interaktionen. Sie können bei Wahl einer geeigneten Systemkonzeption nicht nur als »emergent« behauptet, sondern erklärt werden. Dies zu zeigen ist das Ziel dieses Beitrages.

2. Soziale Systeme

Ich schlage vor, *Sozialsysteme* zu bestimmen als *eine Menge von Individuen*[3], *die zwei Bedingungen erfüllen. Sie müssen (a) die gleiche Wirklichkeitskonstruktion ausgebildet haben sowie mit Bezug auf sie in einer spezifischen und ihr zugeordneten Weise handeln können* (wobei die Handlungen als angemessener Umgang mit dieser Wirklichkeit gesehen werden), *und sie müssen (b) mit Bezug auf diese Wirklichkeitskonstruktion tatsächlich handeln und interagieren.*[4]

3 Im Sinne des auf Durkheim 1986 zurückgehenden soziologischen Individuenbegriffs. Vgl. dazu auch Giddens 1971 und Hejl 1987b. Zu den soziologischen Folgen der auf Durkheim zurückgehenden »Individualisierungshypothese« vgl. auch Beck 1986 und Esser 1989, der bereits früh (1979) auf die sich für das Fach abzeichnende methodische Problematik verwiesen hat.
4 Vgl. dazu ausführlich Hejl 1987a. Die Unterscheidung zwischen agieren und interagieren nimmt einen Hinweis von Barsch auf, daß zum Bei-

Bekanntermaßen ist es umstritten, Individuen[5] als Basiskomponenten sozialer Systeme zu verwenden.[6] Entsprechend dem analytischen Charakter des verwendeten Systemkonzepts ist natürlich nichts dagegen einzuwenden, bei entsprechenden Fragestellungen auch von Sozialsystemen als Komponenten auszugehen. Interessiert man sich etwa für die Beziehungen sozialer Subsysteme zueinander, wie sie bei Differenzierungen sozialer Systeme entstehen, oder sollen Interaktionen zwischen verschiedenen Sozialsystemen untersucht werden, so ist es oft überflüssig, die Ebene der sie bildenden Individuen zu betrachten. Wichtig ist lediglich, daß Individuen als Basiskomponenten verwendet werden. Sie machen aufgrund ihrer energetischen Bedürfnisse und ihrer »zerebralen Überkapazität«[7] soziale Systeme zu *aktiven Sy-*

spiel sowohl die Lektüre eines literarisch aufgefaßten Textes als auch die Diskussion über ihn (wenn sie unter den Prämissen erfolgt, die das Literatursystem kennzeichnen, vgl. dazu Schmidt 1980) *im* Literatursystem stattfinden, obwohl nur die Diskussion eine Interaktion im engeren Sinne ist. Die gleiche Situation findet sich analog in wohl allen Sozialsystemen, etwa auch im Justizsystem, wo Juristen ebenfalls als solche handeln, aber auch interagieren.

5 Zur genaueren Bestimmung des Individuenbegriffs siehe unten. Als Vorgriff auf diese Diskussion sei hier nur darauf verwiesen, daß das Problem aufgrund des in dieser Debatte verwendeten vorwissenschaftlichen Individuenbegriffs unlösbar ist. Wird dagegen das seit Durkheim vorliegende Angebot der Unterscheidung zwischen einem psychologischen und einem soziologischen Individuenbegriff aufgenommen, so verliert die Diskussion ihre systematische Bedeutung für die Abgrenzung der betroffenen Fächer.

6 Luhmann und seine Schüler treten dafür ein, Kommunikationen als Komponenten zu verwenden und Individuen als psychische Systeme den Umwelten von Sozialsystemen zuzurechnen. Da hier mit Parsons der analytische Charakter von Systemen betont wird, werden von der Konzeption (und der psychologischen Diskussion her) unklare »psychische Systeme« nicht weiter berücksichtigt. Statt dessen knüpfe ich an das Durkheimsche Konstrukt sozialer Individuen an und nehme sie, wie Durkheim (vgl. 1983, S. XVI f.) es tat, so weit »in die Systeme hinein«, daß sie als letzter Bezug und letzte Ursache der Aktivitäten sozialer Systeme gegenwärtig bleiben.

7 Darunter wird die Ausbildung von Gehirnen verstanden, deren Kapazität mehr als nur Selbsterhaltung ermöglicht, was insbesondere auf die Ausbildung des Frontalhirns zurückgeführt werden kann. Das Argument wird systemtheoretisch entwickelt in Hejl 1982, S. 331 ff., und

stemen. Ohne diese letztlich biologischen Notwendigkeiten einschließlich der ja ebenfalls biologisch gegebenen Möglichkeit, nicht alle unsere kognitiven und emotionalen Kapazitäten für die biologische Erhaltung einsetzen zu müssen (Roth 1987, S. 269 f.), kann überhaupt nicht *erklärt* werden, warum Sozialsysteme als aktive Systeme zu modellieren sind. Hinzu kommt, daß es letztlich Individuen sind, die aufgrund ihrer (systemtheoretisch konstruierbaren) Interaktionen die kognitiven Leistungen erbringen, die die Bildung von Sozialsystemen ermöglichen – aber auch notwendig machen – und die in alle Systemprozesse (Kommunikationen, Entscheidungen, Wahrnehmungen, Durchführung logischer Operationen, Konstruktion der verschiedensten Erklärungsmodelle usw.) involviert sind. Außerdem ist es aber auch auf einer anderen systematischen Ebene notwendig, auf Individuen zurückgreifen zu können. Fragt man nämlich nach der »Mechanik«, die zu Systemveränderungen führt, so finden sich neben systeminternen und -externen Ereignissen auch die autonomisierten emotionalen und kognitiven Prozesse der Individuen als dritte Ursachengruppe wieder.[8] Obwohl sich diese Aspekte den für ihre wissenschaftliche Untersuchbarkeit benötigten Systematisierungsversuchen bisher weitgehend entziehen, können Faktoren wie »Kreativität«, aber auch »Ratlosigkeit« usw. eine wichtige Rolle in Sozialsystemen spielen, selbst wenn sie natürlich in ihnen und durch sie vielfach beeinflußt werden.

Eine Besonderheit sozialer Systeme liegt darin, daß sie aktive Systeme sind, die über passive Systeme verfügen. Unter passiven Systemen werden hier Systeme verstanden, zwischen deren Komponenten keine Beziehungen der Interaktion bestehen. Dabei verstehe ich unter passiven Systemen sozial erzeugte Realitätskon-

---

thematisiert eine Problematik, zumindest ist sie mit ihr »verwandt«, die sowohl zu Gehlens Institutionenlehre führte als auch zu Luhmanns Thema der Komplexitätsreduktion. Vgl. dazu auch Roth 1987, S. 266 ff.

8 Neuendorff verwies in einer Debatte zur Problematik der Berücksichtigung von Individuen einmal zutreffend darauf, daß sich die Vertreter ihres Ausschlusses aus der Sozialtheorie trotz dieser theoretischen Überzeugung durchaus für die Übernahme von Positionen etwa in Gremien interessierten, auch wenn an sie keine unmittelbaren Ressourcen geknüpft seien. Daraus könne man schließen, daß diese Theoretiker zumindest von der eigenen Beteiligung an Entscheidungsprozessen anstrebenswerte Auswirkungen erwarten.

strukte, soweit sie als Beschreibungen bewußt sind oder bewußt gemacht werden können. Zwischen ihren Komponenten, nämlich Aussagen, bestehen Beziehungen, die unter logischen und empirischen Gesichtspunkten auf ihre Konsistenz überprüft werden können[9], und solche, die lediglich Zusammengehörigkeiten angeben, etwa bei Klassifikationssystemen. Diese passiven Systeme haben die Komponenten der aktiven Systeme sozial ausgebildet. Dabei greifen sie teilweise auf die allgemeine Kultur der sie umfassenden Gesellschaft zurück, die dabei spezifiziert wird, teilweise entstehen die betreffenden Vorstellungen und Konzepte aber auch als Ergebnisse des Funktionierens des betreffenden Systems neu im Sinne der hier zu diskutierenden Emergenz.

Die vorgeschlagene Unterscheidung zwischen aktiven und passiven Systemen ist in der Soziologie noch unüblich. Sie ergibt sich systematisch aus dem hier vertretenen konstruktivistischen Ansatz. Er räumt sozial erzeugten Wirklichkeitskonstrukten eine wichtige Funktion ein, und zwar als gemeinsamer »Hintergrund« oder »Bezugsrahmen« sowohl von Interaktionen (einschließlich Kommunikationen) als auch von Aktionen. Traditionellerweise werden die kulturellen Phänomene, die hier mit dem Konzept passiver Systeme präziser gefaßt werden sollen, entweder verstanden als *autonom*[10] oder als durch die soziale Basis *determiniert* (Behaviorismus, Marxismus), oder auch als so eng mit der sozialen Basis verknüpft, daß beide nicht separat betrachtet werden können.[11] Keine dieser Positionen erlaubt demnach, Vorstellungssysteme[12] *sowohl* als sozial erzeugte bzw. beeinflußte *als auch* auf den Bereich sozialen Interagierens und Handelns zurückwirkende zu untersuchen. Ein derartiges kreiskausales Modell etwa zur Untersuchung der Beziehungen zwischen Forschungsgruppen und

9 Dabei geht es um ihre Viabilisierung im Sinne von Glasersfelds (1987, S. 137 ff.). Zur logischen Konsistenz vgl. Lakatos 1972.
10 Vgl. Parsons' (etwa 1976, S. 126 ff.) Konzept der normativen Integration von Gesellschaft.
11 Etwa in Luhmanns (1984) Gleichsetzung von Sozialem mit Kommunikation oder in Teubners (1989) Konzept des autopoietischen Rechts, in dem nicht zwischen Rechts- und Justizsystem unterschieden wird.
12 Vgl. dazu jedoch das entsprechende Konzept in der Kulturanthropologie; als Überblick siehe Durham 1990, aber auch etwa die Literatur zur »Mentalitätsgeschichte«, siehe Schöttler 1989.

ihren Paradigmen oder zwischen einer Justiz und dem von ihr verwendeten Rechtssystem setzt jedoch eine freilich »nur« *analytische* Trennung zwischen Sozialsystemen als aktiven und sozialen Wirklichkeitskonstrukten oder Vorstellungssystemen als passiven Systemen voraus.[13]

Wie man bis auf die neuronale Ebene zurückverfolgen kann, werden Realitätskonstrukte in aller Regel zusammen mit Handlungskompetenzen ausgebildet[14], die von den Systemmitgliedern als dem gemeinsamen Realitätskonstrukt angemessen aufgefaßt werden: der Mediziner lernt nicht nur die Funktion eines Organs, sondern auch, wie er es praktisch untersucht und beeinflußt; der Chemiker lernt, mit den Stoffen umzugehen, mit denen er arbeitet; und der Jurist lernt nicht nur die Systematik des Rechts und die wichtigsten Rechtsmaterien, sondern auch, wie konkrete Straf- oder Streitfälle zu entscheiden sind.

Damit wird der Zusammenhang, aber auch die Differenz zwischen Individuen und sozialen Systemen deutlich. Beide sind aktive Systeme, und beide können mit den Kategorien »Komponente« und »Organisation« beschrieben werden. Ein fundamentaler Unterschied zwischen beiden Systemen liegt darin, daß die Erhaltung des Individuums als biologisches und kognitives System auch die Bedingung der Erhaltung seiner Komponenten ist. Die Komponenten von Individuen nehmen obendrein nur teilweise eigene Inputs aus der Umwelt auf, bei Abspaltungen sind sie in der Regel nicht lebensfähig. All dies trifft bei Sozialsystemen kaum zu. Entsprechend der Definition sind Individuen nur soweit Komponenten eines sozialen Systems, als sie an dessen Interaktionen teilnehmen. Individuen sind also als solche einerseits Komponenten in einer Vielzahl von Sozialsystemen und gleichzeitig, wenn auch auf anderer analytischer Ebene, Systeme eigener Art.[15]

Stellen Individuen ihre Interaktionen in einem spezifischen Sozialsystem ein, so hören sie zwar auf, dessen Komponenten zu sein, können aber oft mit fast der gleichen Menge kognitiver Konstrukte, Prozesse und Handlungsmöglichkeiten Komponenten ei-

---

13 Vgl. zum Problem der Trennung beider Bereiche Archer 1988 und, als Erläuterung im Zusammenhang der Kultursoziologie, Hejl 1992 b.
14 Vgl. dazu etwa die bereits klassischen Untersuchungen von Held/Hein 1963 oder etwa die auch die Beziehung zur Selbstorganisation herstellenden Arbeiten von Singer, zum Beispiel 1987.
15 Und in dieser Betrachtung Gegenstand der (Sozial-)Psychologie.

nes anderen Sozialsystems werden.[16] In vielen Fällen wird die Auflösung von Sozialsystemen von den in ihnen als Komponenten interagierenden Individuen sogar gewünscht[17], sei es, um neue Sozialsysteme als Nachfolger zu gründen, sei es, um einer Mitgliedschaft in einem Sozialsystem der betreffenden Art in Zukunft zu entgehen. Schließlich haben in der Regel alle Mitglieder eines Sozialsystems Zugang zu seiner Umwelt, gehören sogar als Komponenten Systemen der Umwelt an.[18] Individuen als Systeme verknüpfen einerseits ihre körperlichen und ihre kognitiven Bedürfnisse, Erfahrungen usw., andererseits aber auch ihre unterschiedlichen Komponentenrollen, was unvermeidlich auf das Systemverhalten einwirkt.

Auf die Debatte zwischen Vertretern eines methodologischen Individualismus und eines methodologischen Kollektivismus bezogen, ergibt sich mit diesem Verständnis von Komponenten sozialer Systeme eine Position, die nicht in das Schema dieser Alternative paßt. Diese Auffassung läßt sich mit der Differenz zwischen »methodologischem Individualismus« und »theoretischem Individualismus« kennzeichnen. Ein »methodologischer Individualismus« ist aus systematischen Gründen und wegen empirischer Notwendigkeiten in einer sich nicht nur auf »Begriffsarbeit« beschränkenden Sozialtheorie unvermeidlich. Das impliziert jedoch keineswegs auch einen »theoretischen Individualismus«. Er leugnet die hier vertretene und von Durkheim in die Soziologie eingebrachte Auffassung der *sozialen Entstehung* von Individualität in Differenzierungsprozessen. Dieser soziologische Individuenbegriff darf nicht mit dem biologisch-psychologischen verwechselt werden, der zu einem Reduktionismus führt (Hejl 1987 b). Nicht die Einbeziehung sozial ausgebildeter Wirklichkeitskonstrukte und ihnen zugeordneter Handlungsprogramme und Kommunikationen einschließlich der Annahme, daß diese Prozesse in Menschen ablaufen, führt zu einem Reduktionismus, sondern die Auffassung, daß soziales Verhalten aus letztlich angeborenen Eigenschaften von (bezüglich dieser Eigenschaften

---

16 Etwa wenn ein Wissenschaftler aus der Forschung in die Industrie wechselt, ein Steuerfahnder Steuerberater wird usw.
17 Beispiele sind Selbstauflösungen von Ehen, Vereinen, Parteien usw.
18 Der Automobilarbeiter ist gleichzeitig auch Autokäufer und Verkehrsteilnehmer usw.

unterschiedenen und in diesem Sinne »individualisierten«) Individuen resultiert.[19]

Die Ausbildung der Realitätskonstrukte und Handlungsprogramme, durch die ein Individuum die Möglichkeit gewinnt, Mitglied eines Sozialsystems zu werden, kann man verstehen als durch Selbstorganisation (siehe unten) und Lernen[20] erzeugte und stabilisierte spezifische »Konnektivitäten«[21] in Individuen. Dabei werden sowohl kognitive als auch sensomotorische Fertigkeiten entwickelt. Sie sind eine Teilorganisation der Individuen, betrachtet man sie als Systeme, und charakterisieren sie als Komponenten im Kontext eines Sozialsystems. In den sozialsysteminternen Interaktionen werden diese (wie auch immer entstandenen) Komponenteneigenschaften generell vorausgesetzt (Erwartungserwartungen), aktiviert und im Zuge der Interaktionen auch verändert.

Die Komponenten eines Systems bilden aber, für sich genommen, noch kein System. Die zweite Bedingung – und erst wenn sie erfüllt ist, kann man vollgültig von »Systemen« und »Komponenten« sprechen – fordert Interaktionen zwischen den Komponenten. Diese Interaktionen können von einem Beobachter als eigene analytische Einheit betrachtet werden, nämlich unter Abstraktion von den Komponenten, die durch diese Interaktionen verbunden sind und sie erzeugen.

Trotz aller dabei auftretenden praktischen Probleme läßt sich die Gesamtmenge der Interaktionen in zwei Klassen teilen. Man fin-

---

19 Dieser Stand der Diskussion ist freilich hundert Jahre alt, die Differenzierung des Individuenbegriffs wird aber nach wie vor auch von Theoretikern ignoriert.

20 Vgl. dazu Hejl 1991 und zum damit zusammenhängenden Gedächtnisproblem die weiteren Beiträge in Schmidt (Hg.) 1991.

21 Darunter werden in Abweichung vom sogenannten »Konnektionismus« relativ feste oder zumindest rekurrente Verbindungen zwischen interaktionsfähigen Komponenten eines Netzwerkes verstanden. Sie bilden die Grundeinheiten der Ereignisverarbeitung in Systemen und legen, einmal ausgebildet und außer im Falle aktuellen Lernens, als Verbindungen zwischen internen und/oder externen Input- und Outputkomponenten die Bedeutungen von Ereignissen vor deren Auftreten fest. Vgl. dazu Hejl 1992a. Zum dort angesprochenen »mechanistischen« Verständnis von Bedeutung als Wirkung vgl. auch die Beiträge von Roth und Schmidt in diesem Band.

det Interaktionen, die für das Systemverhalten insgesamt unwichtig zu sein scheinen, und Interaktionen, die zum Systemverhalten beitragen, unabhängig davon, wie oft oder wo im System sie auch auftreten. Die Unterscheidung zwischen beiden Interaktionsarten ist konkret in der wechselnden Auseinandersetzung mit der theoretischen Modellierung und der empirischen Untersuchung des betreffenden Systems zu leisten. Das Erklärungsinteresse spielt hier natürlich eine Rolle, aber auch zum Beispiel rechtsförmige Regulierungen, die bestimmte Interaktionen vorschreiben, etwa qua Gesellschaftsrecht oder durch Organisationsvorschriften verschiedenster Art und Verbindlichkeit. Dabei besteht ein Problem darin, daß zwar auch singuläre Interaktionen das Systemverhalten nachhaltig verändern können, es forschungspraktisch aber schwer ist, sie zu erfassen. Der ein System ausgrenzende und sein Funktionieren beschreibende Wissenschaftler wird also einerseits von wiederkehrenden Interaktionen ausgehen, andererseits aber das Problem weniger, jedoch wichtiger Interaktionen durch die Festlegung des Beobachtungsintervalls berücksichtigen. Im Anschluß an diese Überlegungen läßt sich nun die *Organisation* des Systems definieren als das Muster der zum Systemverhalten beitragenden wiederkehrenden Interaktionen zwischen Komponenten, das ein Beobachter in dem von ihm gewählten Zeitintervall wahrnimmt. Damit kann man den beiden in der Bestimmung von Sozialsystemen genannten Bedingungen jeweils einen »Teil« der Explikation des Systemkonzepts zuordnen: Sozialsysteme bestehen wie alle aktiven Systeme aus Komponenten und der Organisation, die sie bilden. Während in der traditionellen Reduktionismusdebatte die Komponentenproblematik thematisiert wurde, wenn auch analytisch unbefriedigend, so ist für das hier vorgeschlagene Verständnis von aktiven Systemen und insbesondere von Sozialsystemen die Systemorganisation mindestens ebenso wichtig, wenn nicht gar wichtiger.

Gekennzeichnet wird die Organisation aktiver Systeme durch zwei Merkmale, die nicht nur die analytische Separierung der Organisation rechtfertigen, sondern die auch für das Systemverhalten fundamental sind. Sie können mit den Schlagworten »Autonomisierung« und »Selektivität« bezeichnet werden.

Da die Systemorganisation aus wiederkehrenden Interaktionen letztlich aller Komponenten eines Systems besteht, führen Verhaltensänderungen weniger Komponenten nicht zu Organisationsveränderungen. Überdies denken, handeln und kommunizieren die anderen Komponenten in der ihnen bekannten Weise weiter, was zwanglos aus der vorgeschlagenen Konzeption von Komponenten und aus ihrem Eingebundensein in Interaktionsbeziehungen rekurrenten Charakters folgt. Durch Verhaltensänderungen einer nur geringen Anzahl von Komponenten eines Sozialsystemes entstehen deshalb schnell Probleme für eine bedeutungsvolle Anknüpfbarkeit von Handlungen und Kommunikationen. Sozialsysteme haben deshalb eine Tendenz zu konservativem Verhalten. Das bezeichnet freilich keinen politischen Konservatismus, sondern lediglich die Tendenz, eingespielte Interaktionsbeziehungen und ihre Basis, nämlich die vorausgesetzten Wirklichkeitskonstrukte, faktisch normativ zu handhaben durch nur geringe tatsächliche Lernbereitschaft.[22] Der hier angesprochene Konservatismus kann sich also durchaus auch auf ein Festhalten zum Beispiel an einem revolutionären Programm beziehen. Auch wenn »Konservatismus« bereits begrifflich auf ein Festhalten am Vorhandenen verweist, so charakterisiert das jedoch nur teilweise die Organisation von Sozialsystemen. Hinzu kommt vielmehr der Aspekt der Bindung von Minderheiten an die Mehrheit. Er schließt etwa auch die Möglichkeit ein, daß bei einer Veränderung des Verhaltens der Mehrzahl der Mitglieder eines Sozialsystems der angesprochene Konservatismus als Druck auf eine nicht wandlungsbereite Minderheit wirkt, sich dem Veränderungsprozeß ebenfalls anzuschließen. Der Bereitschaft von Minderheiten, sich der Mehrheit anzuschließen, entspricht oft auch der Wunsch der Mehrheit nach der Integration abweichender Minderheiten. Für den hier interessierenden Aspekt ist also ausschlaggebend, daß die Organisation eines Systems vom Verhalten einzelner Komponenten unabhängig ist, ohne jedoch jemals vom Verhalten aller Komponenten unabhängig werden zu können.[23] In diesem Sinne kann man von einer *Autonomisierung der Organisation* gegenüber Einzelkomponenten sprechen und deshalb die Systemorganisation als eigene analytische Einheit verwenden.

Sieht man vom Grenzfall uniformer Interaktionen zwischen allen

---

22 Vgl. zum Normbegriff Luhmann 1983, S. 42 f.
23 Es ist diese Abhängigkeit der Organisation – in der soziologischen Tradition *cum grano salis* als »Struktur« bezeichnet – von den Komponenten, die strukturalistisch orientierte Autoren oft übersehen.

Komponenten ab, so interagiert immer nur eine Teilmenge der zu einem System gehörenden Komponenten und obendrein nicht unbedingt mit allen ihren Möglichkeiten. Unabhängig davon, wie eine spezifische Organisation entstanden ist, drückt sie die mit den faktisch vorhandenen Interaktionsbeziehungen gegebene *Selektivität der Interaktionsbeziehungen zwischen den Komponenten* aus. Nimmt man nun die Autonomisierung der Organisation hinzu, so läßt sich auch sagen, daß sie ihrerseits selektiv wirkt. »Organisation« bezeichnet also ein in der Regel notwendig *selektives Netz von Input/Output-Beziehungen zwischen den Komponenten eines Systems*.

Diese *Selektivität entsteht wegen der Anzahl und der unterschiedlichen Eigenschaften von Komponenten* sowie, zumindest im Anfangsstadium von Differenzierungsprozessen[24], durch die *räumliche Ausdehnung der Organisation*. Je nach den konkret gegebenen Bedingungen finden manche prinzipiell möglichen Interaktionen nicht oder zu selten statt, während andere eine größere Bedeutung erlangen. So können etwa *zu große Entfernungen zwischen Komponenten* zu überwinden sein, *zeitliche Differenzen zwischen »eigentlich gleichzeitigen« Inputs* auftreten (was zu differentiellen Belastungen und somit dazu führen kann, daß mögliche Relationen nicht dauerhaft realisiert werden), *Komponenten durch ein Übermaß an Interaktionsangeboten mit verschiedenen Reaktionsmöglichkeiten usw. überlastet* werden; schließlich müssen meistens auch *Anforderungen der Umwelt* durch organisatorische Dispositionen aufgenommen werden usw.

Die Überlegungen zur Autonomisierung und Selektivität der Systemorganisation haben eine wichtige Konsequenz: Da das Verhalten von Sozialsystemen aus dem Zusammenwirken der Komponenten besteht, und zwar so, wie es sich aus der selektiven Aktivierung der Komponenten (verstanden als aktive Einheiten) gemäß dem Muster der Organisation ergibt, folgt daraus, daß Sozialsysteme dank ihrer Organisation Verhalten erzeugen, die *nicht* auf das Verhalten *einzelner* Komponenten zurückgeführt werden können. *Dieses* Verhalten kann man als »emergent« bezeichnen. Obwohl es aus nichts als dem Verhalten der Systemkomponenten besteht, entsteht es doch in und mit dem Prozeß der Systembil-

---

24 Später fördert die bereits bestehende Selektivität einer Organisation ihre weitere Differenzierung; siehe unten zur Selbstorganisation.

dung. In ihm werden Einheiten zu Komponenten, bilden damit eine autonomisierte und selektive Organisation und somit das System, zu dem sie gehören und das auf sie wirkt.

Fragt man nach der *funktionalen Charakteristik* sozialer Systeme, so kann man sie als »synreferentiell« bezeichnen. Während »Selbstreferentialität« den Bezug auf die Zustände eines kognitiven Systems bezeichnet, die aus seiner operationalen Geschlossenheit resultieren, hebt *Synreferentialität* den *Bezug auf im Sozialsystem ausgebildete oder/und für es konstitutive Zustände* hervor, das heißt Zustände, die alle seine Komponenten ausgebildet haben als Voraussetzung ihrer Systemmitgliedschaft. Berücksichtigt man den Einschluß von Individuen in Sozialsysteme gemäß der Definition, so ergibt sich, daß die Zustände der Komponenten, auf die »Synreferenz« sich bezieht, die Menge der selbstreferentiellen kognitiven Zustände sind, die ein Individuum zu einer Komponente in einem Sozialsystem machen.

Durch den Sozialsysteme charakterisierenden Bezug auf ein ihren Komponenten gemeinsames Realitätskonstrukt – faktisch ein passives (Vorstellungs-)System – wird sowohl die wichtigste Voraussetzung für Kommunikation und auf das System abgestimmtes Handeln geschaffen als auch die Systemgrenze festgelegt. Soweit Kommunikationen und Handlungen nämlich im synreferentiellen Bereich verbleiben, aktualisieren sie von den Komponenten geteilte Erfahrungen, das heißt, sie lösen vergleichbare Zustände in den Hörern und Sprechern, Handelnden und Beobachtern aus, die zum System gehören. So wichtig jedoch Verständlichkeit ist, wichtiger und umfassender ist, daß durch das passive System von Realitätskonstrukten, das von den Systemmitgliedern geteilt wird, Ereignisse bezüglich ihrer Bedeutung unterschieden werden in solche, die für das System relevant sind, und solche, die unberücksichtigt bleiben können. Da dies sowohl für systeminterne als auch für systemexterne Ereignisse zutrifft, *trennt das Relevanzkriterium der Synreferentialität einerseits Ereignisse* danach, ob sie für das System bedeutungsvoll sind, *andererseits aktive Einheiten* danach, ob sie Komponenten sind oder nicht. *Es legt also die Systemgrenze fest.* Daß das Relevanzkriterium wichtiger ist als die durch einen synreferentiellen Bereich gegebene Verständlichkeit von Kommunikation, ergibt sich auch daraus, daß natürlich in vielen Fachsprachen ganz überwiegend Begriffe der Alltagssprache oder anderer Fachsprachen auftreten. Außerdem gibt es in jeder differenzierten Gesellschaft ausdifferenzierte Subsysteme, deren Terminologie für fast jedermann verständlich ist (zum Beispiel die Politik). Deshalb ist jedoch die systemspezifische Bedeutung von Ereignissen, also die Reaktion des Systems (vgl. Anm. 16), noch keineswegs einsichtig oder gar erwartbar.

3. Zur Selbstorganisation sozialer Systeme

Bisher wurden Sozialsysteme diskutiert, ohne dabei auf ihre Veränderung in der Zeit einzugehen. Es ist jedoch ihr dynamisches Verhalten, bei dem es vor allem zu der hier als »Emergenz« bezeichneten sozialen Erzeugung von Neuem kommt. Im Lauf der letzten Jahre wurde, wie auch mit diesem Sammelband, im Zusammenhang oft ganz unterschiedlicher Disziplinen und Ansätze das Thema Selbstorganisation diskutiert als Bezeichnung für Prozesse, die mehr oder weniger eigengesetzlich ablaufen und dabei mehr oder weniger externe Einwirkungen benötigen. Oft bleibt jedoch unklar, was mit dem Begriff genau bezeichnet wird und insbesondere, warum für die betrachteten Phänomene der Terminus »Selbstorganisation« statt etwa »Selbsterhaltung« oder »Selbstoptimierung« oder einfach auch nur »Eigengesetzlichkeit« verwendet wird. Ebenso bleibt das »Selbst-« meist unklar, über das etwas ausgesagt wird.[25] Zumindest ist es für die Sozialwissenschaften interessant, daß mit dem Durkheimschen Modell des Übergangs von Gemeinschaften zu Gesellschaften seit hundert Jahren ein Modell sozialer Veränderungen verfügbar ist, das in einem strengen Sinne »Selbstorganisation« erklärt.[26] Am Material der Durkheimschen Konzeption möchte ich deshalb das hier verwendete Modell von Selbstorganisation skizzieren, zumal es in der Auseinandersetzung mit Durkheims *De la division du travail social* entstanden ist, der auch einige Aspekte der vorgeschlagenen Theorie sozialer Systeme geschuldet sind.

25 Vgl. zu einem Teil dieser Geschichte die Beiträge in *Généalogies de l'autoorganisation*.
26 Freilich mußte diese »Verfügbarkeit« latent bleiben, solange nicht das einer anderen Dynamik gehorchende moderne Interesse an Selbstorganisation erlaubte, Durkheim unter diesem Gesichtspunkt zu lesen und so seine Theorie als Theorie sozialer Selbstorganisation zu konstruieren. Vgl. dazu ausführlich Hejl 1988.

Wie andere Modelle sozialer Evolution[27] geht auch Durkheim von einer Entwicklung von einfachen zu komplexen sozialen Einheiten aus. In Aufnahme der Tönniesschen Terminologie (Tönnies 1979) entwickelt er ein Modell des Überganges von Gemeinschaften zu Gesellschaften. Gemeinschaften werden dabei in der hier verwendeten systemtheoretischen Terminologie als kleine und kaum differenzierte Sozialsysteme verstanden. Ihre Komponenten sind Individuen, die sich natürlich biologisch unterscheiden, nicht aber bezüglich ihrer Realitätskonstrukte. Ihre sozial bedingte Individualisierung (siehe unten) ist nur gering ausgebildet. Der synreferentielle Bereich solcher Systeme ist dagegen so umfangreich, daß er praktisch alle Lebensbereiche umfaßt. Man kann mit allen über alles sprechen und erwarten, daß Kommunikationsversuche verstanden und Handlungen weitgehend den Bedeutungen zugeordnet werden, die man intendiert. Diesen Komponenteneigenschaften entspricht eine Systemorganisation, die durch geringe Selektivität gegenüber den Komponenten gekennzeichnet ist. Anders formuliert: Gemeinschaften schließen kaum ein Mitglied von ihren Interaktionen aus. Dementsprechend sind solche Systeme konservativ und sehr langsam in der Erzeugung von Entscheidungen, die nicht durch die Traditionen abgedeckt sind. Idealtypisch, das heißt, solange es nicht auf Dauer gestellte Entscheidungsfunktionen gibt, kann die Organisation solcher Systeme als »heterarchisch« eingestuft werden, um einen Terminus von W. St. McCulloch (1965) aufzunehmen. Soziale Systeme sind also dann »heterarchisch«, wenn ihre Organisation den Grenzfall verkörpert, in dem das zeitstabile Interaktionsmuster, das hier als Organisation bezeichnet wird, keine Komponente von Entscheidungen ausschließt, die für den synreferentiellen Bereich des Systems relevant sind.

Sozialsysteme vom Typ »Gesellschaft« können dagegen fast belie-

---

27 Wobei Durkheim vor allem am Aspekt der Anagenese, das heißt der Höherentwicklung interessiert ist, den Aspekt des »Kampfes ums Überleben« und des »Survival of the fittest« nur als »Hypothesen« auffaßt und ihre soziale Problematik für Gesellschaften gerade durch den Übergang zu interner Differenzierung gemildert sieht. Den für biologische Evolution zentralen Gedanken der Vererbung zwischen Generationen, der ja Tod und Geburt voraussetzt, lehnt er für Gesellschaften schließlich ganz ab. Vgl. zu Durkheims Beziehung zur Biologie auch Filloux 1979 und Hirst 1973.

big groß sein. Ihre Komponenten stehen in einer Vielzahl spezieller Interaktionsbeziehungen. Das Ausmaß sozial erzeugter Individualisierung ist im Gegensatz zu Gemeinschaften eher groß, das heißt, es entspricht dem Ausmaß, in dem die Charakteristika von Gesellschaften ausgebildet sind, ohne daß damit eine quantitative Proportionalität impliziert wird. Individualität in diesem Sinne definiert sich einerseits durch die Beteiligung an einer unterschiedlichen und von Gesellschaftsmitglied zu Gesellschaftsmitglied verschiedenen Kombination von synreferentiellen Bereichen. Andererseits resultiert die hier interessierende sozial bedingte Individualität aber auch daraus, daß durch die Differenzierungsprozesse, die zu dieser Situation geführt haben, der einzelne Mensch zunehmend selber über sein Wahrnehmen und Handeln entscheiden muß. Detaillierte und verschiedene Lebensbereiche integrierende Handlungsmuster, wie sie in Gemeinschaften sozial elaboriert werden, kann es in Gesellschaften nicht mehr geben. Das erzeugt Freiheit, aber auch das Risiko der Zurückrechnung auf die einzelnen Akteure. In intern differenzierten Gesellschaften wird Kommunikation problematisch und eben auch darum immer wichtiger. Man kann sich mit immer mehr Leuten immer weniger verständigen und dafür mit sehr wenigen hochgradig differenziert über immer kleinere Gebiete sprechen. Die Organisation von Gesellschaften verbindet nicht mehr alle Komponenten. Je nach Stand der Differenzierung entstehen ganze Lebensbereiche, die den meisten Gesellschaftsmitgliedern verschlossen bleiben, weil nicht mehr jeder mit jedem interagieren und nicht jeder alles wissen kann. Die Organisation von Gesellschaften weist sowohl »heterarchische« als auch »hierarchische« Subsysteme und Beziehungen zwischen ihnen auf. Obendrein können sich die Charakteristika je nach Problemlage ändern.

Der Übergang von Gemeinschaften zu Gesellschaften wird nach Durkheim (wobei ich mich auf die wichtigsten Ursachen beschränke) ausgelöst einerseits durch Bevölkerungswachstum, das heißt auch Bevölkerungsverdichtung und Konkurrenz um Ressourcen zwischen den Mitgliedern des gleichen Sozialverbandes, sowie andererseits durch die geographische Ausdehnung ursprünglicher Gemeinschaften. Es kommt dabei zu einer Situation, in der das tradierte Verhalten schließlich nicht länger fortgesetzt werden kann. Migrationsprozesse schwächen bestehende Interaktionsnetze oder lassen sie gar zerreißen. Damit verlieren auch die wechselseitigen Kontrollen an Wirksamkeit, die die ehemalige Stabilität stützten: der bestehende synreferentielle Bereich wird geschwächt. Gleichzeitig wird er durch Prozesse der geographischen und zahlenmäßigen Ausdehnung verallgemeinert.[28] In dem Maße jedoch, wie die alten Muster der Konstruktion von Wirklichkeit und des Umgangs mit ihr sowohl ihre Verbindlichkeit als auch ihre Anwendbarkeit im Einzelfall verlieren, müssen Entscheidungen der einzelnen Gesellschaftsmitglieder von ihnen selbst übernommen werden. Dabei werden sie sich ihrer Entscheidungen als *ihrer* Entscheidungen bewußt. Ihre relative Autonomie gegenüber ihren Gemeinschaften wird für sie erfahrbar: der Prozeß der Erzeugung sozial bedingter Individualität setzt ein. Es kommt also (1) zu einem Zusammenwirken von Faktoren, die bereits an sich Individualisierungsprozesse fördern, sowie (2) zu einer Zunahme möglicher Interaktionspartner über jedes bewältigbare Maß hinaus. Damit wirken die Veränderungen der Systemkomponenten aber auf der Organisationsebene: Indem nicht mehr alle Komponenten miteinander interagieren, nimmt die Selektivität der Organisation zu, das heißt, es kommt zu Prozessen der internen Differenzierung statt der für Gemeinschaften typischen Differenzierung durch Spaltung.[29] Diese Veränderungen der Organisation wirken ihrerseits aber ebenfalls differenzierend: Dank der eingetretenen Selektivität der Systemorganisation erhalten nicht mehr alle Komponenten die gleichen Inputs, das heißt, die Erfahrungen der Gesellschaftsmitglieder unterscheiden sich je nach dem »Ort« im Interaktionsnetz, an dem sie sich befinden. Im Ergebnis wird die Individualisierung weiter vorangetrieben, wenn man sie mit Durkheim bestimmt einerseits als Veränderung der Eigenschaften und ihrer Kombinationen, durch welche Individuen zu Komponenten in Sozialsystemen werden, und andererseits als Übernahme ehemals sozial gelöster Entscheidungs- und Koordinationsaufgaben zwischen verschiedenen und nunmehr

28 »... il n'y a guère que des choses générales qui puissent être communes à tous ces milieux divers. Ce n'est plus tel animal, mais telle espèce; telle source, mais les sources; telle forêt, mais la forêt *in abstracto*« (Durkheim 1986, S. 272).
29 Dabei wird vorausgesetzt, daß der verfügbare »Raum« bereits »besetzt« ist, also ein mit Segmentierung einhergehendes Ausweichen nicht möglich ist. Vgl. dazu Carneiro 1973, S. 160 ff.; Rieppel 1989, S. 148 f.

ausdifferenzierten Handlungszusammenhängen, die damit zu Komponentenrollen werden. Das wiederum fördert neue Differenzierungsprozesse auf der Organisationsebene. Es kommt zu einer Wechselwirkung zwischen der Ebene der Komponenten und der der Systemorganisation, bei der beide sich verändern. Diese *Wechselwirkung zwischen den Komponenten und der Systemorganisation* bezeichne ich als *selbstorganisierend* im engeren Sinne. Systeme, in denen sie auftritt, bezeichne ich dementsprechend als »selbstorganisierende Systeme«.

Mit diesem Modell von Gesellschaften als intern differenzierten selbstorganisierenden Systemen erklärt Durkheim zugegebenerweise allgemein, aber vielfach konkretisierbar, nicht nur Selbstorganisation, was natürlich nicht *expressis verbis* sein Ziel war, sondern liefert auch Ansatzpunkte für eine hier nicht weiter auszuführende Theorie sozialer Selbstregelung (Hejl 1989). Indem er das Wechselverhältnis von Systemorganisation und Komponenten »entdeckt« und ausarbeitet, nimmt er die in der Evolutionstheorie noch weitgehend extern gebliebenen Auslöser evolutiver Prozesse in die Systeme hinein. Entwicklung wird so zu einem vor allem innergesellschaftlich erzeugten, sicher aber intern vorangetriebenen Prozeß.

Was weder Durkheim noch auch andere Vertreter einer Theorie sozialer Entwicklung durch Differenzierung und Individualisierung berücksichtigt haben, zumindest nicht im erforderlichen Ausmaße, das sind zur Differenzierung gegenläufige Prozesse. Denkt man soziale Entwicklung als extern oder intern ausgelöste, dann aber weitgehend eigengesetzlich ablaufende Prozesse sozialer Differenzierung und Spezialisierung, so ist der damit anvisierte »Endpunkt« eine Situation, in der weitere Differenzierungen nicht mehr möglich sind, weil die erreichten Differenzierungsprodukte nicht weiter »teilbar« sind. Dabei ist es gleichgültig, ob man als »Endpunkt« eine Situation sieht, in der Sozialsysteme etwa im Sinne Luhmanns so klein geworden sind, daß weitere Differenzierungen nur noch dazu führen, daß ein spezifischer kommunikativer Akt lediglich eine einzige Anschlußkommunikation auslöst, oder ob man mit dem hier vorgeschlagenen Modell annimmt, daß ausdifferenzierte synreferentielle Bereiche zum Handlungs- und Kommunikationsbezug für nur mehr zwei in ihnen als Komponenten interagierende Individuen geworden sind.

Welches Modell man auch vorzieht, die Logik des Differenzierungsmodells führt in soziale Atomisierung und letztlich Erstarrung. Das ist das Schreckensbild zerfallender sozialer Kohäsion und isolierter »Einzelmenschen« in der »Masse«, wie es als Topos der Zivilisationskritik und gemeinschaftsnostalgischer Bestrebungen ganz unterschiedlicher Provenienz bekannt ist.

Weder stützt die Geschichte solche Befürchtungen, noch werden sie durch theoretische Überlegungen plausibel. Vielmehr entstammen sie der Problemlage des Übergangs von überwiegend agrarisch zu industriell geprägten Gesellschaften. In den noch stark agrarischen Gesellschaften des 18. und des beginnenden 19. Jahrhunderts war der Anteil gemeinschaftlicher Sozialstrukturen bereits erheblich zurückgegangen, als »Gesellschaft« und »Differenzierung« zum Inbegriff einer bedrohlichen Veränderung wurden. Die auf die Themen »Gemeinschaft« und »Differenzierung« bezogenen Diskussionen sind also nicht nur Reaktionen auf eine eingetretene Problemlage, obwohl sie auch das waren. Gleichzeitig, und wohl in der Hauptsache, waren sie Teil notwendiger *politischer* Auseinandersetzungen um die Wege und das Tempo gesellschaftlicher Veränderungen. Als wissenschaftliche Modellvorstellungen taugen sie hingegen wenig. Man kann natürlich die traditionelle Differenzierung der mittelalterlichen Gesellschaften als »Stratifikation« auffassen und dann den Übergang zu funktionaler Differenzierung und Spezialisierung als qualitative Veränderung begreifen. Man kann aber auch bereits die traditionelle Teilung in »jene, die beten (*oratores*), jene, die kämpfen und Waffen führen (*bellatores*), und jene, die arbeiten (*laboratores*)« (Oexle 1988, S. 24) als Beginn funktionaler Spezialisierung und Differenzierung verstehen.[30] In dieser Perspektive wird sehr schnell deutlich, daß wir bereits in der europäischen Geschichte einen ständigen Prozeß sozialen Organisationswandels haben. In ihm emergierte eine Fülle neuer Wirklichkeitskonstrukte und auf sie bezogener Handlungs- und Kommunikationszusammenhänge. Als »Wirtschaft«, »Recht«, »Politik«, »Wissenschaft« usw. – um nur einige der Großbereiche zu nennen – wurden sie allmählich ausdifferenziert. Daneben *verschwanden aber auch bestehende Sozialsysteme* in einem Prozeß, in dem ihre konstitutiven Wirklichkeitskonstrukte ihre »Viabilität« (Glasersfeld 1987, S. 137 ff.) verloren, das heißt nicht länger stabilisiert und durchgehalten

---

30 Vgl. dazu ausführlich Oexle 1988.

werden konnten. Das gilt natürlich für den Feudaladel mit seinem auf Kampf und Erhalt des Geschlechtes orientierten Selbstverständnis. Das gilt zwar nicht ebenso, aber doch in erheblichem Maße auch für die Bedeutung der Kirche. Schließlich haben die, die arbeiten, unter vielfältiger Übernahme und Umformung natürlich auch christlicher und adliger Vorstellungen, Sitten und Normen unsere Gesellschaften geprägt, sich schließlich zur umfassenden Gesellschaft schlechthin gemacht. Aber auch in diesem Prozeß können einmal ausgebildete Sozialsysteme nicht als gleichsam außerhalb des sozialen Selbstorganisationsprozesses gedacht werden. Man erinnere sich etwa an den Bedeutungswandel, den die Städte oder die Zünfte erlebt haben. Zur Zeit scheinen, um ein anderes Beispiel zu nennen, kleine bäuerliche Familienbetriebe zu verschwinden, während einige bereits verloren geglaubte Berufe wieder Überlebenschancen zu haben scheinen (Stukkateure, Hufschmiede). Selbst Institutionen wie Ehe und Familie sind, nachdem sie erst vor wenigen Jahren majoritär geworden sind, inzwischen wieder ein Minderheitsmodell für das Zusammenleben der Geschlechter (Hoffmann-Nowotny 1988). Dem Prozeß der Emergenz entspricht also ein Prozeß der Auflösung oder Absorption sozialer Systeme. Man kann ihn im Gegensatz zur »Emergenz« als »*Imergenz*« (»Untertauchen«) bezeichnen. Für diese Begriffswahl spricht, daß die Auflösung von Sozialsystemen notwendig mit dem Zerfall der Interaktionen einhergeht, die die Organisation der Systeme sind. Das wiederum hat seine Ursache darin, daß die Komponenten der betreffenden Sozialsysteme die jeweilige soziale Wirklichkeitskonstruktion nicht länger aufrechterhalten können, damit aber auch auf sie bezogene Handlungen und Kommunikationen sinnlos werden. Nach dem Zerfall des Feudalsystems und seiner Verbindung mit der Kirche können zum Beispiel Ritterorden nur noch als bürgerliche Honoratiorenvereinigungen oder/und als Träger der freien Wohlfahrt fortbestehen. Emergenz als Prozeß der sozialen Ausbildung von Neuem durch Organisationsbildung in sozialen Systemen geht also mit einer begleitenden Imergenz einher. In ihr zerfallen Sozialsysteme, die im Zuge sozialer Selbstorganisation entstanden, aber in ihrem weiteren Verlauf auch wieder obsolet geworden sind.

4. Wahl der Systemkonzeption, Selbstorganisation und Emergenz: Zusammenfassung

Das diesem Versuch einer Erklärung »emergierender Eigenschaften« oder von »Emergenz« zugrunde gelegte Verständnis von »Erklärung« begreift diese als die Angabe einer »Mechanik« bzw. eines Wirkungszusammenhanges, der das zu erklärende Phänomen erzeugt (Hejl 1992 a). Das bedeutet, daß es nicht genügt zu *behaupten*, Sozialsysteme seien durch emergente Eigenschaften gekennzeichnet, vielmehr sind, allgemein gesprochen, die Teile und ihre Relationen anzugeben, die durch ihr Zusammenwirken Neues entstehen lassen. Dabei muß auch nachvollziehbar sein, warum es überhaupt zum betreffenden Zusammenwirken kommen kann. Es geht also auch um die Wahl einer Systemkonzeption, die eine derartige Erklärung ermöglicht. Das wurde hier versucht.

Faßt man, wie vorgeschlagen, Sozialsysteme als Konstrukte auf, die logisch konsistent und empirisch stabilisierbar sein müssen im Sinne einer »Viabilisierung«, dann bietet sich eine Konzeption an, die in der von Durkheim begründeten Tradition einer rationalistischen Soziologie steht, ihren Gegenstand nicht zuletzt auch in Vorstellungssystemen (Durkheim 1983, S. XI) sozialen Ursprungs und mit sozialen und individuellen Wirkungen sieht, zwischen methodologischem und theoretischem Individualismus unterscheidet[31] und so Emergenz als wissenschaftlich behandelbares Phänomen begreift. Dem entspricht eine Konzeption, die »System« durch »Komponenten plus Organisation« erklärt und »Komponenten« vor allem anderen als durch die in das Systemverhalten eingehenden Interaktionen bestimmt, deren zeitstabiles Muster als »Organisation« gefaßt wird. Sie läßt sich wiederum durch die Merkmale der Autonomisierung und der Selektivität kennzeichnen. Komponenten sind mit den in das Systemverhalten

---

31 So sieht Durkheim kein Problem darin, zu sagen: »... die Menschen bilden ein neues Wesen [die hier verwendete übliche Übersetzung *être* = Wesen ›vergeisteswissenschaftlicht‹ den Begriff freilich zu sehr, die Konnotation von »Geschöpf« befriedigt allerdings auch nicht; am neutralsten wäre tatsächlich »System«], das seine eigene Natur und Gesetze hat. Das ist das soziale Wesen. Die Phänomene, die in ihm stattfinden, haben sicherlich ihre letzten Wurzeln im Bewußtsein der Menschen« (Durkheim 1987, S. 86).

eingehenden Interaktionen weiterhin dadurch bestimmt, daß die sie ausmachenden Eigenschaften eine Teilmenge der Eigenschaften sind, die soziale und biologisch-psychische Individuen charakterisieren. Deshalb werden sie auch als aktive und eigengesetzliche Basiseinheiten sozialer Systeme verstanden. Komponenten und Organisation sind dadurch verbunden, daß Komponenten einerseits durch ihre Interaktionen die Systemorganisation bilden, durch diese andererseits aber (Selektivität und Autonomisierung) in spezifischer Weise zu dem Verhalten veranlaßt werden, das sie eigengesetzlich *und* gleichzeitig als Komponenten ausgebildet haben. Obwohl das so erzeugte Verhalten eines Sozialsystems aus den Aktivitäten seiner Komponenten besteht, ist es doch nicht auf sie als isolierte Einheiten zurückführbar, da das die aktivierende und selegierende Rolle der Systemorganisation unberücksichtigt ließe. Soweit das Systemverhalten auf diese Systemorganisation zurückgeführt werden kann, entsteht es mit der Ausbildung des Systems und damit auch seiner Organisation. Dieses Verhalten bezeichne ich als »emergent«, »Emergenz« bezieht sich dementsprechend auf organisationsbedingte Systemeigenschaften, wobei stets der vorgeschlagene Organisationsbegriff mitgedacht ist.

Sozialsysteme können sich durch selbstorganisierende Prozesse verändern, das heißt durch Wechselwirkungen zwischen der Systemorganisation und den Komponenten, in denen beide sich verändern. Unabhängig davon, wie solche selbstorganisierenden Prozesse ausgelöst wurden, und unabhängig davon, was auf sie einwirkt, soweit das in ihrem Verlauf erzeugte Systemverhalten auf die Organisation zurückgeführt werden kann, ist es ebenfalls »emergent«. Das bedeutet, daß Systeme, deren Organisation sich selbstorganisierend ändert, auch früher emergierte Eigenschaften wieder verlieren (»Imergenz«) und durch andere ersetzen können.[32] Systembildung führt also zu Emergenz. Sie wird verstärkt durch Selbstorganisation und geht einher mit Imergenz als einem komplementären Aspekt dynamischer Systemveränderungen.

---

32 Der Begriff wird hier beschränkt auf die Bezeichnung von Eigenschaften, die aus eigengesetzlichen Prozessen entstehen. Organisationsveränderungen systemexternen Ursprungs führen natürlich auch zu Verhaltensänderungen, sie werden aber nicht als »emergent« begriffen.

Literatur

Archer, Margret S. (1988), *Culture and Agency. The Place of Culture in Social Theory*, Cambridge: Cambridge University Press.

Beck, Ulrich (1986), *Risikogesellschaft. Auf dem Weg in eine andere Moderne*, Frankfurt am Main: Suhrkamp.

Berger, Peter/Luckmann, Thomas (1969), *Die gesellschaftliche Konstruktion der Wirklichkeit. Eine Theorie der Wissenssoziologie*, Frankfurt am Main: Fischer.

Carneiro, Robert L. (1973), »Eine Theorie zur Entstehung des Staates«, in: Eder, K. (Hg.), *Seminar: Die Entstehung von Klassengesellschaften*, Frankfurt am Main: Suhrkamp, S. 153-174.

Durham, William H. (1990), »Advances in Evolutionary Culture Theory«, in: *Annual Review of Anthropology* 19, S. 187-210.

Durkheim, Émile (1983), *Les régles de la méthode sociologique*, Paris: PUF, 21. Auflage; deutsch: *Die Regeln der soziologischen Methode*, Frankfurt am Main: Suhrkamp 1984.

Durkheim, Émile (1986), *De la division du travail social. Etude sur l'organisation des sociétés supérieures*, Paris: PUF, 11. Auflage; deutsch: *Über soziale Arbeitsteilung. Studie über die Organisation höherer Gesellschaften*, Frankfurt am Main: Suhrkamp 1988.

Durkheim, Émile (1887), »Cours de science sociale. Leçon d'ouverture«, in: Émile Durkheim, *La science sociale et l'action*, hg. und eingeleitet von J.-C. Filloux (Coll. Le Sociologue), Paris: PUF, 2. Auflage.

Esser, Hartmut (1979), »Methodische Konsequenzen gesellschaftlicher Differenzierung«, in: *Zeitschrift für Soziologie* 8, 1, S. 14-27.

Esser, Hartmut (1989), »Verfällt die ›soziologische Methode‹?«, in: *Soziale Welt* 40, 1/2, S. 57-75.

Filloux, Jean-Claude (1979), »Durkheim et l'organicisme«, in: *Revue européenne des sciences sociales et Cahiers Vilfredo Pareto* 17, 47, S. 135-148.

Généalogies de l'autoorganisation (1985), Paris: École Polytechnique, C.R.E.A. (Cahier Nr. 8).

Giddens, Anthony (1971), »The ›Individual‹ in the Writings of Durkheim«, in: *European Journal of Sociology/Archives Européennes de Sociologie* 12, S. 210-228.

Glasersfeld, Ernst von (1987), *Wissen, Sprache und Wirklichkeit. Arbeiten zum radikalen Konstruktivismus*, Braunschweig/Wiesbaden: Vieweg.

Hejl, Peter M. (1982), *Sozialwissenschaft als Theorie selbstreferentieller Systeme*, Frankfurt am Main/New York: Campus.

Hejl, Peter M. (1987a), »Konstruktion der sozialen Konstruktion: Grundlinien einer konstruktivistischen Sozialtheorie«, in: S. J. Schmidt (Hg.), *Der Diskurs des Radikalen Konstruktivismus*, Frankfurt am Main: Suhrkamp 1987, S. 303-339.

Hejl, Peter M. (1987b), »Zum Begriff des Individuums. Bemerkungen zum ungeklärten Verhältnis von Psychologie und Soziologie«, in: G. Schiepek (Hg.), *Systeme erkennen Systeme. Individuelle soziale und methodische Bedingungen systemischer Diagnostik*, München/Weinheim: Psychologie Verlags Union 1987, S. 115-154.

Hejl, Peter M. (1988), *Durkheim und das Thema der Selbstorganisation* (LUMIS-Schriften 18/88), Siegen: Universität Gesamthochschule Siegen/LUMIS.

Hejl, Peter M. (1989), *Self-Regulation in Social Systems: Explaining the Process of Research* (LUMIS-Schriften 21/89), Siegen: Universität Gesamthochschule Siegen/LUMIS.

Hejl, Peter M. (1991), »Wie Gesellschaften Erfahrungen machen oder: Was Gesellschaftstheorie zum Verständnis des Gedächtnisproblems beitragen kann«, in: Siegfried J. Schmidt (Hg.), *Gedächtnis*, Frankfurt am Main: Suhrkamp, S. 293-336.

Hejl, Peter M. (1992a), »Die zwei Seiten der Eigengesetzlichkeit. Zur Konstruktion natürlicher Sozialsysteme und dem Problem ihrer Regelung«, in: Siegfried J. Schmidt (Hg.), *Kognition und Gesellschaft*, Frankfurt am Main: Suhrkamp (im Druck).

Hejl, Peter M. (1992b), »Culture as a Network of Socially Constructed Realities«, in: D. Fokkema/A. Rigney (Hg.), *Trends in Cultural Participation in Europe since the Middle Ages*, Amsterdam, Philadelphia: J. Benjamins (in Vorbereitung).

Hirst, Paul Q. (1973), »Morphology and pathology: Biological analogies and metaphors in Durkheim's ›The rules of the sociological method‹«, in: *Economy and Society* 2, 1, S. 1-34.

Held, R./Hein, A. (1963), »Movement-produced stimulation in the development of visually guided behavior«, in: *Journal of Comparative Physiology and Psychology* 65, S. 872-876.

Hoffmann-Nowotny, Hans-Joachim (1988), »Ehe und Familie in der modernen Gesellschaft«, in: *Aus Politik und Zeitgeschichte*. Beilage zur Wochenzeitung *Das Parlament*, B 13/88, S. 3-13.

Knorr-Cetina, Karin (1989), »Spielarten des Konstruktivismus. Einige Notizen und Anmerkungen«, in: *Soziale Welt* 40, S. 86-96.

Lakatos, Imre (1972), »Falsifikation und die Methodologie wissenschaftlicher Forschungsprogramme«, in: ders. und Alan Musgrave (Hg.), *Kritik und Erkenntnisfortschritt*, Braunschweig/Wiesbaden: Vieweg.

Luhmann, Niklas (1983), *Rechtssoziologie*, Opladen: Westdeutscher Verlag, 2., erweiterte Auflage.

Luhmann, Niklas (1984), *Soziale Systeme. Grundriß einer allgemeinen Theorie*, Frankfurt am Main: Suhrkamp.

McCulloch, Warren S. (1965), »A Heterarchy of Values Determinied by the Topology of Nervous Nets«, in: Warren S. McCulloch, *Embodiments of Mind*, Cambridge, Mass.: M.I.T. Press, S. 40-45.

Oexle, Otto G. (1988), »Die funktionale Dreiteilung als Deutungsschema der sozialen Wirklichkeit in der ständischen Gesellschaft des Mittelalters«, in: *Ständische Gesellschaft und soziale Mobilität*, hg. von W. Schulze (Schriften des Historischen Kollegs. Kolloquien 12), München: Oldenburg, S. 19-51.

Parsons, Talcott (1976), *Zur Theorie sozialer Systeme*, hg. von St. Jensen, Opladen: Westdeutscher Verlag.

Rieppel, Olivier (1989), *Unterwegs zum Anfang. Geschichte und Konsequenzen der Evolutionstheorie*, Zürich/München: Artemis.

Roth, Gerhard (1987), »Autopoiesis und Kognition: Die Theorie H. R. Maturanas und die Notwendigkeit ihrer Weiterentwicklung«, in: S. J. Schmidt (Hg.), *Der Diskurs des Radikalen Konstruktivismus*, Frankfurt am Main: Suhrkamp, S. 256-286.

Schmidt, Siegfried J. (1980), *Grundriß der empirischen Literaturwissenschaft. Bd. 1: Der gesellschaftliche Handlungsbereich Literatur*, Braunschweig/Wiesbaden: Vieweg; Frankfurt am Main: Suhrkamp 1991.

Schmidt, Siegfried J. (Hg.) (1987), *Der Diskurs des Radikalen Konstruktivismus*, Frankfurt am Main: Suhrkamp.

Schmidt, Siegfried J. (Hg.) (1991), *Gedächtnis. Probleme und Perspektiven der interdisziplinären Gedächtnisforschung*, Frankfurt am Main: Suhrkamp.

Schöttler, Peter (1989), »Mentalitäten, Ideologien, Diskurse. Zur sozialgeschichtlichen Thematisierung der ›dritten Ebene‹«, in: A. Lüdtke (Hg.), *Alltagsgeschichte. Zur Rekonstruktion historischer Erfahrungen und Lebensweisen*, Frankfurt am Main/New York: Campus.

Singer, Wolf (1987), »Activity-dependent Self-Organization of Synaptic Connections as a Substratum of Learning«, in: J.-P. Changeux/M. Konishi, *The Neural and Molecular Bases of Learning*, New York/London/Sidney: Wiley, S. 301-336.

Teubner, Gunther (1989), *Recht als autopoietisches System*, Frankfurt am Main: Suhrkamp.

Tönnies, Ferdinand (1979), *Gemeinschaft und Gesellschaft. Grundbegriffe der reinen Soziologie*, Darmstadt, Wissenschaftliche Buchgesellschaft.

Siegfried J. Schmidt
Über die Rolle von Selbstorganisation beim Sprachverstehen

1. Verstehen verstehen: Anfangsunterscheidungen

Über eines zumindest sind sich Verstehensforscher der verschiedensten Richtungen einig: »Eins der am wenigsten verstandenen Dinge ist das Verstehen.«[1] Kein Wunder, ist das zu Verstehende, das Verstehen, doch immer schon vorausgesetzt und genau dann wirksam, wenn ein verstehender Beobachter sein Verstehen oder andere verstehende Beobachter verstehen will. Das verstehe, wer will!

Um überhaupt etwas verstehen zu können, muß man – George Spencer Browns und Niklas Luhmanns Differenzlogik folgend[2] – Unterscheidungen und Bezeichnungen einführen, die Beobachtungen erlauben. Die erste Unterscheidung betrifft die von mir als Beobachter unterstellte »Natur« dessen, was ›Verstehen‹ heißen soll; angesichts der möglichen Differenz Prozeß vs. Zustand/Struktur entscheide ich mich für Prozeß. Die zweite Unterscheidung betrifft die Instanzen im weitesten Sinne, die im »Prozeß Verstehen« zusammenspielen. Hier entscheide ich mich für drei Instanzen: Bewußtsein, Kommunikation und Medienangebote.

Die Aufgabe der folgenden Überlegungen soll darin bestehen zu zeigen, warum drei und gerade diese drei Instanzen für das Zustandekommen von Verstehen nötig sind, welcher Status diesen Instanzen zugeschrieben werden kann und welche Rolle sie spielen.

Im folgenden gehe ich nicht auf den Diskurs ein, der traditionellerweise als »Hermeneutik« bezeichnet wird, da dieser Diskurs – trotz vielfältiger »Disziplinierungsversuche« (vgl. Apel 1955, Göttner 1973, Nassen 1979, Strube 1985) – in seiner Begriffsverwendung, Zielsetzung und Anwendungsorientierung diffus geblieben ist.

---

1 Von Foerster 1987, S. 7.
2 Vgl. etwa die Darstellung bei Luhmann 1988 b.

Da Verstehen offenbar ein systematisch mehrdeutiger Begriff ist, dessen Bedeutungen mit dem Kontext variieren (mehrdeutig, aber nicht homonym), bleibt noch anzumerken, daß ich mich im folgenden auf das Verstehen sprachlicher Texte (= Sprachverstehen) konzentriere.

2. Auf dem Weg zu »holistischen«[3] Verstehensmodellen

Ein Bericht über Theorien und Modelle des Verstehens würde enzyklopädische Ausmaße erreichen. In der linguistisch und psychologisch orientierten Kognitionstheorie der letzten zehn Jahre hat sich aber eine Entwicklung vollzogen, die einen Kurzbericht über aktuelle Verstehenstheorien[4] erleichtert: nämlich eine Tendenz weg von elementaristischen hin zu holistischen Theorieansätzen. Die meisten kognitivistischen Verstehenstheoretiker unterschreiben dabei folgende Behauptung: »Allgemein gesagt besteht das Textverstehen also in der Konstruktion einer mentalen Repräsentation des Textinhalts unter Verwendung externer (Text-)Information und interner (Vorwissens-)Information.«[5] Holistische Theoretiker gehen davon aus, daß Textverstehen als »ein ganzheitlicher flexibler mentaler Konstruktionsprozeß« zu sehen ist, der »eine gewisse Eigendynamik besitzt«. In diesem Prozeß wird einem Text ein mentales Modell zugeordnet und bewertet. »Der Text dient als Datenbasis für die mentale Modellkonstruktion. Durch das Lesen wird diese Datenbasis sukzessive erweitert.« Die Modellkonstruktion erfolgt durch »eine Interaktion zwischen Textinformation einerseits und Vorwissen andererseits«. Das Vorwissen ist in Form sogenannter kognitiver Schemata organisiert, die als Bausteine oder Organisationseinheiten für den mentalen Konstruktionsprozeß angesehen werden. »Insgesamt wird hier also die Ansicht vertreten, daß beim Textverstehen auf der Grundlage einer immer umfassenderen Datenbasis ein ganzheitliches mentales Modell konstruiert, erweitert, differenziert, evaluiert und gegebenenfalls revidiert wird. Textverstehen ist

---

3 Zur Holismusdebatte vgl. unter anderem Diederich 1985.
4 Ausführliche Darstellungen der Verstehensforschung finden sich unter anderem bei Varela 1990; Viehoff 1988; Hauptmeier u. a. 1989; Groeben 1982 oder Ziemke 1990.
5 Schnotz 1985, S. 3.

demnach kein elementaristisches Aneinanderfügen von unabhängigen semantischen Einheiten, sondern ein ganzheitlicher mentaler Konstruktionsakt.«[6]

Mit diesen holistischen Modellen sind zwei Hypothesen ausgeschlossen, die zumindest die Alltagshermeneutik (aber auch die vieler Wissenschaftler) immer noch bestimmen: Verstehen sei Bedeutungsentnahme aus einem Text, und der bedeutungstragende Text determiniere den Verstehensvorgang. Daneben stehen zwei neue Hypothesen: Verstehen resultiert aus der Interaktion von Sprecherwissen und Textinformation, ist also ein Austarieren von *Top-down-*(schemageleiteten) und *Bottom-up-*(textgeleiteten) Operationen, und Verstehen ist ein subjektzentrierter, strategiegeleiteter, intentionaler und effizienzorientierter flexibler Prozeß.

Diese neuen Hypothesen erscheinen sehr plausibel. Problematisch werden sie erst aus konstruktivistischer Sicht, wobei diese Sicht allerdings nur auf den Punkt bringt, was Sprachpsychologen wie etwa H. Hörmann schon lange angemerkt haben. Hörmann kommt aus vielen Analysen von Verstehensprozessen zu der Feststellung, daß Verstehen (im Sinne von Sprachverstehen) ein zielgerichteter Vorgang ist, der darauf abzielt, die den Rezipienten umgebende Welt »durchsichtig, intelligibel zu machen ... Wir machen die uns begegnende Welt sinnvoll, indem wir Zusammenhänge konstruieren. Verstehen ist ein Konstruktionsvorgang, zu welchem die einzelnen Wörter des Satzes das beitragen, was *hier* für den Zusammenhang gebraucht wird, nicht alles, was potentiell in ihnen steckt.« Hörmann wendet sich gegen Verstehensmodelle, die Verstehen als Durchlaufen genau bestimmbarer Prozeßstadien konzipieren. Nach Hörmann ist die verstehende Verarbeitung einer Äußerung nicht dann zu Ende, wenn eine bestimmte Abfolge von Prozeßschritten absolviert worden ist, sondern dann, wenn das Ergebnis »den Hörer hier und jetzt befriedigt. Es befriedigt ihn, wenn es sinnvoll ist«. Ausgehend von der philosophischen Grundthese, daß Sprache eine Lebensform ist, die dazu dient, die Welt unseres Handelns und Erlebens sinnvoll zu machen, sieht Hörmann das Sprachverstehen als einen »schöpferischen, konstruktiven Vorgang«.[7]

6 Ebd., S. 16; vgl. auch Scherner 1989a.
7 Hörmann 1980, S. 25-28.

Damit ist ein Thema angeschlagen, das als bisher ungelöstes Problem alle kognitionstheoretischen Überlegungen zum Sprachverstehen durchzieht: Welche Rolle spielt der zu verstehende Text? Und welche Rolle spielen entsprechend Leser und Hörer?

St.-P. Ballstaedt sieht – durchaus im Sinne einer kognitionstheoretischen Mehrheitsmeinung – den Text als primäres Steuerungsinstrument im Verstehensprozeß. Nach seiner Auffassung ist Textverstehen »eine über die Wörter angeleitete Aktivierung von Konzepten im Kopf des Rezipienten ... mit der Absicht, diese zu modifizieren und in neue Relationen einzubinden ... Die syntaktisch organisierte Wortfolge bestimmt dabei Reihenfolge und Gewichtung der aktivierten Konzepte und legt die Verknüpfung zwischen ihnen im Sinne des Autors eindeutig fest. Diese sequentielle Aktivierung von Konzepten findet vor dem Hintergrund einer parallelen Aktivierung von zahlreichen Wissensbeständen bzw. Schemata statt.«[8]

Dagegen betont Früh eher die dominante Rolle von Dispositionsfaktoren im Verstehensprozeß. Nach Früh hängt Verstehen ab von Kosten-Nutzen-Erwägungen, da der Rezipient nur soviel Zeit und Energie in den Verstehensprozeß investiert, wie ihm die Aussage wert ist. Verstehen hängt weiter ab vom kognitiven Potential des Rezipienten, so von der Differenziertheit seines Wirklichkeitsmodells, seiner Vorinformationen und der ihm verfügbaren Denkstrategien (Potential subjektiver Informationsverarbeitung); von der Toleranzspanne in bezug auf diskrepante Informationen oder Informationsüberschuß (Diskrepanz- und Komplexitätstoleranz); vom momentanen affektiven Zustand (Streß, Angst, Depression); und vom Interesse am Thema und von Anmutungsqualitäten des kognitiven Prozesses.[9]

Für beide Auffassungen ließen sich zahlreiche Varianten zitieren. Die Kontroverse darüber, ob der Text oder Dispositionsfaktoren die entscheidende Rolle im Verstehensprozeß spielen, bleibt unentscheidbar, solange man nicht den theoretischen Argumentationsrahmen wechselt.[10] Dies soll im folgenden geschehen.

---

8 Ballstaedt 1990, S. 37f.; vgl. auch Scherner 1989b oder Groeben 1982.

9 Früh 1980.

10 »Was wir bisher über den Prozeß des Textverstehens wissen, ist – gemessen an den Ansprüchen und Zielen der kognitiven Psychologie – wenig. Wir wissen, *daß* eine Vielzahl von Textmerkmalen, Hörermerk-

3. Bewußtsein, Kommunikation, Medien

Empirische Analysen von Verstehensprozessen haben erhebliche Evidenz dafür gebracht, daß der Dispositionsfaktor (das heißt der verstehende Rezipient in/mit seinem »komplexen Voraussetzungssystem« sensu Schmidt 1980) den Textfaktor in vielen Hinsichten dominiert, vor allem in literarischen Verstehensprozessen.[11] Offenbar *benutzen* Rezipienten den Text zur »Bedeutungsproduktion«; aber der Text steuert nicht etwa in genau prognostizierbarer Weise diese kognitiven Prozesse, noch determiniert er deren Resultate.[12]

Um diese empirischen Befunde zu erklären, muß man jene drei Faktoren einer genaueren Analyse unterziehen, die im ersten Abschnitt als relevante Instanzen in Verstehensprozessen eingeführt worden waren: Bewußtsein, Kommunikation, Medienangebote. Bei dieser Analyse greife ich zurück auf eine reichhaltige Diskussion, wie sie in den letzten zwanzig Jahren von Systemtheoretikern und Konstruktivisten verschiedener Disziplinen geführt worden ist.[13]

Kognitive Systeme

Im Rahmen konstruktivistischer Kognitionstheorien wird ›Bewußtsein‹ theoretisch konzeptualisiert als ›kognitives System‹. Kognitive Systeme sind material und energetisch angewiesen auf Körper, sie sind aber operational geschlossen. Sie gehen ausschließlich mit ihren eigenen Zuständen um und organisieren sich selbst. Einflüsse aus der Umwelt wirken sich auf kognitive Systeme als Perturbationen (im Sinne Maturanas) und damit als Anlässe zu selbstreferentiellen Prozessen aus, die – etwa im Falle

malen [...] und situativen Merkmalen das Ergebnis des Verstehens beeinflussen. *Wie* das aber im einzelnen geschieht, ist weitgehend unklar...« (Hoppe-Graff 1984, S. 32).
11 Meutsch 1984, 1987; Meutsch und Schmidt 1988.
12 So kann zum Beispiel ein und derselbe Text einmal als literarischer, in einer experimentell veränderten anderen Situation aber als nicht-literarischer Text rezipiert werden, wobei die »Bedeutungsproduktionen« sich signifikant voneinander unterscheiden. Vgl. dazu Meutsch 1987.
13 Vgl. etwa die Autoren in Schmidt (Hg.) 1987 sowie Luhmann ²1985.

geeigneter (das heißt im Sprechenlernen konventionalisierter) »semiotischer Perturbationen« – zur Informationsproduktion führen.[14]

Schon die Gestaltpsychologen der zwanziger und dreißiger Jahre (vor allem Köhler und Metzger) haben zeigen können, daß Wahrnehmung kein Akt der Repräsentation von Außenwelt ist, sondern ein Akt der Konstruktion von Ordnung, die von der Organisation und Arbeitsweise des kognitiven Systems determiniert wird, nicht von der Außenwelt. Diese Hypothese stützt sich unter anderem auf empirische Beispiele wie Figur – Grund – Reversibilität, die Multistabilität von Bewegungsrichtungen und Bewegungsformen sowie semantische und lexikalische Ambiguitäten.[15]

Der basale Mechanismus des Gehirns dürfte in der Herstellung von Konnektivitäten zwischen Gehirnarealen liegen. Die beiden wichtigsten Operationen lassen sich terminologisch als *Differenz-* und *Invariantenbildung* fassen.

Gestaltpsychologen und Entwicklungspsychologen (vor allem Piaget) haben plausibel gemacht, daß erst durch die Einführung von (möglichst rekursiv anwendbaren) Differenzen (im Sinne von Spencer Brown 1972) und durch den Aufbau relativ stabiler kognitiver Schemata (Invarianten) Objektkonstitution möglich ist (vgl. von Glasersfeld und Richards 1987). Im Konzeptrahmen ›stabil/instabil‹ lassen sich Differenzierungen als Ausnutzen kognitiver Instabilität, Invariantenbildungen als selbstorganisierende Konstruktion von kognitiven Stabilitäten reformulieren. Oder differenztheoretisch formuliert: »Die Erkenntnis projiziert Unterscheidungen in eine Realität, die keine Unterscheidungen kennt« (Luhmann 1988, S. 38). Die komplexe »Aufgabe«, die das kognitive System zu lösen hat, läßt sich mit Ciompi (^{3}1986) als

---

14 Diese grundlegende Eigenschaft psychischer Systeme wird auch als »informationelle Geschlossenheit« bezeichnet. So heißt es bei Roth: »Was die Sinnesorgane reizt, hat keinerlei fest vorgeschriebene Wirkungen. Bedeutungen von Signalen werden erst durch das Gehirn konstituiert. In diesem Sinne ist das Gehirn kein informationsaufnehmendes, sondern ein informationsschaffendes System. Eine bestimmte Bedeutung erhält die Einwirkung von Umweltereignissen ausschließlich durch den Kontext der zur Zeit herrschenden neuronalen Aktivität im Gehirn.« (Vgl. das Glossar in diesem Band.)
15 Vgl. die ausführliche Darstellung bei Kruse 1988.

Äquilibrierungsaufgabe konzipieren. Ziel dieser Äquilibrierung ist die Konstruktion relativ spannungsarmer kognitiver Schemata (kognitiv-affektive Bezugssysteme im Sinne von Ciompi) auf der Grundlage einer über Lust–Unlust gesteuerten psychischen Äquilibrierungsdynamik.

Schemata – darauf hat schon Piaget insistiert – sind keine Speicher für bzw. Repräsentationen von Wissensbeständen, sondern bevorzugte und aufgrund von Erfahrung und Lernen neuronal vorgebahnte (auf Dauer gestellte) potentielle Funktionsabläufe bzw. Interaktionsprogramme im kognitiven Bereich. Diesem Standpunkt nähern sich auch neuere kognitionspsychologische Arbeiten an, die Wissensstrukturen nicht mehr als »monolithic program-like structures«, sondern als »activation patterns on large numbers of units« konzeptualisieren.[16]

Jedes hinreichend komplexe Nervensystem kann mit seinen internen Zuständen so umgehen, daß es »Beschreibungen« (vgl. Maturana 1985) dieser Interaktionen anfertigen kann. Sofern dies gelingt, fungiert das System als (interner) Beobachter. Dem internen Beobachter sind »innere Systemzustände« unmittelbar zugänglich, über sie hat er absolute Gewißheit. Wenn ein kognitives System Umwelt und andere lebende Systeme beobachtet, fungiert es als externer Beobachter. Dem externen Beobachter ist nur die »Oberfläche« des Verhaltens zugänglich, über »innere Zustände« kann er nichts Verläßliches sagen (vgl. Roth 1978). Die Bereiche des internen und des externen Beobachters sind *überschneidungsfrei*. Deshalb dürfen Aussagen aus den beiden Beobachterbereichen nicht zur gegenseitigen Begründung herangezogen werden, auch nicht, wenn sich ein Beobachter mit Hilfe von Apparaturen selbst beobachtet.

Das Gehirn (eingeschlossen seine Funktionsmöglichkeit als interner Beobachter) integriert Signalverarbeitung und Bedeutungszuweisung. Dabei operiert es auf der Grundlage früherer Erfahrungen und stammesgeschichtlicher Festlegungen, die erst dazu führen, daß ein Wahrnehmungsinhalt bewußt wird. Mit anderen

---

16 Vgl. McClelland und Rumelhart 1985, McClelland, Rumelhart und Hinton 1986 mit ihrem sog. »parallel distributed processing approach (PDP)« sowie den sogenannten »biofunctional approach« von Iran-Nejad 1980, 1989, wonach »ongoing mental patterns are created and upheld directly by specialized brain microsystems«.

Worten, bewußt wird nur, was bereits gestaltet ist (zum Beispiel nach den Prinzipien der Gestaltwahrnehmung). Das heißt, Wahrnehmung ist Interpretation im Sinne von Bedeutungszuweisung zu an sich bedeutungsfreien Zuständen (vgl. Roth 1986, 1987). Dabei muß – wie Ziemke (1990) im Anschluß an von Foerster besonders herausgearbeitet hat – der Tätigkeitscharakter des Wahrnehmens und Erkennens in den Mittelpunkt gestellt werden. »Wahrnehmen ist Handeln« befindet lapidar von Foerster (1985, S. 27). Und Maturana und Varela betonen: »Erkennen hat es nicht mit Objekten zu tun, denn Erkennen ist effektives Handeln; und indem wir erkennen, wie wir erkennen, bringen wir uns selbst hervor« (1987, S. 262). Mit dieser operationalen Auflösung des Objekts wird auch die »... eminente Rolle von Körperlichkeit und Einbezogenheit in den Lebensprozeß als Determinante menschlicher Kognitionsprozesse klar ...« (Ziemke 1990, S. 107).

Offen bleibt bei dieser Darstellung, wie der Zusammenhang zwischen Gehirn und Bewußtsein theoretisch modelliert werden kann. Wie Stadler und Kruse (in diesem Band) darlegen, sprechen Ergebnisse der Wahrnehmungs-, Gedächtnis-, Motivations- und Emotionstheorie für die Plausibilität einer Selbstorganisationstheorie des Kognitiven, die vor allem mit Emergenzvorstellungen operiert. Daß damit aber die grundlegenden Aspekte des psychophysischen Problems, wie sie etwa Kramaschki (1990) klar dargestellt hat, bereits gelöst wären, kann wohl kaum behauptet werden.

Soziale Systeme

Niklas Luhmann hat vorgeschlagen, Kommunikation als Basiselement sozialer Systeme einzuführen (1985, S. 192 f.). Damit sind wir auf eine Analyse des Konzepts ›soziales System‹ verwiesen.

Bei der Konzeptualisierung *sozialer Systeme* sind folgende Aspekte relevant:
- Nach Luhmann (²1985, 1988) bestehen soziale Systeme primär aus Kommunikationen. Soziale Systeme sind autonomisiert (im Sinne Hejls[17]), operational geschlossen (das heißt, sie verfügen

---

17 Hejl hat vorgeschlagen, zwischen ›Autonomie‹ und ›Autonomisiertheit‹ zu unterscheiden. »Prinzipiell postuliert das Autonomisierungs-

über eine Grenze, also über eine Innen-Außen-Differenzierung), selbstreferentiell und selbstorganisierend. Das bedeutet, daß die System-Umwelt-Beziehung durch die Operations- und Organisationsspezifik des Systems bestimmt wird und nicht durch die Umwelt. Soziale Systeme sind auf die Interaktion mit anderen Systemen in ihrer Umwelt angewiesen, gestalten diese Interaktionen aber notwendig nach ihren eigenen operationalen Bedingungen.
– Hejl (1982, 1987) vertritt die Hypothese, daß soziale Systeme synreferentiell sind. Das heißt, alle Mitglieder eines sozialen Systems teilen aufgrund ihrer Sozialisationsgeschichte ein weitgehend vergleichbares Wirklichkeitsmodell mit seinen kognitiven, emotiven und normativen Erwartungserwartungen.
– Soziale Systeme stellen über bereichsspezifische Kommunikationszusammenhänge Diskurse und Gattungen als Kommunikationsschemata unterschiedlicher Funktion und Reichweite zur Verfügung.[18]

Modelliert man, wie hier vorgeschlagen, kognitive und soziale

   konzept, daß Systeme eine (durch die Dynamik ihrer Komponenten und die Systemorganisation bedingte) Eigendynamik, d. h. Autonomie haben. Sie kann aber von außen quasi zur Systemsteuerung ausgenutzt werden ... Der entscheidende Punkt des Autonomisierungskonzepts ist jedoch, daß damit Ereignisse in anderen Sozialsystemen eine beeinflussende Bedeutung [zum Beispiel] auch für das Literatursystem haben, indem sie in ihm Prozesse auslösen, die es modifizieren. Diese Prozesse sind autonom in dem Sinne, daß sie mit der Eigendynamik des Systems zum Zeitpunkt ihres Auftretens vereinbar sein müssen. Sie sind aber gleichzeitig Fremdeinflüsse, wenn und weil ihr Auftreten nicht vom System kontrolliert wird« (in: Schmidt 1989, S. 61 f.).
18 ›Diskurs‹ verwende ich zur Bezeichnung komplexer Kommunikationszusammenhänge im Rahmen spezifizierbarer, intersubjektiv geteilter Systeme von Kommunikationsvoraussetzungen. Diese Voraussetzungen umfassen spezifische Wissensbestände, Gattungen, spezifische Sprachmittel und Symbole sowie Konventionen für Referenzialisierung, Produktion und Rezeption. Soziale Systeme sowie ihre Teilsysteme bilden spezifische Diskurse aus, die mit dem Rollenhandeln sozialisiert und durch konsensuelle Praxis stabilisiert werden.
   Unter ›Gattungen‹ verstehe ich kognitive Schemata, die primär den Referenzmechanismus von Aussagen in bestimmten Diskursen regeln und darüber die Themenwahl, Stilistik und Rhetorik erwartbarer Äußerungen in den gattungszugehörigen Kommunikationen konventionell regulieren (vgl. Schmidt 1987).

Systeme als selbstorganisierend, also als operational geschlossen und autonomisiert, dann werden zwei grundlegende Annahmen kognitionstheoretischer Verstehensmodelle unplausibel: und zwar die Annahme einer Text-Leser-Interaktion sowie die Annahme der *Top-down-* und *Bottom-up-*Beziehung zwischen Textinformation und Kognition; denn Information muß als Informationskonstruktion an den kognitiven Bereich gebunden werden; und aktiv im Sinne einer Interaktion können nur kognitive Systeme, nicht aber Texte sein. Akzeptiert man aber diese Schlußfolgerungen, dann stellt sich natürlich die Frage, wie operational und informationell geschlossene Systeme überhaupt interagieren und miteinander kommunizieren können, wo doch das Bewußtsein »mit Hilfe seiner Operationen nicht in die Kommunikation hineinoperieren [kann] – und das gilt unabhängig von und zusätzlich zu dem Umstand, daß es auch nicht in ein anderes Bewußtsein hineinoperieren kann. Ein noch so mächtiger Gedanke, eine noch so prächtige Vorstellung, eine noch so einleuchtende Einsicht *sind keine Kommunikation*. Und umgekehrt gilt genauso, daß die Kommunikation mit Hilfe ihrer Operationen nicht in das Bewußtsein hineinoperieren kann. Eine noch so verständnisvolle Kommunikation, eine noch so mitreißende Mitteilung, eine noch so bedeutungsschwere Information *sind keine Gedanken*. Alles, was psychische und soziale Systeme als Elemente, als Einheiten, als Operationen verwenden, verdanken sie ausschließlich sich selbst, müssen sie ausschließlich selbst herstellen. Es gibt keinen Input und keinen Output aus dem Bewußtsein in die Kommunikation oder umgekehrt. Operationale Schließung heißt auch: informationale Schließung. Es gibt nichts als den Versuch, Gedanken an Gedanken und Kommunikation an Kommunikation anzuschließen« (Baecker, in diesem Band).

Ehe ich auf das Problem der Kommunikation zwischen geschlossenen Systemen zurückkomme, will ich versuchen, den *Kommunikationsprozeß* mit Hilfe konstruktivistischer Modellangebote näher zu charakterisieren.

Kommunikation

Unsere Alltagserfahrung lehrt uns, daß Kommunikation (im Sinne von Kommunikationsprozessen) unzuverlässig funktioniert und daß diese Unzuverlässigkeit offenbar nicht behebbar ist (vgl. Ungeheuer 1969, S. 251). Luhmann hat immer wieder betont, daß Kommunikation unwahrscheinlich ist, obwohl wir sie jeden Tag erleben und praktizieren. Sie ist unwahrscheinlich, weil die Kommunikationspartner voneinander getrennte und individualisierte Bewußtseine und Gedächtnisse haben; weil Aufmerksamkeit ein begrenztes Gut ist; und weil schließlich nie vorausgesehen werden kann, ob eine »verstandene« Kommunikation auch denk- und handlungsbestimmend wird (vgl. Luhmann 1981, S. 26).

Kommunikation ist offenbar nicht – wie Informationstheoretiker uns glauben machen wollen – ein gerichteter Prozeß (S sendet eine Botschaft an E), sondern eine Interaktion zwischen gleichermaßen aktiven Kommunikanten. Humberto R. Maturana und Francisco J. Varela haben darauf verwiesen, daß sprachliche Kommunikation erst dann und dadurch möglich ist, daß Interaktanten in der Lage sind, gegenseitig koordinierte Verhaltensweisen auszulösen. Kommunikatives Verhalten tritt im Rahmen sozialer Kopplung auf, es ist eine besondere Klasse von Verhaltensweisen kognitiver Systeme, die ausschließlich durch ihre eigene strukturelle Dynamik bestimmt sind. Darum sind alle Modelle, die sprachliche Kommunikation als Informationsübertragung oder auch als (bindende) Instruktion konzipieren, mit diesen neurobiologischen Voraussetzungen unvereinbar. Vielmehr wird angenommen: »Jede Person sagt, was sie sagt, und hört, was sie hört, gemäß ihrer eigenen Strukturdeterminiertheit; daß etwas gesagt wird, garantiert nicht, daß es auch gehört wird. Aus der Perspektive eines Beobachters gibt es in einer kommunikativen Interaktion immer Mehrdeutigkeit. Das Phänomen der Kommunikation hängt nicht von dem ab, was übermittelt wird, sondern von dem, was im Empfänger geschieht. Und dies hat wenig zu tun mit ›übertragener Information‹.« (1987, S. 212) Jede Kommunikation hat neben dem Inhaltsaspekt auch Beziehungsaspekte, das heißt, Kommunikation drückt immer auch aus, wie die Kommunikanten die Beziehungen zwischen sich einschätzen. Erfolgreiche Kommunikation hat also eine große Voraussetzungslast zu bewältigen. Es reicht nicht nur aus, die benutzte Sprache zu beherr-

schen. Kommunikationspartner müssen darüber hinaus unter anderem:
- sich gegenseitig Kommunikationsbereitschaft und Aufrichtigkeit zubilligen;
- zur Kommunikation disponiert, fähig und motiviert sein;
- erkennen, in welchem Diskurs die Kommunikation stattfindet und welche thematischen Beiträge in einer bestimmten Situation von bestimmten Partnern erwartet werden;
- Gattungen, Rede- und Stilformen beherrschen;
- die Sozialstruktur einer Kommunikationssituation erkennen und angemessen berücksichtigen, um Verteilungen von Kommunikationsanteilen erfolgreich einschätzen und gesellschaftlich wichtige Sprachregister (zum Beispiel Höflichkeitsformen) richtig handhaben zu können;
- sich ein erfolgreiches Bild vom Kommunikationspartner machen, um seine Absichten, sein Wissen, seine Interessen, seine Gefühlslagen, seine Annahme- und Abwehrbereitschaften einschätzen zu können.

Je genauer die Einsichten in die vielfältigen Bedingungen menschlicher Kommunikation in der Forschung der letzten dreißig Jahre geworden sind, desto offenkundiger wurde, daß Kommunikation eine Angelegenheit des *ganzen* Menschen in seiner jeweiligen biographischen und sozialen Situation ist, die nicht auf den Austausch von Informationen mittels Zeichen verkürzt werden kann.

Dahinter steht eine *Sprachtheorie*, die Sprache primär als Instrument der Verhaltenskoordinierung und nicht primär als Zeichensystem sieht.

Als Menschen können wir miteinander kommunizieren, gerade weil wir *nicht* wie durch Röhren und Kanäle Gedanken und Informationen austauschen, sondern diese aufgrund bestimmter Kognitionsanlässe (wie Texte und Bilder) je selbst konstruieren, wobei die Anlässe gerade nicht immer in voraussagbarer Weise die Ereignisse erzwingen, die wir als Sprecher beabsichtigen. Kommunikation heißt nicht: Geben und Nehmen oder Austauschen; es heißt vielmehr, sich gegenseitig Chancen der kognitiven Veränderung, der Auswahl und Konstruktion von uns selbst abhängiger Informationen einräumen, eben weil jeder Kommunikationspartner für sich eine selbständige, autonomisierte und operational geschlossene Wesenheit ist. Gerade die Unwahrscheinlichkeit von Kommunikation erweist sich als deren Ermöglichung und auch als deren Erträglichkeit; denn wäre Kommunikation Informationsaustausch, dann wäre sie auch ein Kontrollinstrument par excellence und würde in kürzester Zeit zu einer Nivellierung aller Menschen führen. Es wäre dann unmöglich, sich gegen Kommunikation zu wehren; sie würde uns überwältigen. Kommunikation ist erfolgreich, wenn Kommunikationspartner beim Produzieren wie Rezipieren von Kommunikationsangeboten hinreichend *parallelen* Gebrauch von ihren kognitiven Möglichkeiten machen können und wollen. Denn kommunizieren heißt nicht nur etwas mitteilen, sondern auch den Anspruch erheben, daß das Mitgeteilte für andere mitteilenswert ist und man Anspruch auf die Aufmerksamkeit und Verstehenstätigkeit eines anderen erheben kann. Kommunikation kann scheitern, indem Partner die Mitteilung des anderen für irrelevant, das Mitgeteilte für falsch und den Anspruch auf Aufmerksamkeit für unverschämt halten.

Kommunikation ist ein zentrales Instrument sozialer Wirklichkeitskonstruktion im und durch das Individuum. Kommunikation vermittelt die engen gegenseitigen Beziehungen zwischen
– Kognition als dem psychischen Prozeß der Konstruktion von Wirklichkeit;
– Interaktion als dem Prozeß des Abgleichens eigener Wirklichkeitskonstruktionen mit den Konstruktionen anderer;
– Institutionen als sozialen Netzwerken, die Interaktionen organisieren.[19]

Die Beziehungen zwischen diesen drei Dimensionen sind offenkundig: Ohne die anderen ist subjektgebundene Wirklichkeitskonstruktion nicht möglich. Meine Wirklichkeitsmodelle müssen sich in der Interaktion bestätigen, um als gemeinsame Wirklichkeit zum Bezugspunkt von Erleben und Handeln werden zu können. Dieser Prozeß braucht einerseits Kommunikation und bestimmt andererseits Themen und Formen der Kommunikation wie der Metakommunikation. Um die prinzipiell unendliche Menge möglicher Kognitionen und Interaktionen auf ein gesellschaftlich handhabbares Maß zu reduzieren, müssen Stabilisierungseinrichtungen qua Institutionen entstehen, die Interaktionen organisieren. Aber auch deren Entstehung und Wirkung ist ohne Kommunikation undenkbar und wirkt gleichzeitig wieder

---

19 Zum Thema Kommunikation aus konstruktivistischer Perspektive vgl. Krippendorff 1989/90.

zurück auf Formen und Themen gesellschaftlicher Kommunikation.[20]

Mediensysteme

Im Unterschied zur Luhmannschen Mediensoziologie, die nicht nur Sprache, sondern auch Liebe, Macht, Glauben usw. als Medien behandelt, verwende ich im folgenden bewußt einen engeren Medienbegriff.

Bei der Rede von ›Medien‹ unterscheide ich zwischen konventionalisierten materialen *Kommunikationsmitteln* (zum Beispiel natürliche Sprache), *Kommunikationstechniken* (Telefon, Video, Film) und dem *sozialen System*, in dem moderne Massenkommunikationsmittel ökonomisch, sozial, technisch, juristisch und politisch organisiert sind (zum Beispiel eine Rundfunkanstalt oder ein Verlagshaus). Die Gesamtheit der Medienteilsysteme einer Gesellschaft bildet deren globales Mediensystem. Die Interaktion zwischen Medienteilsystemen im Gesamtmediensystem determiniert die Funktionsmöglichkeiten der Teilsysteme.

Medienteilsysteme produzieren unter systeminternen Operationsbedingungen *Medienangebote* (Texte, Audiovisionen, Hörspiele usw.), die in aller Regel erwarteten Gattungen zugehören und sich auf bekannte Diskurse beziehen.

Mediensysteme üben in modernen Massenmediengesellschaften zunehmenden Einfluß auf die konstruktive Eigentätigkeit von Individuen aus, gerade weil sie nicht einfach Kommunikationen übertragen:

– Mediensysteme selegieren, was als Medienangebot überhaupt verfügbar ist, und stecken damit »Informationsräume« ab.
– Mediensysteme suggerieren durch Schwerpunktbildung und Emphase (Bewertung), welche Themen in der gesellschaftlichen Kommunikation »angesagt sind«; sie leisten damit »agenda setting«.
– Mediensysteme stellen Öffentlichkeit her.
– Mediensysteme liefern Medienangebote, die der Rezipient nur

20 Diese Darstellung impliziert, daß ich soziale Systeme nicht vollständig mit Kommunikationen identifiziere, obwohl ich auch davon ausgehe, daß Kommunikationen die elementaren Komponenten sozialer Systeme sind.

noch in seltenen Fällen an eigenen Erfahrungen überprüfen kann; sie inszenieren zunehmend »Realität« wie »Fiktion« und machen Gattungsunterscheidungen fließend.[21]
– Mediensysteme beeinflussen durch Selektion, Emphase und Inszenierung von Medienangeboten die Art und Weise, wie in einer Gesellschaft Wahrnehmungs- und Erlebnismuster elaboriert werden; sie liefern Anlässe zur sozialen wie individuellen Wirklichkeitskonstruktion, bieten Lebensentwürfe an und vermitteln Befindlichkeiten und Stimmungen.

Medienangebote dienen dazu, Kommunikationsprozesse in Gang zu setzen, wenn kognitive Systeme bereit sind, darauf zu reagieren, also ihrerseits kognitive Prozesse in Gang zu setzen. Das bedeutet: Medienangebote leisten die *strukturelle Kopplung von Bewußtsein und Kommunikation*. ›Strukturelle Kopplung‹ heißt, »daß zwei Systeme, die operational geschlossen sind und demnach auch keine operationale Kopplung aneinander vornehmen können und kein Supersystem bilden können, dennoch in ihrem Strukturaufbau und dann in der Konditionierung der Aktualisierung ihrer Sinnstrukturen voneinander abhängig werden können. ... Strukturelle Kopplung heißt dann, daß die Operationen des einen Systems, insofern sie vom anderen System beobachtet werden, mitbeeinflussen, welche Strukturen das System aktualisiert, konkret: mit welchen Erwartungen es auf beobachtete Vorstellungsgehalte reagiert oder umgekehrt, mit welchen Vorstellungen es beobachtete Erwartungslagen begleitet« (Baecker, in diesem Band).

In einer eher metaphorischen Redeweise hat Luhmann strukturelle Kopplung wie folgt beschrieben: »Bewußtseinssysteme und Kommunikationssysteme bestehen mithin völlig überschneidungsfrei nebeneinander. Sie bilden aber zugleich ein Verhältnis struktureller *Komplementarität*. Sie können ihre eigenen Strukturen jeweils nur selbst aktualisieren und spezifizieren, daher auch jeweils nur selbst ändern. Sie benutzen einander aber zugleich zu einer gegenseitigen Auslösung solcher Strukturänderungen. Kommunikationssysteme können sich überhaupt nur durch Bewußtseinssysteme reizen lassen; Bewußtseinssysteme achten in hohem Maße präferentiell auf das, was in der extrem auffälligen Weise von Sprache kommuniziert wird« (1988, S. 893 f.). Medien-

21 Vgl. dazu ausführlich Schmidt 1990, 1990a.

angebote koppeln Kognition und Kommunikation gerade dadurch, daß sie weder Kognition noch Kommunikation sind, aber in beiden Systemen operational aufgelöst und zur Eigenwertbildung (*sensu* von Foerster) entsprechend den Bedeutsamkeitskriterien der jeweiligen Systeme genutzt werden können (Ziemke 1990, S. 151).

Wenn Sinn (*sensu* Luhmann 1988, S. 42) als Einheit der Differenz von Aktualität und Possibilität verhandelt werden soll, dann muß er über Medienangebote in Kommunikationen an Kognitionen zurückgebunden werden.

4. Sprachverstehen

> »Ich kann Verstehen nicht unterbrechen,
> ich kann nicht damit aufhören.
> Es geschieht mir, ich tue es nicht.«
> J. Heringer

Wenn man nun – Luhmann folgend – Kommunikation als Einheit dreier Selektionen, nämlich Information, Mitteilung und Verstehen, konzipiert (1985, S. 196 ff.), dann markiert Verstehen sozusagen das Interface zwischen Kommunikation und Bewußtsein. Um diesen Gedanken zu verdeutlichen, führe ich die Unterscheidung zwischen *Kommunikatbildungsprozeß* und *Verstehen* ein (vgl. Schmidt 1980, Viehoff und Schmidt 1985, Hauptmeier u. a. 1989). Der Kommunikatbildungsprozeß wird konzipiert als der komplexe kognitive Prozeß, der abläuft, wenn ein sprachlich sozialisiertes Individuum mit einem Text als Medienangebot konfrontiert wird, ihn *als* Text in einer natürlichen Sprache wahrnimmt und aus Anlaß dieser Wahrnehmung kognitive Prozesse in Gang setzt. Wegen der Ereignisförmigkeit von Bewußtseinsprozessen sind Kommunikatbildungsprozesse »flüchtig« und in ihrer jeweiligen Form nicht wiederholbar, auch wenn derselbe Text erneut »verarbeitet« wird. Kommunikatbildungsprozesse laufen normalerweise ohne begleitende innere Beobachtungen ab – solange man weiter weiß und keine Probleme auftreten, die das Bewußtsein dazu veranlassen, den Prozeß in Operation und Beobachtung auseinanderzuziehen, also als innerer Beobachter zu fungieren. Kommunikatbildungsprozesse sind als Prozesse nicht kommunikationsfähig, da beide Systeme – Bewußtsein und Kommunikation – operational geschlossen sind. Wenn nun in einer Kommunikationssituation Kommunikationspartner A den Eindruck gewinnt, Kommunikationspartner B habe einen Text »verstanden«, dann geschieht dies auf der Grundlage von Anschlußhandlungen bzw. Anschlußkommunikationen, die A als in der jeweiligen Situation angemessen ansieht, um bei B zureichendes Textverständnis zu unterstellen – ohne natürlich die Bewußtseinsprozesse von B beobachten oder einschätzen zu können. Mit anderen Worten: »Es gibt für die Kommunikation kein Verstehen, das nicht Kommunikation wäre« (Baecker 1990, S. 24). Ob »verstanden« wird oder nicht, ist mithin nur auf der Ebene von Kommunikation zu unterscheiden, nämlich durch Zurechnen zu entscheiden. ›Verstehen‹ kann somit sinnvoll nur als Beobachterkategorie betrachtet werden. Der Verstehende kann nicht sinnvoll sagen »ich verstehe«, es sei denn, er simuliert eine Kommunikationssituation, in der er als innerer Beobachter die Differenz zwischen Prozeß und Beobachtung zum Gegenstand von Kommunikation macht.[22]

Sowohl im Falle der Kommunikatbildung als auch im Falle der kommunikativen Verwendung des Beobachterbegriffs ›Verstehen‹ geht es also nicht darum, so etwas wie semantische Objektivität in der Auseinandersetzung mit Texten zu erreichen. Nicht die Ermittlung der »richtigen Textbedeutung« steht je zur Debatte. Vielmehr geht es auf der Ebene der Kommunikatbildungsprozesse darum, zu einem befriedigenden, als sinnvoll, kohärent und angemessen empfundenen kognitiven Resultat zu kommen[23], während

---

22 Vgl. zu diesem Themenbereich Rusch 1984, 1986, 1990.
23 Diese Argumentation stützt sich auf Gebhard Rusch, der Verstehen (im Sinne von Kommunikatbildung) als »Qualität des Erlebens eines Vorgangs oder Sachverhalts konzipiert. Wird dieses Erleben als eindeutig, mit bisherigen Erfahrungen übereinstimmend, in sich stimmig und sicher erfahren, so daß sich ein gutes Gefühl von der Angemessenheit und Qualität des Erlebens einstellt, und folgen auf dieses Gefühl die erwarteten Verhaltenskonsequenzen, dann ›liegt Verstehen vor‹... Und in diesem Sinne ist Verstehen eine Leistung, die der einzelne Organismus autonom auf der Grundlage *seines* sinn- und bedeutungsstiftenden (Bezugs-)Systems kognitiver Strukturen erbringt. Deshalb ist nicht irgendeine Art von Übereinstimmung oder Nähe zwischen wahrzunehmendem und wahrgenommenem Objekt das Kri-

es auf der sozialen Ebene darum geht, daß der Zuhörer den Erwartungen des Sprechers (bzw. der Leser den Erwartungen anderer Kommunikationspartner) entspricht. In diesem beobachterbezogenen Sinne ist Verstehen eine soziale Leistung oder, wie K. J. Gergen formuliert: »Understanding is not contained within me or within you, but is that which we generate together in our form of relatedness.... understanding ... is a social achievement.« (1988, S. 47, 46)

Fassen wir zusammen: Verstehen kann nach dieser Argumentation theoretisch konzipiert werden als das, was Kommunikation dem Bewußtsein anläßlich des Prozessierens von Medienangeboten zuschreibt bzw. abverlangt, sowie das, was das Bewußtsein in der Kommunikation als *modus operandi* bei anderen voraussetzt. In beiden Fällen ist das ›Verstehen‹ Genannte »als solches« unzugänglich und unüberprüfbar; aber Bewußtsein wie Kommunikation kommen nicht ohne diese Unterstellungen aus. Verstehen ist in diesem Sinne die Voraussetzung dafür, daß es Sinn macht, zu kommunizieren, weil unterstellt wird, daß mit-gedacht wird (vgl. Hutter, in diesem Band).

Kommunikatbildungsprozesse[24]

Im folgenden will ich versuchen, den Kommunikatbildungsprozeß, der in der Kommunikation als »Verstehen« sozial thematisiert wird, genauer zu modellieren. Dabei beginne ich mit einer Zusammenfassung der bisherigen Argumentation. Metaphorisch ausgedrückt – und beim gegenwärtigen Wissensstand – sind Metaphern unvermeidlich: Beim Lesen etwa »ist das Bewußtsein ganz beim Text«, es »ist« ganz konzentriert auf sein eigenes Weitermachen-Können. Texte sind auf dieser Ebene nicht zum »Verstehen« da, sondern um dem Bewußtsein Fortsetzen zu ermöglichen. Texte haben für das kognitive System auch keine Bedeutung im Sinne semantischer Eigenwerte der Textelemente, sondern sie

terium des Verstehens, sondern die Güte des Erlebens und mithin die Sicherheit der Synthese von Verhalten« (1987, S. 121).

24 Um den Gang der Argumentation nicht zu unterbrechen, interessierten Lesern und Leserinnen aber dennoch den Forschungskontext zu skizzieren, in dem meine eigenen Überlegungen stehen, habe ich im Anhang eine Skizze des Forschungsstandes zu geben versucht.

erhalten im System subjektabhängige Bedeutsamkeit durch die kognitiven Orientierungen, die das System während des Kommunikatbildungsprozesses vollzieht.
Dabei sind folgende Aspekte zu berücksichtigen: Kommunikatbildungsprozesse sind immer lebenspraktisch integriert in den Prozeß der Autopoiese des lebenden Systems. An diesem Prozeß können analytisch drei Aspekte unterschieden werden: ein rationaler Bereich der informationellen Selbstorientierung; ein emotionaler Bereich der Lust-Unlust-Äquilibrierung; und ein empraktischer Bereich der evaluativen Abschätzung der lebenspraktischen Relevanz kognitiver Prozesse (vgl. Spiro 1982, Dörner 1983, Hörmann 1983, Kluve 1979, Schmidt 1986, Viehoff und Schmidt 1985).
Alle drei Aspekte sind selbstreferentiell aufeinander bezogen. Aus ihrem Zusammenwirken emergiert[25] das, was – im günstigen Falle – als Informationsproduktion aus Anlaß der Wahrnehmung eines Textes bewußt wird.
Damit Kommunikation Bewußtseine perturbieren oder »affizieren«, das heißt zu systemspezifischen Operationen anreizen kann, müssen Medienangebote verwendet werden, auf die Bewußtseine reagieren (können) bzw. zu reagieren gelernt haben. Natürliche Sprache bietet dabei den Vorteil, daß sie fast allen anderen Umweltereignissen gegenüber auffällt und ein formbares Medium ist, das fast endlose »Verdichtungen« durch subjektive Handhabung (zum Beispiel Text-Bildung) erlaubt. Sprachliche Texte koppeln – wie oben erläutert – Bewußtsein und Kommunikation *strukturell* aneinander. Was aber Bewußtseine mit Texten »machen«, ist – von Ausnahmen abgesehen – unprognostizierbar, da Texte nicht »ins Bewußtsein dringen«, sondern lediglich Anlässe für selbstorganisierende kognitive Operationen bieten. Der intuitive Anschein direkter textueller Einwirkung auf ein Bewußtsein oder gar einer intentionalen Steuerung von Bewußtseinsprozessen resultiert aus den interindividuellen Parallelitäten der (Selbst-)Sozialisation. Eine wichtige Rolle spielt dabei der Gebrauch von Regeln, Mustern und Stereotypen (aufgrund paralleler sprachlicher Sozialisation). Dadurch werden gewissermaßen Stabilisierungsmuster aus der Kommunikation in die instabilen Bewußtseine eingebaut, um der Gefahr exzessiver Kontingenzproduktion durch instabile sub-

---

25 Zu ›Emergenz‹ und ›Selbstorganisation‹ vgl. Varela 1990.

jektive Kognitionsprozesse zu begegnen. Selbst maßvolle Willkür im Umgang mit literarischen Texten wird noch per Polyvalenzkonvention (Schmidt 1980) gesellschaftlich geregelt und durch »Verstehensdirektiven« wie Diskurs und Gattung stilistisch, thematisch und referentiell vor-geordnet (vgl. Schmidt 1987).
Demgemäß sind Texte anzusehen als hochgradig konventionalisierte Anstöße zur Durchführung kognitiver Operationen (Meutsch 1986), deren Resultate (Kommunikate) nicht allein vom Text, sondern vom jeweiligen Gesamtzustand des kognitiven Systems abhängen (vgl. Herrmann 1985). Dabei ist zu berücksichtigen, daß Kommunikatbildungsprozesse das Bewußtsein normalerweise nicht voll okkupieren (das heißt, es »tut« daneben auch noch anderes).[26]

Noch einmal: Welche Rolle spielt der Text im Sprachverstehen?

Die oben gestellte Frage nach dem Verhältnis von Text und Disposition kann jetzt ein Stück weiter erläutert werden. Dabei muß zunächst unterschieden werden zwischen einem Text als materialer Gegebenheit (Buch, Brief, akustische Lautfolge) und dem bewußt wahrgenommenen Text. Diese Unterscheidung markiere ich terminologisch als die Unterscheidung zwischen *Text* vs. *Kommunikatbasis*. Der Textwahrnehmungsvorgang ist keine bloße Abbildung, sondern der Leser oder Hörer »stülpt von sich aus dem einlaufenden Lautstrom aktiv eine Struktur über und akzeptiert dann diese Struktur als richtig, wenn sie einigermaßen mit Kennzeichen des weiterfolgenden Input und eventuell mit dem Kontext übereinstimmt«.[27] Da kein kognitives System hinter seine kognitiven Leistungen zurückzugehen vermag, kann es unmöglich die Kommunikatbasis zugleich als Entscheidungsbasis für »korrekte« bzw. »unkorrekte« Wahrnehmungen und Verar-

---

26 Im Hinblick auf *Face-to-face*-Kommunikation bemerkt Luhmann: Sprache »schränkt die Freiheitsgrade des Bewußtseins während der laufenden Kommunikation ein, obwohl es immer noch möglich bleibt, gleichzeitig nichtkommunikatives Geschehen wahrzunehmen, nichtkommunizierte Sinngehalte mitzuüberlegen und vor allem: mit Sprache bewußt zu täuschen« (Luhmann 1988, S. 49 f.).
27 Hörmann 1980, S. 22; zum Satzverstehen vgl. Strube 1985.

beitungen heranziehen. In der Kognition können nur Kommunikatbasen eine Rolle spielen.[28] Dieser kognitionstheoretischen Darstellung widerspricht keineswegs die tägliche Erfahrung, daß in Kommunikationen über Texte meist unwidersprochen so gehandelt wird, als wären Textbedeutungen weitgehend subjektunabhängig. Dazu ist ein kurzer Blick auf *sprachliche Sozialisation* erforderlich.

Kognitionstheoretisch gesehen bekommen Kommunikatbasen erst in kognitiven Prozessen Eigenschaften attribuiert. Diese Attribution verläuft jedoch keineswegs willkürlich; denn in der sprachlichen (Selbst-)Sozialisation wird sowohl die Strukturierung (Segmentierung) eines Textobjekts als auch die Erwartung an die kognitive Orientierungsfunktion von Textsegmenten (Wörter, Phrasen usw.) so hochgradig konventionalisiert, daß für den Rezipienten der Eindruck entsteht, »der Text selbst« instruiere seine »Hermeneutik« (vgl. Scherner 1989b). Und dieser Eindruck entsteht zwangsläufig im Verlauf erfolgreicher sprachlicher (Selbst-)Sozialisation; denn der Erwerb einer Muttersprache geschieht in einem langen und durch Gebote und Verbote streng reglementierten Prozeß. Mit der Muttersprache erwirbt das Kind nicht bloß ein Zeichensystem plus Grammatik, sondern ein höchst sensibles Instrument der Kopplung kognitiver, semiotischer und sozialer Handlungen.[29] Das Kind lernt im Lebenszusammenhang sprechen, und es lernt spracherwerbend einen Lebenszusammenhang. Die Vermittlung von Sprache und Tätigkeit bildet für soziale Wesen wie Menschen geradezu die Lebenspraxis. Mit der Sprache entstehen die Unterscheidungen (und die Beziehungen zwischen

---

28 Damit entspricht das Verhältnis zwischen Text und Kommunikatbasis dem Verhältnis zwischen Realität und Wirklichkeit im Sinne von Roth 1987.

29 Kloepfer spricht in diesem Zusammenhang vom kindlichen Erwerb einer »Polysemiosis«: »Wahrnehmungs- und Zeichenvermögen entwickeln sich gemeinsam. Was nun die Polysemiosis betrifft, so ist sie der Grund für alle späteren Vereinzelungen. Es gibt also nicht erst einzelne Kodes, die man addieren kann, sondern umgekehrt eine polysemiotische Einheit, die künstlich differenziert und zu scheinbar autonomen Kodes raffiniert wird. Weil wir in einem ›sprechenden‹ Kontext kommunizieren..., weil wir die Gesten und die Mimik sehen, die begleitenden Handlungen wie die Intonation etc. verstehen, deshalb haben die Worte in Texten eine relativ genaue Bedeutung« (1988, S. 76).

den Unterscheidungen), die uns Beobachtungen und Beschreibungen erlauben. Mit der Sprache entsteht der Beobachter, mit ihm entstehen Bewußtsein, Selbstbewußtsein und Ich. Das System der Sprache bildet das überindividuell gehandhabte System von Unterscheidungen, das Verhaltenskoordination erlaubt – und daraus hervorgeht. »In der Sprache zu operieren bedeutet also, in einem Bereich kongruenter, ko-ontogenetischer Strukturkopplung zu operieren« (Maturana und Varela 1987, S. 227).
Beim Sprechenlernen lernt das Kind also nicht Bezeichnungen für Objekte, sondern es lernt Verhaltensweisen, die Verhaltensweisen auslösen bzw. beeinflussen. Lehrende und Lernende agieren als beobachtete Beobachter, deren Verhaltenssynthese sich allmählich einander angleicht, wenn die Sozialisation »gelingt«. Durch den Rückkopplungsmechanismus von Wahrnehmung, Sensomotorik und Kommunikatbildung entsteht beim Lernenden im Laufe der Zeit die intuitive Gewißheit, daß – normalerweise – Textkomponenten und Textstrukturen mit bestimmten »Bedeutungen« fest verbunden sind und sich in Texten und Sätzen zu »Bedeutungskomplexen« verbinden (lassen). Diese Gewißheit findet sich – wissenschaftlich verdichtet – schließlich in semiotischen Sprachtheorien, die Sprachen als Zeichensysteme modellieren und dabei die Tätigkeitszusammenhänge ausblenden. Die soziale Einbettung von Textproduktion wie Textrezeption sowie die sozialisationsbedingte Parallelisierung kognitiver Kommunikatbildungsprozesse macht Texte zu ausgezeichneten Kopplungsinstrumenten für Bewußtsein und Kommunikation, gerade weil der Text weder zum Bewußtsein noch zur Kommunikation »gehört«, aber sowohl zur Synthetisierung von Kognition wie von Kommunikation benutzt werden kann. Zur Verdeutlichung dieses Arguments muß schließlich eine weitere Unterscheidung eingeführt werden, nämlich die zwischen *Kommunikat* und *Bedeutung*. Kommunikate als Resultate kognitiver Operationen sind notwendig subjektdependent. Bedeutungen dagegen können aufgefaßt werden als die Kommunikationen, die Kommunikationspartner einem Wort, einem Textteil oder einem ganzen Text konsensuell zuordnen (können). Mit anderen Worten, Bedeutungen resultieren aus der Interaktion von Kommunikationspartnern, die sich gegenseitig verstehen sowie Anspruch auf Aufmerksamkeit und Relevanzerwartung unterstellen. ›Verstehen‹ heißt – mit dieser Unterscheidung beobachtet – ›bedeutungsgerecht kommunizieren‹.

Ob subjektive Kommunikate sozialen Bedeutungen äquivalent sind, ist dabei wieder eine unbeantwortbare und daher zu vernachlässigende Frage, da beide Bereiche autonom sind. In beiden Bereichen ist die entscheidende Frage also nicht die, ob ein Text (kognitiv) »richtig verstanden« worden ist; sondern entscheidend ist, daß er zum Anlaß genommen wird, Bewußtseins- oder Kommunikationsprozesse so fortzusetzen, daß die Aktanten ihre Sinnerwartungen erfüllt sehen.

Bezeichnenderweise tritt ja die Differenz »Verstehen vs. Mißverstehen« nicht auf der kognitiven Ebene auf (Bewußtsein kann nicht mißverstehen), sondern allein auf der Ebene von Kommunikation, mithin auf einer externen Beobachterebene. Konsens über Kommunikate ist allein auf der kommunikativen Ebene herstellbar; dieser Konsens stellt Kompatibilitäten und empathisch geglückte Beziehungsaspekte von Kommunikationen fest, nicht etwa »objektiv richtiges Textverständnis«.[30]

Damit ergibt sich folgende Begriffs-Struktur als Angebot für verstehenstheoretische Diskurse:

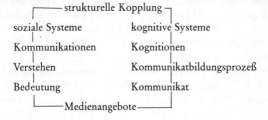

Faktoren im Kommunikatbildungsprozeß

Was nun die *Prozeßfaktoren* betrifft, die im Kommunikatbildungsprozeß eine Rolle spielen dürften, so bietet die Kognitionsforschung eine Fülle von Kandidaten an. Problematisch bleibt dabei die trennscharfe Unterscheidung vieler Einzelfaktoren wie die Erklärung ihres Zusammenwirkens.[31]

---

30 Zu den Konsequenzen einer konstruktivistischen »Verstehenstheorie« für Literatur- und Kunstwissenschaften vgl. Hauptmeier und Schmidt 1985 sowie ausführlich Schmidt 1991.
31 Vgl. dazu den ausführlichen Forschungsbericht von Hauptmeier u. a. 1989.

In der Textverstehensforschung fehlt es nicht an Modellen zur Architektonik des Verstehens, zur Strukturierung des Verstehensablaufs und zur Bestimmung psychischer wie sozialer Einflußgrößen. Dabei spielen vor allem *Wissenskomponenten*, Strategien, Pläne, Mikro- und Makrostrukturen, Inferenzoperationen usw. eine wichtige Rolle, und im Zusammenhang damit Gedächtnis- und Schemamodelle, die das Problem der Repräsentation von Wissen im Bewußtsein erklären sollen.[32] Dabei läßt sich in den Forschungen der letzten Jahre eine Akzentverlagerung von Schematheorien auf Wissenstheorien beobachten, die Wissen zur basalen Komponente machen, und damit auch die Frage der Repräsentation von Wissen im *Gedächtnis* thematisieren. Postuliert werden dabei Kurz- und Langzeitgedächtnisse, »personal and generic (semantic and perceptual) memories, skills (motor, cognitive, rote linguistic skills), declarative and procedural memory« (vgl. Squire 1986) und ähnliches mehr. Noch unübersichtlicher sind die Taxonomien von Wissensbeständen, die angeblich in Schemata organisiert sein sollen: sprachliches, imaginatives und motorisches Wissen; Weltwissen und (konventionelles, naives oder normatives) Handlungswissen, soziales Wissen, literarisches Wissen usw. werden postuliert. Daneben nimmt man an, daß auch Emotionen in Schemaform repräsentiert sind (vgl. Alfes 1986).

Eine Explikation solcher Wissenstaxonomien erweist sich als unmöglich. Schon Rumelhart und Norman (1983) haben darauf hingewiesen, daß die Differenzierung zwischen prozeduralen und deklarativen Wissensstrukturen eine reine Frage der Segmentbildung ist. Imaginative und emotionale Komponenten erweisen sich in diesem Rahmen als kaum abbildbar. Und schließlich wissen wir nicht, ob die Modalitätsspezifik von Sprachverstehen mit multi- oder monomodalen Markensystemen abgestimmt werden muß (Herrmann 1985).

In dieser Situation empfiehlt es sich nicht gerade, mit Wissens*taxonomien* zu arbeiten, zumal die Frage der Repräsentation von Wissen im Bewußtsein ebenso offen ist wie die Frage einer theoretisch befriedigenden Konzeptualisierung von Wissen. Diese Entscheidung, auf eine Darstellung von Wissenskomponenten zu

---

32 Vgl. unter anderem die Übersicht in Iran-Nejad 1987 oder Schmidt 1986.

verzichten, wird meines Erachtens erleichtert durch folgenden Hinweis Herrmanns: »Interessiert man sich also (lediglich) dafür, wie man aus der Beziehung von Input- und Outputparametern Systemzustände erschließen oder wie man aus Input- und Systemparametern Outputgrößen erklären und vorhersagen kann, so ist die Verwendung des Ausdrucks ›mentale Repräsentation‹ unnötig und fehlleitend« (Herrmann 1988, S. 33).[33]
Vielleicht lassen sich in der Wissensdiskussion zumindest theoretische Fortschritte erzielen, wenn man auch hier von Computermetaphern (wie Informationsbestand, Expertensystem, Datenbank) Abschied nimmt und die Wissensproblematik nicht nach der Leitkonzeption ›Information‹ und ›Gedächtnis‹, sondern eher nach Konzepten wie ›Prozeß/Ereignis‹ und ›Konstruktivität‹ modelliert. Die Richtung einer solchen Neuorientierung läßt sich in der Hypothese zusammenfassen, daß Wissen aufgefaßt wird als Fähigkeit, in einer individuellen oder sozialen Situation adäquat zu operieren.[34]
Auch ohne das Zusammenwirken von Faktoren genau bestimmen zu können, wird man wohl vom Zusammenwirken folgender analytisch unterscheidbarer *Faktorendimensionen* im Kommunikatbildungsprozeß ausgehen können:
– Medienangebote als konventionalisierte Auslöser spezifischer Kommunikatbildungsprozesse in schematisierten Formaten von Gattungen und Diskursen.
– Präsuppositionen aus der biographischen Situation »verstehender« Individuen, hier vor allem allgemeine und spezielle *Erwartungen* an Ziele und intendierte Anschlußhandlungen (zum Beispiel Kosten-Nutzen-Erwägungen sowie Erwartungen an die Intention des Urhebers eines Medienangebots); *Anforderungen* an den Umgang mit spezifischen Medienangeboten, die individuell und sozial präfiguriert sein können; biographische, situative und kontextuelle *Bedingungen*, unter denen ein Kommunikatbildungsprozeß stattfindet.
– Kognitive Dispositionen, vor allem die Differenziertheit des Wirklichkeitsmodells eines Individuums (zum Beispiel Umfang

---

33 Vgl. auch die Kritik am Konzept der mentalen Repräsentation bei Engelkamp und Pechmann 1988.
34 Zur Gedächtnisproblematik vgl. einen interdisziplinären Forschungsüberblick in Schmidt (Hg.) 1991.

und Komplexität verfügbarer Vorinformationen), wobei das Gedächtnis als Produktionsinstanz für sprachliches Wissen (phonetische, syntaktische, lexikalische, rhetorische Regeln und Stereotypen) und enzyklopädisches Wissen sowie Schemawissen (im Sinne von Programmen zur Invariantenbildung) eine besondere Rolle spielt[35]; Diskrepanz- und Komplexitätstoleranzen, affektiver Zustand, Interesse am Thema, Anmutungsqualitäten (vgl. Früh 1980).
- Konventionen (Sprechaktkonventionen, literarische Konventionen, soziale Konventionen wie etwa die »principles guiding co-operative, rational, goal-directed behavior« im Sinne von Beach und Brown 1987, S. 153).
- Strategien (zum Beispiel zur Makro-Strukturbildung, Inferenz- und Elaborationsstrategien, Lesestrategien wie etwa »point, story, or information driven reading« (*sensu* Vipond und Hunt 1984).
- Kosten-Nutzen-Erwägungen (*sensu* Früh 1980).

Ausprägung, Auswahl und Einsatz dieser Faktoren sind von Individuum zu Individuum je nach Sozialisation, Schichtzugehörigkeit und biographischer Situation verschieden und nur zu einem gewissen Grade bewußtseinsfähig und bewußtseinspflichtig. Das Zusammenwirken dieser Faktoren ist also vom kognitiven System nur partiell steuerbar, kontrollierbar und beobachtbar. Wegen der Autonomie kognitiver Systeme liegt es daher nahe, den Prozeß der Kommunikatbildung als *Selbstorganisation* im Sinne Roths[36] zu konzeptualisieren. Kommunikate *resultieren* aus der selbstre-

---

35 Zur Problematik der Unterscheidung ›sprachliches‹ vs. ›enzyklopädisches‹ Wissen vgl. Scherner 1989.
36 »Selbstorganisierende Prozesse sind solche ... Prozesse, die innerhalb eines mehr oder weniger breiten Bereichs von Anfangs- und Randbedingungen einen ganz bestimmten geordneten Zustand oder eine geordnete Zustandsfolge (Grenzzyklus) einnehmen. Ein solcher Zustand bzw. eine solche Zustandsfolge läßt sich als Attraktor im mathematischen Sinne verstehen. Das Erreichen des bestimmten Ordnungszustands wird dabei nicht oder nicht wesentlich von außen aufgezwungen, sondern resultiert aus den spezifischen Eigenschaften der an dem Prozeß beteiligten Komponenten. Der Ordnungszustand wird ›spontan‹ erreicht« (Roth 1986, S. 153 f.).

ferentiellen Verkettung kognitiver Einzeloperationen[37], die intellektuelle, affektive und assoziative Komponenten integrieren. Kommunikate werden einem sprachlichen Medienangebot also attribuiert aufgrund der operativen Funktionen, die seiner Verarbeitung im kognitiven Bereich eines Individuums zukommen.[38]

Der Hinweis auf die Integration intellektueller, emotionaler und empraktischer Aspekte der Kommunikatbildungsprozesse soll verdeutlichen, daß Kommunikatbildung keine bloß rationale Operation darstellt, sondern eine Angelegenheit des ganzen Menschen ist. Erfolgreiche Kommunikatbildungsprozesse, die emotional positiv konnotierte Kohärenzmuster erbringen, leisten deshalb auch einen wichtigen Beitrag zur Identitätskonstruktion des Individuums, indem sie den Prozeß der konsistenten Produktion von Selbst- und Realitätsmodellen befördern und Möglichkeiten der Fortsetzung des Lebensprozesses eröffnen. »To understand a text means to weave it into your own mode of existence« (Fischer 1987, S. 8).

5. Konsequenzen für empirische »Verstehensforschung«

Aus dem hier in ersten Umrissen skizzierten Modell von Kommunikatbildungsprozessen lassen sich einige wichtige methodologische Konsequenzen für eine empirische »Verstehensforschung« ziehen.

---

37 »Emergenz liegt immer dann vor, wenn selbstreferentielle Zirkel entstehen, die sich in einer Weise miteinander verketten, daß sie die Elemente eines neuen Systems bilden« (vgl. Glossar, »Emergenz«).

38 »Die Bedeutung einer Zeichensequenz *für den Wahrnehmenden selber* sind die durch die Zeichensequenz in ihm ausgelösten und somit aktualisierten früheren Wahrnehmungen, (Denk-)Erfahrungen, aber auch daraus aktuell erzeugte Vorstellungen, ob sie nun zu beobachtbarem Verhalten führen oder nicht. In der Situation der Kommunikation ... bedeutet eine Zeichensequenz demgegenüber genau die produzierten Zeichensequenzen und/oder die durch Handlungen gegebenen Reaktionen, die auf eine sprachliche Äußerung folgen. ... die Wirkung wird durch die betreffende Zeichenfolge zwar ausgelöst, nicht aber erzeugt« (Hejl 1990, S. 223).

(1) Es gibt keinen direkten oder indirekten Zugang einer empirischen Wissenschaft zu Bewußtseinszuständen, weder *on line* noch *off line*. Auch Introspektion hilft – wegen der Differenz der Beobachterfunktionen – nicht weiter. »Keine Rekonstruktion kann je als Abbildung dessen, was einer handelnden Person ›durch den Kopf ging‹, verstanden werden« (Huber und Mandl 1982, S. 35).
(2) Wegen des Wechsels der Systemreferenz kann Bewußtsein nicht in Kommunikation, Kommunikation nicht in Bewußtsein tranformiert werden. Wohl können beide im jeweils anderen System je eigenbestimmte und selbstorganisierte Prozesse auslösen, diese aber nur in Ausnahmefällen genau intendieren oder kontrollieren.
(3) Wissenschaft vollzieht sich notwendig auf der Ebene von Kommunikation, da sie als ein soziales System organisiert ist. Kommunikativ geht Wissenschaft also nicht mit stabilen Realitäten um, sondern ausschließlich mit kommunikativ stabilisierten Beschreibungen (*sensu* Maturana) oder Unterscheidungen (*sensu* Luhmann).
(4) Wenn Wissenschaft an Kommunikation als Wirklichkeit gebunden ist, dann verlieren repräsentationistische Modellbegriffe ihre Plausibilität: Es gibt keine Möglichkeit, Original und Kopie, Realität und Modell miteinander zu vergleichen. Viabilität (von Glasersfeld 1985) tritt an die Stelle von Objektivität (bzw. Repräsentation) (vgl. Rusch 1987).
(5) Wissen ist eine Fähigkeit in der Kommunikation, kein sedimentierter Bestand an einem Ort im Gehirn. Entsprechend verlieren *Storage-and-retrieval*-Modelle von ›Gedächtnis‹ ihre Plausibilität. Entsprechend müssen auch Schemata als prozedurale Muster bzw. kognitive und nicht-kognitive Handlungsprogramme, als »activation patterns« oder »ongoing mental patterns« (Iran–Nejad 1988) und nicht als Wissens-Bestände im Sinne von Datenbanken akzentuiert werden.
Versteht man unter ›empirisch Forschen‹ die Herstellung logischer, pragmatischer und sozialer Stabilitäten (*sensu* Kruse 1988), mit denen Wissenschaftler *wie* mit unabhängigen Gegenständen interagieren können, so ist natürlich auch in der Psychologie und in der Empirischen Literaturwissenschaft empirische Forschung möglich, wenn folgendes berücksichtigt wird: Empirisch erforscht werden nicht Interna von Bewußtseinen. Empirisch forschen heißt vielmehr: herstellen konsensueller kommunikativer

Stabilitäten nach wissenschaftlichen Kriterien. Alles, was zu diesem Stabilitätsaufbau argumentativ erfolgreich herangezogen werden kann, fungiert – je nach Kriterium und Kontext – als ›Datum‹ oder als ›Ergebnis‹. Die Methode des Lauten Denkens zum Beispiel liefert also keine Rohdaten aus dem Bewußtsein, sondern Kommunikationen über bzw. kommunikative Konstrukte von Bewußtseinsprozessen, die für methodisch kontrollierte Anschlußhandlungen und Anschlußkommunikationen (zum Beispiel Inhaltsanalysen) konsensuell verwendbar sind. Mit anderen Worten: psychologische Forschung konstruiert »Kommunikation-Bewußtsein«, das mit dem »Gehirn- bzw. Kognition-Bewußtsein« überschneidungsfrei ist. Damit wird psychologische Forschung nicht etwa fiktiv, sondern allererst realistisch: Sie operiert ausschließlich im System Wissenschaft; und sofern sie empirisch arbeitet, versucht sie, kognitive Systeme experimentell dazu zu veranlassen, nach Maßgabe ihrer Möglichkeiten im Idealfall ohne große Zeitverschiebung beobachtbar in das Wissenschaftssystem einzugreifen. Der Zeitfaktor spielt deshalb eine zentrale Rolle, weil Bewußtseinsprozesse »flüchtige Prozesse« sind, das heißt als Ereignisse sofort verschwinden (vgl. die Instabilitätsthese, siehe oben). Kommunikation dagegen versucht gerade, Dauer und Wiederholbarkeit zu konstruieren (durch Schrift, Buchdruck usw.), um auf vergangene Kommunikationsereignisse zurückkommen zu können und sie in gegenwärtig ablaufende Prozesse »einzuklinken«.

Wissenschaftliche Konstrukte (Theorien, Modelle, Konzepte) sind dementsprechend vor allem daraufhin zu befragen, welche Auswirkungen sie auf die wissenschaftliche Kommunikation haben (das heißt, welche Fortsetzungen wissenschaftlicher Kommunikation sie bewirken) und wie sich diese Auswirkungen stabilisieren (das heißt realistisch machen) lassen. Bei dieser Stabilisierung spielt es nach dem Wissenschaftsverständnis empirischer Forscher eine große Rolle, wieviel Stabilisierungsfähigkeit im Sinne von Daten und theoretischen Argumenten die entsprechenden Konstrukte entweder bereits aufbieten oder doch zu leisten versprechen.

Bezogen auf die Verstehensproblematik folgt daraus: Die auf der Systemebene wissenschaftlicher Kommunikation konstruierte »Verstehenstheorie« wird um so »realistischer«/empirischer, je mehr sie kognitive Systeme experimentell dazu veranlassen kann,

Kommunikationen mit dem intendierten Referenzbereich »Bewußtsein« zu produzieren, die auf der Ebene der wissenschaftlichen Kommunikation stabilisierbar sind.

Nachbemerkung: Eine Einsicht des lange verkannten Robert Walser zu dem so oft behaupteten Zusammenhang von Lebensglück und gegenseitigem Verständnis soll diese theoretischen Spekulationen beschließen. Walser schreibt im *Räuber*-Roman: »Sind wir denn berufen, einander zu verstehen, sind wir nicht vielmehr auserlesen, uns zu verkennen, damit es nicht zu viel Glück gibt und das Glück noch geschätzt wird und damit sich die Verhältnisse zum Roman gestalten, der nicht möglich wäre, wenn wir uns kännten?« (Walser 1977, S. 127).

Anhang
Zum Stand der empirischen Verstehensforschung

In der kognitiven Psychologie und der Psycholinguistik dominiert heute die Annahme, daß Verstehen ein aktiver, zielgerichteter Prozeß ist, der als *Informationsverarbeitung* im Zuge einer *Interaktion* zwischen Medienangeboten (zum Beispiel sprachlichen Texten, auf die ich mich im folgenden konzentriere) und Rezipienten beschrieben wird.
In der psycholinguistischen Textverstehensforschung entstehen zunehmend Arbeiten, die Textverstehensprozesse ziel- und strategiespezifisch zu konzipieren versuchen.
Interessanterweise zeigen sich – vor allem im amerikanischen Bereich – auch im Rahmen der psycholinguistischen sogenannten Textverarbeitungsforschung zunehmend empirische Arbeiten, die Textverstehensprozesse *ziel-* und *strategiespezifisch* zu konzipieren versuchen (vgl. die Forschungsübersicht bei Hauptmeier, Meutsch und Viehoff 1987, 1989) Zunehmend werden dort modelltheoretische Entwürfe des Verstehensvorgangs auch auf literaturwissenschaftliche Fragenbereiche angewandt (Brewer 1980; Brewer und Hay 1984; van Dijk und Kintsch 1983; Dillon 1980; Groeben 1982; Harker 1982; Vipond und Hunt 1984). In diesem Zusammenhang stehen auch Aspekte der Literarizität von Gegenwartstexten in kognitiver Hinsicht zur Debatte. Stilistische Besonderheiten, insbesondere Metaphern, werden zum Beispiel als spezifischer Inferenztyp beschrieben (vgl. Hobbs 1983), der im Gegensatz zu nicht-literarischer Texten verschiedene Wissensdomänen zu einem kohärenten Gesamt verbindet. Geschichten (bzw. allgemeine Erzählstrukturen) werden relativ zu (durch Schemata) voreingestellten Erwartungen verstanden (vgl. Groeber

1982, Thorndyke 1977), und zwischen Referentialisierbarkeit und ästhetischem Gehalt werden enge Zusammenhänge vermutet (Bock 1983; de Beaugrande und Dressler 1981, S. 149-168).
Interessanterweise vertreten diese Autoren eine sogenannte »konstruktive Position des Textverstehens«, nach der die Frage der semantischen Dimensionierung eines Textes hauptsächlich durch die kognitiven Operationen des jeweilig Verstehenden beantwortet werden muß (Groeben 1982; Hörmann 1983; Schnotz 1984).
Diese semantische Ebene eines Textes erreichen Leser durch inferentielle und elaborative Tätigkeiten: Verstehensanforderungen (Ziele und Kontexte des Verstehens) und Verstehensbedingungen (kognitive Ausstattungen von Lesern und unterschiedlich geartete Texte) bestimmen spezifische Typen inferentieller und elaborativer Tätigkeit und damit die einem Text zugeordnete Bedeutung (Anderson und Pichert 1978; Bransford, Franks und Morris 1977; Fletscher 1981; Frederikson 1975; Kintsch und van Dijk 1978; Kintsch und Vipond 1979; Meutsch 1987; Rickheit und Kock 1984; Schnotz, Ballstaedt und Mandl 1981).
Bezüglich des konkreten Verstehens*prozesses* werden aufgrund des notwendig sequentiellen Charakters jedes Textverstehensprozesses zwei Operationen unterschieden: solche, die sich auf den bisher abgelaufenen Teil des Verstehens beziehen (Aposteriori-Inferenzen zum Beispiel nach Clark 1977 oder Warren, Nicholas und Trabasso 1979) und dabei vor allem zur kohärenten Verknüpfung von Propositionen dienen; sowie solche, die sich auf noch nicht erfolgte, aber vom Leser erwartete Phasen des Verstehens beziehen (Apriori-Inferenzen nach Crothers 1979 bzw. Vorwärts-Inferenzen nach Clark 1977 oder Warren, Nicholas und Trabasso 1979). Dieser letztgenannte Inferenztyp scheint dabei hauptsächlich durch zielspezifische Bedingungen bestimmt und vom Wissen eines Lesers abhängig zu sein.
Andererseits zeigen die Vielzahl unterschiedlicher Klassifikationen von Inferenzen sowie die Arbeiten über elaborative Prozesse, daß der Forschungsbereich »Textverständnis« offenbar noch nicht hinlänglich abgegrenzt werden kann. Die entsprechenden Typologien kognitiver Prozesse unterscheiden zum Beispiel uneinheitlich Aspekte wie Textkohärenz von Satzkohärenz oder Themakohärenz (vgl. »first stage inferences«, »connective inferences« und »structural inferences« bei Frederikson [Frederikson, Humphrey und Ottensen 1978] oder »logical inferences«, »informational inferences« und »value inferences« bei Warren, Nicholas und Trabasso 1979) und haben Schwierigkeiten mit der intersubjektiven Abgrenzung der »textdominierten« von den »leserdominierten« Operationen (Anderson und Reder 1979; Ballstaedt und Mandl 1983; Ballstaedt, Mandl, Schnotz und Tergan 1981, S. 59-65; Mandl und Ballstaedt 1981; Reder 1980, 1982).
Diese Probleme hängen mit der Schwierigkeit zusammen, *Verstehens*pro-

zesse relativ zu den zu verstehenden *Texten* operationalisieren zu müssen, *ohne* ein Verstehensmodell zur Verfügung zu haben, das Text und Leser als distinkte Faktoren integriert (Groeben 1981, 1982; Kintsch und Vipond 1979; Meutsch 1984). Einen Ausweg aus dieser Schwierigkeit versuchen handlungstheoretische Modelle verschiedener Verstehensprozesse auf der Ebene unterschiedlicher Verstehens*strategien* und Verstehensziele (Hidi, Baird und Hildyard 1982; Kintsch 1980; Rickheit und Kock 1984; Schank 1979). Entsprechend wird momentan versucht, durch die Explikation von Strategien während des Textverstehens den genannten Text-Leser-Dualismus zu überwinden und gleichzeitig damit die Abgrenzbarkeit funktional und strukturell unterschiedlicher Leserdispositionen (kognitiver Schemata) zu erreichen: Während Arbeiten wie Brewer (1980), Groeben (1982), Harker (1982) und Shimron (1980) versuchen, die *allgemeine* Abhängigkeit der Verstehensstrategien von Lesezielen und funktionsspezifischen Textsorten (zum Beispiel »description, narration und exposition« bei Brewer 1980) zu untersuchen, entwickeln etwa Kieras (1982), Miller (1976) und Meyer und Rice (1982) konkrete Strategiealgorithmen, die die Simulation von sowohl textabhängigen als auch lesezielabhängigen Prozessen erlauben. Im Ergebnis führen diese Arbeiten jedoch nur zu einer allgemeinen Konstatierung von *Interaktionen* zwischen Textqualitäten und Lesezielen. Offensichtlich ist es noch nicht gelungen, ein explizites Modell des Verstehensvorgangs zu entwickeln.

Als Ausweg aus den methodologischen Problemen werden in letzter Zeit zunehmend »offenere« Verfahren der Verbalisierung benutzt, um eine Explikation von Verstehensstrategien zu erreichen. Sowohl Meyer und Rice (1982) als auch Olson, Mack und Duffy (1981) oder Schnotz (1984) benutzen die Methode des »Lauten Denkens«, um die Flexibilität menschlicher Verstehensprozesse nicht schon durch die Verbalisationsmethode in ihrer Erfassung zu verdecken (vgl. Olson, Duffy und Mack 1984). Van Dijk und Kintsch (1983) verdeutlichen mit ihrer ausführlichen Arbeit diesen methodologischen Aspekt durch die Konstatierung der Notwendigkeit einer Differenzierung eines zentralen »Verarbeitungskerns« vom »Verarbeitungsrand« (van Dijk und Kintsch 1983, S. 352-356). Kernprozesse und Randprozesse sind dabei bezüglich ihrer Bewußtseinspflichtigkeit bzw. Bewußtseinsfähigkeit zu unterscheiden. Die in der traditionellen Gedächtnispsychologie als Kontrolle bezeichneten Prozesse, die hierarchisch unterscheidbare Strategieaspekte des Verstehens umfassen, sind nach Meinung der Autoren im nicht-bewußtseinspflichtigen Rand der »central processor unit« anzusiedeln, wodurch die methodologischen Schwierigkeiten bei der Rekonstruktion von Verstehensprozessen in Abhängigkeit von funktional zu differenzierenden Textsorten und Leserinteressen erklärbar würden.

Resümiert man diesen kurzen Überblick, so läßt sich zusammenfassend feststellen:

(a) Auch die Arbeiten aus Psycholinguistik und Sprachpsychologie haben bis heute Schwierigkeiten bei der Explikation des konkreten Zusammenhangs zwischen Verstehensstrategien und der Art der Textorganisation, und zwar sowohl für nicht-literarisches als auch für literarisches Verstehen.
(b) Der funktionale Aspekt von Textverstehensprozessen wird zwar sowohl unter individueller als auch unter gesellschaftlicher Perspektive in seiner Wichtigkeit zunehmend betont, ist aber im einzelnen nicht geklärt.

Faßt man diejenigen Aspekte zusammen, die in der bisherigen kognitiven Textverstehensforschung *konsensuell* sind, so ergibt sich folgendes Modell des Textverstehens:

1. Textverarbeitung ist ein interaktiver Prozeß, der *Bottom-up-* und *Top-down*-Operationen integriert.
2. Textverarbeitung macht Gebrauch von Wissen, das im Gedächtnis der Sprachbenutzer organisiert ist, wobei dieses Wissen sich vor allem auf vier Bereiche bezieht: auf den Text, auf die Welt, auf die Struktur von Geschichten sowie auf die Struktur des Geschichtenerzählens. Daneben versucht man für künftige Forschungen eine Forschungsstrategie, bei der nicht nur die Herstellung einer kohärenten Textstruktur berücksichtigt, sondern die Auswertung der Texte im Rezipienten als ein *Online*-Prozeß dargestellt werden soll.
3. Textverstehen ist ein Prozeß der Textverarbeitung im Sinne eines spezifischen Informationsverarbeitungsprozesses.
4. Textverarbeitung, verstanden als Informationsverarbeitung, ist ein aktiver, konstruktiver Prozeß im kognitiven Bereich von Rezipienten.
5. Textverarbeitung wird bestimmt als sequentieller, zyklischer, hierarchischer und strategischer semantischer Organisationsprozeß, der auf eine kohärente Organisation von semantischen und kognitiven Daten abzielt.
6. Textverarbeitung ist ein sozialer Prozeß in situativen und sozialen Kontexten.
7. Textverarbeitung qua Textverstehen ist ein Prozeß, bei dem vier Aspekte unterschieden werden müssen: ein Bewußtseinsaspekt, eine affektive Komponente, eine Zustands- bzw. Prozeßkomponente sowie eine spezifische Kreativität.

Gegen diese Mehrheitsmeinung stehen jedoch andere Stimmen, für die das Modell des Verstehens als aktiver zielgerichteter Prozeß keineswegs selbstverständlich ist. So hat Heringer zu bedenken gegeben, daß Verstehen eher als Resultat denn als Prozeß beschrieben werden sollte. Er stellt die These auf, daß Verstehen eher *geschieht*, als daß man voll darüber verfügt. In Anlehnung an einen Aphorismus Lichtenbergs kommt er zu der These: »Nicht ich verstehe, sondern es versteht mich.«

Eine zweite bemerkenswerte Argumentation hat Rusch (1984, 1986, 1990) vorgelegt, der Verstehen als Qualität des Erlebens eines Vorgangs oder Sachverhalts konzipiert. Wird dieses Erleben als eindeutig, mit bisherigen Erfahrungen übereinstimmend, in sich stimmig und sicher erfahren, so daß sich ein gutes Gefühl von der Angemessenheit und Qualität des Erlebens einstellt, und folgen auf dieses Gefühl die erwarteten Verstehenskonsequenzen, dann »liegt Verstehen vor. ... Und in diesem Sinne ist Verstehen eine Leistung, die der einzelne Organismus autonom auf der Grundlage *seines* sinn- und bedeutungsstiftenden (Bezugs-)Systems kognitiver Strukturen erbringt. Deshalb ist nicht irgendeine Art von Übereinstimmung oder Nähe zwischen wahrzunehmendem und wahrgenommenem Objekt das Kriterium des Verstehens, sondern die Güte des Erlebens und mithin die Sicherheit der Synthese von Verhalten.« (1986, S. 121)

Rusch unterscheidet prinzipiell zwischen den beiden zentralen Aspekten des Verstehens: Auf der Ebene des Individuums handelt es sich dabei um einen spezifischen psychischen Prozeß; auf sozialer Ebene geht es um die Zuschreibung von Verstehensleistungen durch den Orientierenden an einen Orientierten. Entspricht der Orientierte den Erwartungen des Orientierenden, dann schreibt ihm dieser Verständnis zu, ohne dabei in irgendeiner Weise den psychischen Prozeß beobachten und entsprechend mitberücksichtigen zu können. Auf der sozialen Ebene ist Verstehen also eine *Beobachterkategorie*. Der Verstehende selbst kann gar nicht sinnvoll sagen: »ich verstehe«. Sinnvoll ist nur die Feststellung eines Beobachters: »du verstehst«. Von einem »objektiven« Verständnis zu sprechen, macht nach solchen Überlegungen wenig Sinn.

Literatur

Alfes, H. (1986), »Explorationsstudie zur theoretischen Konzeptualisierung emotiver, imaginativer und assoziativer Konstituenten im literarischen Verstehensprozeß am Beispiel der Mayröcker-Rezeption«, Magisterarbeit, Universität/GH Siegen 1986.

Anderson, R. C. und J. W. Pichert (1978), »Recall of previously unrecallable information following a shift in perspective«, in: *Journal of Verbal Learning and Verbal Behaviour* 17, S. 1-12.

Anderson, J. R. und L. M. Reder (1978), »Elaborative processing of prose material«, in: L. S. Germak und F. Craik (Hg.), *Levels of Processing in Human Memory*, Hillsdale, N. J.: LEA.

Apel, K.-O. (1955), »Das ›Verstehen‹ (eine Problemgeschichte als Begriffsgeschichte)«, in: *Archiv für Begriffsgeschichte*, hg. von E. Rothakker, Bonn: Bouvier, S. 142-199.

Ballstaedt, St.-P. (1990), »Wenn Hören und Sehen vergeht. Grenzen der audiovisuellen Integration«, in: D. Meutsch und B. Freund (Hg.), *Fernsehjournalismus und die Wissenschaften*, Köln: Westdeutscher Verlag, S. 29-46.

Ballstaedt, St.-P. und H. Mandl (1983), »Elaborations: Assessment and Analysis«, in: H. Mandl, N. Stein und T. Trabasso (Hg.), *Learning and Comprehension of Text*, Hillsdale, N. J.: LEA.

Ballstaedt, St.-P., H. Mandl, W. Schnotz und S.-O. Tergan (1981), *Texte verstehen – Texte gestalten*, München–Wien–Baltimore: Urban & Schwarzenberg.

Beaugrande, R. A. de und W. Dressler (1981), *Textlinguistik*, Tübingen: Narr.

Beach, R. und R. Brown (1987), »Discourse conventions and literary interference: Toward a theoretical model«, in: R. Tierney, P. L. Anders und J. N. Mitchell (Hg.), *Understanding Readers' Understanding. Theory and Practice*, Hillsdale: Erlbaum, S. 147-173.

Bock, M. (1983), »The influence of pictures on the processing of texts: reading time, intelligibility, recall, aesthetic effect«, in: *Language Processing*, Berlin–New York: de Gruyter, S. 218-236.

Bransford, J. D., J. J. Franks und C. D. Morris (1977), »Levels of Processing versus Transfer Appropriate Processing«, in: *Journal of Verbal Learning and Verbal Behaviour* 16, S. 519-533.

Brewer, W. F. (1980), »Literary theory, rhetoric and stylistics: Implications for psychology«, in: J. Spiro, B. C. Bruce und W. F. Brewer (Hg.), *Theoretical Issues in Reading Comprehension*, Hillsdale, N. J.: LEA, S. 243-263.

Brewer, W. F. und A. E. Hay (1984), »Reconstructive recall of linguistic style«, in: *Journal of Verbal Learning and Verbal Behaviour* 23, S. 237-249.

Ciompi, L. (1986), »Zur Integration von Fühlen und Denken im Lichte der ›Affektlogik‹. Die Psyche als Teil eines autopoietischen Systems«, in: K. P. Kisker u. a. (Hg.), *Psychiatrie der Gegenwart*, Bd. 1, 3. Auflage, Berlin: Springer, S. 373-410.

Clark, H. H. (1977), »Interferences in Comprehension«, in: D. Laberge und S. J. Samuels (Hg.), *Basic Processes in Reading: Perception and Comprehension*, Hillsdale, N. J.: LEA, S. 243-263.

Crothers, E. J. (1979), *Paragraph, Structure, Inference*, Norwood, N. J.: Ablex.

Diederich, W. (1985), »Ist Holismus heilbar?«, in: *SPIEL* (Siegener Periodicum zur Internationalen Empirischen Literaturwissenschaft) 4, 1, S. 99-116.

Dijk, T. A. van und W. Kintsch (1983), *Strategies of Discourse Comprehension*, New York: Academic Press.

Dillon, G. L. (1980), »Discourse processing and the nature of literary narrative«, in: *POETICS* 9, S. 163-180.

Dörner, D. (1983), »Kognitive Prozesse und die Organisation des Handelns«, in: W. Hacker, W. Volpert und M. von Cranach (Hg.), *Kognitive und motivationale Aspekte der Handlung*, Bern: Huber, S. 26-37.

Engelkamp, J. und I. Pechmann (1988), »Kritische Anmerkungen zum Begriff der mentalen Repräsentation«, in: *Sprache & Kognition* 7, S. 2-11.

Fischer, R. (1987), »Emergence of mind from brain: The biologicl roots of the hermeneutic circle«, in: *Diogenes*, S. 1-25.

Fletcher, C. R. (1981), »Short-Term Memory Processes in Text Comprehension«, in: *Journal of Verbal Learning and Verbal Behaviour* 20, S. 564-574.

Foerster, H. von (1985), *Sicht und Einsicht. Versuche zu einer operativen Erkenntnistheorie*, Braunschweig–Wiesbaden: Vieweg.

Foerster, H. von (1987), »Vorwort« zu B. K. Keeney, *Ästhetik des Wandels*, Hamburg: ISKD-Press.

Frederikson, C. H. (1975), »Effects of context-induced processing«, in: *Cognitive Psychology* 7, S. 139-166.

Frederikson, C. H., J. D. Fredericson, F. M. Humphrey und J. Ottensen (1978), »Discourse Inference: Adapting to the Inferential Demands of School Texts«. Paper, presented at the American Educational Research Association Toronto, Kanada.

Früh, W. (1980), *Lesen, Verstehen, Urteilen. Untersuchungen über den Zusammenhang von Textgestaltung und Textwirkung*, Freiburg–München: Alber.

Gergen, K. G. (1988), »If persons are texts«, in: St. B. Messer, L. A. Sass und R. L. Woolfolk (Hg.), *Hermeneutics and Psychological Theory: Interpretative Perspectives on Personality, Psychotherapy, and Psychopathology*, New Brunswick: Rutgers University Press, S. 28-52.

Glasersfeld, E. von (1985), »Konstruktion der Wirklichkeit und des Begriffs der Objektivität«, in: H. Gumin und A. Mohler (Hg.), *Einführung in den Konstruktivismus*, München: Oldenbourg, S. 1-26.

Göttner, H. (1973), *Logik der Interpretation*, München: Fink.

Groeben, N. (1981), »Verständlichkeitsforschung unter Integrationsperspektive: Ein Plädoyer«, in: H. Mandl (Hg.), *Zur Psychologie der Textverarbeitung*, München–Wien–Baltimore: Urban & Schwarzenberg, S. 367-385.

Groeben, N. (1982), *Leserpsychologie: Textverstehen – Textverständlichkeit*, Münster: Aschendorff.

Harker, W. J. (1982), »Comprehending the discourse of poetry«, in: A. Flammer und W. Kintsch (Hg.), *Discourse Processing*, Amsterdam: North Holland.

Hauptmeier, H., D. Meutsch und R. Viehoff (1987), *Literary Understanding from an Empirical Point of View*, LUMIS-Publications No. 14, Siegen University 1987.

Hauptmeier, H., D. Meutsch und R. Viehoff (1989), »Empirical Research on Understanding Literature«, in: *Poetics Today* 10, 3, S. 563-604.

Hejl, P. M. (1982), *Sozialwissenschaft als Theorie selbstreferentieller Systeme*, Frankfurt/M.–New York: Campus.

Hejl, P. M. (1987), »Konstruktion der sozialen Konstruktion. Grundlinien einer konstruktivistischen Sozialtheorie«, in: S. J. Schmidt (Hg.), *Der Diskurs des Radikalen Konstruktivismus*, Frankfurt am Main: Suhrkamp, S. 303-339.

Hejl, P. M. (1990), »Nicht alle Realitäten sind gleich wirklich. Wirklichkeitskonstruktion im Recht und in der Literatur«, in: *Semiotik* 12, 3, S. 221-228.

Heringer, J. (1984), »Textverständlichkeit«, in: W. Klein (Hg.), *Textverständlichkeit – Textverstehen. LiLi*, 55, S. 57-70.

Herrmann, Th. (1985), *Allgemeine Sprachpsychologie*, München–Wien–Baltimore: Urban & Schwarzenberg.

Herrmann, Th. (1988), »Mentale Repräsentation – ein erläuterungsbedürftiger Begriff«. Arbeiten der Forschungsgruppe Sprache und Kognition, Universität Mannheim, Bericht Nr. 42.

Hidi, S., W. Baird und A. Hildyard (1982), »That's Important but is it Interesting? Two Factors in Text Processing«, in: A. Flammer und W. Kintsch (Hg.), *Discourse of Processing*, Amsterdam: North Holland, S. 63-72.

Hobbs, J. R. (1983), »Metaphor Interpretation as Selective Inferencing: Cognitive Processes in Understanding Metaphor«, in: *Empirical Studies of the Arts* 1, 1, S. 17-33, und 1, 2, S. 125-142.

Hörmann, H. (1980), »Der Vorgang des Verstehens«, in: W. Kühlwein und K. Raasch (Hg.), *Sprache und Verstehen*, Bd. 1, Tübingen: Niemeyer, S. 17-29.

Hörmann, H. (1983), »On the difficulties of using the concept of a dictionary – and the impossibility of not using it«, in: G. Rickheit und M. Bock (Hg.), *Psycholinguistic Studies in Language Processing*, Berlin–New York: de Gruyter, S. 3-16.

Hoppe-Graff, S. (1984), »Verstehen als kognitiver Prozeß. Psychologische Ansätze und Beiträge zum Textverstehen«, in: *Zeitschrift für Literaturwissenschaft und Linguistik* 14, 55, S. 10-37.

Huber, E. L. und H. Mandl (Hg.) (1982), *Verbale Daten*, Weinheim–Basel: Beltz.

Iran-Nejad, A. (1980), »The Schema: A structural or a functional pattern«. University of Illinois, Center for the Study of Reading, Urbana, Tech. Rep. No. 159.

Iran-Nejad, A. (1989), »A nonconnectivist schema theory of understanding surprise-ending stories«, in: *Discourse Processes* 12, S. 127-148.

Kieras, D. E. (1982), »A model of reader strategy for abstracting main ideas from simple technical prose«, in: *Text* 2, 3, S. 47-82.

Kintsch, W. und T. A. van Dijk (1978), »Towards a Model of Text Comprehension and Production«, in: *Psychological Review* 85, S. 363-394.
Kintsch, W. und D. Vipond (1979), »Reading Comprehension and Reading ability in Educational practise and Psychological Theory«, in: L.-G. Nilsson (Hg.), *Perspectives on Memory Research*, Hillsdale, N. J.: LEA, S. 329-365.
Kloepfer, R. (1988), »Medienästhetik«, in: R. Bohn u. a. (Hg.), *Ansichten einer künftigen Medienwissenschaft*, Berlin: Ed. Sigma Bohn, S. 75-89.
Kluve, R. (1979), »Metakognition«, Psychologisches Institut, Universität München.
Kramaschki, L. (1990), »Kognition und literarisches Verstehen: Problemfelder der Empirischen Literaturwissenschaft zwischen Neurobiologie und Psychologie«, in: *SPIEL* (Siegener Periodicum zur Internationalen Empirischen Literaturwissenschaft) 9, 2.
Krippendorff, K. (1989/90), »Eine häretische Kommunikation über Kommunikation über Realität«, in: *DELFIN* XIII, S. 52-67.
Kruse, P. (1988), »Stabilität, Instabilität, Multistabilität. Selbstorganisation und Selbstreferentialität in kognitiven Systemen«, in: *DELFIN* XI, S. 35-57.
Luhmann, N. (1981), »Die Unwahrscheinlichkeit der Kommunikation«, in: ders., *Soziologische Aufklärung*, Bd. 3, Opladen: Westdeutscher Verlag.
Luhmann, N. (²1985), *Soziale Systeme*, Frankfurt am Main: Suhrkamp.
Luhmann, N. (1988), *Erkenntnis als Konstruktion*, Bern: Benteli.
Luhmann, N. (1988a), »Wie ist Bewußtsein an Kommunikation beteiligt?«, in: H. U. Gumbrecht und K. L. Pfeiffer (Hg.), *Materialität der Kommunikation*, Frankfurt am Main: Suhrkamp, S. 884-905.
Luhmann, N. (1988b), »Frauen, Männer und George Spencer Brown«, in: *Zeitschrift für Soziologie* 17, 1, S. 47-71.
Mandl, H. und St.-P. Ballstaedt (1982), »Effects of elaboration on recall of texts«, in: A. Flammer und W. Kintsch (Hg.), *Discourse Processing*, Amsterdam: North Holland, S. 482-494.
Maturana, H. R. (1985), *Erkennen. Die Organisation und Verkörperung von Wirklichkeit*, Braunschweig–Wiesbaden: Vieweg.
Maturana, H. R. und F. J. Varela (1987), *Der Baum der Erkenntnis*, München/Bern/Wien: Scherz.
McClelland, J. L. und D. E. Rumelhart (1985), »Distributed memory and the representation of general and specific information«, in: *Journal of Experimental Psychology: General* 114, S. 159-188.
McClelland, J. L., D. E. Rumelhart und G. E. Hinton (1986), »The appeal of parallel distributed processing«, in: D. E. Rumelhart u. a. (Hg.), *Parallel Distributed Processing*, Bd. 1, *Foundations*, Cambridge, Mass.: MIT-Press, S. 3-44.

Meutsch, D. (1984), »Wie ›entsteht‹ ein verständlicher Text? Einflüsse literarischer und nicht-literarischer Kontexte auf zielspezifische Verstehensprozesse«, in: *Zeitschrift für Linguistik und Literaturwissenschaft* 55, S. 86-112.

Meutsch, D. (1987), *Literatur verstehen. Eine empirische Studie*, Braunschweig–Wiesbaden: Vieweg.

Meutsch, D. und S. J. Schmidt (1988), Abschlußbericht zum Projekt »Literarisches Textverstehen als konventionsgesteuerter Prozeß«, Wissenschaftsministerium NRW (IV A 2/6000.1485).

Meyer, B. J. F. und G. E. Rice (1982), »The interaction of reader strategies and the organization of text«, in: *Text* 2, 3, S. 155-192.

Miller, G. A. (1976), »Text Comprehension Skills and a Process Model of Text Comprehension«, in: H. Singer und R. B. Rudell (Hg.), *Theoretical Models and Processes of Reading*, Newark, Delaware: International Reading Association.

Olson, G. M., S. A. Duffy und R. L. Mack (1984), »Thinking-out-loud as a method for studying real time comprehension processes«, in: D. E. Kieras und M. A. Just (Hg.), *New Methods in Reading Comprehension Research*, Hillsdale, N. J.: Erlbaum, S. 253-386.

Olson, G. M., R. L. Mack und S. A. Duffy (1981), »Cognitive aspects of genre«, in: *POETICS* 10, S. 283-315.

Nassen, U. (Hg.) (1979), *Studien zur Entwicklung einer materialen Hermeneutik*, München: Fink.

Reder, L. M. (1982), »Elaborations: When do they help and when do they hurt?«, in: *Text* 2, 1/3, S. 211-224.

Richards, J. und E. von Glasersfeld (1987), »Die Kontrolle von Wahrnehmung und die Konstruktion von Realität. Erkenntnistheoretische Aspekte des Rückkoppelungs-Kontroll-Systems«, in: S. J. Schmidt (Hg.), *Der Diskurs des Radikalen Konstruktivismus*, Frankfurt am Main: Suhrkamp, S. 192-228.

Rickheit, G. und H. Kock (1984), »Interest and Inference«. Paper presented at the workshop on »Inferences in Discourse Processes« at the »Zentrum für interdisziplinäre Forschung« at Bielefeld University, July 10-12, 1984.

Roth, G. (1986), »Selbstorganisation – Selbsterhaltung – Selbstreferentialität«, in: A. Dress u. a. (Hg.), *Selbstorganisation. Die Entstehung von Ordnung in Natur und Gesellschaft*, München: Piper, S. 149-180.

Roth, G. (1987), »Erkenntnis und Realität. Das reale Gehirn und seine Wirklichkeit«, in: S. J. Schmidt (Hg.), *Der Diskurs des Radikalen Konstruktivismus*, Frankfurt am Main: Suhrkamp, S. 229-255.

Rumelhart, D. E. und D. A. Norman (1983), »Representation in Memory«, San Diego: University of California.

Rusch, G. (1984), »Verstehen verstehen – Ein Versuch aus konstruktivisti-

scher Sicht«, in: N. Luhmann und K. E. Schorr (Hg.), *Zwischen Intransparenz und Verstehen*, Frankfurt am Main: Suhrkamp, S. 40-71.
Rusch, G. (1987), *Erkenntnis, Wissenschaft, Geschichte. Von einem konstruktivistischen Standpunkt*, Frankfurt am Main: Suhrkamp.
Rusch, G. (1990), »Verstehen verstehen. Kognitive Autonomie und soziale Regulation«, *Funkkolleg Medien und Kommunikation, Studienbrief 4*, Weinheim–Basel: Beltz, S. 11-44.
Schank, R. (1979), »Interestingness: Controlling Inferences«, in: *Artificial Intelligence* 12, S. 273-297.
Scherner, M. (1989), »Zur kognitionswissenschaftlichen Modellierung des Textverstehens«, in: *Zeitschrift für germanistische Linguistik* 17, S. 94-102.
Scherner, M. (1989 a), »Kognitionswissenschaftliche Beschreibung des ›Umgangs mit Texten‹ – eine neue Möglichkeit zur Fundierung der Deutschdidaktik«, in: *Der Deutschunterricht* 41, 4, S. 85-95.
Scherner, M. (1989 b), »Wörter im Text. Überlegungen zur Verstehenssteuerung durch Sprache«, in: *Poetica* 29/30, S. 187-213.
Schmidt, S. J. (1980), *Grundriß der Empirischen Literaturwissenschaft*, Bd. 1: *Der gesellschaftliche Handlungsbereich Literatur*, Braunschweig–Wiesbaden: Vieweg; Taschenbuchausgabe: Frankfurt am Main: Suhrkamp 1991.
Schmidt, S. J. (1984), »Empirische Literaturwissenschaft in der Kritik«, in: *SPIEL* 3, 2, S. 291-332.
Schmidt, S. J. (1986), »Texte verstehen – Texte interpretieren«, in: A. Eschbach (Hg.), *Perspektiven des Verstehens*, Bochum: Brockmeyer, S. 75-103.
Schmidt, S. J. (1987), »Towards a constructivist theory of media genre«, in: ders. (Hg.), *Media Genre. POETICS* 16, 5, S. 371-395.
Schmidt, S. J. (Hg.) (1987), *Der Diskurs des Radikalen Konstruktivismus*, Frankfurt am Main: Suhrkamp.
Schmidt, S. J. (1989), *Die Selbstorganisation des Sozialsystems Literatur im 18. Jahrhundert*, Frankfurt am Main: Suhrkamp.
Schmidt, S. J. (Hg.) (1991), *Gedächtnis. Probleme und Perspektiven der interdisziplinären Forschung*, Frankfurt am Main: Suhrkamp.
Schmidt, S. J. (1990), »Why literature is not enough, or: Literary studies as media studies«, in: G. Cupchik (Hg.), *Emerging Visions*, im Druck.
Schmidt, S. J. (1990 a), »Beyond reality and fiction? The fate of dualism in the age of mass media«, in: R. Ronen u. a. (Hg.), *Fiction*, im Druck.
Schmidt, S. J. (1991), *Der Kopf, die Welt, die Kunst. Konstruktivismus als Theorie und Praxis*, Wien: Böhlau, im Druck.
Schnotz, W. (1984), »Textaufbau und Kohärenzbildung. Zum Einfluß der Sequenzierung von Lehrinhalten auf die Inferenztätigkeit beim Aufbau von Wissensstrukturen«. Forschungsbericht Nr. 24 des Deutschen Instituts für Fernstudien (DIFF) an der Universität Tübingen.

Schnotz, W. (1985), »Elementaristische und holistische Theorieansätze zum Textverstehen«. Forschungsbericht Nr. 35 des DIFF, Tübingen.

Schnotz, W., St.-P. Ballstaedt und H. Mandl (1981), »Kognitive Prozesse beim Zusammenfassen von Lehrtexten«, in: H. Mandl (Hg.), *Zur Psychologie der Textverarbeitung*, München–Wiesbaden: Urban & Schwarzenberg, S. 537-571.

Shimron, J. (1980), »Processes Behind The Comprehension of A Poetic Text«, in: *Instructional Science* 9, S. 43-66.

Spencer Brown, G. (^{2}1972), *Laws of Form*, New York: Julian Press.

Spiro, R. J. (1982), »Long-term comprehension: schema-based versus experimental and evaluative understanding«, in: *POETICS* 11, S. 72-86.

Squire, L. R. (1986), »Mechanisms of Memory«, in: *Science* 232, S. 1612-1619.

Thorndyke, P. W. (1977), »Cognitive Structures in Comprehension and Memory of a Narrative Discourse«, in: *Cognitive Psychology* 9, S. 77-110.

Strube, W. (1985), »Analyse des Verstehensbegriffs«, in: *Zeitschrift für allgemeine Wissenschaftstheorie* 16, S. 315-333.

Ungeheuer, G. (1969), »Kommunikation und Gesellschaft«, in: *Nachrichten für Dokumentation* 20, 6.

Varela, F. J. (1990), *Kognitionswissenschaft – Kognitionstechnik*, Frankfurt am Main: Suhrkamp.

Viehoff, R. (1988), »Literarisches Verstehen. Neuere Ansätze und Ergebnisse empirischer Forschung«, in: *Internationales Archiv für Sozialgeschichte der deutschen Literatur* 13, S. 1-29.

Viehoff, R. und S. J. Schmidt (1985), »Kommunikatbildungsprozeß. Empirische Untersuchungen zur deklarativen und prozeduralen Funktion literarischen Wissens«. Genehmigter Antrag auf Forschungsförderung bei der DFG 10/1986.

Vipond, D. und R. A. Hunt (1984), »Point-driven understanding: Pragmatic and cognitive dimensions of literary reading«, in: *POETICS* 13, S. 261-277.

Walser, R. (1977), *Der »Räuber«-Roman*. Aus dem Nachlaß hg. von J. Greven und M. Jürgens, Frankfurt am Main: Suhrkamp.

Warren, W. H., D. W. Nicholas und T. Trabasso (1979), »Event chains and inferences in understanding narratives«, in: R. O. Freedle (Hg.), *New Directions in Discourse Processing*, Norwood, N. J.: Ablex, S. 22-52.

Ziemke, A. (1990), »System und Subjekt«, unpublizierte Habilitationsschrift, Universität Halle–Wittenberg.

Michael Hutter
Wirtschaft und Bewußtsein
Zur Karriere von Bedürfnis und Erwartung

1. Gibt es Menschen in sozialen Systemen?

Im wirtschaftstheoretischen Diskurs der Gegenwart wird davon ausgegangen, daß die eigentlich Handelnden in der Wirtschaft Menschen sind. Diese Annahme ist seit dem Auftauchen der Theorie selbstorganisierender sozialer Systeme nicht mehr selbstverständlich. Zumindest steht der Annahme eine Gegenthese gegenüber. Danach verhält es sich mit der Wirtschaft folgendermaßen: Das, was man unter Wirtschaft versteht, ist Teil der gesamten menschlich gestalteten Welt, der Gesellschaft. Gesellschaften bestehen aus Ereignissen. Die Ereignisse werden von zwei verschiedenen Typen von selbstorganisierenden Systemen getragen: den psychischen und den sozialen Systemen. Der Begriff »Mensch« gilt in dieser Terminologie einem *mixtum compositum*, einer Entität, der wir Eigenschaften nicht nur organischer, sondern auch psychischer und sozialer Systeme zuschreiben, ohne uns über den Unterschied klar zu sein.

Ausgangspunkt der Theorie selbstorganisierender Systeme ist das Theorem der gleichzeitigen operationalen Geschlossenheit und der Umweltoffenheit: Jedes selbstorganisierende System reproduziert sich ausschließlich durch seine eigenen Elemente, und jedes selbstorganisierende System ist in der Lage, seine Grenze selbst zu bestimmen. Was die Gesellschaft angeht, so wird operationale Geschlossenheit gerade nicht von »Menschen« behauptet, sondern von zwei Systemformen: sozialen und psychischen Systemen. Beide Systemformen, so die Behauptung, reproduzieren sich ausschließlich durch ihre eigenen Elemente, und beide sind in der Lage, ihre Grenzen selbst zu bestimmen.

Die theoretische Analyse und die empirische Überprüfung von sozialen und psychischen Systemen stecken in den Anfängen.[1]

---

[1] Die Figur eines selbstorganisierenden sozialen Systems ist der Wirtschaftstheorie nicht fremd. Schließlich geht die Metapher von der un-

Die Beiträge zu einer Theorie sozialer Systeme haben zumindest die Grundstrukturen dieser Systemform herausgearbeitet. Diese Ergebnisse werden im folgenden kurz skizziert. Die psychischen Systeme sind dagegen noch kaum ins Blickfeld der Theorie geraten. Mit ihrer näheren Bestimmung beschäftigt sich der Rest dieses Aufsatzes.

Soziale Systeme bestehen aus Kommunikationsereignissen. Kommunikationsereignisse entstehen in der Verknüpfung von Aussagen, die wir gewöhnlich als Aktion und Reaktion, als Frage und Antwort kennen und unterscheiden. Kommunikationsereignisse sind nicht reduzierbar auf Individuen, denn sie involvieren grundsätzlich mehr als einen Teilnehmer.[2] Kommunikation erfolgt über

sichtbaren Hand auf die Vorstellung eines Systems zurück, daß sich selbst in einem stabilen Fließgleichgewicht erhält – so, wie sich Dampfmaschinen zur Zeit Adam Smith' selbst regulierten (Smith 1970, S. 114 f.). Das ganze 19. Jahrhundert hindurch bemühte man sich im kontinentaleuropäischen Theoriediskurs, das selbstregulierende System Wirtschaft über verschiedene Analogien zur biologischen Welt zu verstehen. Aber der Vergleich mit organischen Systemen führte zu falschen, kollektivistischen Schlüssen (Hutter 1992). Im englischen Diskurs setzte sich die Analogie mit einem anderen Teil der Natur durch, nämlich nicht Handlungen oder Ereignissen, sondern Objekten – also Gütern – sowie Tausch- und Wertaufbewahrungsmitteln. Mit Hilfe einer sogleich uminterpretierten physikalischen Theorie (siehe unten, Teil 3) gelingt es, kurzfristige Phänomene in sich verändernden Güter- und Finanzkapitalmärkten zu beschreiben und zu erklären.

Allerdings hat jede aus der physischen Welt importierte Theorie einen blinden Fleck: Sie weiß nichts von Kommunikation, also von Prozessen der Verständigung zwischen organischen Systemen oder Menschen. Freilich hat man versucht, der offensichtlichen Vernachlässigung durch Annäherungen gerecht zu werden. Der theorieintern äquivalente Begriff der Information bleibt aber physikalisch, eben genauso physikalisch wie der materielle Transport von Signalen von A nach B. Dort, wo Verständigung die zentrale Aktivität ist – also beim politischen Kompromiß etwa oder beim rechtlichen Streit –, wird unterstellt, daß sich die »Lösung« einer Ungleichgewichtssituation spontan, als Ergebnis der Konstellation menschlicher Interessen, ergibt oder als Ergebnis der regelgeleiteten Abstimmung zwischen »Menschen«.

2 Alexander Kluge hat auf den Punkt gebracht, was wissenschaftstheoretisch einer ausführlichen Diskussion bedarf: »Ein Satz braucht zwei Motoren, er entsteht ja überhaupt nur aus der Antwort« (Kluge 1989, S. 81).

eine gegenseitige Unterstellung. Man unterstellt, verstanden worden zu sein, und operiert auf der Basis dieser Unterstellung. Die »doppelte Kontingenz« der Unterstellungen verknüpft Frage und Antwort (vgl. Luhmann 1984 und Baecker, in diesem Band). Die Antwort wird im nächsten Schritt zur Frage, und so setzt sich der Prozeß der Kommunikation oder Verständigung als potentiell endloser Dialog fort.[3] Der Dialog ist im Hinblick auf seine Zukunft genauso unendlich wie im Hinblick auf seine Vergangenheit. Jeder Antwort ging eine Frage voraus, und auf jede neue Antwort wird eine neue Frage folgen, und so bleibt das System operational geschlossen.

Die Behauptung der Autonomie, der eigenständigen Selbstreproduktion sozialer Systeme zieht nach sich, daß Kommunikationsprozesse strikt getrennt gesehen werden von allen anderen Ereignissen. Was bisher summarisch Menschen oder Individuen zugerechnet wurde, wird nun unterschieden nach (sozialer) Kommunikation, (psychischem) Bewußtsein und (organischer) Kognition. Der Strom der Kommunikationsereignisse, der ein Sprachspiel ausmacht, wird der Theorie zufolge weder von Kognitionssystemen noch von Bewußtseinssystemen, die irgendwelche Mitteilungen aufnehmen, unterbrochen. »Das Verstehen fällt nicht aus der Kommunikation heraus, um einem Bewußtseinssystem anvertraut und dann ... wieder in die Kommunikation zurückgespielt zu werden, um sie zum Abschluß zu bringen ... Ob verstanden oder nicht verstanden wird und wie verstanden wird, ist demnach nur in der Kommunikation zu entscheiden« (Baecker, in diesem Band, S. 260 f.). Oder, in Botho Strauß' auf den Dichter gemünzten Worten: »Inmitten der Kommunikation bleibt er allein zuständig für das Unvermittelte, den Einschlag, den unterbrochenen Kontakt, die Dunkelphase, die Pause. Die Fremdheit« (Strauß 1989).

Die Umweltoffenheit sozialer Systeme erweist sich als die theoretisch schwieriger zu fassende Eigenschaft. Die Selbstbestimmung der Grenze selbstorganisierender Systeme erfolgt anscheinend auf

---

3 Die Begriffe Verständigung und Kommunikation werden nicht synonym verwendet. Verstehen bezeichnet auch das psychische Korrelat zum Ergebnis. In sozialen Systemen kommt Verständigung nicht nur vor, sondern sie begründet die Behauptung von der vollständigen, organischen Systemen ähnlichen Autonomie sozialer Selbstreproduktion.

verschiedenen logischen Ebenen. Diese logischen Ebenen sollen, der Terminologie von Gotthard Günther folgend, kurz skizziert werden (vgl. Esposito 1990).
Die Bestimmung der eigenen Grenze operiert bei organischen Systemen durch die Unterscheidung zwischen Umweltelementen, die der eigenen Operation angeschlossen werden können, um den »Körper« zu erhalten, und solchen, bei denen das nicht der Fall ist. Das System operiert mit einer Logik, die nur einen Wert aufweist. Für das System gibt es nur eine Innenwelt. Beobachtende Systeme sind dagegen in der Lage, die Unterscheidung, mit Hilfe deren sie sich von ihrer Umwelt unterscheiden, selbst zu bestimmen.[4] Sie beobachten in ihrer Umwelt andere Systeme, die sie von deren Umwelt unterscheiden. Objekt/Negation oder wahr/falsch sind Ausdrucksformen der zweiwertigen Logik, die solche Beobachtungen ermöglicht und die auch unser Denken strukturiert. Wenn die Beobachtung auf einwertig operierende Systeme beschränkt bleibt, kommt man mit einer zweiwertigen Logik aus. Die Welt der Beobachtung ist dann geschieden von der beobachteten Welt, und beide lassen sich in eine eindeutige Verbindung bringen. Wenn sich aber die Beobachtung auf beobachtende Systeme richtet, entsteht die Gefahr (oder Möglichkeit!) der Selbstreferenz der Beobachtung. Diese Situation wird, in klassisch-zweiwertiger Formulierung, »Antinomie« genannt. Die Beobachtung der Unterscheidung, durch die sich beispielsweise ein Kommunikationssystem von seiner Kommunikationsumwelt unterscheidet, muß in der Logik des Systems paradox erscheinen.[5]

[4] Die Operation der Beobachtung (Observation) ist das sich reproduzierende Grundelement beobachtender Systeme.
[5] Eine Aussage, ein Sprechakt, ein Spielzug wird erst dadurch zum Kommunikationsereignis, daß ein anderer Spielzug sich darauf bezieht. Somit ist jeder Satz er selbst und gleichzeitig nicht er selbst, sondern Zeichen für die anderen Sätze, die auf ihn verweisen. Diese Doppelnatur findet ihre formale Entsprechung in der Unvollständigkeit paradoxer Aussagen: »Wenn P, dann P-Komplement; wenn P-Komplement, dann P; wenn P, usw.« (Krippendorf 1984; Hutter 1989, Kapitel 3). Die prinzipielle Unvollständigkeit der Paradoxa ermöglicht und reproduziert den Zustand der Autonomie oder Selbstschaffung. Darin liegt die heute noch unabsehbare Bedeutung von Paradoxa für gesellschaftliche und damit auch wirtschaftliche Entwicklung.
Spiele weisen genau die Struktur der Doppeldeutigkeit auf, von der hier

Erst mit einer dreiwertigen Logik kann beobachtet werden, wie sich beobachtende Systeme gegenseitig beobachten: Das System beobachtet die Unterscheidung, mit der zweiwertige Systeme zwischen Innenwelt und Außenwelt unterscheiden. Mit dieser Argumentation ist zum einen die Umweltoffenheit sozialer Systeme genauer bestimmt, und die paradoxe Semantik der Grenzbeobachtung ist erklärt. Zum anderen ist damit aber auch ein Zugang zur näheren Bestimmung des Verhältnisses von sozialen und psychischen Systemen gefunden.

Bewußtseinssysteme, so können wir nun formulieren, sind die Form, in der Kommunikationssysteme andere beobachtende Systeme in ihrer Umwelt unterscheiden und beobachten. Bewußtseinssysteme sind unentbehrlich als »Instanzen der Möglichkeit von Verstehen« (Baecker, in diesem Band S. 262), und doch sind sie in der Außenwelt, als ihrerseits operational geschlossene Systeme. »In der Reflexion (die ihrerseits ein Bewußtseinsprozeß unter anderen ist, der nur gelegentlich aktualisiert wird) erscheint diese Geschlossenheit als ein sich-selbst-voraussetzendes Bewußtsein. Es weiß, was es ist, nur dadurch, daß es weiß, was es ist« (Luhmann 1984, S. 357). Die Elemente dieses Prozesses haben noch viele Namen. Baecker (in diesem Band) spricht von »Gedanken«, Luhmann von »Vorstellungen« (1984, S. 356), Schiepek (1989, S. 233), der die gleiche Theoriegrundlage wählt, spricht von »Kognitions-Emotions-Elementen«.[6] Wenn auch beide Systemformen operational

die Rede ist. Kommunikationssysteme sind also Sprachspiele im Wittgensteinschen Sinn, und sie sind Lebensformen im Sinne von Selbstreproduktion.

6 In menschlichen Gesellschaften sind Bewußtseinssysteme und Kommunikationssysteme seit Jahrtausenden aufeinander abgestimmt. »Die Konstruktion sozialer Systeme weist bereits ein hohes Maß an struktureller Determination auf, die sich im Umweltkontakt mit psychischen Systemen ergibt« (Gilgenmann 1986, S. 120). Psychische Systeme und soziale Systeme sind also in ihrer Entwicklung in hohem Maß aufeinander angewiesen. Dennoch kommen Vorstellungen in Kommunikationsereignissen genausowenig vor, wie Synapsenschaltungen in unseren Vorstellungen auftauchen.

Bewußtsein dient der Kommunikation als Medium, um selbst Form anzunehmen, und Kommunikation dient gleichzeitig den Bewußtseinssystemen als Medium, um ihrerseits Vorstellungsformen zu entwickeln (Baecker, in diesem Band).

geschlossen und füreinander undurchdringlich sind, so erlaubt doch ihre observationale Offenheit, daß sie in der Lage sind, Störungen oder Faszinationen durch Außenereignisse zu unterscheiden und einem anderen System zuzuordnen, also zu differenzieren (Luhmann 1984, Teubner 1989, Willke 1987).
Die bisherigen Überlegungen lassen sich in eine allgemeine Theorie selbstorganisierender Systeme folgendermaßen einordnen und zusammenfassen: Selbstorganisierende Systeme unterscheiden sich von ihrer Umwelt durch gleichzeitige Geschlossenheit und Offenheit. Wir unterscheiden innerhalb der selbstorganisierenden Systeme zwischen *operierenden* und *observierenden* Systemen. Innerhalb der operierenden Systeme unterscheiden wir das physische System und die organischen Systeme. Innerhalb der observierenden oder beobachtend operierenden Systeme unterscheiden wir die sozialen Systeme (Kommunikationssysteme, Sprachspiele) und die psychischen Systeme (Bewußtseinssysteme).
Damit sind die Grundlagen einer Gesellschaftstheorie skizziert, die auf der Unterscheidung zwischen sozialen und psychischen Systemen aufbaut. Jede genauere Betrachtung muß nun einen kleineren Beobachtungsausschnitt wählen. Deshalb werden wir uns im folgenden ausschließlich mit dem Verhältnis zwischen psychischen Systemen und einem spezifischen sozialen System, nämlich der Wirtschaft, beschäftigen. Wir werden in zwei Schritten vorgehen. Im ersten Schritt (Abschnitt 2) wird Wirtschaft als selbstorganisierendes soziales System rekonstruiert, und es wird generell geklärt, ob und in welcher Weise psychische Systeme die Kommunikation des sozialen Systems Wirtschaft stören oder faszinieren können. Fallstudienhaft wird dann, in einem zweiten Schritt, die wirtschaftliche und die wirtschaftswissenschaftliche Karriere der Begriffe »Bedürfnis« (Abschnitt 3) und »Erwartung« (Abschnitt 4) untersucht. Es ist zu zeigen, daß diese beiden Begriffe spezifischen Eigenschaften psychischer Systeme in der Wirtschaftskommunikation einen »rhetorischen Ort« geben. Es ist weiterhin zu zeigen, daß die Veränderung oder »Karriere« der beiden Begriffe die Veränderung von Eigenschaften psychischer Systeme reflektiert. Abschließend wird versucht, die Beobachtungen zur Koevolution von wirtschaftlicher und psychischer Systementwicklung in eine allgemeine Theorie selbstorganisierender Systeme einzuordnen (Abschnitt 1).

2. Die Wirtschaft als soziales System

Schnittstellen zwischen dem Teilsystem der Gesellschaft, das wir Wirtschaft nennen, und den psychischen Systemen, die in dieses Sprachspiel verwoben sind, können identifiziert und untersucht werden. Wir beobachten – um es zu wiederholen – Bewußtsein aus der Perspektive eines bestimmten Sprachspiels, und wir wissen dabei, daß Bewußtsein aus der Perspektive anderer selbstorganisierender Systeme ganz anders aussehen muß.

Aus der Beobachtungsperspektive des Teilsystems Wissenschaft sehen moderne Wirtschaften etwa folgendermaßen aus[7]: Innerhalb der Gesamtkommunikation einer Gesellschaft können sich eigene Sprachspiele oder soziale Systeme immer dann ausdifferenzieren, wenn es einer Unterscheidung, die paradox ist, gelingt, sich innerhalb der Kommunikation zu stabilisieren. Solche Leitunterscheidungen sind von innen wahrgenommene, in der internen Kommunikation reproduzierte Antinomien, die alle Kommunikationsereignisse des in Frage stehenden sozialen Systems von allen anderen Kommunikationsereignissen differenzieren (siehe Abschnitt 1). Im Verlauf der Entwicklung unserer Gesellschaft ist es beispielsweise gelungen, Gerechtigkeit und Ungerechtigkeit sowie Wahrheit und Falschheit zu sozial sinnvollen Leitunterscheidungen zu machen. Die Leitunterscheidung der Wirtschaft ist, spätestens seit dem 17. Jahrhundert, die Unterscheidung zwischen Knappheit und Überfluß. Knappheit und Überfluß sind eine endogene Vereinbarung darüber, wie über den Rest der Welt geredet werden kann. Die Vereinbarung kann, bei zweiwertiger Logik, innerhalb des Diskurses, der auf ihr basiert, nicht thematisiert werden. Im wirtschaftlichen Diskurs selbst muß der Verweis auf Knappheit und Überfluß in Form von Zeichen erfolgen, die innerhalb des Diskurses verstanden werden.

Der erste evolutionäre Durchbruch war die Symbolisierung von Land und Objekten im Medium des Eigentums. Sie hat es ermöglicht, sich über den Tausch von Gütern zu verständigen. Dadurch wurden »Güter« überhaupt erst definierbar, und die engen Gren-

---

[7] Die Sprachstruktur moderner Wirtschaften ist vor allem durch Arbeiten von Luhmann herausgearbeitet worden (vgl. Luhmann 1988, Baecker 1988 und Hutter 1989).

zen der Vorsorge- und Verteilungsbindungen in Subsistenzwirtschaften wurden gesprengt. Die weitere Erfindung, Knappheit durch das Medium Geld zu kodieren, löste dann in den Tauschwirtschaften die explosionsartige Steigerung von Verweismöglichkeiten aus, die so charakteristisch ist für moderne Marktwirtschaften. Die Kommunikationsereignisse, aus denen sich moderne Geldwirtschaften konstituieren, weisen, im Einklang mit der Theorie, zwei Eigenschaften auf: Die partizipierenden Systeme verständigen sich in ihnen über Ansprüche auf Geldmittel, und sie verständigen sich über Ansprüche auf bestimmte Objekte oder Vorgänge. Das heißt: die Zahlung von Geldmitteln wird verknüpft mit der Übertragung von Leistungen. Die Kette der Kommunikation besteht in der Kette von Zahlungen. Jede Zahlung ist ausschließlich mit anderen Zahlungen verknüpft, die ihr vorangingen und die ihr folgen werden. Die operationale Geschlossenheit des Sprachspiels bleibt also gewahrt, auch wenn das Sprachspiel Wirtschaft seinerseits auf die Selbstorganisation der es umgebenden sozialen und psychischen Systeme einwirkt und auch wenn die Umweltsysteme auf die Wirtschaft einwirken. Leistungen können dieser Darstellung zufolge nur in den Umweltsystemen der Wirtschaft erbracht werden. Transaktionen bezeichnen den Zusammenhang von Zahlungen (interne Kommunikationsereignisse der Wirtschaft) und Leistungen (externe Kommunikationsereignisse in der Umwelt der Wirtschaft).[8] In den Transaktionen, im Zusammenhang zwischen Zahlung und Leistung, gerät die Grenze des Sprachspiels, der Übergang zwischen beobachtendem und beobachtetem System, deutlicher ins Blickfeld.

Wie kommt die Eigenart psychischer Systeme in Transaktionen vor? In der Wirtschaftssprache sind Begriffe sowohl dafür gebildet worden, daß psychische Systeme Träger eines Teils der Leistungsereignisse sind (zum Beispiel Arbeit), als auch dafür, daß sie

---

8 Leistungen beziehen sich auf alle möglichen Systemmanipulationen. In der Umwelt der Wirtschaft tauchen sie aber erst auf, wenn sie eine kommunizierbare Form erhalten haben.
Transaktionen werden auch in der herkömmlichen Wirtschaftstheorie diskutiert, so daß man hier an die wirtschaftswissenschaftliche Theorietradition anknüpfen kann (vgl. Hutter 1989 und, traditioneller, Williamson 1985). Abweichend in der Begriffsbildung formuliert Baecker 1988, S. 110f.

Träger eines Teils der Zahlungsereignisse sind (zum Beispiel Kaufkraft). Mit dem Begriff »Träger« oder »Teilnehmer« wird impliziert, daß Zahlungs- und Leistungsereignisse von psychischen Systemen nicht nur gestört, sondern in strukturierter, oft vorhersagbarer Weise ausgelöst werden können. Die innere Struktur, in der vom Bewußtsein Zahlungen wahrgenommen und erwartet werden und mit der das Bewußtsein für Leistungen zur Verfügung steht, beschränkt die Form der Ereignisse, die von Bewußtsein »getragen« werden können. Bewußtseinsereignisse können also die Reproduktionen der Zahlungen stören, und sie können sie »faszinieren«, also Operationen durchführen, die durch Zahlungen leicht zu beobachten sind.[9]

Wenn unsere Überlegung soweit richtig ist, dann müßten sich in der historischen Entwicklung unserer Wirtschaft und der daran ein Menschenleben lang partizipierenden Bewußtseinssysteme Belege für Eigenschaften psychischer Systeme finden. Solche Benennungen werden vor allem in ihrer Veränderung deutlich: wenn evolutive Veränderungen der psychischen Systeme zu Veränderungen in der Umwelt der davon abhängigen Wirtschaft und schließlich zu neuen Transaktionen und Strukturen in der Wirtschaft geführt haben und wenn umgekehrt evolutive Veränderungen des sozialen Systems Wirtschaft zu Veränderungen der Existenzbedingungen der davon abhängigen psychischen Systeme geführt haben. Um solche Belege zu finden, soll der Einfluß verän-

---

9 Das heißt keineswegs, daß das Sprachspiel Wirtschaft durch die psychischen Systeme gesteuert wird. Jede Einwirkung auf die Wirtschaft muß in Form eines Kommunikationsereignisses erfolgen, das in der Wirtschaft als Spielzug beobachtet werden kann. Das gilt sowohl für Ereignisse, die die (politischen oder rechtlichen) Randbedingungen von Transaktionen verändern, als auch für solche, die zu neuen Transaktionen bei vorhandenen Randbedingungen führen. In dem Maße, in dem partizipierende Systeme in der Lage sind, sich der Spielsituation entsprechend zu verhalten, kann es ihnen gelingen, auf die Wirtschaft gestaltend einzuwirken. Steuerung gelingt also, wenn sie nicht als Steuerung wahrnehmbar ist (Luhmann 1988, Kap. 10; Willke 1987; Hutter 1987). Sie gelingt bei einem System von der Größe moderner Wirtschaften auch nur, wenn die partizipierenden Systeme als Organisationen strukturiert sind, also ihrerseits einen spezifischen Typus der Kooperation von sozialem System und psychischen Systemen verwenden, der hier nicht weiter thematisiert werden kann (Teubner, in diesem Band; Luhmann 1988, Kap. 9).

derter psychischer Systeme auf die Wirtschaft und ihre Sprache sowie der Einfluß veränderter sozialer Systeme auf psychische Systeme am Fall der Emergenz und Karriere der Begriffe »Bedürfnis« und »Erwartung« beobachtet werden.[10]

Zu beachten ist allerdings, daß die wirtschaftstheoretische Verwendung von Bedürfnis und Erwartung anders ist als die in der Wirtschaft selbst. Die Sprache der Wissenschaft von der Wirtschaft ist nicht identisch mit der der Wirtschaft selbst, also mit der Sprache, die unmittelbar um Zahlungen und Leistungen herum in Zeichen gesetzt, gesprochen und geschrieben wird. Wir beobachten wissenschaftliche Beobachtungen der wirtschaftlichen Beobachtung von psychischen Beobachtungen.

3. Bedürfnis

Der Begriff Bedürfnis und seine Entstehung

In diesem Abschnitt wird zweierlei zu zeigen sein: (1) Die Begriffe für das, was Bedürfnis bezeichnet, befinden sich seit mindestens 300 Jahren in ständigem Wandel. (2) Es gibt Anzeichen dafür, daß gleichzeitig Veränderungen in der Komplexität psychischer Systeme stattfanden.

Erst gegen Ende des 17. Jahrhunderts tauchte menschliches Handeln in der Beobachtung der Wirtschaft als »Leidenschaft« oder »Trieb« auf. Dem einzelnen wird keine Verantwortung zugeschrieben. Der Trieb ist eine organische Kategorie, und Leidenschaften werden erlitten, nicht intendiert. Menschliches Verhalten ist demnach, genauso wie die Gewalten der Natur, weder ver-

---

10 Es wäre denkbar, der Wirkung psychischer Systeme in der Wirtschaft auch über andere Begriffe als Bedürfnis und Erwartung nachzugehen. Zum Beispiel wird spezifisch menschliche Produktion als Arbeit beobachtet; aber erst seit wenigen Jahren wird das spezifisch Menschliche daran, wie Durchsetzungsvermögen, Kompetenz und Kreativität, thematisiert (vgl. Witt 1987, S. 163). Auch Vertrauen und Motivation weisen auf Eigenschaften psychischer Systeme hin. Aber die Begriffe werden, abgesehen von ihrer konkreten Bedeutung bei der Geldschöpfung und bei der Organisationsbildung, in der Theoriekonstruktion selten verwendet.

meidbar noch planbar. Neben die natürlichen Leidenschaften traten im 18. Jahrhundert die sozialen Interessen. Ihr Anfang liegt in der Erkenntnis, daß der Staat Ziele verfolgt, die sich von denen natürlicher Personen, einschließlich der Herrscher, unterscheiden. Der Interessenbegriff erwies sich als äußerst anpassungsfähig. Auch das Verhalten anderer sozialer Organisationen, ja selbst das einzelner Menschen läßt sich durch solche innewohnenden Zielsetzungen erklären. Das wirtschaftliche Interesse wurde dabei in einer höchst effektiven Zweideutigkeit diskutiert. Zum einen ist wirtschaftliches Interesse eines der rational kalkulierbaren öffentlichen Interessen, die die Leidenschaften in Schach halten; zum anderen ist das Interesse individualisiert vorstellbar in der Figur des Kaufmanns, bei dem unternehmerisches Ziel und private Leidenschaft in eins fallen. So wird das wirtschaftliche Interesse bei Adam Smith zur alleinigen Form menschlichen Verhaltens in der Wirtschaft: »The non-economic drives, powerful as they are, are all made to feed into the economic ones and do nothing but reinforce them, being thus deprived of their erstwhile independent existence« (Hirschman 1977, S. 109).

Die so gefundene Konstruktion war auf eine Theorie zugeschnitten, die wirtschaftliche Entwicklung allein aus Prozessen der Produktion erklärte. Der Produzent oder, genauer, die an Gewinn interessierte Unternehmung treibt und steuert die Wirtschaft. Daneben lassen sich aber auch begriffliche Entwicklungen verfolgen, in denen das Eigenverhalten all derer berücksichtigt wird, die durch ihre Kaufkraft, also zahlend, am Wirtschaftsverkehr teilnehmen. Die ersten Beobachtungen registrierten eigenständiges Konsumverhalten als Störfaktor: Der Luxuskonsum der Oberschicht im 16. und 17. Jahrhundert widersprach aristotelisch geprägten Vorstellungen vom harmonischen Verhalten im Gemeinwesen. Das Konsumverhalten der Unterschicht erschien dagegen bis ins 19. Jahrhundert fremdbestimmt. Unter Bedürfnis verstand man allein die Erhaltung existentiell organischer Überlebensbedingungen. Als sich im 18. Jahrhundert die Oberschicht um Gelderwerb zu kümmern begann, wurde der Bedeutungskreis von »Bedürfnis« auch auf das Kaufverhalten dieser Schicht erweitert (Luhmann 1988, S. 60).[11]

---

11 Als weiteren Auslöser für die Erfahrung eigener Bedürfnisse betont Luhmann (1989) die Bedeutung der Langeweile im 18. Jahrhundert.

Schon im 17. und 18. Jahrhundert versuchten verschiedene Autoren, den subjektiven Nutzen, im Sinne einer wie immer gearteten psychischen Wertung, zum Erklärungsprinzip wirtschaftlicher Entwicklung zu machen.[12] Solche Ansätze wurden im 19. Jahrhundert gestärkt durch erste Ergebnisse der experimentellen Psychologie, die die Annahme einer autonomen psychischen Triebkraft rechtfertigten (Schönpflug 1971). Vor allem in England wurde die »utilitaristische« Lehre, daß die Befriedigung dieser subjektiven Triebkräfte als aggregierbare, zwischen Menschen vergleichbare Größe zu denken sei, zur dominierenden Sozialphilosophie.[13] Der Durchbruch zur konsistenten Theorie der Wirtschaft gelang aber erst, als auf dem Weg einer kühnen Metaphernbildung das Verhalten von Konsumenten gleichgesetzt wurde mit dem Verhalten von Energiefeldern: Ebenso wie der Zustand eines physikalischen Feldes unter Randbedingungen mit Hilfe eines Lagrangeschen oder Hamiltonschen Maximierungskalküls bestimmbar ist, so wurde von Jevons und Walras der Zustand der Wirtschaft als Ergebnis der individuellen Maximierung unter Randbedingungen, insbesondere der Bedingung beschränkter Kaufkraft bei gegebenen Preisen, erklärt. Konzepte wie »Nutzen« oder psychisch-physische »Bedürfnisse« bildeten die Voraussetzung dafür, daß – etwa ab 1860 – eine solche Analogiebildung überhaupt für sinnvoll gehalten wurde.[14] Nun war eine in sich konsistente Darstellung der Wirtschaftsentwicklung gefunden, die die klassische Produktionstheorie ersetzte und die die Wertbildung in dauernd neu entstehenden Gütermärkten besser er-

---

12 Beispielsweise definierte Galiani bereits um die Mitte des 18. Jahrhunderts wirtschaftlichen Wert als Verhältnis von Knappheit und Nutzen (Hutchison 1988, S. 257 f.). Einen ähnlichen Ansatz verfolgte Turgot (Mirowski 1989).
13 Die Ursache dafür war wohl auch der Umstand, daß durch James und J. St. Mill die einfache utilitaristische Maxime Benthams von der »happiness« der größten Zahl eine dem jeweiligen Stand der Wissenschaft angemessenere Neuformulierung erfuhr.
14 Die logischen Widersprüche, in die sich die neoklassische Wirtschaftstheorie insbesondere durch die angenommene Transformierbarkeit von Nutzen (potentielle Energie) in Geld (kinetische Energie) verwickelt, werden ausführlich und überzeugend erläutert in Mirowski (1989).

klärte. Bedürfnis- oder Nutzenmaximierung treibt die Wirtschaft an, und das, was Nutzen ist, bestimmt sich in psychischen Kräften, die im Kontext der Theorie nicht weiter hinterfragbar sind.

Die subjektive Werttheorie ist seitdem in vielfacher Hinsicht weiterentwickelt worden. Am weitreichendsten war die Axiomatisierung, die man in den zwanziger Jahren vor allem an der London School of Economics formulierte und die sich in der von J.R. Hicks vorgelegten Form durchsetzte (Shackle 1967). Das kardinale, physisch meßbare Nutzenfeld wurde durch eine nur ordinal normierte Präferenzordnung ersetzt. Voraussetzung ist allein, daß die Handlungsträger zwischen Alternativen der Bedürfnisbefriedigung unterscheiden können. Punkte gleicher Wertschätzung werden als »Indifferenzlinien« abgebildet – wie die Kraftlinien eines Feldes rund um einen imaginären Punkt. Allerdings reduziert eine derartige Darstellung den empirischen Gehalt der Theorie beträchtlich. In jüngerer Zeit ist die Erkenntnis der Unvergleichbarkeit subjektiver individueller Bedürfnisbewertungen noch einen Schritt weitergetrieben worden. Nichts spricht prinzipiell dagegen, sich innerhalb eines menschlichen Handlungsträgers mehrere miteinander inkompatible Selbste (*multiple selves*) vorzustellen (Elster 1987; Tietzel 1988, S. 57). Dann allerdings brauchen wir eine Erklärung dafür, wie die verschiedenen Egos organisiert sind.

Eine mögliche Erklärung ergibt sich nun aus der Theorie selbstorganisierender sozialer Systeme: Nutzen, Bedürfnis oder Präferenz wären demnach Ausdruck der Selbstbestimmung psychischer Systeme. Bewußtseinssysteme fertigen Selbstbeschreibungen an. Erst mit solchen kommunikativ lesbaren Beschreibungen, die als »Adressen« dienen, können sie dann in der Wirtschaft mitspielen. Bewußtseinssysteme können sich in vielen Codes beschreiben. Nur die wirtschaftlich lesbaren Beschreibungen müssen als Zahlungen oder als Leistungen erkennbar sein. Die Zahlungen eines »Haushalts«[15] kommunizieren durch die gewähl-

---

15 »Haushalte« sind ein Begriff, der Adressen bezeichnet, unabhängig von ihrer internen sozialen, psychischen oder organischen Struktur. Um in der Kommunikation der Wirtschaft wahrgenommen zu werden, müssen solche Adressen in jedem Fall eine soziale Dimension haben.

en Alternativen, wie das Selbst, das sich hinter den Kaufakten verbirgt, gesehen werden will. »Feine Unterschiede« (Bourdieu), seien sie in Farbnuancen oder in Pferdestärken ausdrückbar, sind Kommunikationsangebote dafür, wie andere, und der Haushalt selbst, über das psychische Selbst reden können.¹⁶ Das Selbst bleibt dabei für Kommunikation ebenso unzugänglich wie die Wirtschaft für Vorstellungen und Gefühle.

Die subjektive Werttheorie gründet auf der Einheit von biologischer und psychischer Autonomie. Allein Menschen, und zwar Menschen der Konstitution, wie sie für die westliche Moderne typisch ist, können die »treibende Kraft«, das eigentliche Lebendige in einer Wirtschaft sein. Fragwürdig ist die Rede von den Bedürfnissen von Organisationen, Kommunen und anderen Sozialsystemformen. Nach traditionellem Verständnis sind solche Zuschreibungen letztlich immer auf Individuen zurückzuführen. Nach dem Verständnis der Theorie selbstorganisierender sozialer Systeme ist diese Einschränkung unnötig. Selbsterhaltung ist eine allgemeine Eigenschaft selbstorganisierender Systeme, die in psychischen ebenso wie in sozialen Systemen auftritt. Auch das Überlebensverhalten von sozialen Systemen, insbesondere das von hierarchisch strukturierten, also organisierten sozialen Systemen, orientiert sich an den Bedingungen des Überlebens und der Notwendigkeit zur Beschreibung der eigenen Position, um als Teilnehmer in Sprachspielen wahrgenommen zu werden.¹⁷

In der Smithschen Version fielen soziale Unternehmung und psy-

---

16 Der Gedanke ist nicht neu. Marshall zitiert den klassischen Ökonomen Senior: »... the desire for distinction ... may be pronounced to be the most powerful of human passions« (Marshall 1924, S. 73). Aber der Gedanke bleibt bei Marshall im Vorspann, außerhalb der eigentlichen Theorie. Hier tritt er ins Zentrum, an die Stelle einer irgendwie naturalistisch zu denkenden »Bedürfnisbefriedigung«.
17 Luhmann spricht in diesem Zusammenhang von »Sekundärbedürfnissen der wirtschaftlichen Produktion« (1988, S. 61). Tatsächlich sind solche Bedürfnisse sekundär in dem Sinne, daß sie die Komplexität einer Gesellschaft, in der Wirtschaft ausdifferenziert ist, voraussetzen. Sie sind nicht sekundär im Sinne einer Reduzierbarkeit auf die Elementarbedürfnisse der Reproduktion einzelner Menschen: Jedes Kommunikationsereignis setzt mehrere Handlungsträger voraus und entsteht in deren wechselseitiger Beobachtung.

chischer Unternehmer in eins. In der Walrasschen Version funktionierten psychischer Verbraucher und soziale Produktion nach dem gleichen Kalkül. In der systemtheoretischen Version wird zwischen dem Modus der Selbstreproduktion psychischer und sozialer Wirtschaftsteilnehmer unterschieden, und gleichzeitig wird erklärbar, warum psychische Systeme in einem Kommunikationsspiel mit der Wirtschaft zwangsläufig in sozialer Form erscheinen.

Das Bewußtsein von Bedürfnis

Im vorhergehenden Abschnitt ist die Geschichte der Beobachtung von Bewußtsein in der Wirtschaft so erzählt worden, als ob es sich um das immer genauere Erkennen eines immer in gleicher Weise auftretenden Phänomens gehandelt hätte. Die sprachlichen Veränderungen gehen aber, der Theorie zufolge, mit Veränderungen der psychischen Systeme einher. Allerdings sind diese Bewußtseinsveränderungen in der Kommunikation nicht direkt beobachtbar, und außerdem wissen wir wenig über die Zeiträume, in denen sich solche Prozesse abspielen. Einigermaßen gleichzeitige Selbstbeschreibungen finden sich aber in der Regel in der »fiktiven« Literatur, also in Texten, die unmittelbare Erfindungen des Autors und damit Ausdruck seiner Empfindungen sind. Die Literaturgeschichte liefert uns so eine Reihe von Hinweisen, die die These von der Veränderung der psychischen Systeme stützen (Schmidt 1989, S. 84f.). Zwei davon werden kurz skizziert.
Ein erster Hinweis ist das Auftreten von literarischen Helden, die in der Lage sind, ihr eigenes Leben vernünftig zu gestalten. Ein frühes Beispiel dafür ist *Robinson Crusoe* (1719). Sein Autor, Daniel Defoe, war um die Wende zum 18. Jahrhundert einer der artikuliertesten Diskutanten der englischen Wirtschaft. Seine Texte wechselten in der Form zwischen beschreibender Handelslehre und erfundener Parabel. Mit dem Robinson erfand Defoe eine Gestalt, die rasch im englischen Sprachraum Verbreitung fand und die bald in alle europäischen Sprach- und Alterskreise übertragen wurde. Robinson ist der, der seine Fähigkeiten und sein Wissen einsetzt, um zu überleben. *Robinson Crusoe* ist »ein Buch, das alles lehrt, was Bücher lehren können«, urteilte J.-J. Rousseau. Das Buch half, mit Selbstvertrauen in das eigene Wissen und in die

eigene analytische Kraft neue Situationen zu meistern (Hutter 1991 b). Selbstvertrauen und analytische Kraft, als Eigenschaften von Bewußtseinssystemen, verbreiteten sich im Verlauf des 18. Jahrhunderts. Erst auf dieser Grundlage, so ist zu vermuten, konnte Smith 1776 die »kaufmännische Vernunft« zum Maß der Operationsfähigkeit der Wirtschaftsteilnehmer machen.

Ein zweiter Hinweis ist das Auftreten einer Form des literarischen Ausdrucks, etwa um die Mitte des 18. Jahrhunderts, die »Empfindsamkeit« genannt wurde. Empfindsamkeit war die literarisch notierte Reaktion auf einen bedeutenden psychischen Umbruch: Emotionen und Gefühle wurden erstmals innerhalb von Individuen lokalisiert, während sie bis dato spezifischen Aspekten der Außenwelt zugeordnet wurden: »whilst in the contemporary world it is taken for granted that emotions ›arise‹ within people and act as agencies propelling them into action, it is typically the case that in pre-modern cultures emotions are seen as inherent in aspects of reality, from whence they exert their influence over humans. Thus Barfield has pointed out how, in the Middle Ages, words like ›fear‹ and ›merry‹ did not denote a feeling located within a person, but attributes of external events ...« (Campbell 1987, S. 72).

Die exaltierten Gefühlsäußerungen waren also das erste, noch unsichere Anwenden der Erkenntnis von der Selbstgenerierbarkeit der Gefühle. Die Übertreibung der Gefühlsäußerung kommunizierte die Intention, viele Variationen der neuen Form wurden toleriert und ausprobiert.[18] Es blieb aber die nüchterne Einstellung, mit der das Selbst in der Lage ist, seinen eigenen Gefühlszustand zu beschreiben: »in so far as individuals gained control over their own tendency toward impulsiveness, and could, on the other hand, manipulate the symbolic meanings of events, then it is in deed reasonable to speak of the growth of an autonomous control of emotional expression« (ebd., S. 74).

Psychische Fähigkeiten der Koordination von Entscheidungen und von Gefühlen, die dem modernen Bewußtsein selbstverständlich ist, tauchten demzufolge erst vor etwa 250 Jahren auf. Es dauerte weitere 70 Jahre, bis die Selbstbeobachtung des Bewußt-

---

18 Ebenso deutlich fiel dann die Opposition der Mode aus. Wenn man weiß, daß Gefühle geäußert werden können, dann besteht die Kunstfertigkeit eher in ihrer raffinierten Unterdrückung.

seins mit Hilfe der Kommunikation eine Form erreicht hatte, in der wir uns auch heute noch wiedererkennen: Hauser (1951, S. 752) weist darauf hin, daß wir in den Romanen Stendhals und Balzacs »zum ersten Mal jener Sensibilität (begegnen), die in unseren eigenen Nerven vibriert«. Erst zu diesem Zeitpunkt – also in Frankreich ab 1830, in England kaum früher – war das Selbstverständnis moderner Individuen erreicht. Erst danach verbreiteten sich Formen eines Selbstbewußtseins, das so homogen war, daß formale Darstellungen durch Nutzen-Kraftfelder angemessen erscheinen konnten. Die Vermutung, daß sich psychische Selbstorganisation und ihre Beobachtung in sozialen Systemen, etwa in der Wirtschaft und der Wissenschaft, in wechselseitiger Abhängigkeit entwickeln, findet demnach durch diese Hinweise eine vorläufige Bestätigung.

4. Erwartungen in der Wirtschaft

Erwartungen spielen in zeitgenössischen Varianten der Wirtschaftstheorie eine entscheidende Rolle. Sowohl bei der Erklärung individuellen Entscheidungsverhaltens als auch bei Prognosen über das »Konjunkturklima« ganzer Volkswirtschaften wird wie selbstverständlich vorausgesetzt, daß die beteiligten psychischen Systeme über die Fähigkeit verfügen, sich ein Bild von der Zukunft zu machen und die dann eintretenden Ereignisse mit diesem Bild zu vergleichen. Die Selbstverständlichkeit erstaunt, wenn man sich darüber klar wird, wie spät Erwartungen im wirtschaftstheoretischen Diskurs auftraten und wie vage ihre psychologische Begründung bisher geblieben ist.

Bei den neoklassischen Autoren, die individuellen Nutzen zur Antriebskraft der Wirtschaft machten, sind Hinweise auf die Fähigkeit zur Berücksichtigung zukünftiger Ereignisse häufig. Jevons nannte Vorhersicht »a principle of mind which any true theory must take into account«, und Menger trennte scharf zwischen »beabsichtigten« und »tatsächlich erfolgten« Ausgaben (Marget 1942, S. 177 f.). Aber erst mit Keynes' *General Theory of Employment, Interest and Money* (1936) wurden Erwartungen explizit Teil der Erklärungen für spezifische Zustände der Wirtschaft. Keynes baut Erwartungen in das Verhalten der Unternehmer ein. Damit unterstellt er, ähnlich wie Schumpeter und andere

Autoren seiner Generation, einen qualitativen Unterschied in den Fähigkeiten von Verbrauchern und Unternehmern, ihre wirtschaftlichen Handlungen zu gestalten. Die wichtigsten Techniken zur Erwartungsbildung sind (1) die Annahme, daß die Zukunft der Gegenwart entspricht, (2) die Annahme, daß gegenwärtige Preise und Mengen die zukünftige Entwicklung antizipieren, und (3) die Orientierung der eigenen Meinung am vermuteten Urteil anderer. Die dritte Technik ist die einzige, die eine eigene, bewußtseinsinterne Leistung voraussetzt. In einem eigenen Kapitel der *General Theory* (»The state of long-term expectation«) führt Keynes aus, wie sich die Erwartungen der Marktteilnehmer, insbesondere auf Finanzkapitalmärkten, vornehmlich an den Erwartungen orientieren, die anderen Teilnehmern unterstellt werden: »The professional investor is forced to concern himself with the anticipation of impending changes, in the news or in the atmosphere, of the kind by which experience shows that the mass psychology of the market is most influenced« (Keynes 1936, S. 157).

Die psychologische Grundausstattung, die Keynes seinen Investoren unterstellt, läßt sich auf die Instinktpsychologie von W. McDougall zurückführen (Rieter 1989). Danach werden Lebewesen durch »mentale Energie« angetrieben. Menschliches Verhalten ist bestimmt durch angeborene, jedoch nicht unveränderliche innere Antriebe. Veränderung wird erreicht durch die kognitive Fähigkeit zur Wahrnehmungsverarbeitung. Eine solche Differenzierung der innerpsychischen Vorgänge geht zwar deutlich weiter, als das zu Keynes' Zeit für Ökonomen statthaft war. Im Ausgleich erhöhte Keynes die sprachliche Schärfe durch Formulierungen, die eine naturwissenschaftliche Präzision in der Berechnung der »Wahrscheinlichkeiten«, mit denen bestimmte Ereignisse eintreffen werden, vorspiegeln. Aber der Kern des Arguments ist psychologisch, nicht entscheidungslogisch (Rieter 1989).

Aus systemtheoretischer Sicht fällt eine weitere Eigenart der Keyneschen Erwartungsbildung durch Erwartungserwartungen auf. Die kommunikative Struktur von Erwartungen, die auf den Erwartungen anderer basieren, weist genau die Geschlossenheit auf, die in Abschnitt 1 als Eigenart sozialer Systeme unterstellt wurde. Der Bezug zur Außenwelt wird überflüssig durch die Rekursivität der Beobachtungen, die sich nur auf andere Beobachtungen, nie auf die Außenwelt selbst richten.[19] Keynes selbst erscheint ein derart radikaler Verzicht auf eine Beobachtung der »wirklichen Welt« als Gefahr. Damit erklärt er dann die Starrheit von Preis- und Zinssignalen trotz objektiver Veränderungen in der Wirtschaft. Was für Keynes als Störfall, als Fehlverhalten überhitzter Finanzmärkte erscheint, läßt sich systemtheoretisch als die Normalstruktur jeglicher sozialen Umwelt interpretieren. Soweit die natürliche Umwelt dem Bewußtsein »wirtschaftlich« erscheint, muß sie durch Eigentum und Geld kodiert sein. Die Vorstellung eines »Wertes« oder einer »Wertänderung« richtet sich also primär auf Kommunikation. Allein aus dem Verhalten anderer, die an einem bestimmten Wertspiel teilnehmen, läßt sich Information und Gefühl für die eigene Vorstellung von Wert gewinnen.

Erwartungen haben die Wirtschaftstheorie seit Keynes nicht mehr verlassen. Aber die Ansichten darüber, was unter Erwartungen zu verstehen ist, gehen weit auseinander. Prinzipiell läßt sich unterscheiden zwischen Ansätzen, die psychische Fähigkeit theoriefähig machen wollen, daran aber scheitern, und solchen, die Erwartungen objektivieren und dabei eliminieren.

Seit den vierziger Jahren versuchte insbesondere Katona, sozialpsychologische Größen in die Wirtschaftsprognose einzubauen. Katona unterscheidet im Bewußtsein aller Wirtschaftsteilnehmer zwischen Motiven, Einstellungen, Ansprüchen und Erwartungen. Erwartungen können abgefragt und so gemessen werden. Erwartungen verändern sich systematisch durch Lernprozesse. Dadurch lassen sich in der Tat brauchbare Konjunkturindikatoren gewinnen. Allerdings bleibt die Beobachtung auf die Indikatoren der Gesamtwirtschaft beschränkt (Katona 1972).

In der unmittelbaren Nachfolge von Keynes gab es zahlreiche Versuche, Erwartungsbildung präziser zu fassen. Beispielhaft für diese oft lose unter dem Begriff »postkeynesianisch« zusammengefaßten Ansätze ist das Werk von G. L. S. Shackle. Shackle begann mit formal rigiden Modellen, in denen Erwartungen über eine »Überraschungspotentialfunktion« operationalisiert sind.

---

19 Keynes stellt für den Kontext der internationalen Finanz- und Kapitalmärkte der dreißiger Jahre fest: »We have reached the third degree where we devote our intelligences to anticipating what average opinion expects the average opinion to be. And there are some, I believe, who practice the forth, fifth and higher degrees« (Keynes 1964, S. 156).

Mit näherer Beschäftigung verschwanden formale Kriterien ganz, und machten Platz für scharfsinnige Beobachtungen über die Universalität von Unsicherheit und die Hilflosigkeit, mit der sich Unternehmer um konkrete Anhaltspunkte zur Einschätzung zukünftiger Investitionen bemühen (Shackle 1949, 1967). Auch andere postkeynesianische Autoren gehen von der Interdependenz und Institutionalität von Verhaltensfunktionen aus (Dow/Earl 1982).

Eine sehr viel breitere Literatur widmet sich den Versuchen der Rationalisierung von Erwartungen. In der gesamtwirtschaftlichen Theorie haben »rationale Erwartungen« Konjunktur.[20] Die Grundannahme ist eine Beschränkung der Erwartungsbildung auf eine spezifische Teilmenge. Dabei wird argumentiert, daß in den Bereichen, in denen durch objektivierbare Methoden Zukunftsvorhersagen generiert werden können (und dazu gehören zum Teil auch Wirtschaftsprozesse), alle Wirtschaftssubjekte gemäß diesen Vorhersagen handeln. Wenn die Vorhersage »wissenschaftlich« ist, dann stellt sich das Problem der Übersetzung zwischen beobachteter Beschreibungssprache (in der die Vorhersage auftaucht) und Sprache der Wirtschaftstheorie (in der die Erwartungsbildung auftaucht) nicht. Damit verschwindet genau das Problem, das durch den blinden Fleck der Theorie – die Außenbeobachtung von anderen Formen der Beobachtung – entstanden war. Übrig bleiben Aussagen, die nur auf einen kleinen Teil aller in einer Wirtschaft rational gebildeten Erwartungen zutreffen.

Noch unmittelbar aus der Diskussion der dreißiger Jahre entwickelte vor allem von Neumann das Konzept des »Erwartungsnutzens«. Damit wird die Verknüpfung zwischen Wahrscheinlichkeits- und Nutzentheorie geleistet, die Keynes gerade vermieden hatte. Individueller Nutzen wird als Auszahlung kardinal meßbar, und Erwartung wird reduziert auf die eine Dimension des Eintretens spezifischer, genau abgrenzbarer Ereignisse. Zwar ist es mit diesem Ansatz gelungen, die Theorie von Gütern auf Ereignisse umzustellen. Aber der psychische Prozeß, in dem die Wahrnehmung von Alternativen und ihren Wahrscheinlichkeiten generiert wird, bleibt außerhalb der Betrachtung. Der Erwar-

---

20 Zur breiten Literatur über rationale Erwartungen vgl. Baecker (1988, S. 123).

tungsbegriff ist verkürzt auf eine nicht näher bestimmte Fähigkeit von psychischen Systemen, die Möglichkeit zukünftiger Zustände wertend miteinander zu vergleichen. Die so entstandenen subjektiven Erwartungen werden dann aber in der Modellformulierung vorausgesetzt, nur die strategische Abhängigkeit der Erwartungen voneinander wird modelliert: »Analysiert werden die *Entscheidungsverflechtungen* im Hinblick auf *Gleichgewichte des Entscheidungsverhaltens*, die die Lösung wechselseitig abhängiger Entscheidungen darstellen« (Ryll 1989, S. 25).

Die Versuche, die Bedeutung von Erwartungen für die Wirtschaft theoretisch zu erfassen, sind also in merkwürdiger Weise steckengeblieben. Aus systemtheoretischer Sicht kommen die Schwierigkeiten nicht überraschend. Erwartungen werden bei der Beobachtung sowohl als Eigenschaften psychischer Systeme unterstellt als auch als Strukturen, in denen die Vorstellungsbildung im Bewußtsein überhaupt stattfinden kann.[21] Wenn die Strukturen unterscheid- und beobachtbar sein sollen, dann müssen sie etwas anderes sein als die Vorstellungen selbst, und das heißt: sie sind Bestandteil einer sozialen Umwelt. Irgendein soziales System stellt die spezifischen Kommunikationsstrukturen zur Verfügung, in denen Alternativen, Szenarios oder Ereignisse gedacht werden können.

Veränderte Erwartungsstrukturen sind folglich »Rearrangements der Sinnverweisungen des Systems« (Luhmann 1984, S. 399).[22] Solche Rearrangements sind in allen großen Subsystemen beobachtbar. Neue Theorien zum Beispiel rearrangieren diejenigen spezifischen Sinnverweisungen, die dann in außerwissenschaftlichen Diskursen als die einzig überprüfbaren, eben »rationalen« Erwartungsstrukturen registriert werden. Neue Rechte rearrangieren die Ansprüche der Gesellschaftsteilnehmer – Ansprüche, die ihrerseits in der Kommunikation nur als »verdichtete Erwartungen« (Luhmann 1984, S. 364) in Erscheinung treten. Auch neue Preise rearrangieren Sinnverweisungen. Sie sind die Erwar-

---

21 Baecker (in diesem Band) spricht nur bei sozialen Systemen von Erwartungsstrukturen. Psychischen Systemen ordnet er »Vorstellungsstrukturen« zu. Der hier verwendete Begriff umfaßt beide Phänomene. Die grundlegende Andersartigkeit, bedingt durch die unterschiedliche Systemorganisation, bleibt freilich weiterhin unterstellt.
22 In der Luhmannschen Terminologie finden sowohl psychische als auch soziale Observationen im Medium des Sinns statt.

tungsprogramme, in deren Strukturen Zahlungs- und Leistungsabsprachen stattfinden (Luhmann 1988, Kap. 1).
Die Prozesse der Erwartungsbildung in Unternehmen und Organisationen sind strukturiert durch Entscheidungsprogramme und Entscheidungshierarchien. Die Programme liegen implizit im Verhaltenskodex der Mitarbeiter oder explizit in Routinen, die zu automatischen Anpassungsreaktionen führen. Hier hat die Spieltheorie die Möglichkeiten der erfolgreichen Entscheidungsprogrammierung beträchtlich erweitert. Programme sind aber nur die kurzfristigste und deshalb am leichtesten bewußt re-konstruierbare Form der Verflechtung exogener Erwartungen. Langlebiger und in ihrer Wirkung schwerer zu durchschauen sind Entscheidungshierarchien, wie sie für Organisationen, insbesondere für Unternehmen, typisch sind.
Soweit ist Erwartungsbildung nur in einer Form von Sinnsystemen, eben in Kommunikationssystemen, erörtert worden. Die Vorstellungsbildung in psychischen Systemen ist nur indirekt zu beobachten. Ein Ansatzpunkt der Sozialpsychologie sind starke Gefühlsbewegungen, die wegen ihrer Verbreitung und Massivität auch gesamtwirtschaftlich relevant werden. Insbesondere Angst ist von Wirtschaftshistorikern registriert worden.[23] Ein Beispiel dafür ist folgende Beobachtung zu der Folge der deutschen Hyperinflation: »Allein die starke Zunahme abweichenden Verhaltens in dieser Phase, der gut dokumentierte Wunsch vieler Menschen, sich der Bedrohung durch Immigration, Anschluß an Heilslehren oder Flucht in die Illegalität zu entziehen bzw. ihr mit den Mitteln politischer Radikalisierung oder sozialen Protests entgegenzutreten, ist ein Anzeichen für die ungewöhnliche Schärfe der Krisenlage. Aus der Devianz solchen Ausmaßes kann auf eine schwere Belastung des Normenkonsensus innerhalb der ›normalen‹ Mehrheit der Menschen geschlossen werden, die nur mit innerem Protest, mit Ärger und Wut oder mit Resignation, Hilflosigkeit, Verzweiflung und Angst auf die Gefährdung ihrer sozialen Identität zu reagieren vermochten. Die Frustration der elementaren Ordnungsbereitschaft durch den Verlust an sozialer Orientiertheit und Sicherheit im Chaos der letzten Inflationsmo-

---

23 Siehe auch Baecker, in diesem Band, zur Interpretation von Angst als Außenwelt, als »unmarkierter Zustand« in der Selbstbeschreibung von Bewußtsein und Kommunikation.

nate erklärt dabei nicht nur sozialpsychologisch, sondern auch stammesgeschichtlich, daß Angst zur verbreiteten Grundstimmung der Bevölkerung, ja zu einem Syndrom werden mußte« (von Kruedener 1989, S. 282).
Dieses Syndrom blieb fester Bestandteil des Weltbildes einer Generation: »nicht so sehr das objektive Ergebnis der Geldentwertung bis 1922 ... als vielmehr ihr subjektives Erlebnis ließ jenes Trauma entstehen, das fortan den Entscheidungsspielraum der deutschen Wirtschafts- und Finanzpolitik für lange Zeit einengte« (ebd., S. 316).
Ein zweiter Hinweis auf psychische Vorstellungsbildung ist das Phänomen der Risikofreude. Schon Keynes urteilte: »If human nature felt no temptation to take a chance ... there might not be much investment« (1964, S. 150). Die Rede von der »Versuchung«, in die »menschliche Natur« gerät, verrät die mittelalterlichen Wurzeln des verwendeten Bildes. Aber wir wissen auch heute, aus wirtschaftswissenschaftlicher Sicht, nicht viel mehr, als daß der Vorgang der Erwartungsbildung in psychischen Systemen ein Gefühl für Risiko auslöst, das dann von den Systemen teils positiv, teils negativ bewertet und entsprechend gehandhabt wird.[24]
Die beiden Effekte zeigen, daß Erwartungen in psychischen Systemen sinnvoll unterschieden werden können von den Elementarereignissen, die die Systeme selbst reproduzieren und die wir als Bedürfnisse substantiviert haben.
Es wäre demnach auch hier zu fragen, inwieweit sich die Fähigkeit der psychischen Vorstellungsbildung im Verlauf ihrer Beobachtung verändert hat. Wieder wäre zu vermuten, daß sich in der fiktiven Literatur Hinweise auf solche Veränderungen finden. Aber entsprechende Untersuchungen liegen nicht vor. Zudem ist der betrachtete Zeitraum – seit etwa 1920 – sehr viel kürzer als die 300 Jahre, über die hin die Entwicklung des Verständnisses eigener Bedürfnisse verfolgt werden konnte.

---

24 Auch in traditionellen Ansätzen wird berücksichtigt, daß unterschiedliche Risikoprofile existieren. Risikoaversion, Risikofreude und Risikoabhängigkeit sind dabei gedacht als »menschliche« Eigenschaften.

5. Selbstorganisation und Emergenz

In einer Theorie selbstorganisierender Systeme werden sämtliche Ereignisse, die üblicherweise Menschen zugerechnet werden, sozialen oder psychischen Systemen oder dem Zusammenspiel der beiden Systemformen zugerechnet. In den vorangegangenen Abschnitten ist versucht worden, die rhetorischen Orte zu bestimmen, an denen psychische Systeme im Sprachspiel der Wirtschaft auftauchen. Am Beispiel von Bedürfnis und Erwartung wurde verfolgt, wie sich die wirtschaftliche Beobachtung psychischer Systeme im historischen Zeitablauf verändert und wie gleichzeitig neue Fähigkeiten der psychischen Systeme neue Begriffsbildungen erfordern. Weil beide Formen von Selbstorganisation mit einiger Sorgfalt auseinandergehalten werden, so daß die psychischen Systeme gerade nicht »in« den Kommunikationssystemen handeln, ist es, wenn auch nur ansatzweise, gelungen, Wirtschaftssysteme und Bewußtseinssysteme in ihrer jeweiligen eigenen Entwicklung aufeinander zu beziehen. Ein dergestalt erweiterter Theoriehorizont ermöglicht neue Bezüge zwischen geistes- und sozialhistorischen Beobachtungen. Es liegt allerdings in der Logik des Neuen, daß aufbereitetes empirisches Material zu den Fragestellungen, die hier interessieren, bisher nur selten verfügbar ist.

Offen blieb in der bisherigen Darstellung noch die Frage nach dem Verhältnis der beiden Systemformen zueinander. Sowohl soziale als auch psychische Systeme sind operational geschlossen, sie stören oder faszinieren sich allenfalls. Aber laufen die Entwicklungsprozesse einfach parallel zueinander? Die von Luhmann vorgeschlagene Annahme, beide Systemtypen operierten im Medium des »Sinns«, spräche für eine solche Parallelität. Allerdings verschwindet durch das Sinn-Postulat die Eigenständigkeit der Selbstorganisation von Bewußtseinssystemen. Es scheint deshalb angemessener, zu vermuten, daß psychische und soziale Systeme zueinander im Verhältnis der *Emergenz* stehen. Emergent heißt eine Eigenschaft, die nicht durch die Eigenschaften der Elemente jener Systeme bestimmt ist, aus denen das beobachtete System aufgetaucht ist.[25] Das bedeutet: Die Operationen psychischer Systeme bleiben Teil der Bewußtseinswelt, gleichzeitig können sie

25 Vgl. die Definition im Glossar dieses Bandes.

aber, in ihrer Interpretation als Kommunikationsereignisse, Elementarereignisse einer neuartigen Systemform auslösen, die nicht auf die Operationen einzelner psychischer Systeme reduzierbar sind. Umgekehrt können die Unterscheidungen eines Sprachspiels die Vorstellungsbildung in Bewußtseinssystemen formen – also »Konstitution von oben« (Baecker, in diesem Band) gleichzeitig mit »Emergenz von unten«.[26]

Das Konzept der Emergenz ist geborgt aus der Theorie zur Entstehung organischen Lebens. Dort beobachten wir, daß sich Materieelemente zu Bausteinen von Zellen und Zellverbänden zusammenfinden, und daß dabei ein völlig neuartiges Prinzip der Selbstorganisation auftaucht. Noch wissen wir aber nicht, ob das Emergenzkonzept analog auf das Verhältnis anderer Formen der Selbstorganisation übertragen werden kann. Gilt Vergleichbares für die Entstehung von sozialen Systemen aus den Observationen von psychischen Systemen? Gilt Vergleichbares – so sollte man davor noch fragen – für die Entstehung von psychischen Systemen aus den Operationen von organischen Systemen? Und – so könnte man zumindest logisch weiterfragen – gilt Vergleichbares für die Entstehung des physischen Systems aus den Observationen von sozialen Systemen? Wenn dem so sein sollte, dann können wir den Vorgang der Gesamtentwicklung oder Evolution sämtlicher selbstorganisierender Systeme in einem Satz rekapitulieren: Seit einem spezifischen historischen Zustand des einzigen uns bekannten physischen Systems evolvieren Konstellationen von Zellelementen, die die Eigenart organischer Systeme aufweisen, seit dem Auftreten komplexer organischer Systeme evolvieren Konstellationen von Kognitions-Emotions-Elementen, die die Eigenart psychischer Systeme aufweisen, seit dem Auftreten komplexer psychischer Systeme evolvieren Konstellationen von Kommunikationsereignissen, die die Eigenart von sozialen Systemen aufweisen, und seit dem Auftreten komplexer sozialer Systeme kann das Auftauchen möglicher neuer physischer und anderer selbstorganisierender Systeme kommuniziert werden.

26 Im Spektrum der beobachteten Phänomene finden wir die ganze Skala der gegenseitigen Beeinflussung von psychischen und sozialen Bedürfnissen: Psychische Vorstellungen können Organisationen dominieren und instrumentalisieren, soziale, organisatorische Sachzwänge können Menschen – also psychische Systeme und deren Verständigungskompetenzen – instrumentalisieren.

Damit ist ein Forschungsprogramm von beträchtlichem Ausmaß skizziert. Die drei folgenden Anmerkungen dazu sind deshalb gleichzeitig abschließend und vorläufig.

1. Das physische System muß konsequenterweise innerhalb der allgemeinen Theorie selbstorganisierender Systeme auch als selbstorganisierendes System interpretiert werden. Allerdings ist nur dieses eine, einzige physische System zur Beobachtung verfügbar. Weil wir, als Beobachter, in einem strengen Sinn innerhalb des so geschlossenen Systems operieren, ist die Suche nach weiteren physischen Systemen aussichtslos. Das aber bedeutet, daß Teilbereiche des physischen Systems zwar selbstorganisiert, aber nicht selbstorganisierend im Sinne der Emergenz neuer Systeme sein können – so, wie ständig neue organische, psychische und soziale Systeme auftauchen. Daraus folgt, daß Erkenntnisse über physische Prozesse der Selbstorganisation nur sehr beschränkt auf Prozesse der Systementstehung anwendbar sind, so, wie Prozesse in einem »abkühlenden Leichnam«[27] nur beschränkte Ähnlichkeit haben mit den Prozessen innerhalb eines Embryos, eines Egos oder eines Marktes.

2. Die Theorie autopoietischer organischer Systeme hat eine zweifache Bedeutung für eine Theorie psychischer Systeme. Zum einen dient sie als Theorievorbild. Die Konstruktion des Steigerungsverhältnisses von operationaler Geschlossenheit und observationaler Offenheit, die Maturana und Varela beim Studium kognitiver Systeme entdeckten, wird übernommen und als Sonde für wissenschaftliche Forschung verwendet. Der Unterschied zwischen der Theorie autopoietischer organischer Systeme und einer Theorie selbstorganisierender psychischer Systeme bleibt aber trotz der Homomorphie gewahrt. Zum anderen sind es die organischen Systeme, aus denen die psychischen, und später auch die sozialen, Systeme emergieren. Wir müssen also die der Beobachtung jeweils entsprechenden Theorien nicht nur auseinander-

---

27 »Die Erde ist ... kein selbstherstellendes und damit erst recht kein selbsterhaltendes System in unserem Sinne, denn sie ist kein stoffwechselndes System ... ihre enorme Persistenz (die übrigens Voraussetzung für den Lebensprozeß war und noch immer ist) beruht gerade darauf, daß sie sich im fast leeren Raum befindet. Es handelt sich um die gleiche rein passive Erhaltung ... wie bei einem nahezu auf den absoluten Nullpunkt abgekühlten Leichnam« (an der Heiden/Roth/Schwegler 1985, S. 339).

halten, sondern sie auch in der richtigen Folge wechseln, wenn wir Phänomene einmal als Teil psychischer und sozialer Selbstreproduktion, ein anderes Mal als Folge autopoietischer Zellreproduktion erklären wollen.

3. Die Behauptung, physische Systeme tauchten erst in der Kommunikation auf, ist eine unmittelbare Folgerung aus der Theoriekonstruktion. Eine Theorie selbstreferentieller Systeme muß selbst selbstreferentiell sein. Sie beobachtet und beschreibt aus der Perspektive eines Sprachspiels. Somit steht das Sprachspiel am logischen Anfang.

Ein derartiges Forschungsprogramm läßt offen, ob aus ineinander verwobenen Kommunikationssystemen weitere, bisher unbekannte Formen der Selbstorganisation emergieren, die, als Folge sozialer Systeme und als Voraussetzung physischer Systeme, dann Teil des Zirkels der Ko-Evolution würden. Es läßt auch offen, ob das Forschungsprogramm selbst zur Emergenz neuer Systemformen beiträgt.

Literatur

An der Heiden, U., G. Roth und H. Schwegler (1985), »Die Organisation der Organismen. Selbstherstellung und Selbsterhaltung«, in: *Funkt. Biol. Med.*, S. 330-346.

Baecker, D. (1988), *Information und Risiko in der Marktwirtschaft*, Frankfurt am Main: Suhrkamp.

Baecker, D. (1992), »Die Unterscheidung zwischen Kommunikation und Bewußtsein«, in diesem Band.

Campbell, C. (1987), *The Romantic Ethic and the Spirit of Modern Consumerism*, Oxford: Blackwell.

Dow, S. und P. Earl (1982), *Money matters – a Keynesian Approach to Monetary Economics*, Oxford: Robertson.

Elster, J. (1987), *Subversion der Rationalität*, Frankfurt am Main: Campus.

Esposito, E. (1990), »L'Operazione dell'Osservazione«. Unveröffentlichte Dissertation, Bielefeld.

Gilgenmann, K. (1986), »Sozialisation als Evolution psychischer Systeme«, in: H.-J. Unverferth (Hg.), *System und Selbstproduktion. Zur Erschließung eines neuen Paradigmas in den Sozialwissenschaften*, Frankfurt am Main: Lang, S. 91-165.

Hauser, A. (1951), *Sozialgeschichte der Kunst und Literatur*, München: Beck.

Hirschman, A. (1977), *The Passions and Interests*, Princeton: Princeton University Press; deutsch: *Leidenschaften und Interessen*, Frankfurt am Main: Suhrkamp 1980.

Hutchison, T. (1988), *Before Adam Smith. The Emergence of Political Economy, 1662-1776*, Oxford: Blackwell.

Hutter, M. (1987), »Self-Organization instead of Regulation: Using a new Theory of Economic Associations«, Wissenschaftszentrum Berlin, Discussion Papers IIM/IP 87-7.

Hutter, M. (1989), *Die Produktion von Recht. Eine selbstreferentielle Theorie der Wirtschaft, angewandt auf den Fall des Arzneimittelpatentrechts*, Tübingen: Mohr.

Hutter, M. (1991), »Literatur als Quelle wirtschaftlichen Wachstums«, in: *Internationales Archiv für Sozialgeschichte der Literatur* 16, 2.

Hutter, M. (1992), »Organism as a Metaphor in German Economic Thought«, in: Ph. Mirowski (Hg.), *Natural Images in Economics*, Cambridge: Cambridge University Press.

Katona, G. (1972), »Theory of Expectations«, in: B. Strümpel/J. Morgen/E. Zahn (Hg.), *Human Behavior in Economic Affairs*, Amsterdam: Elsevier.

Keynes, J. M. (1964), *The General Theory of Employment, Interest, and Money*, New York: Harbinger (1. Auflage 1936).

Kluge, A. (1987), »Satzbauer an der Arbeit«, in: R. Habermas/W. Pelke (Hg.), *Der Autor der nicht schreibt*, Frankfurt am Main: Fischer, S. 77-81.

Krippendorf, K. (1984), »Paradox and Information«, in: *Progress in Communication Sciences* 5, S. 46-71.

Kruedener, J. v. (1989), »Die Entstehung des Inflationstraumas. Zur Sozialpsychologie der deutschen Hyperinflation 1922/23«, in: G. D. Feldmann u. a. (Hg.), *Konsequenzen der Inflation*, Berlin: Colloquium, S. 213-286.

Luhmann, N. (1984), *Soziale Systeme*, Frankfurt am Main: Suhrkamp.

Luhmann, N. (1988), *Die Wirtschaft der Gesellschaft*, Frankfurt am Main: Suhrkamp.

Luhmann, N. (1989), »Individuum, Individualität, Individualismus«, in: *Gesellschaftsstruktur und Semantik*, Bd. 3, Frankfurt am Main: Suhrkamp, S. 149-259.

Marget, A. (1966), *The Theory of Prices*, New York: Kelley (¹1942).

Marshall, A. (1924), *Principles of Economics*, London: Macmillan.

Mirowski, Ph. (1989), *More Heat than Light. Economics as Social Physics: Physics as Nature's Economics*, Cambridge: Cambridge University Press.

Pocock, J. (1975), *The Machiavellian Moment. Florentine Political Thought and the Atlantic Republican Tradition*, Princeton: Princeton University Press.

Rieter, H. (1989), »Hypothesen zur Erwartungsbildung bei Keynes und Schumpeter«, in: H. Riese u. a. (Hg.), *Studien zur Entwicklung der ökonomischen Theorie IV*, Berlin: Duncker & Humblot.

Ryll, A. (1989), »Die Spieltheorie als Instrument der Gesellschaftsforschung«, Max-Planck-Institut für Gesellschaftsforschung, Köln, Discussion Paper 89/10.

Schiepek, G. (1989), »Selbstreferenz und Vernetzung als Grundprinzipien zweier verschiedener Systembegriffe«, in: *System Familie* 2, S. 229-241.

Schönpflug, U. (1971), »Bedürfnis«, in: J. Ritter (Hg.), *Historisches Wörterbuch der Philosophie*, Darmstadt: Wiss. Buchgesellschaft.

Shackle, G. (1967), *The Years of High Theory. Invention and Tradition in Economic Thought, 1926-1939*, Cambridge: Cambridge University Press.

Shackle, G. L. S. (1949), *Expectations in Economics*, Cambridge: Cambridge University Press.

Schmidt, S. J. (1990), *Die Selbstorganisation des Sozialsystems Literatur im 18. Jahrhundert*, Frankfurt am Main: Suhrkamp.

Smith, A. (1970), *The Wealth of Nations*, Harmondsworth: Penguin (1. Auflage 1776).

Teubner, G. (1989), *Recht als autopoietisches System*, Frankfurt am Main: Suhrkamp.

Teubner, G. (1992), »Die vielköpfige Hydra: Netzwerke als kollektive Akteure höherer Ordnung«, in diesem Band.

Tietzel, M. (1988), »Zur Theorie der Präferenzen«, in: *Jahrbuch für Neue Politische Ökonomie* 7, S. 38-71.

Williamson, O. (1985), *The Economic Institutions of Capitalism*, New York: Free Press.

Willke, H. (1987), »Strategien der Intervention in autonome Systeme«, in: D. Baecker u. a. (Hg.), *Theorie als Passion*, Frankfurt am Main: Suhrkamp, S. 331-361.

Josef Wieland
Adam Smith' System der Politischen Ökonomie
Die Emergenz des ökonomischen Systems der Moderne

1. Einleitung

Im folgenden möchte ich der Frage nachgehen, in welchem Sinne man mit Blick auf das Soziale von selbstorganisierenden Systemen und ihrer Emergenz reden kann. Vor allen Dingen wird mich in diesem Zusammenhang interessieren, in welcher Weise ein systemtheoretisches Vokabular, das durch die Begriffe Selbsterhaltung, Selbstorganisation, Selbstreferenz, Operation, Struktur und Systemrand strukturiert ist, eine Neubeschreibung und Analyse sozialer Phänomene ermöglicht.

Meine Überlegungen hierzu werde ich Zug um Zug am Prozeß der Gegenstandskonstitution der modernen Ökonomik entfalten, genauer: an der Differenz zwischen der Auffassung der Merkantilisten und der Adam Smith'[1] über das, was das Ökonomische ausmacht. Es geht mir in erster Linie nicht um die systemtheoretische Rekonstruktion der Beobachtungen der merkantilistischen Theoretiker und Adam Smith', sondern um die Reformulierung dieser Beobachtungen in einem anderen Vokabular. Daß sich dabei auch neue Aspekte für die ökonomische Theoriebildung ergeben, wird der mit dieser Materie vertraute Leser erkennen. Mein Interesse beschränkt sich allerdings auf die Diskussion der Beschaffenheit und Leistungsfähigkeit eines bestimmten Sprachspiels. Auf einem abstrakten Niveau zusammengefaßt, werde ich folgende Antworten auf die eingangs gestellten Fragen geben:

---

[1] Die Schriften Adam Smith' werde ich wie folgt zitieren:
TMS = *The Theory of Moral Sentiments*
WN = *The Wealth of Nations*
LJ(A) = *Lectures on Jurisprudence. Report of 1762-3*
LJ(B) = *Lectures on Jurisprudence. Report dated 1766*
ED = *Early Draft of Part of The Wealth of Nations*
EPS = *Essays of Philosophical Subjects*

– Soziale Systeme sind historische Systeme. Ihre Komponenten existieren nicht voraussetzungslos, sondern sind in Raum und Zeit gegeben. Es ist daher schon auf dieser Betrachtungsebene fraglich, von ihrer *Selbstherstellung* zu reden.
– Dieser Vorbehalt wird bestärkt durch das Argument, daß soziale Systeme immer auch *intelligible* Formen sind. Pointierter: Ihre *Struktur (Relationierung der Komponenten)* verdanken sie gesellschaftlichen Diskursen über deren Nützlichkeit (Sachgerechtigkeit, Vorteilhaftigkeit) und Erwünschtheit, kurz, kategorialer Arbeit. Genau in diesem Sinne sind daher Systeme subjektabhängig. Auf der Ebene ihrer theoretischen Untersuchung ist damit auch die Möglichkeit eröffnet, ihre *Operationen* und die Gestaltung ihres Operationsmodus im Kontext handlungsfähiger sozialer Akteure zu diskutieren. Gerade hierin liegt das Spezifische sozialer Systeme.
– Demnach sollte sich der Begriff *Selbstorganisation* nur auf die Reproduktion der Komponenten und auf die Reproduktion ihrer Relationierung (Struktur) beziehen. Gerade weil aus dem bloßen Dasein von möglichen Systemkomponenten noch nichts über deren funktionale Verknüpfung gesagt ist, läßt sich sinnvoll von der Emergenz sozialer Systeme reden. Auf der theoretischen Ebene ergibt sich damit als Folgerung, daß es nicht reicht, die Funktionsweise eines Systems zu beschreiben, sondern diese ist aus dessen Konstitutionsbedingungen zu entwickeln.
– *Selbstreferentielle* soziale Systeme müssen über systemisch eingebaute Unterbrechungsregeln verfügen, die operationale Geschlossenheit und Autonomie genau dann unterbrechen, wenn es die Stabilitätsbedingungen des Systems oder des Supersystems »Gesellschaft« erfordern. Unterbrechungsregeln reflektieren daher den Zusammenhang von Autonomie und Umweltabhängigkeit sozialer Systeme. Sie müssen der Bedingung genügen, systemexterne Ansprüche an das System im System wirksam zu symbolisieren, das heißt, sie müssen operational anschlußfähig sein. An dieser Stelle ergibt sich ebenfalls die Möglichkeit und Notwendigkeit der Einführung sozialer Akteure und Institutionen in eine Theorie selbstreferentieller Systeme.
– Dies hat Konsequenzen für die Konstituierung des Randes von sozialen Systemen. Er ist weder das ausschließliche Ergebnis der operationalen Schließung des Systems noch Konsequenz einer voluntaristischen Setzung aus der Systemumwelt. Er ist vielmehr

eine duale Struktur, die sich herausbildet aus operationalen Imperativen und den Ansprüchen relevanter Umweltlogiken. Zwischen beiden besteht ein Zusammenhang der Art, daß die Randbedingungen den operationalen Relationen, also dem Mechanismus des Systems, überhaupt erst einen spezifischen Sinn geben.
Aus diesen Gründen scheint es mir auch sinnvoller zu sein, von Schnittmengen zwischen sozialen Systemen zu sprechen und nicht von Schnittstellen.

2. Intelligible Formen

Mit der Auflösung der alteuropäischen sozialen Handlungsmuster, die auf der hierarchisch subalternen Stellung der Ökonomie im Verhältnis zu Ethik, Politik und Metaphysik beruhten, entwickelte sich die Umstellung der frühneuzeitlichen europäischen Gesellschaften auf funktionale Ausdifferenzierung. Ein Ergebnis dieser Entwicklung war die Reduzierung der Komplexitätsanforderungen an ökonomisches Handeln. Dieses hatte in der Tradition sowohl metaphysischen als auch ethischen Ansprüchen zu genügen. Eine ökonomische Handlung wird in dieser Beschreibungsversion von Ökonomie dann als gelungen definiert, wenn sie sowohl mit Blick auf das zu erwartende jenseitige Leben vollzogen wird als auch einen ethisch tüchtigen Lebenswandel demonstriert. Darüber hinaus soll sie der Dauerhaftigkeit menschlicher Gemeinschaft ebenso dienen wie Ausdruck von Sachangemessenheit und Sachgerechtigkeit sein (vgl. Wieland 1989). Eine der praktischen Folgen dieses Ökonomieverständnisses war Ineffizienz in der Produktion von gesellschaftlichem Wohlstand als Folge zu hoher Komplexitätsanforderungen.
Es ist der Merkantilismus, der mit dem Beginn des 17. Jahrhunderts das kosmische und metaphysische Telos des Wirtschaftens aufweicht. Die Ökonomie sollte aus seiner Sicht vornehmlich der Politik dienen und damit auch an Effizienz gewinnen. Mit dieser Hoffnung ging dann zum ersten Mal in der Geschichte auch konsequenterweise die Notwendigkeit einher, die Funktionsweise des Ökonomischen als solche in den Mittelpunkt des Forschungsinteresses zu stellen.
In Richard Cantillons *Abhandlung über die Natur des Handels im*

allgemeinen, vermutlich verfaßt und erschienen zu Beginn des 18. Jahrhunderts, wird zum ersten Mal das Ökonomische als reine Form gefaßt und ohne Rücksicht auf ethische und politische Implikationen analysiert. Ethik und Politik werden explizit als nicht zum Gegenstand gehörig ausgeschlossen (vgl. Cantillon 1931, S. 36). Ist diese Exklusion vollzogen, zeigt sich, daß die Natur des Handels in einer zirkulären Ursache-Wirkungs-Kette liegt, die den Markt als differenzgesteuerten (innerer Preis/Marktpreis) Anpassungsmechanismus von Dingen erscheinen läßt (ebd., S. 19 ff.). Damit war der Sache nach formuliert, was François Quesnay als »tableau économique« auf den Begriff brachte. Aber er sieht klarer als Cantillon, daß Systemdifferenzierung Exklusion von Individuen und Umstellungen in der Beobachtungsperspektive erzwingt: »Nicht die Außenhändler erzeugen die Preise und die Möglichkeit, Handel zu treiben; es ist die Möglichkeit, Handel zu treiben, und es ist die mögliche Kommunikation der Preise, durch welche die Außenhändler erzeugt werden« (Quesnay 1976, S. 102).

Aus der Perspektive eines Systems von Preiskommunikation durch Preiskommunikation sind Wirtschaftsakteure nur externe Ereignisse.

Am Ende dieser Entwicklung stand in der zweiten Hälfte des 18. Jahrhunderts dann die soziale Wahrnehmung, und hier wiederum an exponierter Stelle die Theorie von Adam Smith, daß Ethik, Politik und Ökonomie relativ autonome Teilsysteme einer Gesellschaft sein sollten, die dann am wirksamsten sein würden (zumindest gilt das für die Ökonomie), wenn sie sich darauf beschränkten, für ihre Umwelten spezifische Leistungen zu erbringen. Für die Ökonomie bedeutete das in der Konsequenz, daß deren Steuerungsmechanismus weder metaphysischen noch ethischen noch politischen Imperativen, sondern ausschließlich systeminternen Kriterien folgen sollte (vgl. Luhmann 1980, 1981, 1989).

Dieser »Umbau der Gesellschaft« (Niklas Luhmann) ist nun keineswegs allein als Ergebnis sich blind durchsetzender Geld- und Warenwirtschaft zu verstehen, sondern verdankt sich als Ordnungsleistung einem Prozeß intellektueller Arbeit an der Sichtbarmachung und Durchsetzung neuer gesellschaftlicher Strukturen. Ein erstes charakteristisches Indiz hierfür ist der Umstand, daß der ökonomische Publizist dieser Zeit noch kaum zu trennen

ist vom politischen und umgekehrt. Von der merkantilistischen Literatur bis zu Adam Smith gilt, daß ökonomische Theorie Theorie der Gesellschaft, das heißt Arbeit an der wirtschaftlichen und politischen Einrichtung eines sozialen Raumes ist.
Adam Smith' Sicht des Ökonomischen nimmt ihren Ausgangspunkt in einem Modell gesellschaftlicher Evolution.[2] In seinen *Lectures on Jurisprudence* unterscheidet er vier »stages of age« (*LJ(A)* 1.27) oder »periods of human society. The four stages of society are hunting, pasturage, farming and commerce« (*LJ(B)*, S. 149).
Diese vier Entwicklungsstufen folgen einerseits dem Zeitpfeil, andererseits aber sind sie auch als Qualifizierung von Gesellschaften durch ihren Grad an Arbeitsteilung und damit zusammenhängend durch ihren dominanten Produktionstyp zu verstehen.
Das »age of commerce« ist mit Bezug auf die Hervorbringung von individuellem und gesellschaftlichem Wohlstand allen anderen Stufen überlegen. Die es charakterisierende fortgeschrittene Arbeitsteilung führt zu einer Ausweitung des Handels und damit auch der Bedürfnisbefriedigung. Handel und Bedürfnisdifferenzierung wiederum führen zu weiterer Arbeitsteilung (*LJ(B)*, S. 150). Dieser in sich selbst zurückkehrende, zirkuläre Prozeß ist begleitet vom Siegeszug der gesellschaftspolitischen Idee der Arbeitsteilung. Arbeitsteilung ist die ökonomisch relevante Ursache fortschreitender gesellschaftlicher Funktionalisierung und Differenzierung (vgl. Durkheim 1988; Simmel 1989). Ich spreche hier ausdrücklich von der gesellschaftspolitischen Idee der Arbeitsteilung, weil das Neue dieser geschichtlichen Epoche weder die Arbeitsteilung noch deren quantitative Zunahme ist. Arbeitsteilung in modernen Gesellschaften ist mehr als ein ökonomisches Prinzip. Auf ihr beruht nicht nur der Reichtum der Nationen, sondern beruhen auch die sozialen Beziehungen der Menschen: »Every man thus lives by exchanging, or becomes in some measure a merchant, and the society itself grows to be what is properly a commercial society« (*WN*, 1.iv.1).
Diese zirkuläre Struktur gegenseitiger Abhängigkeit und Nützlichkeit, die das Wesen der »commercial society« ausmacht, des-

---

[2] Hier und auch im folgenden stütze ich mich bei der Darstellung von Smith' Theorie teilweise auf einen früheren Aufsatz (vgl. Wieland 1991).

sen Schwungrad das anthropologisierte Streben der Bürger nach einer Verbesserung ihrer Lebenssituation ist, hat zur inneren Voraussetzung die von der Arbeitsteilung ausgelöste Prozeßdynamik von Handel und Bedürfnis.

Aber Adam Smith begreift diese gesellschaftliche Struktur nicht als identisch mit den universalistisch gültigen empirischen Akten des Wirtschaftens: Arbeit, Handel, Bedürfnis. Vielmehr basiert Arbeitsteilung auf dem Prinzip »division and combination« (*WN*, 1.i.3) und ist das analytisch-konstruktive Herstellen eines Verbundes von operational zusammenhängenden Komponenten durch Beobachtung. Mit Blick auf gesellschaftstheoretische Sachverhalte ist gerade dies die Aufgabe des Philosophen »or men of speculation, whose trade it is, not to do any thing, but to observe every thing; and who, upon that account, are often capable of combining together the powers of the most distant and dissimilar objects« (*WN*, 1.i.9).

In diesem Kontext gewinnt auch die Metapher von der »invisible hand« ihre allgemeine Bedeutung. Sie ist eine intelligible Form des Zusammenhangs, die hinter dem Ansichtshaften der Akte des Wirtschaftens liegt und die dennoch verhaltensrelevante Maßstäbe für ökonomische Akteure setzt. Wie neu diese gesellschaftliche Struktur dem Denken im 18. Jahrhundert war, zeigt sich sehr deutlich darin, daß Adam Smith im *Wealth of Nations* immer wieder auf die Differenz zwischen dem greifbaren wirtschaftlichen Tatbestand und dem abstrakten Begriff hiervon abstellt. Wie er selbst häufiger bemerkt, trachtet er danach, sie durch weitschweifige Beispiele zu erklären, weil der ökonomische Mechanismus »in its own nature extremely abstracted« (*WN*, 1.iv.18) ist. Es ist erst die Beobachtung der Differenz konkret/abstrakt, die Unterscheidung von empirischem Akt und Formgebung, die für Adam Smith zum Verständnis moderner ökonomischer Zusammenhänge führt.

Zur Charakterisierung dieser wirtschaftlichen Ordnung bedient er sich, ganz in der liberalen angelsächsischen Tradition, der Maschinenmetapher, die für die »regelmäßige und harmonische Bewegung des Systems, der Maschine« steht und die im gesellschaftlichen Kontext auf die »wirtschaftliche Einrichtung« eines Landes verweist (*TMS*, S. 315). Es ist daher gerade nicht die empirische Einteilung und Verknüpfung von Wirtschaftstätigkeiten, die das Ökonomische als selbstorganisierendes System in einem materialen Sinne konstituierte.³ Mit einer solchen Interpretation würde das Eigentümliche sozialer Ordnungen aus dem Blick geraten, nämlich daß sie als Leistung vernünftigen Denkens immer auch geistige und sprachliche Konstrukte sind (vgl. Goodman 1984, 1987; Rorty 1989), die man nicht beobachten, sondern nur erschließen kann. Adam Smith war sich dieser Zusammenhänge bewußt: »Systems in many respects resemble machines. A machine is a little system, created to perform, as well as to connect together, in reality, those different movements and effects which the artist has occasion for. A system is an imaginary machine invented to connect together in the fancy those different movements and effects which are already in reality performed« (*EPS*, IV.19).

Die erkenntnistheoretische Dimension dieser Passage bedarf in unserem Zusammenhang nicht der Diskussion. Mich interessiert statt dessen ein anderer Aspekt – der der Form.

Daß Wirkzusammenhänge zwischen Angebot, Nachfrage und Preis bestehen, konstituiert noch nicht einen selbstregulierenden Mechanismus. Tatsächlich kannte etwa das griechische Denken sowohl diese wirtschaftlichen Wirkzusammenhänge als auch die Phänomene natürlicher Selbstorganisation, ohne je auf die Idee zu verfallen, dem Ökonomischen das Attribut »selbstorganisierend« zuzuordnen. Xenophon, der in seiner volkswirtschaftlichen Schrift *Über die Staatseinkünfte* den wirtschaftlichen Mechanismus einer Polis in einer Weise beschrieb und analysierte, der man im England des 18. Jahrhunderts ohne Zögern das Prädikat »selbstregulierend« verliehen hätte, nennt das von ihm Beobachtete »kataskeuazesthai«: einrichten, Einrichtung (vgl. Wieland 1989; S. 204 ff.). Daß Wirkzusammenhänge existieren, sagt offenbar wenig über die Form der Relationen aus. Sie läßt sich sowohl als Göttermacht begreifen als auch als Ergebnis personaler Interaktion deuten. Ihr Telos ist dann nicht auf sich selbst, sondern auf soziale, politische oder metaphysische Zwecke ausgerichtet. Wenn wir nun den Merkantilismus als abgeschlossenes Vokabular (vgl. Rorty 1989) verstehen, das das Eigentliche der Ökonomie in der Politik sieht, dann wird deutlich, daß diskursiven gesellschaftlichen Prozessen kategorial vermittelter Formbestimmung die gegenstandskonstitutive Umbiegung der ökonomischen Zielfunk-

---

3 Vgl. für die gegenteilige Auffassung exemplarisch: Wagenführ 1933.

tion auf nichts anderes als sich selbst zugeschrieben werden muß. Daß der Erfolg solcher diskursiven Anstrengungen letztlich kontingent ist, ändert nichts am Prozeß, sondern nimmt ihm nur den Anspruch auf Determiniertheit.[4] Nicht ohne Grund spricht Adam Smith in der *Theory of Moral Sentiments* davon, daß soziale Systeme Ergebnis abstrakter und philosophischer Betrachtung seien, »Erzeugnis menschlicher Kunst« (*TMS*, dt. S. 526), die in einem Land »eingerichtet« und »eingeführt« würden (ebd., S. 319).

3. Diskurse

Das Problem, mit dem sich Gesellschaften an diesem Punkt ihrer Evolution konfrontiert sehen, lautet: Sind abstrakte Strukturen sozial vertrauenswürdig?

Einer der ersten, der das sah, war Thomas More, der 1523 vor dem House of Commons erklärte: »But I say confidently you need not fear this penury or scarceness of money; the *intercourse of things* being so established throughout the whole world, that there is a *perpetual circulation* of all that can be necessary to mankind. Thus your commodities will ever find out money« (zitiert nach Vinner 1937, S. 75).

Die Annahme eines zirkulären und selbständigen Ding-Ding-Nexus im Bereich des Ökonomischen markiert einen Bruch mit allen alteuropäischen Denktraditionen. Dieser Bruch wird allerdings nicht in Kontinentaleuropa, sondern in Großbritannien organisiert. Während der Kontinent mit der Metapher der Uhr für das Soziale ein hierarchisches und autoritäres System präferierte, wird im Vereinigten Königreich die Rückkopplungsmetapher geschätzt und entwickelt, die für Selbstregulierung und Liberalismus stand.[5]

Die Rückkopplungsmetapher wird in der Folgezeit der Bezugspunkt einer nicht mehr abreißenden Diskussion über die Selbstregulierung internationaler Distributionsprozesse des Geldes und der durch es zirkulierten Waren. Der theoretische Gedanke, der sich bei Thomas More nur angedeutet findet, wird von Gerard de

---

4 Vgl. als eine detailreiche historische Untersuchung: Mayr 1987.
5 Vgl. zu diesem interessanten Unterschied von sozialen Vokabularen: Mayr 1987.

Malynes, John Locke, Dudley North, Isaac Gervaise, Jakob Vanderlint und vor allem David Hume ausgearbeitet: Gleich einem System kommunizierender Röhren attrahiert ein Land automatisch die Menge Geld, die notwendig ist, um seine Warenpreise auf einem Niveau zu stabilisieren, das, relativ zu den im Ausland herrschenden Preisen, den Ausgleich von Warenexporten und -importen herbeiführt. Kommt es infolge eines Exportüberschusses in einem Land zu einem Geldüberhang in der Periode t_0, dann erhöht sich der Geldausdruck der zirkulierenden Waren, und es steigen die relativen Preise. Die Konsequenzen sind sinkender Export und steigender Import. Die daraus resultierende negative Zahlungsbilanz muß in der Periode t_1 ausgeglichen werden, und dies führt zum Abfluß des Geldüberhangs.

An diesen Überlegungen war unter Merkantilisten nicht die Quantitätstheorie des Geldes kontrovers. Erst die Integration des internationalen Handels in ein selbstregulierendes System relativer Preise richtete sich gegen eine ihrer fundamentalen Annahmen: die der positiven Handelsbilanz.[6] Da für sie Geld, Gold oder Silber den Wohlstand der Nationen verkörperte, war die mögliche Konsequenz eines selbstregulierenden Mechanismus, der Abfluß desselben in das Ausland, inakzeptabel.

So entsteht die Idee selbstorganisierender Ökonomie, die schließlich zum theoretischen und praktischen Kollaps des Merkantilismus führen sollte, im Schoß des Merkantilismus. Sie heftet sich von allem Anfang an an den Ausdifferenzierungsprozeß der abstrakten Geldform und findet als intelligible Form auch nur hier einen Nährboden. Von dort sickert sie in alle Bereiche der Gesellschaft.

Es war David Hume, der den Mechanismus auf den Handelsverkehr zwischen Distrikten in *einem* Land übertrug (vgl. Hume 1898), aber erst Adam Smith dehnte die Idee auf die Verknüpfung aller wirtschaftlichen Akte *einer* Nation und deren Akteure aus. Sein Begriff der »commercial society« verdichtete bis dahin politisch strukturierte Akte des Wirtschaftens zu einem autonomen und rekursiv operierenden Phänomenbereich, der als solcher forschend konstruiert werden mußte, wenn man etwas über die Quellen des *Wealth of Nations* erfahren wollte.

---

6 Vgl. zu der hier nur knapp skizzierten Diskussion ausführlicher: Angell 1926; Vinner 1937.

Aus der Überzeugung Adam Smith', daß Funktionalität und Selbstorganisation unhintergehbare Charakteristika moderner Ökonomie seien, speiste sich seine theoretische und wirtschaftspolitische Auseinandersetzung mit dem zu seiner Zeit noch herrschenden Merkantilismus. Nach seiner Auffassung ist es nicht Sache des ökonomischen Systems, über externe politische Steuerung staats- und kolonialreichbildend zu wirken, sondern die Zielfunktion einer wohlstandschaffenden Ökonomie muß rekursiv auf sich selbst gerichtet sein, auf den störungsfreien Ablauf ihrer Operationen. Dies sichtbar werden zu lassen war für Adam Smith die Aufgabe des modernen Philosophen und Theoretikers, der, indem er für die bewußte Einführung der durch Beobachtung und Abduktion gewonnenen Selbstbezüglichkeit des Ökonomischen in die Wirtschaft eintritt, an der Bildung des Systems der Politischen Ökonomie und dessen operationaler Basis arbeitet.

Es sind gerade die operationalen Zusammenhänge der Ökonomie, die der Merkantilismus nach Adam Smith nicht sieht. Der Merkantilismus steht deshalb in der ständigen Gefahr, mit den bösen Folgen guter wirtschaftspolitischer Absichten konfrontiert zu werden: »It is thus that every system which endeauvours, either, by extraordinary encouragements, to draw towards a particular species of industry a greater share of the capital of the society than what would *naturally go to it*. Or, by extraordinary restraints, to force from a particular species of industry some share of the capital which would otherwise be employed in it; is in reality subversive of the great purpose which it means to promote. It retards, instead of accelerating, the progress of the society towards real wealth and greatness; and diminishes, instead of increasing, the real value of the annual produce of its land and labour.

All systems either of preference or of restraint, therefore, being thus completely taken away, the obvious and simple system of natural liberty establishes itself of its own accord« (*WN*, IV.ix.50f.).

In einem Satz: Nur der ungestörte Vollzug von Selbstorganisation schafft Wohlstand, Gerechtigkeit und Freiheit. Mit welchen Einschränkungen dieser Satz gilt, werden wir später diskutieren.

Die bisherige Diskussion plausibilisiert die Auffassung, daß es nicht so sehr die theoretischen Innovationen sind, die Adam Smith' herausragende Rolle in der Geschichte der Ökonomik begründen, vielmehr ist es seine kontrafaktische Arbeit an der gesellschaftlichen Modernisierung, an der Konstituierung und Durchsetzung funktional ausdifferenzierter Ökonomie, die einem selbstbezüglichen Muster folgt. Er schrieb mit Blick auf die »kategoriale Problemlösungssituation« (Nelson Goodman) einer Übergangszeit, in der der Merkantilismus im Zuge seiner abnehmenden Wirklichkeitskongruenz ein semantisches Vakuum geschaffen hatte, das nach Revision und Reorganisation verlangte.[7]

Von entscheidender Bedeutung ist hier der den wirtschaftlichen Tatsachen vorauseilende Konnotationswechsel in Adam Smith' Kategorie »wealth«. Zwar gilt von Aristoteles bis Adam Smith der Satz, daß das Ziel der Ökonomie der Reichtum sei. Aber Adam Smith definiert den Begriff des Reichtums neu. Nicht Geld, das häufig nur für unproduktive Konsumzwecke und überflüssige Luxusbedürfnisse hergegeben wird, macht für ihn den »wealth« einer Nation aus, sondern der durch produktive Investition erzeugte »exchangeable value of the annual produce of the land and labour of the country ...« (WN, IV.iii.c3).

Erst die Umdefinierung der ökonomischen Zielfunktion im Rahmen eines geschichtlich neuen Produktivitätsparadigmas eröffnet die Möglichkeit selbstreferentieller Vernetzung der Ökonomie, weil nur die Bewegung von Tauschwerten infinit, rastlos zirkulär ist. Hier wird deutlich, von welch strategischer Bedeutung die Umformung der Kategorie »wealth« durch Adam Smith war. Tauschwerte und nicht Geld als Verkörperung von nationalem Reichtum erlauben die operationale Schließung des ökonomischen Systems und damit dessen Autonomie. Im Akt des Konsums endet jede Ökonomie, um dann bei Bedarf erneut zu beginnen. Die Produktion von Tauschwerten hingegen kann nur gelingen in der ununterbrochenen Reihe vorgängiger und anschließender Tauschwerte. Tauschwerte gewinnen ihren Sinn nur aus dem Bezug auf andere

---

7 Zu der These, daß Adam Smith seine Ökonomik mit Blick auf eine Ökonomie entwarf, die auf dem Weg von einem merkantilen zu einem selbstorganisierenden System war, vgl. wirtschaftsgeschichtlich Deane 1977; Kindelberger 1976; Treue 1973. Erst der nach dem Verlust der amerikanischen Kolonien abgeschlossene Eden-Vertrag (1786) bringt den Durchbruch liberaler Wirtschaftspolitik, welche die theoretischen Auffassungen Adam Smith' zur herrschenden Praxis werden ließ. Daß der *Wealth of Nations* im selben Jahr erschien (1776), in dem England seine amerikanischen Kolonien verlor, zeugt von einer symbolischen Laune der Geschichte.

Tauschwerte. Der Sieg des Tauschwertes über den Konsum, des Abstrakten über das Konkrete, des wechselseitig Abhängigen über das Singuläre ist eine notwendige Folge der sozialgeschichtlichen Evolution zur »commercial society«. Adam Smith' harsche Kritik an der Verschwendungssucht und den Konsumbedürfnissen seiner Zeitgenossen (WN, II.iii.35–39) und sein Plädoyer für produktive Investitionen lassen sich vor dem hier aufgespannten strukturellen Hintergrund verstehen.

Theoretisch pointiert ergibt sich als ein erstes Fazit: Erst die erfolgreiche Arbeit an der Änderung ökonomischer Denkformen schafft Zug um Zug den gesellschaftlichen Raum, in dem die Ökonomie als selbstbezüglicher Mechanismus zur Wirkung kommen kann und damit existiert. *Die Emergenz neuer sozialer Formen ist ein Prozeß diskursiver Relationierung.* Mehr noch: Gerade weil aus den Eigenschaften der ansichtshaften Akte des Wirtschaftens noch nichts über die Natur ihrer Relationen folgt, kann man überhaupt von der Emergenz selbstorganisierender sozialer Systeme reden. Denn nur so gerät der Prozeß des Übergangs von einer sozialen Organisationsform in eine andere (in unserem Fall von fremdorganisierter antiker, mittelalterlicher und frühneuzeitlicher Ökonomie in selbstorganisierte Ökonomie der Neuzeit) in den Blick. *Systeme mögen formal geschlossen sein, signifikativ aber sind sie offen* (vgl. Valéry 1988, S. 444).

Dies hat Konsequenzen für den Charakter des Begriffs der Selbstorganisation sozialer Systeme. *Wenn Systeme eine verhaltensrelevante, mentale und kategoriale Ordnung empirischer Akte sind, dann ist es nicht möglich, die Bildung ihrer Strukturen als spontanen Prozeß zu begreifen.* Es ist gerade umgekehrt: Was man beobachten kann, ist der durch gesellschaftliche Diskurse durchgesetzte und konstituierte, auf den Nachweis von Nützlichkeit angewiesene Übergang von Fremdorganisation zu Selbstorganisation. Dieser Übergang mag kontingent sein, nicht aber spontan. Es folgt weiterhin, daß man nur in einem mißverständlichen Sinne von der *Selbstherstellung der Komponenten* (im Sinne empirischer Akte und intelligibler Formen) sozialer Systeme durch das System ausgehen kann: Herstellung von Systemkomponenten ist eine vorgängige und systemexterne Leistung. Soziale Systeme müssen konstruiert und gestartet werden, und erst dann ist es sinnvoll, von der *Selbstorganisation des Reproduktionsprozesses der Komponenten und ihrer Relationierung* zu sprechen.

4. Operationen

Ich möchte mich nun der Systemarchitektur der »commercial society« zuwenden, so wie sie aus Adam Smith' theoretischen Schriften rekonstruiert werden kann. Sie besteht aus drei Ebenen: Eine erste Systemebene dient der Kennzeichnung unterschiedlicher *Wirtschaftsordnungen* (konkret: Physiokratismus und Merkantilismus) mit identischen Zielfunktionen (konkret: Vermehrung des Wohlstandes), die unterschiedlichen Stadien der ökonomischen Evolution zugeordnet sind. Wirtschaftsordnungen sind institutionalisierte Relationen zwischen wirtschaftlichen Akten und wirtschaftlich motivierten Akteuren.

Eine zweite Ebene des Systembegriffs bezieht sich auf *Theorien*, die verstanden werden als zweckbezogene, analytisch-abstrakte Herauspräparierungen der *Verknüpfungsregeln* zwischen ökonomischem Akteur und empirischem Wirtschaftsakt.

Im *System der Politischen Ökonomie* sind der theoretische und wirtschaftspolitische Systemaspekt ineinander verschränkt (*WN*, IV.1). Es ist demnach die durch politische Grundsätze verfaßte Ordnung des Wirtschaftens, die ihrerseits das Resultat theoretischer Strukturierung multipler und disparater Praxis (Akte und Akteure) ist.

Adam Smith nutzte die Systemidee aber noch auf einer dritten, tieferliegenden Ebene, nämlich zur Bezeichnung der Operationsweise des ökonomischen Mechanismus auf einer reinen Ding-Ding-Ebene. Im 7. Kapitel des Ersten Buches untersucht er den Preisbildungsprozeß im »modern system of commerce«. Der daraus resultierende preisinduzierte Angebot/Nachfrage-Mechanismus reguliert sich selbst über eine doppelte Differenz: »The quantity of every commodity brought to market *naturally suits itself to* the effectual demand« (*WN*, I.vii.12; Hervorhebungen J. W.).

Es ist die Differenz zwischen Angebot (A) und Nachfrage (N), die zum Marktpreis (MP) der Güter führt, der wiederum eine bestimmte Nachfrage zur Folge hat, die dann auf das Angebot zurückwirkt. Eine etwas formalere Darstellung zeigt den operational geschlossenen Charakter der Wirtschaftsakte Angebot (Produktion), Nachfrage (Konsum), der über den Marktpreis vermittelt wird:

$$(A^\circ - N^\circ) \rightarrow MP^\circ \rightarrow (N' - A') \rightarrow MP' \rightarrow (A'' - N'') \rightarrow MP'' \ldots$$

Allerdings bilden diese Relationen nur einen Teil des Smithschen Systems der Politischen Ökonomie, sozusagen seine einfachste Grundstruktur. Denn die zentrale Rolle in diesem System, ganz im Gegensatz zu den Annahmen der modernen Ökonomik, spielt nicht der Marktpreis, sondern der natürliche Preis.

Der *Marktpreis* ist definiert über die Nachfrage (Bedürfnis) nach einem Gut, seiner relativen Knappheit und der vorhandenen Kaufkraft (*LJ(B)*, S. 227 f.).

Anders hingegen der *natürliche Preis* der Ware. Er ist der Preis, der alle Kosten (Lebensmittel, Bildung, bezogen auf Lebenszeit) der Arbeit, die als alleiniger Produktionsfaktor unterstellt ist, deckt. Er führt daher zur Erstellung eines Warenangebotes in der »commercial society« (*WN*, 1.vi.,vii; *LJ(B)*, S. 227). In diesem Sinne bezeichnet Adam Smith den natürlichen Preis auch als den normalen oder ortsüblichen Preis.

Die Differenz zwischen dem Marktpreis und dem natürlichen Preis (NP) einer Ware, worunter Adam Smith also den Kostpreis der Arbeit versteht, ist es, die zu einem bestimmten Warenangebot mittels einer entsprechenden Allokation der Produktionsfaktoren führt (*WN*, 1.vii.1). *In diesem Zusammenhang* ist der natürliche Preis der Grenzpreis, der bei Unterschreitung zu einer Reallokation von Kapital und Arbeit führen muß.

Damit sind die Marktebene (A, N, MP) und die Produktionsebene (NP, A) der Ökonomie ebenfalls in operational geschlossener Weise verknüpft:

$$(A°-N°) \to MP° \to (MP°-NP) \to A' \to (A'-N') \to MP' \to (MP'-NP)\dots$$

Rekursive Transferakte (A; N = Geld und Waren als Repräsentant und Träger von Gebrauchs- und Tauschwert) sind die Komponenten dieses Systems, das wir in Abgrenzung vom System der Politischen Ökonomie als ökonomisches oder operationales System rekursiver Transferakte bezeichnen wollen. Seine Charakterisierung als selbstorganisierend bezieht sich erstens auf den Umstand, daß jedes Element dieses Prozesses notwendiges Anschlußereignis für das folgende ist. Zweitens bezieht er sich darauf, daß es sich um einen Prozeß handelt, der, einmal losgelassen, zu einer stabilen zirkulären Struktur führt. Es ist die Rückkehr des Prozesses, die Operationen rechtfertigt (vgl. Valéry 1988, S. 372).

Von zentraler Bedeutung ist, daß die Komponenten des Systems als unaufhebbare Differenzen konstruiert sind. Nur Differenzen erhalten die Dynamik des ökonomischen Systems, dessen Steuerungsmechanismus Preise sind, die ihrerseits Differenzen auf der Ebene der Transferakte symbolisieren. Ein Angebot ohne Nachfrage ist hier schlicht gegenstandslos. Die Aufhebung der Differenz im Gleichgewicht zwischen Angebot und Nachfrage würde zur Erstarrung und damit zum Zusammenbruch der dynamischen Struktur führen.

Neben störenden Eingriffen aus der Umwelt des ökonomischen Systems (Politik) ist es für Adam Smith gerade die systeminterne permanente Differenzenbildung, die im Idealfall zu einem *prozessierenden* Gleichgewicht führt, in jedem Fall aber eine Tendenz dorthin erzeugt: »The natural price, therefore, is, as it were, the central price, to which the prices of all commodities are continually gravitating« (*WN*, 1.vii.15). Wie sehr diese Idee einer fortwährenden Bewegung der Marktpreise um den natürlichen Preis die Stabilitätsvorstellungen der Zeitgenossen verwirrte, entnehmen wir einem Brief von Governor Pownall an Adam Smith: »If any one, who has got a lead in business, should adopt your distinction of natural and market price; and, following the delusion of your metaphor, should think, that, as in nature, all market prices do perpetually gravitate to the natural central price, so the circuiting motion of all market prices should be made to take and keep this direction round their center ... he may, through a confusion and reverse of all order, so perplex the supply of the community, as totally to ruin those who are concerned in it, and intireley to obstruct it« (Mossner/Ross 1977, S. 347).

Der für das theoretische Verständnis der Smithschen Ökonomie entscheidende Punkt ist die hier deutlich werdende duale Struktur des Ökonomischen. Was den *natürlichen Preis* zum natürlichen Preis macht, ist offenbar seine Bindung an die Reproduktionsfähigkeit eines historisch gegebenen Individuums, das Voraussetzung dafür ist, daß es entwickelte Ökonomie (Produktion, Tausch) überhaupt gibt. Daß Adam Smith aus der Perspektive des natürlichen Preises auch Fragen der Angemessenheit und Gerechtigkeit im ökonomischen Mechanismus thematisieren kann, leuchtet unmittelbar ein, da ihm immer schon Verteilungszustände zugrunde liegen. Vorderhand aber interessiert mich nur, daß der natürliche Preis als Voraussetzung und Konsequenz des puren Daseins etwas sehr Konkretes bezeichnet. Der *Marktpreis* hingegen ist das Ergebnis der Interaktion von Qualität und Quantität der Nachfrage und als solcher temporäres Resultat eines sehr abstrakten, artifiziellen Mechanismus.

Die Differenz zwischen dem natürlichen Preis und dem Marktpreis verweist daher auf unterschiedliche ontologische Ebenen, in denen sie verankert sind. Während der natürliche Preis sowohl Mensch-Mensch- als auch Mensch-Ding-Beziehungen thematisiert und eine Bezugsgröße für Ding-Ding-Beziehungen (Marktpreise) ist, zeigen sich in den Oszillationen der Marktpreise nichts als Bewegungen in einer Welt der Dinge. Ersterer gehört damit sowohl zum System der Politischen Ökonomie als auch zu dem System rekursiver Transferakte, während letzterer nur letzterem zugerechnet werden kann. Diese etwas komplizierte Struktur wird uns im nächsten Abschnitt eingehender beschäftigen.

Adam Smith betrachtet den natürlichen Preis weiterhin, wie bereits bemerkt, als den Preis, der langfristig ein »center of repose and continuance« (*WM*, I.vii.15), ein Zentrum fluktuierenden Gleichgewichts, ist. Wenn nun der Marktpreis vom natürlichen Preis abweichen kann und auch abweicht, dann kann ihm selbst und dem Mechanismus, der ihn hervorbringt, zu keinem Zeitpunkt das Prädikat »natürlich« zugeschrieben werden. Da es aber eine kontinuierliche Gravitation des Marktpreises zum natürlichen Preis gibt, kann die Realisierung natürlicher Verhältnisse einem artifiziellen Mechanismus zugerechnet werden. Diese ineinander verschränkte Dualität artifizieller Strukturen und Natur (das, was sich aus der Sache selbst ergibt) charakterisiert für Adam Smith die Verkehrsverhältnisse moderner Gesellschaften, die eine ökonomische Theorie auf der Höhe ihrer Zeit nicht ignorieren kann, sondern umgekehrt zum Ausgangspunkt ihres Raisonnements zu nehmen hat.

5. Unterbrechungsregel und Konditionierung

Welche Konsequenzen diese Dualität für die Operationen des ökonomischen Systems hat, möchte ich nun an einer Passage aus den *Lectures* diskutieren: »Thus we have considered the two prices, the natural and the market price, which every commodity is supposed to have. We observed before that however seemingly independent they appear to be, they are necessarily connected. This will appear from the following considerations. If the market price is very great, and the labour very highly rewarded, the market is prodigiously crowded with it, greater quantities of it are produced, and it can be sold to the inferiour ranks of people. If for every ten diamonds there were ten thousand, they would become very cheap, and would sink to their natural price. Again, when the market is overstocked and there is not enough got for the labour of the manufacture, no body will bind to it; they cannot have subsistence by it, because the market price falls then below the natural price« (*LJ(B)*, S. 229).

Die duale Struktur von natürlichem Preis und Marktpreis inkorporiert demnach verschiedene Entwicklungsmöglichkeiten.

Ein hoher Marktpreis führt zu einer hohen Faktorentlohnung, und dies hat wiederum zur Folge, daß das Warenangebot zunimmt bei sinkenden Preisen. Die quantitative und qualitative Güterversorgung aller Bevölkerungsschichten, relativ aber besonders die der unteren, verbessert sich. Mehr noch: Im »Early Draft of Part of The Wealth of Nations« expliziert Adam Smith, daß unter der Bedingung kontinuierlicher Produktivitätssteigerungen via fortschreitender Arbeitsteilung eine kontinuierliche Verbilligung der Güter bei steigenden Löhnen das Signum der »commercial society« sei. Bestehende Verteilungsungerechtigkeiten würden damit zwar nicht sofort aus der Welt geschafft, wohl aber sukzessive (*ED*, S. 10f.). Wo die mittelalterliche Scholastik noch umfangreiche philosophische und theologische Erörterungen anstellte zur Bestimmung von Tausch- und Verteilungsgerechtigkeit, löst sich hier die ganze Frage zunächst einmal auf in die nach der Funktionstüchtigkeit der intelligiblen Form Ökonomie. Gerechtigkeit, ökonomisch formuliert, ist damit für Adam Smith die Möglichkeit, daß der von Arbeitsteilung und Wettbewerb angetriebene Marktmechanismus zum natürlichen Preis der Güter führt. An diesem Punkt kann jeder produzieren bei Realisation seiner Kosten, und gleichzeitig kommt es zu einem zunehmenden Güterangebot bei sinkenden Preisen. Real meint dies den kontinuierlichen Anstieg des natürlichen Preises der Arbeitskraft. Umgekehrt: Fällt der Marktpreis unter den natürlichen Preis, beginnt der Weg in die Verelendung derjenigen, die letztlich alle gesellschaftlichen Werte schaffen. Das aber verletzt deren Persönlichkeitsrechte und damit auch die Regeln der Gerechtigkeit. Genau dies ist der Grund, warum Adam Smith in all seinen ökonomischen Schriften gegen Versuche der Unterbezahlung von Arbeitskraft scharf polemisiert: *Der natürliche Preis ist ein im ökonomischen Mechanismus verankerter sozialer und ethischer Grenzpreis.*

Als solcher findet er seine Begründung nicht im selbstregulierenden Mechanismus, sondern systemextern. Der entsprechende Satz lautet: »A man must always live by his work, and his wages must at least be sufficient to maintain him« (*WN*, 1.viii.15). Es ist von nicht zu überschätzendem theoretischen Interesse, daß bei der Konstruktion des ökonomischen Mechanismus von allem Anfang an mit normativen Grenzwerten operiert wird. So notiert auch Cantillon als Schlußsatz des ersten Teils seiner ethikfreien *Abhandlung* die ethische »Grundwahrheit«, auf die sich eine funktionalistische Ökonomie immer beziehen muß: »Es ist notwendig, daß Alle leben« (Cantillon 1931, S. 73).

Anläßlich der Untersuchung der Gesetze, die die Lohnhöhe bestimmen, kommt Adam Smith zu dem Ergebnis, daß unter bestimmten Bedingungen (Stagnation, permanentes Überangebot an Arbeitskraft) eine Situation eintreten kann, in der das System rekursiver Transferakte (und nicht etwa verfehlte Wirtschaftspolitik im System der Politischen Ökonomie) dazu führt, daß die Faktorentlohnung für Arbeit unter das Existenzminimum fällt (*WN*, 1.viii. 26; 1.xi. 9). Der aus der selbstregulierenden Logik resultierende Fall des Arbeitslohns unter sein natürliches Niveau, das als Kostpreis der Arbeit deren Reproduktion garantiert, führt nicht nur zur Unterbrechung der Reproduktionsfähigkeit der gesellschaftlichen Arbeitskraft, sondern in letzter Konsequenz zur Zerstörung aller gesellschaftlichen Bande, zur Auflösung der Gesellschaft. Wirtschaftspolitisch handelt es sich um die Aufhebung vollkommener Gewerbefreiheit durch vollkommene Gewerbefreiheit, die als wirksame Randbedingung den Marktpreis der Arbeit zur Höhe des natürlichen Preises führen müßte (*WN*, 1.vii).

Aus der selbstreferentiellen Perspektive des ökonomischen Systems ist an diesem Resultat nichts ethisch Verwerfliches, weil es die Sprache der Ethik weder versteht noch spricht: Vertrag ist Vertrag. Adam Smith trägt diesem selbstreferentiellen Charakter moderner Ökonomie einerseits Rechnung mit der Auffassung, daß Handlungen nur unter dem Aspekt der Absicht und der inneren Gesinnung ethisch zu werten sind (*TMS*, S. 138). Funktionale Operationen zeichnen sich für ihn gerade dadurch aus, daß sie frei von jeder Absicht, jedem Wollen und Sollen sind. Andererseits betont er den selbstreferentiellen Charakter der Ökonomie mit seiner schon angeführten zentralen These, daß eine externe Steuerung des Systems nur durchführbar ist unter Wohlfahrtsverlusten. Die Leistungsfähigkeit der Ökonomie basiert demnach auf der Zulassung und Förderung der Möglichkeit, daß sie Perturbationen ökonomisch verarbeitet. Ohne diese Möglichkeit könnte von operationaler Geschlossenheit und Autonomie nicht die Rede sein. Was aber, wenn in operationaler Geschlossenheit und Autonomie immer auch der Keim zur Zerstörung sozialer Systeme liegt?

Der natürliche Preis, in seinen beiden Funktionen als Element einer systemkonstituierenden Differenz auf dessen operationaler Ebene (Grenzpreis, der zur Allokation von Produktionsfaktoren führt), die sich gegenüber sozialen und ethischen Tatbeständen gleichgültig verhält, und als sozialer und ethischer Grenzpreis, der seine Begründung nur systemextern finden kann, gewinnt hier seine eigentliche Bedeutung. Systemextern betrachtet entsteht der natürliche Preis der Arbeit, wie der natürliche Preis aller anderen Waren auch, weder ausschließlich auf Märkten, noch ist er deren Operationen vollständig unterworfen. Er ist aus dieser Perspektive eine systemintern eingebaute Unterbrechung von infiniter Selbstreferentialität, die blind sein kann gegenüber nicht unterbietbaren Existenzbedingungen, einschließlich der eigenen. Diese Dimension muß vom System von außen bezogen werden, und sie muß sich im System an ein operationales Element heften können, das dadurch eine duale Struktur gewinnt. Sie muß weiterhin die Eigenschaft aufweisen, infinite Zirkularität unterbrechen zu können, und das heißt, sie muß historische Zeit, Geschichte in das System einführen. Im Zusammenhang der hier erörterten Passage führt Adam Smith dann auch eine Lohnuntergrenze ein, die definiert ist als »consistent with common humanity« (*WN*, 1.viii.24).

Diese Stelle ist deshalb von so großer Bedeutung, weil sich hier zeigt, wie Adam Smith Geschichte und Operation gleichsam aufeinanderprallen läßt. Eine Bestimmung der Lohnhöhe »consistent with common humanity« ist ein Element paternalistischen Wirtschaftens, das eine letzte, in Vergangenheit und Gegenwart verankerte Grenze für das Ökonomische ist. Wie wenig für ihn darin ein Problem stecken mußte, ersieht man vielleicht am besten daraus, daß noch 1795 die Friedensrichter von Speenhamland anordneten – und diese Anordnung wurde in vielen Gemeinden Englands übernommen –, daß der Lohn eines Arbeiters im Verhältnis zum Brotpreis und der zu versorgenden Familiengröße stehen müsse (vgl. Deane 1977, S. 38). Ziehen wir weiterhin das nach Adam Smith im Marktmechanismus begründete mögliche und gewünschte Wachstum der Ökonomie (und damit verbunden die Zunahme von Wohlfahrt) in die Betrachtung mit ein, dann wird hier das ökonomische System temporalisiert mit Blick auf die Zukunft. Langfristig betrachtet unterliegt daher auch der natürliche Preis einer Bewegung von $NP° \rightarrow NP'$, die hervorgerufen wird durch dauernde Wirksamkeit der Marktoperationen im System der Politischen Ökonomie.

Die durch den natürlichen Preis symbolisierte *Unterbrechungsregel* muß man unterscheiden von der *Konditionierung* des ökonomischen Systems durch staatliche Finanz- und Ordnungspolitik bei Adam Smith (vgl. *WN*, v). Obgleich zwischen beiden ein komplementäres Verhältnis besteht, werden Unterbrechungsregeln erst aktiviert beim Erreichen definierter Minima und wirken dann absolut verhaltenssteuernd. Konditionierung hingegen zielt auf permanent mitlaufende Fremdsteuerung der Selbststeuerung.

6. Rand

Kommen wir noch einmal auf die duale Struktur des natürlichen Preises zurück, die es diesem erlaubt, Element des ökonomischen Systems zu sein und zugleich Element des Systems der Politischen Ökonomie. Es ergibt sich nämlich hieraus die Frage, wie er systemtheoretisch zu verorten ist. Da er der System/Umwelt-Differenz nicht folgt, sondern diese prozessiert, müssen wir uns nach einer entsprechenden theoretischen Figur umsehen. Wir finden sie im Begriff »Systemrand«, in den Randbedingungen des Systems

Nicht alles, was nicht zum System gehört, gehört zu dessen Randbedingungen. Was dazu gehört, ist abhängig von einem Beobachter.
Unter Randbedingungen verstehe ich diejenigen Bedingungen, die einen Funktionsmechanismus starten, spezifizieren und garantieren.
Ich gehe also davon aus, daß der Rand eines Systems nicht dessen Leistung ist, also aus operationaler Schließung folgt. Er repräsentiert vielmehr eine Struktur, die eine koevolutive Leistung des Systems und seiner Umwelt ist. Aus der Sicht des Systems muß sein Rand Operationen und Autonomie zulassen. Aus der Sicht der Systemumwelt muß ihren jeweiligen Logiken im Rand ein systematischer Ort zugebilligt werden, der ihren Rationalitätsansprüchen ohne Informationsverluste Anschlußfähigkeit an die Operationen des Systems verschafft. In unserem Fall muß also der Normativität eines gesellschaftlich akzeptierten Satzes (»A man must always live by his work, and his wages must at least be sufficient to maintain him«) auch dann Wirksamkeit verschafft werden, wenn die operationalen Regeln dagegen sprechen. Dies setzt die Einführung von Handlungsfreiheit voraus, und das bedeutet, daß die systemextern begründeten Unterbrechungsregeln dort verankert sein müssen, wo sich diese finden läßt: im Individuum. Nach meiner Meinung liegt hier einer der Gründe, warum die Diskussion über die gesellschaftliche Relevanz der Metapher der selbstregulierenden Maschine in der angelsächsischen Diskussion, und auch hier im Gegensatz zum kontinentaleuropäischen Determinismus, nie auf das Individuum übertragen wurde. Um nur eine Stimme in dieser Diskussion zu Wort kommen zu lassen, führen wir Colin Maclaurin an, der 1748 erklärte: »Der Unterschied zwischen einem Menschen und einer Maschine beruht nicht nur auf der Empfindung und der Intelligenz, sondern auf seiner Handlungsfähigkeit. Die Waage kann sich, weil es ihr an dieser Fähigkeit gebricht, überhaupt nicht bewegen, wenn die Gewichte gleich sind: Ein frei handelnder Mensch hat jedoch... wenn zwei vollkommen gleiche vernünftige Wege des Handelns gegeben sind, in sich noch immer eine Fähigkeit zu wählen« (zitiert nach Mayr 1987, S. 154).[8] Freilich übersah das liberale Den-

---

[8] In einem ähnlichen Sinne äußert sich allerdings François Quesnay in seinem Artikel »Das Naturrecht« : »Die Freiheit ist eine Fähigkeit, die

ken auch nicht, die folgerichtige Konsequenz aus dieser Differenzierung zu ziehen.
Die Fähigkeit zur Wahl für Subjekte in modernen Gesellschaften ist gekoppelt an deren Fähigkeit, selbstreferentielle Strukturen zu realisieren. Dies erklärt, warum Adam Smith sein Individuum, ganz in der angelsächsischen Tradition seit Thomas Hobbes, als selbstbezügliches konzipierte: egoistisch, selbstverliebt, eigeninteressiert.
Aber erneut stattet er diese Selbstbezüglichkeit mit einer extern begründeten Unterbrechungsregel aus, die notwendig ist, wenn sich die Fähigkeit zur Wahl auf mehr beziehen soll als auf das Quantum der Realisierung immer schon feststehender egoistischer Ziele. Zu diesem Zweck schreibt er dem sozialen Akteur die Eigenschaft des »impartial observers« zu, der nicht nur in der Lage ist, sich in den anderen hineinzuversetzen, sondern sich selbst verlassen kann, um der andere zu sein. In seiner *Theory of Moral Sentiments* faßt er diese Disposition des Menschen unter dem Begriff »sympathy« zusammen. »Sympathy« ist weder Altruismus noch über sich selbst aufgeklärter Egoismus, sondern die anthropologisierte Fähigkeit des Menschen, differente Logiken zu rekonstruieren und polykontextural zu integrieren. Ich möchte diese Zusammenhänge nicht weiter diskutieren, da sie hier nicht vertieft werden müssen (vgl. Wieland 1990; 1991). Entscheidend für die hier zu diskutierenden Fragen ist vielmehr, daß die Emergenz selbstregulierender und selbstreferentieller sozialer Systeme einhergeht mit der Einsicht, daß sie zur Entfaltung und dauerhaften Stabilität ihrer Wirksamkeit anschlußfähig an handlungsfähige, also nicht operational geschlossene Individuen sein müssen, die ihrerseits allerdings Selbstreferentialität realisieren können müssen.
Die Begründung für diese Verletzung von Systemautonomie lautet: soziale Stabilität und Dauer. Beides ist nur zu erreichen, wenn es jenseits infiniter Zirkularität des Ökonomischen Wahlmöglichkeiten durch das System der Politischen Ökonomie gibt. Die Zu-

aus ihrer Beziehung zu antreibenden und überwindbaren Beweggründen entsteht, welche einander die Waage halten bzw. sich gegenseitig abschwächen und entgegengesetzte Interessen und Anreize darbieten, die von der mehr oder weniger erleuchteten und von der mehr oder weniger voreingenommenen Vernunft geprüft und bewertet werden« (Quesnay 1976, S. 35).

lassung von Wahlmöglichkeiten aber führt zu der theoretischen Einsicht, daß auch der Rand eines sozialen Systems eine duale Struktur sein muß. Das heißt, daß er ein Selektionsmechanismus *möglicher* Lösungen ist, die ein gleichgültiger und bedeutungsleerer operationaler Zusammenhang produzieren kann oder nicht. Randbedingungen sind ein Selektionskriterium möglicher Zustände und Optionen eines Systems (vgl. Polanyi 1969). In bezug auf soziale Systeme scheint es mir daher wenig Sinn zu machen, über Schnittstellen zwischen Systemen zu sprechen, da es sich eher um Schnittmengen handelt. Dabei müssen zwei Fälle unterschieden werden. Insofern das System der Politischen Ökonomie – das heißt selbstbezügliche Individuen (Egoismus, Selbstliebe, Eigeninteresse) und Institutionen (freiheitliche Wirtschaftsordnung) – als Systemrand diskutiert wird, geht es um die Bedingungen, die ein solches System starten, spezifizieren und garantieren. In allen Fällen aber, wo die Interaktion zwischen Mechanismus und Rand selbst zu instabilen Situationen führt, muß auf nichtsystemische Regelungen zurückgegriffen werden: im Falle Adam Smith' auf die zur anthropologischen Konstante erklärte Sympathie des unparteiischen Beobachters, die den sozialen Akteur jenseits von Anpassungsfähigkeit mit Handlungsfähigkeit ausstattet. Allgemeiner formuliert geht es um die Verschränkung strukturalistischer und handlungstheoretischer Dimensionen, die gemeinsam überhaupt erst das Soziale konstituieren.

Literatur

Angell, J. W. (1926), *The Theory of International Prices: History, Criticism, and Restatement*, Cambridge, Mass.: Harvard University Press.
Deane, Ph. (1977), »Die Industrielle Revolution in Großbritannien 1700–1800«, in: K. Borchardt (Hg.), *Europäische Wirtschaftsgeschichte. Die Entwicklung der industriellen Gesellschaften*, Bd. 4, Stuttgart–New York: G. Fischer.
Cantillon, R. (1931), *Abhandlung über die Natur des Handels im allgemeinen*, Jena: G. Fischer.
Durkheim, E. (1988), *Über soziale Arbeitsteilung*, Frankfurt am Main: Suhrkamp.
Goodman, N. (1984), *Weisen der Welterzeugung*, Frankfurt am Main: Suhrkamp.

- (1987), *Vom Denken und anderen Dingen*, Frankfurt am Main: Suhrkamp.
Hume, D. (1898), »Of the Balance of Trade«, in: *Essays Moral, Political, and Literary*, Bd. 1, London: Longmans, Green & Co.
Kindelberger, C. P. (1976), »The Historical Background. Adam Smith and the Industrial Revolution«, in: Th. Wilson/A. Skinner (Hg.), *The Market and the State. Essays in Honour of Adam Smith*, Oxford: Clarendon Press.
Luhmann, N. (1980/1981), *Gesellschaftsstruktur und Semantik. Studien zur Wissenssoziologie der modernen Gesellschaft*, 2 Bde., Frankfurt am Main: Suhrkamp.
- (1989), *Die Wirtschaft der Gesellschaft*, Frankfurt am Main: Suhrkamp.
Mayr, O. (1987), *Uhrwerk und Waage. Autorität, Freiheit und technische Systeme in der Frühen Neuzeit*, München: C. H. Beck.
Mossner, E. C., und I. S. Ross (Hg.) (1977), *The Correspondence of Adam Smith*, Oxford: Clarendon Press.
Polanyi, M. (1969), *Knowing and Being*, London: Routledge.
Quesnay, F. (1976), *Ökonomische Schriften. In zwei Bänden*, Bd. 2, Berlin: Akademie Verlag.
Rorty, R. (1989), *Kontingenz, Ironie und Solidarität*, Frankfurt am Main: Suhrkamp.
Simmel, G. (1989), *Philosophie des Geldes*, Frankfurt am Main: Suhrkamp.
Smith, A. (1976), *The Wealth of Nations*, Oxford: Clarendon Press.
- (1978), *Lectures on Jurisprudence*, Oxford: Clarendon Press.
- (1978), »Early Draft of Part of The Wealth of Nations«, in: *Lectures on Jurisprudence*, Oxford: Clarendon Press.
- (1980), *Essays on Philosophical Subjects*, Oxford: Clarendon Press.
- (1986), *Theorie der ethischen Gefühle*, Hamburg: Meiner.
Treue, W. (1973), *Wirtschaftsgeschichte der Neuzeit*, Bd. 1, Stuttgart: Kröner.
Valéry, P. (1988), *Cahiers*, Bd. 2, Frankfurt am Main: S. Fischer.
Vinner, J. (1937), *Studies in the Theory of International Trade*, London: Allen & Unwin.
Wagenführ, H. (1933), *Der Systemgedanke in der Nationalökonomie. Eine methodengeschichtliche Betrachtung*, Jena: G. Fischer.
Wieland, J. (1989), *Die Entdeckung der Ökonomie. Kategorien, Gegenstandsbereiche und Rationalitätstypen der Ökonomie an ihrem Ursprung*, Bern–Stuttgart: Haupt.
- (1990), »Wirtschaftsethik als Selbstreflexion der Ökonomie. Die Mindestmoral im ökonomischen System und die Verantwortung für externe Effekte«, in P. Ulrich (Hg.), *Auf der Suche nach einer modernen Wirtschaftsethik*, Bern–Stuttgart: Haupt.

– (1991), »Die immanente Ethik des natürlichen Preises bei Adam Smith – eine Chance für den Marktmechanismus«, in: A. Meyer-Faje/P. Ulrich (Hg.), *Der andere Adam Smith. Beiträge zur Neubestimmung von Ökonomie als Politischer Ökonomie*, Bern–Stuttgart: Haupt.

Glossar[1]

Attraktor: Ein Attraktor ist ein *stabiler*, stationärer (das heißt ein dynamischer, aber zeitlich invarianter) Zustand eines im Austausch mit der Umwelt stehenden → Systems oder eine Menge solcher Zustände, die – einmal erreicht – vom System nicht selbst wieder verlassen werden. Auch nach einer kurzfristigen, nicht zu großen externen Störung, die das System aus diesem Attraktorzustand auslenkt, kehrt es wieder in diesen zurück. Diese Rückkehr in den ursprünglichen Zustand ist eine Folge der systemspezifischen Operationen und somit eine selbständige Leistung des Systems. Systeme in solchen Zuständen werden deshalb auch als selbstorganisierende Systeme bezeichnet. Beispiele von Attraktoren sind stabile Gleichgewichte, Grenzzyklen und seltsame Attraktoren (→ Chaos).

Autonomie: Ein System ist autonom, wenn seine Zustandsänderungen nur von den Operationen im System abhängen und externe Ursachen keine entscheidende Rolle spielen. Das System operiert nur mit Bezug auf sich selbst, das heißt mit Bezug auf seine eigenen Operationen.

Autopoiese → System

Bedeutung → Information

Bifurkationen: Bei langsamer Veränderung externer Einflußgrößen können relativ plötzlich Übergänge zwischen qualitativ verschiedenen Strukturtypen eines Systems, beispielsweise zwischen Gleichgewicht, Grenzzyklus und → Chaos stattfinden. Diese Übergänge werden in der Mathematik als *Bifurkation* (Verzweigung) und in der Physik häufig als → *Phasenübergang* bezeichnet. In den Augenblicken des Übergangs liegt keiner der stabilen Strukturtypen vor, sondern ein Zwischenzustand.

Chaos: Der allgemeine Begriff *Chaos* bezeichnet Ereignisfolgen oder Prozesse, die wegen ihrer *sensitiven Abhängigkeit von den Anfangsbedingungen* langfristig nicht vorhersagbar sind. Diese Sensitivität hat nämlich zur Folge, daß kleine Ursachen große Wirkungen haben können. Deshalb sind Zufall und Notwendigkeit (Gesetzmäßigkeit) keine sich ausschließenden Begriffe.

---

[1] Dieses Glossar wurde von den Herausgebern aus Definitionsvorschlägen der Autoren in eigener Verantwortung zusammengestellt. Es beansprucht nicht, allen Standpunkten völlig gerecht zu werden.

Eigenlösung: Rekursive Operationen können unabhängig von den Anfangswerten des Operanden nach wiederholter Anwendung zu ein und demselben Endwert führen. Heinz von Förster hat diesen Endwert den Eigenwert dieser Operation genannt, weil er allein von der Operation und nicht vom Operanden abhängt. In der Mathematik spricht man von Fixpunkten oder → Attraktoren. In den Sozialwissenschaften wird häufig allgemein für stabile, stationäre Interaktionsmuster der Begriff Eigenlösung verwendet.

Emergenz: Im »klassischen« Sinne bedeutet Emergenz die Entstehung neuer Seinsschichten (Leben gegenüber unbelebter Natur oder Geist gegenüber Leben), die *in keiner Weise* aus den Eigenschaften einer darunter liegenden Ebene ableitbar, erklärbar oder voraussagbar sind. Daher werden sie als »unerwartet«, »überraschend« usw. empfunden. In einer modernen Version spricht man von Emergenz, wenn durch mikroskopische Wechselwirkung auf einer makroskopischen Ebene eine neue Qualität entsteht, die nicht aus den Eigenschaften der Komponenten herleitbar (kausal erklärbar, formal ableitbar) ist, die aber dennoch allein in der Wechselwirkung der Komponenten besteht.

Geschlossenheit: Es gibt verschiedene Arten von Geschlossenheit, zum Beispiel energetische, materielle, → informationale oder auch → operationale Geschlossenheit. In der Thermodynamik strebt ein System, das energetisch und materiell abgeschlossen ist, in einen Gleichgewichtszustand, in dem es im allgemeinen zum Beispiel keine Druck-, Temperatur- oder Konzentrationsunterschiede mehr gibt; alles ist homogen verteilt. Spontane Strukturbildung oder -erhaltung kann (thermodynamisch) deshalb nur in Systemen stattfinden, die energetisch oder materiell offen sind und sich nicht im thermodynamischen Gleichgewicht befinden.

Geschlossenheit, operationale: Operationale Geschlossenheit eines Systems bedeutet, daß seine Zustandsänderungen nur von den Operationen im System abhängen und externe Ursachen auszuschließen sind (Autonomie). In der mathematischen Systembeschreibung bedeutet dies die Verwendung rekursiver Operationen. Im Hinblick auf die operationale Geschlossenheit realer Systeme gibt es verschiedene Auffassungen. Nach der einen stellt eine Beschreibung eines Systems als operational geschlossen stets eine Idealisierung durch einen Beobachter dar, während ein reales System immer offen ist und mit der Umwelt – wenn vielleicht auch nur schwach – interagiert.
Einige Autoren sehen in der operationalen Geschlossenheit eine hinreichende Bedingung für Selbstorganisation; andere nennen neben der rekursiven Schließung als zweite Bedingung die Reproduktion dieser Schließung unter bestimmten externen und internen → Randbedingungen.

389

Strukturbildung und Selbstorganisation wären dann nur innerhalb einer strukturierten Umwelt möglich, weil nur diese die erforderlichen Randbedingungen setzen kann.

Geschlossenheit, informationale: Mit diesem Begriff bezeichnet man die Eigenschaft eines informationserzeugenden oder -verarbeitenden, das heißt → *kognitiven* Systems, die dadurch entsteht, daß die Zuordnung von Systemzuständen zu Reizen/Signalen aus der Umwelt des Systems wiederum nur über Systemzustände und damit vom System selbst hergestellt werden kann. Was die Sinnesorgane reizt, hat wegen der → operationalen Geschlossenheit keine fest vorgegebene Wirkung und damit keine Bedeutung innerhalb des kognitiven Systems. Bedeutungen von Signalen werden erst durch das Gehirn konstituiert. In diesem Sinne ist das Gehirn kein informations*aufnehmendes*, sondern ein informations*schaffendes* System. Eine bestimmte Bedeutung erhält die Einwirkung von Umweltereignissen ausschließlich durch den Kontext der zur Zeit herrschenden neuronalen Aktivität im Gehirn.
Offenheit im informationalen/semantischen Sinne würde heißen, daß das Gehirn als Wahrnehmungssystem aus der Umwelt etwas empfängt, das als solches, das heißt unabhängig vom Gehirn, eine bestimmte Bedeutung/Information, das heißt Signalwirkung besitzt.

Gleichgewicht: Ein Gleichgewichtszustand ist dadurch gekennzeichnet, daß die Werte der Systemvariablen sich mit der Zeit nicht ändern. Wenn ein Gleichgewichtszustand aus den inneren Beziehungen zwischen den Komponenten des Systems resultiert, ist er selbstorganisiert.

Information/Bedeutung: Information ist die Entscheidung (Prozeß und Ergebnis) von Alternativen, wobei die Alternativräume jeweils durch deren Kontext bestimmt sind. Bei psychischen und kommunikativen Systemen entsprechen den Alternativräumen Sinnfelder. Sinn ist damit potentielle Information.
Der Informationsprozeß als Entscheidungsfindung ist in der Regel komplex und operiert rekursiv ohne Algorithmus. Bei einer Information (Ergebnis) ist ihr *Gehalt* als Maß für die Ungewißheit ihrer Entstehung (Dimension des Alternativraums) und ihre *Bedeutung* als Wirkung der Entscheidung zu unterscheiden.

Instabilität: Instabil nennt man einen Systemzustand (Gleichgewicht), wenn eine geringe Auslenkung nicht wieder abklingt, sondern anwächst. Dadurch werden geringe Abweichungen lawinenartig verstärkt, und die Entwicklung wird von der Art der Abweichung (Störung) bestimmt.

Kommunikation: Kommunikation ist kein gerichteter Prozeß (»S sendet eine Botschaft an E«), sondern eine eigenständige emergente (in einem weitergehenden Konzept: autopoietische) Operation. Jede Kommunikation hat Informations-, Mitteilungs- und Verstehensaspekte. Kommunikation ist ein soziales Geschehen, das sowohl sprachlich wie nicht-sprachlich ablaufen kann und Konsens- ebenso wie Dissenschancen eröffnet. Kommunikation konfrontiert die Teilnehmer an Kommunikation, die als Personen, Individuen, Subjekte usw. adressierten psychischen Systeme in der Umwelt sozialer Systeme, mit Erwartungsstrukturen, denen sie sich entweder anpassen oder nicht anpassen.
In einer stärker handlungstheoretisch gefaßten Kommunikationstheorie ist Kommunikation eine Interaktion zwischen gleichermaßen aktiven Kommunikanten. Jede Kommunikation hat dann neben dem Inhaltsaspekt auch Beziehungsaspekte; das heißt, Kommunikation drückt immer auch aus, wie die Kommunikanten die Beziehung zwischen sich einschätzen. Innerhalb dieses Rahmens hat Kommunikation also Voraussetzungen zu erfüllen, die über die Beherrschung der benutzten Sprache hinausgehen: Kommunikationspartner müssen (1) sich gegenseitig Aufrichtigkeit zubilligen, das heißt unterstellen können, daß der andere meint, was er sagt; und (2) erkennen, in welchem Diskurs die Kommunikation stattfindet und welche Beiträge in einer bestimmten Situation von bestimmten Partnern erwartet werden.

Komponenten: Eine Komponente ist ein systemisches Grundelement, das über ein längeres Zeitintervall existiert und seine Identität bewahrt (→ Reator), beziehungsweise, in einer alternativen Theorieversion, ein systemkonstituierendes Ereignis, das einen Unterschied macht, indem andere Ereignisse auf es Bezug nehmen.
Nach einer überwiegend in den Sozialwissenschaften gebräuchlichen Definition sind Komponenten ausschließlich durch die Eigenschaften gekennzeichnet, aufgrund deren sie mit anderen Komponenten interagieren (Mitgliedschaft). Bei den Interaktionen werden Komponenteneigenschaften generell vorausgesetzt, aktiviert und im Zuge der Interaktionen auch verändert.

Ordnung: Ordnung bezeichnet jenen Idealzustand eines Systems, der einen Satz ausgewählter Eigenschaften rein, das heißt extremal oder unüberbietbar, verkörpert. Ordnung ist zugleich subjektiv, insofern der Satz der Eigenschaften willkürlich gewählt werden kann, und objektiv, indem bei einmal festgelegtem Satz von Eigenschaften Ordnung intersubjektiv, das heißt unabhängig vom einzelnen, festgestellt werden kann.

Organisation: Formal ist die Organisation eines Systems die Gesamtheit derjenigen Gesetze, die die Wechselwirkung seiner Komponenten bestimmt bzw. die Zusammensetzung der → Relatoren festlegt.
Dynamisch betrachtet ist Organisation das Muster der zum Systemverhalten beitragenden wiederkehrenden Interaktionen zwischen den → Komponenten, das ein Beobachter in dem von ihm gewählten Zeitintervall wahrnimmt. In diesem Sinne ist die Organisation eine → Eigenlösung der Systemoperationen.

Phasenübergang: Begriff, der aus der Physik kommt und dort ursprünglich für die Übergänge zwischen fester und flüssiger sowie zwischen flüssiger und gasförmiger »Phase« verwendet wurde, inzwischen auch auf andere Übergänge (unter anderem Ferromagnetismus) übertragen wurde. Von besonderem Interesse waren im letzten Jahrzehnt Phasenübergänge im thermodynamischen Nichtgleichgewicht, zum Beispiel beim Laser und der Bénard-Zelle, aber auch beim Auftreten chemischer Oszillationen sowie in der Biologie, Ökologie, Ökonomie etc. In der mathematischen Beschreibung handelt es sich um einen Wechsel der Stabilität (Instabilitäten, → Bifurkationen oder Katastrophen). In den ursprünglichen Anwendungen war die Temperatur der Stabilitätsparameter, beim Laser ist es die Pumpleistung, im weitesten Sinne sind es Umweltparameter, die die Stabilitätsgrenzen festlegen.

Prozeß: Der Begriff Prozeß kann sowohl über den Systembegriff als auch über den Operationsbegriff eingeführt werden. Mit Bezug auf den Systembegriff ist ein Prozeß eine Folge von Zuständen eines durch eine Zeitvariable parametrisierten Systems. Im anderen Fall ist ein Prozeß eine Kette von Ereignissen, die Ergebnis einer rekursiven Verknüpfung einer oder mehrerer Operationen sind. Rekursiv nennt man einen Prozeß, wenn das Ergebnis jeder Operation Input für die folgende ist. Rekursive Prozesse bilden im allgemeinen noch kein System. Dazu müssen sie ein sich selbst reproduzierendes Netzwerk bilden.

Randbildung: In einer schwachen Version bezeichnet Rand lediglich den Teil eines Systems, mittels dessen es mit der Umwelt in Wechselwirkung steht. Sofern die Systembildung der Willkür des beschreibenden Beobachters unterliegt, gilt das dann auch für die Wahl eines Randes.
Man kann Randbildung aber auch als eine Systemleistung ansehen (einige Autoren sprechen dann von Grenzbildung). Diese wird an zwei Bedingungen geknüpft; einmal wird die Existenz von externen → Randbedingungen vorausgesetzt, die als Selektionskriterien aus den möglichen Formen der Wechselwirkung der Komponenten eines Systems die jeweils für das konkrete System spezifischen auswählen und rekursiv vernetzen. Zum zweiten müssen über die *interne* Gewichtung einzelner Formen der auf

diese Weise spezifizierten Wechselwirkung Bedingungen hergestellt werden (interne Randbedingungen), die dieses Netzwerk reproduzieren. Randbildung ist also sowohl die operationale Abgrenzung eines Systems von der Umwelt aufgrund externer Randbedingungen *als auch* die Reproduktion dieser Abgrenzung aufgrund interner Variation einzelner Komponenten der Wechselwirkung.

Randbedingungen: In der Mathematik sind Randbedingungen Werte der Systemvariablen, die an dem (oft nur aus Zweckmäßigkeitsgründen gewählten) Systemrand vorgegeben werden müssen, um zu eindeutigen Lösungen der für das System geltenden Gleichungen zu kommen; in diesem Sinne sind Anfangsbedingungen ein Spezialfall von Randbedingungen, nämlich Bedingungen für den (ebenfalls oft willkürlich angesetzten) Anfang der Systembeschreibung.
Untersucht man → Randbildung (oder Grenzbildung) als Systemleistung, so spielen Randbedingungen eine systemkonstitutive Rolle: *Externe Randbedingungen* sind durch die Umwelt vorgegebene Bedingungen der Randbildung und als solche interne Selektionskriterien für die Auswahl zur rekursiven Schließung geeigneter Operationen. *Interne Randbedingungen* sind die Bedingungen der Reproduktion des rekursiv geschlossenen Netzwerkes der Systemoperationen. Diese sind nicht vorgegeben, sondern werden vom System gefunden durch die interne Variation der relativen Gewichte seiner Teiloperationen.

Relator: In der Relatorenkonzeption sind Relatoren die primitiven Elemente für Systemanalyse und Systemaufbau. Sie sind im allgemeinen keine dauerhaften, permanenten Dinge wie etwa → Komponenten. Ein einzelner Relator hat »Hände«. Durch die Zusammenführung von je einer Hand zweier Relatoren werden diese beiden Relatoren miteinander verknüpft. Auf diese Weise können komplexe Relatorennetze entstehen, in denen Relatoren Relatoren miteinander verbinden. Relatorennetze mit einer abzählbaren Menge von Relatoren können durch Graphen dargestellt werden.
Bei evolutiven Systemen (→ Prozessen) ist jedem Relator ein Zeitpunkt oder Zeitintervall zugeordnet. Ein Graph beschreibt ein einzelnes System oder einen einzelnen Prozeß in seinem Zeitablauf. (Dies ist zu unterscheiden von den typischen graphischen Darstellungen der Kybernetik, wo ein Graph, ein Netzwerk oder ein Blockdiagramm eine Gesetzmäßigkeit, eine Dynamik und damit sehr viele, nämlich die dieser Dynamik gehorchenden Prozesse repräsentiert).

Sinn → Information

Strukturelle Kopplung: Dieser Begriff bezeichnet die Tatsache, daß Systeme, die operational geschlossen sind, demnach keine operationale Kopplung besitzen und kein Supersystem bilden können, dennoch in ihrem Strukturaufbau und in der Aktualisierung ihrer Strukturen voneinander abhängig werden können. Strukturelle Kopplung heißt dann, daß die Operationen des einen Systems, insofern sie vom anderen System beobachtet werden, mitbeeinflussen, welche Strukturen das letztere System aktualisiert.

Synreferenz/Synreferentialität: »Synreferenz« bzw. »Synreferentialität« bezeichnet den kognitiven Bezug von Komponenten auf im Sozialsystem ausgebildete oder/und für es konstitutive Wirklichkeitskonstrukte (→ Systeme, passive), das heißt auf Wirklichkeitskonstrukte, die alle seine Komponenten ausgebildet haben als Voraussetzung ihrer Systemmitgliedschaft. Die Entscheidung über die Synreferentialität von Kommunikationen und Handlungen bestimmt ihre Systemzugehörigkeit und damit auch die der sie erzeugenden Einheiten. Synreferentialität dient also als Unterscheidungskriterium auch der Festlegung und Aufrechterhaltung der Systemgrenze.

System: Ein *System* ist ein *zusammengesetztes Ganzes*. Eine Vielheit von Entitäten kann zusammen wieder eine Entität, das System, darstellen. Die Entitäten, die zusammen das System bilden, kann man auch als dessen → *Komponenten* bezeichnen. Zwischen den Komponenten können gewisse Beziehungen (*Relationen*) bestehen. Äquivalent zu dieser mathematischen Definition ist die Beschreibung eines Systems als analytisch gewonnene zusammengesetzte Einheit, die sich aus Komponenten und der zwischen ihnen bestehenden Organisation zusammensetzt.
Im Sinne einer soziologischen Systemtheorie, die soziale Systeme als autopoietische Systeme definiert, ist ein System nicht nur ein geordneter Zusammenhang von Sachverhalten und auch nicht nur ein Muster der Relationierung von Elementen, sondern eine sich rekursiv selbstherstellende und selbsterhaltende Unterscheidung von seiner Umwelt.

Systeme, autopoietische: Autopoiese bedeutet mehr als Selbstorganisation. Ein autopoietisches System ist nach Maturana ein Netzwerk der Produktion von Komponenten, die dieses Netzwerk, durch die sie produziert werden, selbst bilden. Dadurch, daß das Netzwerk auch seine eigenen Grenzen selbst erzeugt, konstituiert es sich als eine Einheit in einem phänomenologischen Raum. Autopoietische Systeme sind demnach sowohl selbstherstellend als auch selbstbegrenzend.

Systeme, kognitive: Kognitive Systeme bestehen aus zwei in einem Organisationszusammenhang stehenden Hauptkomponenten – den zentral nervösen Prozessen und den Bedeutungen (→ Information/Bedeutung). Erstere bezeichnet man als die mikroskopische und letztere als die makroskopische Systemebene. Wahrnehmung besteht aus der internen Zuweisung makroskopischer Bedeutungen zu mikroskopischen Erregungszuständen.

Systeme, selbstorganisierende: In einer schwachen Version (mit der sich die meisten naturwissenschaftlichen Systemtheoretiker zufriedengeben) ist ein System selbstorganisierend, wenn seine räumlichen und zeitlichen Strukturen ausschließlich von der internen Dynamik des Systems hervorgebracht werden. Dauerhafte Strukturen können dabei aus thermodynamischen Gründen nur in Systemen auftreten, die energetisch oder materiell offen sind und sich nicht im thermodynamischen Gleichgewicht befinden (→ Geschlossenheit).
In den Sozial- und Geisteswissenschaften verbinden Systemtheoretiker darüber hinaus mit dem Begriff der Selbstorganisation oft auch die Fähigkeit eines Systems, sich von seiner Umwelt abzugrenzen, indem es seine Wechselwirkungen rekursiv vernetzt und diese Vernetzung als seine Organisation reproduziert (→ Randbildung).

Umwelt: Alles, was außerhalb der Grenze eines Systems liegt, aber mit dem System (durch Relatoren) verbunden ist, heißt die Umwelt des Systems. Ebenso wie der Begriff der Grenze ist der Begriff der Umwelt nicht nur räumlich zu verstehen. Bedeutet → Selbstorganisation nicht nur die Herstellung räumlicher oder zeitlicher Strukturen (schwache Version), sondern auch die Bildung von Systemen, so ist sie nur innerhalb einer strukturierten Umwelt möglich, weil externe → Randbedingungen eine notwendige Bedingung für die Ausgrenzung des Systems sind.

Unterscheidung: Eine Unterscheidung ist die Operation einer Beobachtung, die etwas Bestimmtes aus unbestimmt anderem ausgrenzt. Die Unterscheidung führt einen asymmetrischen Schnitt in die Welt ein, indem Folgeoperationen entweder auf der Seite des Bestimmten ansetzen oder im Unbestimmten als neue, anderes bestimmende Unterscheidung auftreten müssen.

Hinweise zu den Autoren

Dirk Baecker, Dr. rer. soc., Studium der Nationalökonomie und Soziologie in Köln, Paris und Bielefeld. Promotion über das Thema »Information und Risiko in der Marktwirtschaft«.

Uwe an der Heiden, Prof. Dr., studierte Mathematik an der Universität Göttingen. 1972 Promotion. 1972-1979 wissenschaftlicher Assistent am Lehrstuhl für Biomathematik in Tübingen. 1979 Habilitation für theoretische Biologie und Biomathematik. 1980-1986 Privatdozent und Mitglied des Forschungsschwerpunktes »Biosystemforschung« an der Universität Bremen. Seit 1987 Professor für Mathematik und Theorie komplexer Systeme an der Universität Witten/Herdecke.

Peter M. Hejl, Dr. soz., Studium der Politikwissenschaft und der Soziologie an der FU Berlin, Dipl. Pol. 1972. Wissenschaftlicher Mitarbeiter am Institut für Mediensoziologie und Medienpsychologie im Forschungs- und Entwicklungszentrum für objektivierte Lehr- und Lernverhalten GmbH in Paderborn. 1982 Promotion zum Dr. soz. Wiss. (Soziologie) in Bielefeld. Seit 1984 wissenschaftlicher Mitarbeiter am Institut für empirische Literatur- und Medienforschung, Universität Siegen. Veröffentlichungen zur soziologischen Theorie und ihren systematischen Grundlagen, insbesondere Wahrnehmungs- und Kommunikationstheorie und ihrer Zusammenführung zu einer konstruktivistischen Theorie sozialer Systeme. Veröffentlichungen zur Mediensoziologie.

Michael Hutter, Prof. Dr., Studium der Mathematik und Volkswirtschaftslehre in München, Portland, Oregon und Seattle, Washington; 1972 Promotion in München; 1977-78 Assistant Professor in Claremont, Cal. 1983-84 Forschungsaufenthalte in New York und Florenz; 1986 Habilitation in München; seit 1987 Inhaber eines Lehrstuhls für »Theorie der Wirtschaft und ihrer Umwelt« an der Universität Witten/Herdecke.

Wolfgang Krohn, Dr., Mitarbeiter am Universitätsschwerpunkt Wissenschaftsforschung der Universität Bielefeld. Forschungsschwerpunkte Wissenschaftsgeschichte und Wissenschaftstheorie. Neuere Veröffentlichungen: *Francis Bacon* (1987); »Die Verschiedenheit der Technik und die Einheit der Techniksoziologie«, in: P. Weingart (Hg.), *Technik als soziale Prozeß* (1989).

Peter Kruse, Dr., Studium der Psychologie, Humanmedizin und Biologie in Münster 1976-1980. Diplom 1980, Promotion 1984. Wissenschaftliche

Mitarbeiter in verschiedenen Forschungsprojekten 1980-1989. Zur Zeit wissenschaftlicher Assistent im Fach »Psychologie« an der Universität Bremen. Hauptarbeitsgebiete: Gestaltpsychologische Wahrnehmungslehre, Psychomotorik, Selbstorganisation kognitiver Systeme, Suggestion und Hypnose, Systemische Psychotherapie und Psychosomatik.

Günter Küppers, Dr., Studium der Physik an den Universitäten Würzburg und München; Diplom und Promotion in theoretischer Physik über ein Thema zur Stabilität hydrodynamischer Konvektionsströmungen. Seit 1976 Geschäftsführer des Universitätsschwerpunktes Wissenschaftsforschung an der Universität Bielefeld. Forschungsschwerpunkte: Theorie der Wissenschaftsentwicklung, Theorie der Selbstorganisation. Veröffentlichungen über theoretische Hydrodynamik und Plasmaphysik sowie über Forschungspolitik, Systemtheorie und Wissenschaftsgeschichte.

Ulrich Müller-Herold, Prof. Dr., studierte 1962-1968 Medizin an der Universität Köln und 1968-1973 Chemie an der ETH Zürich. 1973 Diplom-Chemiker. Anschließend weitere Studien in Mathematik und theoretischer Physik. 1969 Dissertation zum Dr. med. bei H. F. Zipf mit einer Arbeit in experimenteller Pharmakologie. Ab 1973 Assistent am Lehrstuhl für theoretische Chemie bei H. Primas an der ETH Zürich. Arbeiten in chemischer Kinetik und algebraischer statistischer Mechanik. 1981 Habilitation über die Theorie des chemischen Potentials in der algebraischen Quantenmechanik. Arbeiten zur präbiotischen Evolution. 1984 Veröffentlichung eines Lehrbuches *Elementare Quantenchemie*, gemeinsam mit H. Primas. 1986 Titularprofessor. Seit 1987 Projektleiter für den Aufbau des Studienganges Umweltnaturwissenschaften an der ETH Zürich.

Gerhard Roth, Prof. Dr. Dr., Studium der Fächer Philosophie, Germanistik und Musikwissenschaft an den Universitäten Münster und Rom; 1969 Promotion in Philosophie; 1969-1974 Studium der Biologie an den Universitäten Münster und Berkeley, Californien; 1974 Promotion in Biologie. Professor für Verhaltensbiologie und seit 1989 Direktor des Instituts für Hirnforschung an der Universität Bremen. Forschungsschwerpunkte: Experimentelle und theoretische Neurobiologie und Wahrnehmungsforschung, Biologische Systemtheorie. Neuere Veröffentlichungen: »Die Organisation der Organismen. Selbstherstellung und Selbsterhaltung« (mit U. An der Heiden und H. Schwegler), in: *Funkt. Biol. Med.* 5 (1985); »Selbstorganisation – Selbsterhaltung – Selbstreferenz. Prinzipien der Organisation der Lebewesen und ihre Folgen für die Beziehung zwischen Organismus und Umwelt«, in: A. Dress u. a., *Selbstorganisation. Die Entstehung von Ordnung in Natur und Gesellschaft* (1986); »Autopoiese und Kognition. Die Theorie H. R. Maturanas und die Notwendigkeit ihrer Weiterentwicklung«, in: S. J. Schmidt (Hg.), *Der Diskurs des Radikalen*

Konstruktivismus (1987); »Die Entwicklung kognitiver Selbstreferentialität im menschlichen Gehirn«, in: D. Baecker u. a. (Hg.), *Theorie als Passion* (1987).

Siegfried J. Schmidt, Prof. Dr., studierte Philosophie, Germanistik, Linguistik, Geschichte und Kunstgeschichte in Freiburg, Göttingen und Münster. Promotion 1966 über den Zusammenhang zwischen Sprache und Denken von Locke bis Wittgenstein. 1965 Assistent am Philosophischen Seminar der TH Karlsruhe, 1968 Habilitation für Philosophie, 1971 Professor für Texttheorie an der Universität Bielefeld, 1973 dort Professor für Theorie der Literatur. Seit 1979 Professor für Germanistik/Allgemeine Literaturwissenschaft an der Universität GH Siegen und Direktor des Instituts für Empirische Literatur- und Medienforschung (LUMIS) der Universität Siegen.

Helmut Schwegler, Prof. Dr., Studium der Mathematik und Physik an den beiden Münchener Universitäten, Promotion 1965, Habilitation 1970, Professor für Physik an der TH Darmstadt 1971. Seit 1972 Professor für Theoretische Physik und Theoretische Biophysik an der Universität Bremen, Mitglied des dortigen Forschungsschwerpunktes Biosystemforschung und des Zentrums Philosophische Grundlagen der Wissenschaften. Wissenschaftliche Arbeiten über Festkörperphysik, Statistische Thermodynamik, Informationstheorie, Grundlagen der Quantentheorie, Dynamische Systeme, Biophysik, Theoretische Biologie.

Michael Stadler, Prof. Dr., Studium der Psychologie, Physiologie, Philosophie und Kunstgeschichte: Dipl.-Psych. 1967; Dr. phil. 1968; Habilitation für Psychologie 1973. – 1972 Professor für Sozialpsychologie an der Universität Münster; seit 1980 Professor für Psychologie mit dem Schwerpunkt Kognitive Prozesse an der Universität Bremen; Sprecher der Wiss. Einheit »Handlung und Wahrnehmung«. Wichtige Buchveröffentlichungen: *Gestalttheorie in der modernen Psychologie* (1975); *Psychologie der Wahrnehmung* (1977); *Arbeitsmotivation* (1980); *Psychologie an Bord* (1984); *Synergetics of Cognition* (mit H. Haken, 1990). Hauptarbeitsgebiete: Wahrnehmungspsychologie, Psychomotorik, Gestalttheorie und Theorie der Selbstorganisation.

Gunther Teubner, Prof. Dr., Professor für Privatrecht, Gesellschaftsrecht und Rechtssoziologie in Bremen und am Europäischen Hochschulinstitut in Florenz. Forschungsschwerpunkte: Theoretische Rechtssoziologie, Privatrechtstheorie, Vergleichendes Gesellschaftsrecht, Unternehmensverfassung und Mitbestimmung, besonders im Konzern. Neuere Veröffentlichungen: *Recht als autopoietisches System* (1989); *State, Law, Economy as Autopoietic Systems* (1989); *Regulating Corporate Groups in Europe* (1989).

Josef Wieland, Dr., Studium der Wirtschaftswissenschaften und Philosophie an der Berg. Universität-GHS Wuppertal. Promotion 1988 über die Entdeckung und Einordnung der ökonomischen Rationalitätsform in der griechischen Antike. Von 1986 bis August 1990 wissenschaftlicher Mitarbeiter am Fachbereich Wirtschaftswissenschaften der Universität Wuppertal im Schwerpunkt Markt und Konsum. Seit September 1990 Leiter der Forschungsstelle für Wirtschaftsethik am Institut für christliche Gesellschaftswissenschaften der Universität Münster.

Namenregister

Alchian 194
Aldrich 194
Alfes 316
Amann 78
Anderson 156
Andronow 50
Angell 371
Apel 293
Archer 274
Atlan 197

Bachmann 100
Baecker 23, 221, 241, 245, 302, 307, 309, 336, 338, 341, 353, 358
Ballstaedt 296
Barsch 270
Bartlett 157
Bateson 224
Beach 318
Beck 209, 270
Bénard 150
Benjamin 245, 257
Bentham 345
Berger 269
Bernhard 256
Bertalanffy 77
Bette 239
Birley 193
Bischof 136, 138, 145
Bishop 48
Bourdieu 347
Brickley 200
Brown 318
Bunge 134, 192

Campbell 48, 349
Cantillon 365 f., 380
Carneiro 284
Changeux 124

Channel 48
Churchland 114 f.
Cicero 91
Ciompi 298
Coleman 206, 209
Collins 186
Conrad 239
Creutzfeldt 122, 153

Dan-Cohen 208
Dark 200
Deane 373, 382
Defoe 348
Deggau 196
Deleuze 223
De Man 244
Demsetz 194
Derrida 221, 224, 243
Descartes 30, 34, 44, 134
Dietrich 294
Dioguardi 202
Dnes 200, 202, 207
Dörner 311
Dow 353
Durkheim 270, 271, 275, 281, 284, 288, 367
Durham 273

Earl 353
Easterbrook 205
Eccles 59, 106, 191
Eckhorn 144
Elias 258
Elster 346
Engelkamp 317
Engels 136
Esposito 337
Esser 179
Evan 194

Farmer 190, 209
Feigl 134
Fichte 243
Filloux 282
Fiorentini 118
Fischer 319
Fitzhugh 81
Fleck 31, 32, 186
Foerster 149, 167, 190, 220, 223, 233, 236, 293, 300
Fox 92, 93
Freeman 144, 146
Früh 296, 318
Fuchs 220, 226, 230, 245, 257, 263, 318

Gähde 195
Galiani 345
Gergen 310
Gervaise 371
Geser 204, 207
Gibson 105
Giddens 270
Gierer 77
Gilgenmann 338
Glasersfeld 106, 269, 273, 286, 298
Gleick 48
Goffman 255, 256
Goodman 369, 373
Göttner 293
Groeben 294, 296
Grossberg 78
Grossman 194
Günther 239, 337

Habermas 163, 221
Hahn 239
Haken 15, 50, 74, 82, 137, 145, 150 ff., 168
Hanf 194
Hart 194
Hartmann 259
Hastedt 106, 191 f.
Hattori 189

Hauptmeier 294, 308, 315
Hauser 350
Hebb 67, 78, 125
Hegel 243, 244, 249
Heidegger 172, 241, 242
Heiden, an der 8, 10, 11, 16, 18, 20, 53, 58, 59, 66, 359
Heider 238, 247
Hein 274
Hejl 31, 47, 110, 113, 192, 269, 270, 271, 274, 275, 281, 285, 288, 301, 319
Held 274
Heringer 308
Herrmann 312, 316 f.
Hicks 346
Hirshman 344
Hirst 282
Hobbes 384
Hodgkin 81
Hoffmann-Nowotny 287
Hölderlin 257
Hommelhoff 209
Hoppe-Graff 297
Hörmann 295, 311 f.
Huber 320
Hume 227, 371
Hunt 318
Husserl 234
Hutchison 345
Hutter 17, 24, 25, 206, 310, 335, 337, 340 ff., 349
Huxley 81

Imai 189, 193, 197 f.
Iran-Nejad 299, 316, 320
Itami 189, 197 f.

Japp 241
Jarillo 189, 203, 209
Jensen 205
Jevons 345
Johanson 190
Jung 139

401

Kaehr 92
Kaneko 189, 193, 209
Kant 228
Kantorowicz 208
Katona 352
Katz 232
Kawamoto 156
Keynes 350, 353, 356
Khinchin 102
Kierkegaard 242, 243, 244
Kindelberger 373
Klein 201
Kloepfer 313
Kluge 336
Kluve 311
Knorr-Cetina 269
Knyphausen 206
Köhler 15, 134f., 136f., 147, 298
Kohonen 78
Kohut 259
Köndgen 196
Konishi 124
Kramaschki 300
Krippendorff 305, 387
Krohn 17, 18, 171
Kruedener 313, 356
Kruse 15, 16, 17, 22, 106, 123, 135f., 141, 147, 154, 156 ff., 298, 320
Kuhn 90, 185
Küppers 17, 18, 171

Lacan 242
Ladeur 206
Lakatos 273
Lang 100
Lefever 76
Lehmbruch 194
Lennie 118
Lewin 15, 147
Locke 371
Lorenz 106
Lorenzoni 189, 201, 202, 203, 209

Lotka 80
Luckmann 269
Luhmann 106, 137, 161, 163f., 170, 172, 178f., 190ff., 197, 206, 210, 217, 220, 225, 226, 229, 230, 232, 234, 236, 238, 241, 242, 245, 247, 248, 251, 253, 256, 257, 260-263, 271, 272, 273, 278, 293, 297, 298, 300, 303, 306, 308, 312, 320, 336, 338 ff., 342, 345, 354 f., 366
Luisi 97, 100 f.
Lyotard 217

MacClelland 67, 299
Maclaurin 383
MacMillan 190, 209
Malsburg, von der 126, 156
Malynes 371
Mandelbrot 82
Mandl 320
Marget 350
Markowitz 234
Marshall 347
Martinek 200, 210
Mascolo 100
Mathewson 201, 202
Mattson 190
Maturana 46, 52, 53, 106 ff., 127, 137, 190, 192, 226, 231, 237, 297, 299, 300, 303, 314, 359, 394
Maxwell 28
Mayr 106, 370, 384
McCulloch 65, 66, 282
McDougall 351
Meckling 205
Meinhardt 77
Menger 350
Metzger 136, 141, 298
Meutsch 297, 312
Michelangelo 73, 74
Mill 345

Mirowski 345
More 370f.
Morgenstern 262
Mossner 377
Mueller 193f.
Müller-Herold 11, 12, 13, 14, 16, 20
Münch 163
Murray 77

Nagel 190
Nagumo 81
Nassen 293
Naumann 254
Neuendorff 272
Neumann, von 353
Newton 30, 40, 41, 69
Nicolis 76, 171
Nonaka 189
Norman 316
North 371
Norton 200f.

Oexle 286
Oppenheim 30, 43

Parsons 161f., 196, 251, 262, 273
Peat 227
Pechmann 317
Peitgen 149
Perrow 209
Piaget 178, 298
Pitts 65, 66
Plessner 217
Polanyi 186, 385
Popper 59, 106, 191
Poston 87
Pothast 234
Pownall 377
Pribram 142
Prigogine 50, 76, 77, 91, 137, 171
Putnam 30, 43

Quesnay 384

Regan 119
Reitboeck 144
Richards 298
Richter 149
Riedl 106
Rieppel 284
Rieter 351
Röhl 208f.
Rohracher 137
Rorty 221, 238, 244, 245, 369
Ross 377
Roth 13, 14, 16, 17, 22, 32, 53, 58, 106, 120, 123, 125, 129, 131, 135, 137, 144, 166, 191ff., 225, 272, 276, 298, 299, 300, 313, 318, 359
Rousseau 348
Rubin 200, 202
Rumelhart 67, 299, 316
Rusch 309, 320
Ryll 354

Saft 201
Sapelli 201
Sartre 238
Saunders 87
Saussure 224
Schachter 143
Schanze 195
Scharpf 194, 206
Scherner 295, 296, 313, 318
Schiepek 338
Schlegel 246
Schloßer 31
Schmid 196
Schmidt 24, 196, 257, 269, 276, 297, 301, 302, 307f., 311f., 315, 317
Schneider 190, 193
Schönpflug 345
Schöttler 273
Schrödinger 102
Schumpeter 351
Schuster 82, 86

Schütz 173
Schwarzer 242
Schwegler 8, 9, 10, 11, 15, 16, 17, 20, 32, 33, 48, 53, 55, 58, 71, 106, 131, 166, 191, 359
Searle 114
Sekuler 119f.
Serres 217
Shackle 346, 352
Shannon 111, 136
Sharpe 194
Siegfried 205
Simmel 256, 367
Singer 125, 143f., 274
Skarda 144, 146
Smelser 196
Smith 335, 347, 363, 366, 382, 384f.
Sokrates 243
Spencer-Brown 19, 173, 198, 222, 223, 224, 229, 236, 247, 293, 298
Spinoza 134
Spiro 311
Squire 124, 316
Stadler 15, 16, 17, 22, 106, 123, 135f., 141, 145, 147, 151ff., 156ff.
Stanitzek 253, 254, 257
Stengers 91
Stewart 87
Stichweh 192
Strauß 336
Strube 293, 312

Takeuchi 189
Tarumi 48, 53, 55
Tenbruck 184
Teubner 18, 19, 20, 21, 103, 106, 161, 164, 192f., 195f., 202, 206, 209f., 273, 319, 339, 342
Thackeray 255
Thom 87
Thorelli 189

Tichy 193f.
Tietzel 346
Tönnies 282
Trasher 194
Treue 373
Trilling 254, 258
Turgot 345
Turing 50, 77
Twaalhoven 189

Ungeheuer 303

Valery 374, 377
Vanberg 206
Vanderlint 371
Vardavo 206
Varela 52, 101, 166f., 294, 300, 303, 311, 314, 359
Verhulst 78, 80, 294
Viehoff 308, 311
Vinner 370f.
Vipond 318
Volterra 80

Wagenführ 369
Walras 345
Walraven 118
Walser 322
Weaver 111
Weber 21, 206
Whetten 194
Whitehead 227
Wieland 25, 365, 367, 384
Williamson 190, 194f., 205, 341
Willke 339, 342
Winter 201, 202
Witt 343
Witte 141
Wuketits 106
Wunderlin 168

Xenophon 369

Ziemke 294, 300, 308
Zrenner 120

Sachregister

Abbildung 61, 117ff., 120, 153
Akteur 192, 194, 198, 200, 204, 207, 364-368, 371, 375, 384f.
  Kollektiv- 204, 206ff.
  korporative (corporate actors) 190ff., 203, 207f.
Aktivität 14, 22f., 289
  neuronale 13f., 113f., 119f., 125f., 130, 138, 144, 158
Algorithmus 135
Arbeit 376, 380f.
Arbeitsteilung 203, 367, 379
Attraktor 16, 50, 77, 146f., 150f., 153f., 156f., 167, 172
  chaotischer 58, 82-85
  Punkt- 149
  -struktur 123, 151
Autokatalyse 96f.
Automaten 61, 96, 115
Autonomie 10, 74, 162-167, 176, 192, 207, 237, 257, 273, 284, 301, 318, 336f., 347, 364, 373, 381-384
Autonomisierung 10, 47, 162, 166, 169, 193, 208, 227, 277-280, 288f., 300ff., 304
Autopoiese (vgl. System) 52f., 103, 190, 192, 195, 231, 234, 251, 261, 273, 311, 359f.

Bedeutung (vgl. Information) 13ff., 104-116, 126f., 130f., 141, 145, 154, 225, 295, 299, 313ff.
Bedeutungs-
  -generierung/-konstitution 110, 115ff., 121, 123, 127f., 130, 152, 225
  -zuweisung 14f., 109, 113, 122ff., 126f., 136-142, 146, 154, 156, 282, 300
Bedingung (vgl. Stabilität) 124, 130
  Anfangs-/Ausgangs- 137, 149
  Rand- (s. Rand)
Bedürfnis 24, 339, 343-347, 356ff., 367f.
Beobachter 9f., 114, 167, 217-222, 227f., 242, 245, 259, 262ff., 269, 276, 293, 299, 309, 315, 326, 385
Beobachtung (Observation) 11ff., 50, 226, 234-238, 247, 256, 262, 277, 308, 314, 337, 343f., 347, 349ff., 354, 356, 359, 366, 368, 383
  der B. 220f., 226, 230, 234, 253, 259, 314
Beschreibung (vgl. Erklärung) 11f., 20, 31ff., 50, 167, 233f., 273, 299, 314, 320
  Selbst- (vs. Fremd-) 161, 199, 206, 258, 346, 348, 355
Bewußtsein 14, 23f., 114, 127, 145, 153, 217-222, 236, 293, 297, 300, 302f., 308-318, 321, 324f., 336-342, 352, 354
  Selbst- 314
  u. Gehirn 225f., 240
  u. Kommunikation 217, 219-264, 307ff., 311, 326, 355
Bifurkation 10f., 50, 58, 83ff., 137, 233

Chaos (vgl. Attraktor; Fluktuation; Prozeß) 10, 16, 50, 78f., 82-85, 91, 146
  determinstisches 83, 146

405

-forschung 82 f.
Code 185 f., 313, 346
  neuronaler 104, 113, 115, 118
Computer 60 f., 114, 135, 250, 317

Determinismus (vgl. Reduktionismus) 43, 82, 148, 383
Differenz (vgl. Unterscheidung) 199, 217 ff., 223 ff., 229, 239 f., 250, 279, 298, 308 f., 315, 367, 377 f., 382
Differenzierung (vgl. Eigenschaft) 203, 253, 271, 275, 282 f., 285 f., 367, 384
  Aus- 17, 22, 245, 256, 285
  Ent- 198
  funktionale 161 ff., 172, 175, 180, 202, 286
  Innen-/Außen- 19, 124, 129, 301
  System- 161
Dissipation (vgl. Struktur; System) 168, 171
  soziale 174
Dynamik (vgl. Eigen-; System) 10, 16, 42, 50, 60 f., 68

Eigen-
  -dynamik 13, 207, 255, 269
  -gesetzlichkeit 163, 281, 289
  -lösung/-wert 77, 149, 167 ff., 175, 181-187, 308
  -logik 197
  -zustand 84
Eigenschaft 8-13, 17, 28 f., 33, 37 f., 53, 106, 117, 119, 127, 130 f., 138-141, 152, 191 f., 275 f., 282, 284, 288 f.
  emergente Eigenschaft 7, 105 f., 131
Eigenschafts-
  -differenzierung 139
  -entstehung 138

Emergentismus 145
Emergenz (vgl. Eigenschaft; Theorie) 7 f., 13, 16, 18, 27, 30, 44, 90, 97, 105 f., 108, 128, 138 f., 145, 148, 152 ff., 156 ff., 190-193, 198, 218, 269 f., 273, 279, 281, 288 f., 300, 311. 343, 357-360, 363 f., 374, 384
  von Kommunikation 245, 259 ff., 263
  vs. »Imergenz« 287, 298
Entropie/Neg- 102, 249
Entscheidung 173, 195, 349
Ereignis 13 f., 23, 108-114, 118, 228, 232, 238, 252, 269, 280, 317, 334, 336, 354, 357
  Elementar- 141, 237, 260
  Kommunikations- 335 ff., 340 ff., 358
  mentales 105, 109, 124, 128, 308
  Umwelt- 22, 107, 110 ff., 117, 119, 121, 127 ff.
  -verarbeitung 276
Erkenntnisinteresse 12
Erklärung (wissenschaftliche) 31, 39 f., 43
Erwartung (vgl. Struktur) 17, 24, 36, 233, 237 f., 301, 307, 313, 317, 326, 339, 343, 350-357
Erwartungserwartung 276, 351
Evolution (vgl. System) 92, 94, 116, 124, 191, 198, 358, 360, 367, 370, 374 f., 382
  Ko- 238
  soziale 282

Fluktuation 15, 145, 151-154
  chaotische (vgl. Chaos) 146
Formalisierung
Fraktal 81 f., 149
Funktion 17, 61, 120, 124, 135, 161 f., 164, 167, 174 ff., 183, 301, 319, 381, 383

Gedächtnis 67, 78, 115, 124f., 157, 245, 276, 303, 316ff., 320
Gehirn (vgl. Prozeß; System) 13, 104f., 110f., 113-117, 121-126, 128ff., 134f., 146, 152, 225f., 240, 271, 298ff., 320f.
 -Geist-Problem 104, 129ff.
 -region (Hirnareale) 144-147
Geld 162, 250, 341, 343, 352, 366, 370f., 373
Genie 257ff.
Geschlossenheit (vgl. Offenheit; System) 107, 231, 338f., 351, 359
 informationale 107f., 165, 174, 235, 302
 operationale 9, 17f., 21, 24, 46, 106ff., 165f., 174, 235, 252, 260, 280, 297-309, 334, 341, 357, 364
 semantische 106ff., 127
Gesellschaft 126, 163f., 238, 243, 246, 253-256, 273, 281-287, 307, 312, 334, 340, 364-367, 370f., 378, 380, 384
Gesetz (der Natur-; vgl. Regeln) 9, 39-44, 46, 49, 167
Gestalt (vgl. Psychologie) 141f., 224, 257, 298
Gleichgewicht 10f., 58, 74-78, 82-86, 137, 168, 377f.
Global vs. lokal 13, 16f., 146
Grenze (s. System)
Grenzzyklus 58, 78-86, 149

Handlung 32, 36, 157, 198-210, 248, 270, 274, 282, 285, 295, 300, 305, 313, 319f., 343, 351, 383
Handlungs-
 -fähigkeit 204-208, 385
 -logik 208
 -muster 283, 365
 -programme 275f.
 -typen 20f.
Hermeneutik 293, 295, 313
Heterarchie 282f.
Hierarchie 19, 190f., 198f., 203, 253, 283
Holismus 294f.
Hyperzyklus 195f.

Identität 37, 164, 195f., 204-207, 223f., 237, 241
Individualisierung 270, 282, 284f.
Individualismus, methodologischer 23, 205, 275, 288
Individuum 58, 255, 258, 262, 270-276, 284-289, 366, 377, 383ff.
Information (vgl. Bedeutung; System) 24, 106f., 111, 118, 120-123, 127, 136f., 173-178, 184ff., 192, 233, 236, 260f., 294, 296, 298, 302, 311, 335, 352
Informations-
 austausch 136, 260, 305
 -konstitution 112, 172f., 175
 -kosten 197
 -transfer 185
 -verarbeitung 121, 153, 176-180, 238, 296, 322, 325
Innovation 176ff., 180, 372
Instabilität (vgl. Stabilität) 11, 17, 137, 154, 156f., 298
 Bénard- 168, 150
Institution 175ff., 179ff., 183, 198, 305, 364, 385
Interaktion (vgl. Wechselwirkung) 18, 24, 61ff., 67, 69, 117f., 124-130, 145, 148, 183, 186, 191, 195f., 256f., 269-288, 294, 299, 301f., 305, 314, 322, 324, 369, 378, 385
Interaktions-
 -ebene 16

407

-funktion 69, 71, 78
-muster 282
-netz 283 f.
-typus 17
Interpretation 142, 163, 182
Iteration 157

Katastrophe (vgl. Theorie) 58, 76, 83, 86
Kausalität 15, 62, 134 f., 145, 227 f., 273
Kognition (vgl. Prozeß; System) 108, 116, 134, 144, 147, 152 f., 156, 221, 230, 302, 305, 308, 312 f., 315, 336
Kohärenz (vgl. Konsistenz) 178 f., 183, 197
-postulat 177 f., 180
Kollektiv 195, 206, 210 f.
Kommunikat 24, 310-317
Kommunikation (vgl. Ereignis; System) 9, 18, 23 f., 107, 109 f., 169 f., 175, 192 f., 206, 217-222, 225-264, 269-286, 293, 297, 300-315, 319-322, 335 f., 339 ff., 347-354, 360, 366
Anschluß- 285, 309, 321
Meta- 305
Spezial- 19, 20, 193
Kommunikations-
-medien (vgl. Medien)
-schemata 301
-situation 304, 309
-typen 21
Komplexität 18, 25, 40, 81, 100, 175, 178, 197, 218, 222, 233, 236 f., 244, 246, 256 ff., 299, 318, 343, 347, 365
Komponenten (von Systemen) 10, 15, 17, 21, 27, 33, 37 ff., 51 f., 58, 70 ff., 76, 94 f., 99, 107, 118, 131, 137, 145, 163, 184, 195 f., 200, 271, 274-289, 319, 374, 376

Konnektivität (vgl. Netzwerk) 152, 276
Konsistenz (vgl. Kohärenz) 177-180, 273, 288
Konstrukt 288, 321, 325, 369
kognitives 128 f.
Realitäts-/Wirklichkeits- 272 f., 274 ff., 278-286
Konstruktion 119, 176 f., 179, 181, 183-187, 207, 272, 298 f., 304, 306, 317, 323, 338, 380
Wirklichkeits- 23, 136, 269 f., 305, 307
Konstruktionsprozeß 269, 294
Konstruktivismus 106 f., 127 f., 137, 269, 273, 295, 297, 302, 315
Kontext 12, 14, 102, 110, 113, 130, 142 ff., 312, 321
Kontingenz 243, 245, 249, 262
doppelte 170, 262
Kontrollparameter 15, 145, 153, 168
Kooperation 18 ff., 169 f., 175, 193-204
Kopplung 11, 303, 313 f.
feste vs. lose 184, 247, 249 f.
strukturelle 23, 107, 225, 237 ff., 246, 251, 258 f., 307, 311, 314 f.
Korporatismus (vgl. Akteur) 194, 208
Kybernetik 28, 39, 220

Laser 12, 148
Leistung (von Systemen) 17 f., 20, 124, 162-186, 341 ff., 346, 355, 366, 383
Lernen 66 f., 104, 115, 124 f., 276, 299, 314
Logik 270, 337, 383 f.

Markt (vgl. Netzwerk) 19, 21, 179, 185, 189, 198-203, 206 f., 210, 366, 381 f.

-preis 366, 376-380
Mechanismus (mechanistisch) 19f., 20, 23, 135, 178, 181, 251, 276, 369, 374-378, 380, 382, 385
Medium (der Kommunikation/des Sinns) 23f., 218, 221f., 236ff., 250, 252, 306, 310f., 317, 340
 -angebot 293, 297, 306ff., 311, 315, 319, 322
 Massen- 257, 306
 u. Form 237, 246-250, 258, 338
Merkantilismus 365, 369, 371f.
Mikro-/Makro- 12-16, 29
Mitgliedschaft 24, 36, 196, 275, 280
Modell 7, 15, 20, 22, 64, 81f.
 -bildung 277, 294
Morphogenese (vgl. Musterbildung) 77
Motivation 343
Muster (vgl. Kohärenz) 14, 149, 373
 -bildung 150, 187
 Erregungs- 13, 135, 138, 144

Natur 15, 366, 378
 -gesetze (s. Gesetz)
Netzwerk/Netz (vgl. Konnektivität; Relatoren) 18-21, 28f., 39, 52, 66, 107, 115f., 153, 166, 176, 191ff., 195-211, 231, 270, 276, 279, 305
 Markt- 19, 21, 190, 199-203, 209
 neuronales 39, 65ff., 125, 130, 152
 -operationen 199f.
 Organisations- 18, 21, 199, 201, 209
 -organisation 189, 207, 209
 rekursives 169

Nicht-Linearität 81, 168
Normen 195f., 204

Offenheit (vgl. Geschlossenheit; System) 128, 184, 339
 informationale 165, 171, 174
Ontogenese 104, 116, 124-130, 140
Ontologie 30, 44, 71, 222
Operation (vgl. System) 15, 115, 157f., 166, 175, 181ff., 218, 223, 227, 230f., 234-240, 248, 259, 272, 295, 298, 302, 307f., 311f., 314, 319, 323, 337, 342, 364, 372, 379, 381ff.
Operationalisierung 182
Ordnung (vgl. Selbst-) 11-16, 51, 90ff., 102, 120, 298, 368-375
Ordnungs-
 -bildung (vgl. Selbstorganisation) 120, 135, 137, 148, 150, 153f., 156, 158
 -parameter 74, 145, 156, 158
 -zustand 137, 146-153, 157
Organisation 9, 11, 19, 27, 38, 42, 45-49, 53, 57, 84, 113, 175, 177, 180, 189-201, 203-210, 227, 232, 256, 274, 277ff., 282-289, 298, 325, 342, 344, 347, 358
 formale 193-198, 201, 203-206, 209
 Fremd- (vgl. Selbstorganisation) 38, 49-53, 73, 84
 hybride 189f., 193f.
Oszillation (Schwingung) 76-80, 148, 235, 257

Paradigma 52, 185, 274
 -wechsel 137, 180
Paradoxie 32, 227, 241, 337, 340
Perturbation 46, 297, 311
Phasensprung/-übergang 15, 84, 102, 137f., 145, 152ff., 157

Prozeß 18, 24, 27, 31, 35, 39, 54, 61, 135, 138, 147, 224, 272, 293, 297, 301, 315, 317, 374, 376
  chaotischer 145-148
  Gehirn- 116, 123 f., 129, 134, 136, 144 ff.
  irreversibler 171
  kognitiver (vgl. Kognition) 124, 138, 270-274, 296, 300, 308
  Kreis- 125, 367
  neuronaler 105, 113, 116, 129 f., 144, 152
  psychischer 134, 144, 147, 156, 193, 305, 353
Psychologie 251
  Gestalt- 15, 147
  kognitive 242
  Wahrnehmungs- 224, 247
  zweiter Ordnung 153
Psychophysisches Problem (vgl. Gehirn) 134 ff., 138

Rand (vgl. System) 29, 47, 364, 383, 385
  -bedingung 10, 18, 21, 47, 148-153, 167-171, 175, 342, 345
  -bildung 9, 16 ff., 21, 166-169
  fester vs. freier 175
Realität (vgl. Konstruktion; Wirklichkeit) 129, 136 f., 217, 238, 239-275, 298, 313, 320
Recht (vgl. Gesetzgebung) 20, 164, 179, 180, 273, 277
Reduktionismus 28 ff., 43, 106, 130, 152, 275, 277
Redundanz 197 f., 201 f.
»Re-entry« 19 ff., 23, 190, 198 f., 203, 236
Referenz (vgl. System) 22, 178, 221, 301, 322 f.
  Fremd- 21 f., 218 f., 232-236, 252, 256, 259 ff., 263

Selbst- 18, 21, 23, 46, 218 f., 228, 231-236, 252, 256 f., 259 ff., 263, 280, 337, 360, 363, 381
  Syn- 21, 24, 31, 280, 282-285
Reflexion 240 ff., 246, 253 f.
Reflexivität 136, 180
Regeln (vgl. Struktur) 9, 20, 39-44, 48, 50, 54, 66 f., 126 f., 148
Rekursivität/Rekursion 18, 22, 149, 169 f., 175, 183, 218, 230, 264, 351
Relation 8, 15, 29 f., 33, 58, 71 f., 191, 296, 365, 374
Relatoren 9, 29, 33 ff., 42, 46 f., 50 ff., 73 ff.
  Grenz- 47 ff., 51
  -netze 9, 33, 36, 38 f.
Repräsentation 22, 299, 316 f.
Reproduktion 18, 166, 180, 347, 364, 374, 377
Rezeptoren 112, 117-121, 125 f., 139
Risiko 209, 356
Rückkopplung 314, 370
  negative 162, 171, 175
  positive 175

Selbst-
  -ähnlichkeit 82
  -begrenzung 17, 29, 48 f., 52 f.
  -beobachtung (s. Beobachtung)
  -beschreibung (s. Beschreibung)
  -erhaltung (vgl. System) 29, 49, 53 f., 228, 230, 271, 281
  -herstellung (vgl. Autopoiese; System) 23, 49, 51 ff., 94 ff., 230, 363 f.
  -optimierung 281
  -ordnung (vgl. Selbstorganisation) 11, 89, 102 f.
  -referentialität (vgl. Referenz)

49, 106, 110, 130, 141, 164, 192, 381, 384
-reproduktion 89, 94 ff., 98, 228, 348, 360
-steuerung/-regulation (s. Steuerung)
-thematisierung 239
Selbstorganisation (vgl. System; Theorie) 8-29, 38, 49-53, 57 f., 60, 67 f., 70, 72, 77 f., 81-84, 92, 103 f., 106, 123, 137, 147-156, 161-172, 180 f., 190-193, 195, 199, 207 f., 218, 227, 252, 261, 269, 276, 281-289, 301, 311, 318, 341, 350, 357-359, 363, 369, 372, 374
Selektion 18, 124, 161, 179, 182, 198, 245, 260
Selektionskriterien 167, 170
-wirkung 18
Selektivität 119, 222, 244, 277, 279, 284, 288 f.
Semantik 110, 114, 146, 179 f.
Sinn (vgl. Medium) 23, 172 f., 184 f., 192, 218, 221 f., 233, 237, 246-250, 308, 365, 373
-verweisung 184, 246-250, 254, 259, 354
Soziologie 194, 217, 220, 273, 275, 288
Sprache 27, 31 f., 40, 126 f., 186, 198, 222, 226, 236, 238 f., 311-314, 322
Alltags- 28
Wissenschafts- 32
Sprechakte 9, 36, 46
Stabilität (Stabilisierung) (vgl. Instabilität) 10 f., 16, 76, 146 f., 154, 169, 233, 264, 284, 288, 298, 321
Multi- 76, 141, 154 f., 156 f., 298
Steuerung 202, 285, 296, 342, 370 ff.
Fremd-/externe 210, 381

Kontext- 202, 207
Selbst- 200, 210, 370 ff., 381 f.
Störung 174, 177 f., 236, 339
Struktur 10, 12 f., 16, 21, 27, 33-39, 51, 60, 65, 73, 77, 86, 120, 124, 141, 149 f., 187, 195 f., 232, 237, 239, 252, 307, 312, 325 f., 342, 354, 364-370, 376-382, 384 f.
dissipative (vgl. Dissipation) 50, 58, 137
-entstehung/-bildung (vgl. Selbstorganisation) 123, 237
Erwartungs- 232, 354
Substantialismus 9, 28 f., 31, 33, 37, 44, 52
Subsystem (s. System)
Symmetriebruch 50 f., 154
Synergetik 11, 15, 50, 74, 137, 144, 150-153
System (vgl. Bewußtsein; Differenzierung; Konstitution; Verhalten; Sinn) 9 f., 15-21, 27, 33 f., 38 ff., 42, 49-53, 58 f., 62 f., 66, 71-74, 76-82, 91 f., 101, 154, 299, 301, 307 f., 337, 369 f., 380 f., 383
aktives vs. passives 271-274, 277
-analyse 33, 39, 135
autopoietisches (vgl. Autopoiese) 19, 106 f., 190, 192 f., 195, 197 f., 200
beobachtendes (vgl. Beobachtung) 338, 341
-bildung (vgl. Selbstorganisation) 18, 20, 161, 169 f., 227 f., 279, 289
biologisches (lebendes) 274, 299
dissipatives (vgl. Dissipation) 38, 150, 171
dynamisches 10, 57, 59, 62, 67 f., 72, 74, 137, 166

-erhaltung 18
evolutives 8, 34 f., 42
experimentelles 80
Franchise- 202, 204, 207
-grenze (vgl. Rand) 11, 16 f.,
  29, 47 f., 50, 53 f., 165, 169,
  174, 195 f., 198, 201, 203,
  280, 301, 334, 336 f., 341
Handlungs- (vgl. Handlung)
  199, 204, 206
informationsverarbeitendes
  136
interpretatives 120
kognitives (vgl. Kognition) 15,
  21, 24 f., 106-113, 120, 126-
  131, 137 f., 141, 145 f.,
  152, 153, 174, 274, 280,
  297, 299, 302 f., 307, 310,
  312, 315, 318
Kommunikations- (vgl. Kommunikation) 21 f., 25, 46,
  109 f., 193, 236, 337 f., 355,
  357, 360
-konzeption 271, 288
Literatur- 271
Medien- (vgl. Medium) 250,
  306 f.
Nerven- (neuronales) 46, 105,
  107 f., 116, 118, 130, 136,
  145, 154, 192
offenes vs. geschlossenes 161,
  171, 231, 235, 374
ökonomisches 372, 375 ff.,
  379, 381 f.
Operations- 200, 233, 339,
  376
physikalisch-chemisches 13,
  167 f.
physisches 339, 358 ff.
politisches 176 f., 180
psychisches 22 ff., 192, 218,
  231 f., 234 ff., 246 ff., 250 ff.,
  259, 264, 271, 302, 334 f.,
  338-343, 346-350, 354-358

-rand (vgl. Rand) 363, 382, 385
Rechts- 46, 176, 179 f., 184 f.,
  273 f.
-referenz (vgl. Referenz) 191
selbsterhaltendes 59
selbstherstellendes 58 f., 193
selbstorganisierendes 9, 149 f.,
  152, 161 f., 165, 167, 171,
  175, 285, 302, 334, 336,
  339 f., 363, 368, 374
selbstreferentielles 22, 234,
  264, 384
Sinnes-/sensorisches 119 ff.,
  126 f., 140
soziales/Sozial- 19, 22 ff., 31,
  38, 161, 167, 169, 171 ff.,
  193, 208, 218, 231 f., 234 ff.,
  246 ff., 250 ff., 259 ff., 264,
  269-289, 300 ff., 306, 315,
  320, 334 f., 338-343, 347,
  350 f., 354, 357 f., 360, 363,
  370, 374, 381, 384 f.
Sub-/Teil- 17-20, 63, 161-164,
  176 f., 271, 281, 283, 366
u. Umwelt 106 ff., 161 f., 167,
  171, 230-238
-variable 16, 79, 166 f.
Vertrags- (vgl. Vertrag) 210
Wirtschafts- (vgl. Wirtschaft)
  20, 24, 46, 176 f., 180
Wissenschafts- (vgl. Wissenschaft) 176, 180 f.

Tausch 20, 195 ff., 340 f., 373 f.
Text 294-297, 306, 308-314, 322-
  325, 348
-verarbeitung 322, 325
Theorie 31 f., 41-45, 48, 54, 178,
  366, 371, 375, 378
  Differenz- 218, 298
  Emergenz- 134, 138, 192
  Emotions- 138, 300
  Erkenntnis- 108, 119, 128, 229
  Evolutions- 285

Gedächtnis- 138, 300
Informations- 11, 111
Katastrophen- 11
Kognitions- 137, 296f., 302
Medien- 220, 251
Motivations- 138, 300
Quanten- 30, 52
selbstorganisierender Systeme 7, 11, 25, 137, 147f., 152f., 158, 191f., 306, 339, 346f., 357, 359, 364
selbstreferentieller Systeme 22, 234f.
Sozial- 269f., 275
sozialer Systeme 137, 206
Sprach- 304, 314
System- 27-30, 49, 105, 177, 218, 220, 222, 230, 272, 282, 335, 351
Unterscheidungs- 222ff., 226, 230, 245f.
Wahrnehmungs- 108, 119, 138, 300
Wirtschafts- 334, 345, 350, 352f., 356
Transaktion 36, 191, 194, 203, 209, 341f.

Umwelt (vgl. Ereignis; Offenheit; System) 10, 14, 16ff., 23, 48-53, 63, 73, 110f., 117f., 120f., 126ff., 177f., 184-187, 198, 218, 248f., 263, 274f., 279, 299, 301, 311, 337-342, 352, 354, 364, 366, 377, 383
Unterscheidung (vgl. Differenz) 23, 198, 217f., 220-231, 293, 298, 320, 337f., 340

Variation 124, 145, 169f., 175, 198f., 202
Verhalten 14, 104, 107-110, 115-118, 122, 130, 135, 147, 283, 299, 310, 314, 319, 344, 351f.

kommunikatives 303
soziales 275
System- 147-153, 158, 276-281, 288
Verhaltens-
-änderungen 278, 289
-koordinierung 196, 304
»Versklavung« 50, 145
Verstehen (Verständigung) 23f., 170, 187, 192, 245, 259-263, 293-297, 302-316, 321-326, 335-338
Vertrag 190, 193-203, 206-210, 381
Viabilität/Viabilisierung (Überlebensfähigkeit) 273, 286, 288, 320

Wahrnehmung 15f., 105, 109, 117-123, 125-128, 138ff., 144, 152ff., 156f., 228, 235f., 242, 251, 257, 262, 269, 272, 298f., 306ff., 311-314, 319, 351, 353, 366
Wahrscheinlichkeit 232, 238, 249f., 303, 351, 353
Wechselwirkung (vgl. Interaktion) 12, 14-17, 22, 46, 123, 145, 154, 167-171, 228, 285, 289
Welt 32, 117, 120, 129f., 136, 138, 144, 241, 248, 295, 325, 334, 337, 340
Wirklichkeit (vgl. Konstrukt; Konstruktion; Realität; Welt) 11, 31, 249, 269f., 313, 320
phänomenale 128f., 136
Wirklichkeitsmodell 301, 305, 317
Wirtschaft (vgl. Geld) 19, 164, 185, 201, 256, 335, 339-350, 354, 357
Wissen (vgl. Struktur) 179, 184, 186, 245, 262, 316ff., 320, 323, 325, 348

413

Wissenschaft(en) 20f., 27, 29,
  31f., 36, 39f., 164, 180f., 183-
  186, 320f., 340, 343, 350
  Geistes- 35
  Ingenieur- 37f.
  nomologische 31, 41ff.
  Sozial- 35, 38
  Vereinheitlichung der 31

Zahlung (vgl. Geld) 9, 36, 46,
  341ff., 346, 355
Zeichen 111, 314, 319, 343
Zeit 34-39, 54, 59f., 63f., 68, 70,
  73ff., 227f., 279, 321
Zelle 146f., 152, 358, 360
Zirkularität 11, 237, 376
Zustand (vgl. Bewußtsein; Ei-
  gen-; Gleichgewicht; Ordnung; Stabilität) 13ff., 22, 24,
  107, 112f., 145f., 220, 280
  Erregungs- 118, 144, 251
  mentaler 104, 110, 131, 225
  stationärer 166f., 172, 183

suhrkamp taschenbücher wissenschaft
Wissenschaftsforschung

Ashby: Einführung in die Kybernetik. stw 34

Bachelard: Die Bildung des wissenschaftlichen Geistes. stw 668

– Die Philosophie des Nein. stw 325

Becker: Grundlagen der Mathematik. stw 114

Böhme, G.: Alternativen der Wissenschaft. stw 334

Böhme, G./Daele/Krohn: Experimentelle Philosophie. stw 205

Böhme, G./Engelhardt (Hg.): Entfremdete Wissenschaft. stw 278

Canguilhem: Wissenschaftsgeschichte und Epistemologie. stw 286

Cicourel: Methode und Messung in der Soziologie. stw 99

Daele/Krohn/Weingart (Hg.): Geplante Forschung. stw 229

Dubiel: Wissenschaftsorganisation und politische Erfahrung. stw 258

Feyerabend: Wider den Methodenzwang. stw 597

Fleck: Erfahrung und Tatsache. stw 404

Foerster: Wissen und Gewissen. stw 876

Foucault: Archäologie des Wissens. stw 356

– Die Ordnung der Dinge. stw 96

– Sexualität und Wahrheit 1. Der Wille zum Wissen. stw 716

– Sexualität und Wahrheit 2. Der Gebrauch der Lüste. stw 717

– Sexualität und Wahrheit 3. Die Sorge um sich. stw 718

– Überwachen und Strafen. stw 184

– Wahnsinn und Gesellschaft. stw 39

Frank, Ph.: Das Kausalgesetz und seine Grenzen. stw 734

Galilei: Sidereus Nuncius. stw 337

Geuter: Die Professionalisierung der deutschen Psychologie im Nationalsozialismus. stw 701

Gould: Der Daumen des Panda. stw 789

– Der falsch vermessene Mensch. stw 583

Hausen/Nowotny (Hg.): Wie männlich ist die Wissenschaft? stw 590

Holton: Thematische Analyse der Wissenschaft. stw 293

Jokisch (Hg.): Techniksoziologie. stw 379

Kocka (Hg.): Interdisziplinarität. stw 671

Koyré: Von der geschlossenen Welt zum unendlichen Universum. stw 320

Krohn/Küppers: Die Selbstorganisation der Wissenschaft. stw 776

Küppers/Lundgreen/Weingart: Umweltforschung – die gesteuerte Wissenschaft? stw 215

Kuhn: Die Entstehung des Neuen. stw 236

suhrkamp taschenbücher wissenschaft
Wissenschaftsforschung

Kuhn: Die Struktur wissenschaftlicher Revolutionen. stw 25

Maturana: *siehe Riegas/Vetter (Hg.)*

Mehrtens/Richter (Hg.): Naturwissenschaft, Technik und NS-Ideologie. stw 303

Meja/Stehr (Hg.): Der Streit um die Wissenssoziologie. stw 361

Mises: Kleines Lehrbuch des Positivismus. stw 871

Mittelstraß: Der Flug der Eule. stw 796
– Die Möglichkeit von Wissenschaft. stw 62
– Wissenschaft als Lebensform. stw 376

Mittelstraß (Hg.): Methodenprobleme der Wissenschaften vom gesellschaftlichen Handeln. stw 270

Needham: Wissenschaft und Zivilisation in China. stw 754
– Wissenschaftlicher Universalismus. stw 264

Nelson: Der Ursprung der Moderne. stw 641

Nowotny: Kernenergie: Gefahr oder Notwendigkeit. stw 290

Oakes: Die Grenzen kulturwissenschaftlicher Begriffsbildung. stw 859

Pannenberg: Wissenschaftstheorie und Theologie. stw 676

Peukert: Wissenschaftstheorie – Handlungstheorie – Fundamentale Theologie. stw 231

Polanyi, M.: Implizites Wissen. stw 543

Prinz/Weingart (Hg.): Die sog. Geisteswissenschaften: Innenansichten. stw 854

Riegas / Vetter (Hg.): Zur Biologie der Erkenntnis. stw 850

Schäfer (Hg.): Mikroskopie der Forschung. stw 766

Schwemmer: Die Philosophie und die Wissenschaften. stw 869

Steinwachs (Hg.): Ausdifferenzierung, Integration, Kompensation in den »Geisteswissenschaften«. stw 855

Stubar (Hg.): Exil, Wissenschaft, Identität. stw 702

Troitzsch/Wohlauf (Hg.): Technik-Geschichte. stw 319

Wahl/Honig/Gravenhorst: Wissenschaftlichkeit und Interessen. stw 398

Weingart: Wissensproduktion und Soziale Struktur. stw 155

Weingart (Hg.): Technik als sozialer Prozeß. stw 795

Weizenbaum: Die Macht der Computer und die Ohnmacht der Vernunft. stw 274

Zilsel: Die sozialen Ursprünge der neuzeitlichen Wissenschaft. stw 152